ЧИСТАЯ ГРАММАТИКА

러시아어 문법 완전 정복

Е.Р.Ласкарева 지음

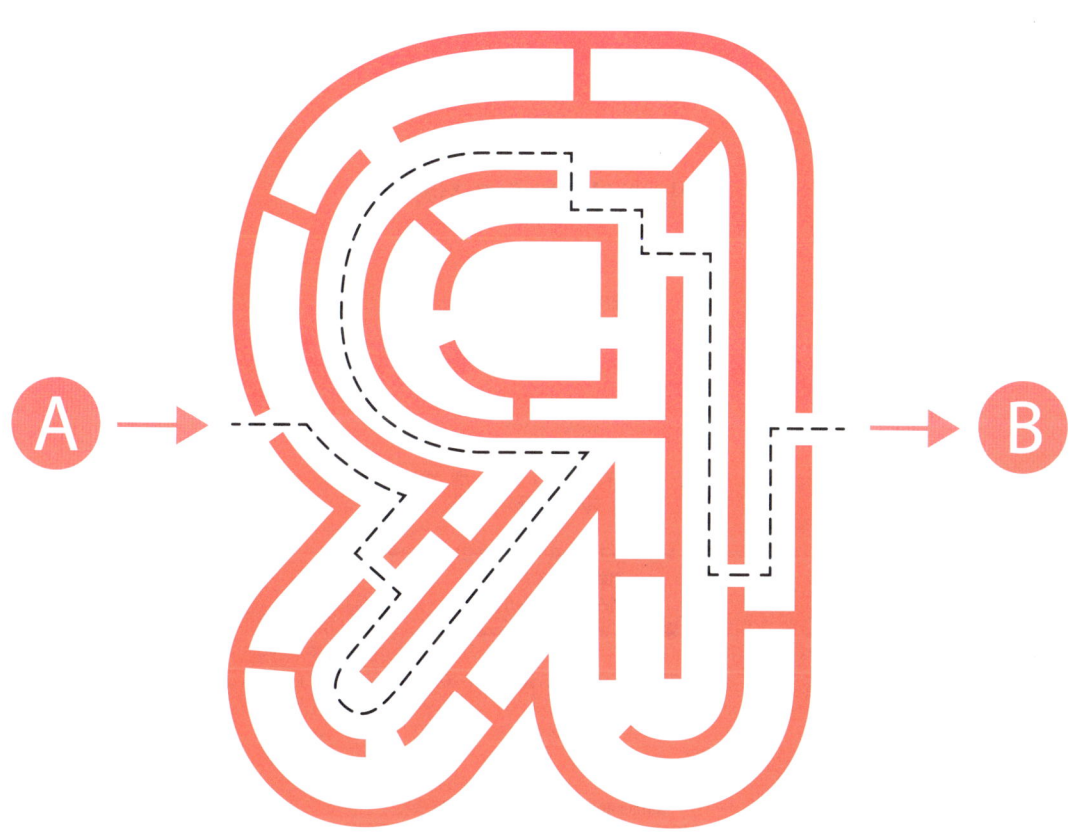

토르플 3급까지 한 권으로 끝내기

뿌쉬낀하우스

러시아어 문법 완전 정복

초판 인쇄 2022년 03월 30일
초판 발행 2022년 04월 15일

지은이 Е.Р.Ласкарева

펴낸이 김선명
펴낸곳 뿌쉬낀하우스
편집 김현정, 김보경, 김율리아, 송사랑, 엄올가
디자인 김율하

주소 서울시 중구 동호로 15길 8, 리오베빌딩 3층
전화 02) 2237-9387
팩스 02) 2238-9388
홈페이지 www.pushkinhouse.co.kr

출판등록 2004년 3월1일 제2004-0004호

ISBN 979-11-7036-066-7 13790

© Ласкарева Е.Р. (текст), 2006
©ООО Центр «Златоуст» (редакционно-издательское оформление, издание, лицензионные права), 2006
© Ласкарева Е.Р. (текст), 2008, с изменениями
© Pushkin House, 2022

이 책의 한국어판 저작권은 «Златоуст» 출판사와 독점 계약한 뿌쉬낀하우스에 있습니다.
저작권법에 의해 한국 내에서 보호를 받는 저작물이므로 무단 전재와 무단 복제를 금합니다.

※잘못된 책은 바꿔 드립니다.

contents

출처 7

약어 해설 8

제1장 격변화 9

  생격

    – 생격의 사용 9

    – 명사의 단수생격 어미 (НЕТ : КОГО? ЧЕГО?) 9

    – 형용사와 일부 대명사의 단수생격 어미 (НЕТ : КОГО? ЧЕГО?) 13

    – 명사의 복수생격 어미 15

    – 형용사, 일부 대명사, 수사의 복수생격 어미 (МНОГО : КОГО? ЧЕГО?) 18

  대격

    – 대격의 사용 24

    – 명사의 단수대격 어미 (ВИЖУ : ЧТО? КОГО?) 24

    – 형용사와 대명사 및 수사의 단수대격 어미 (ЧТО? КОГО?) 25

    – 복수대격 어미의 총정리 (표) (ВИЖУ : ЧТО? КОГО?) 27

여격

    – 여격의 사용　35

    – 명사의 단수여격 어미 (ПОДХОЖУ : К КОМУ? К ЧЕМУ?)　35

    – 형용사와 일부 대명사 및 수사의 단수여격 어미 (КОМУ? ЧЕМУ?)　36

    – 복수여격 어미의 총정리 (표) (КОМУ? ЧЕМУ?)　37

전치격

    – 전치격의 사용　42

    – 명사의 단수전치격 어미 (ГОВОРЮ : О КОМ? О ЧЁМ?)　42

    – 형용사, 대명사 및 수사의 단수전치격 어미 (ДУМАТЬ : О КОМ? О ЧЁМ?)　44

    – 복수전치격 어미의 총정리 (표)　47

조격

    – 조격의 사용　52

    – 명사의 단수조격 어미 (КЕМ?, ЧЕМ?)　52

    – 형용사, 일부 대명사 및 수사의 단수조격 어미 (С КЕМ? С ЧЕМ?)　54

    – 복수조격 어미의 총정리 (표) (С КЕМ? С ЧЕМ?)　56

제2장 동사의 상　64

동사 상의 개념　64

상의 의미　68

동사의 과거시제 의미와 사용　68

동사의 미래시제 의미와 사용　69

동사원형의 상　100

    – 반드시 불완료상 동사원형이 사용되는 경우 1　101

- 반드시 불완료상 동사원형이 사용되는 경우 2　105

- 반드시 완료상 동사원형이 사용되는 경우　108

동사 명령형　128

- 명령형을 만드는 방법　128

제3장 운동동사　151

접두사가 있는 운동동사　158

제4장 형동사와 부동사　177

형동사를 만드는 방법과 사용　177

- 능동형동사의 현재시제　178

- 능동형동사의 과거시제　181

- 피동형동사의 현재시제　184

- 피동형동사의 과거시제　186

부동사를 만드는 방법과 사용　194

- 부동사의 불완료상　195

- 부동사의 완료상　197

형동사와 부동사 총정리 연습문제　201

제5장 접두사가 있는 동사　205

동사와 함께 사용되는 접두사　205

동사와 함께 사용되는 25개의 주요 접두사의 의미 205

접두사가 있는 동사들 209

- писать에서 파생된 동사 210

- читать에서 파생된 동사 215

- говорить에서 파생된 동사 217

- сказать에서 파생된 동사 221

- смотреть에서 파생된 동사 223

- глядеть에서 파생된 동사 226

- видеть에서 파생된 동사 228

- слушать에서 파생된 동사 229

- слышать에서 파생된 동사 231

- думать에서 파생된 동사 232

- работать에서 파생된 동사 235

- делать에서 파생된 동사 238

- готовить에서 파생된 동사 241

- жить에서 파생된 동사 243

복습과 확인 247

격변화 247

동사의 상 270

운동동사 280

형동사와 부동사 289

접두사가 있는 동사 300

연습문제 정답   310

    격변화   310

    동사의 상   316

    운동동사   325

    형동사와 부동사   326

    접두사가 있는 동사   329

복습 및 쪽지시험 정답   331

Источники текстов, использованных в упражнениях   연습문제 텍스트 출처

С. Веснин, С. Кудрявцева, Т. Пашкова. Эрмитаж: Альбом-путеводитель. — СПб.: П-2, 2001.
Балетные либретто (книга «Сто балетных либретто» + краткое содержание балетов Мариинского театра).
Смирнова Э. Русская музыкальная литература. — М., 2000.
Левина Г.М., Васильева Т.В. Русская грамматика в анекдотах. — СПб., 1996.
Русские народные сказки. Т. 1. // Сказки народов мира в 10-ти т. — М., 1987.
Сказки народов Азии. Т. 3. // Сказки народов мира в 10-ти т. — М., 1988.
Сказки русских писателей XIX в. // Сказки народов мира в 10-ти т. — М., 1989.
Газетные публикации.

Принятые сокращения 약어

безл. — безличное 무인칭문/비인칭 표현
офиц. — официальное 공식적 표현
перен. — переносное 간접적인 표현/비유적인 표현
прост. — просторечное 쉬운 용어/쉬운 표현
прям. — прямое 직접적인 표현
разг. — разговорное 구어체/회화적 표현
спец. — специальное 전문용어/전문적인 표현
устар. — устаревшее 오래된 표현
шутл. — шутливое 유머스러운 표현
N_1 — именительный падеж 주격(1격)
N_2 — родительный падеж 생격(2격)
N_3 — дательный падеж 여격(3격)
N_4 — винительный падеж 대격(4격)
N_5 — творительный падеж 조격(5격)
N_6 — предложный падеж 전치격(6격)

⊙ — запомните 기억하세요!

🔒 — упражнение повышенной сложности 고난이도 문제

🗝 — имеется ключ 해답

* — трудные или специфические случаи употребления 고급활용의 경우

Ⓚ — упражнения на контроль 쪽지시험

Ⓛ — упражнения с расширенной лексикой 고급어휘 문제

Ⓖ — упражнения с расширенной грамматикой 문법응용 문제

Часть 1. ПАДЕЖИ 격변화

По падежам изменяются существительные, большинство прилагательных и местоимений, а также числительные.

В современном русском языке, как известно, 6 падежей: именительный, родительный, дательный, винительный, творительный и предложный — их мы будем называть $N_1, N_2, N_3, N_4, N_5, N_6$.

Изучение падежей полезно проводить в три этапа:

1) изучение окончаний существительных, прилагательных и местоимений;

2) изучение глаголов и конструкций, диктующих употребление этой формы, т. е. синтаксическая сочетаемость;

3) освоение конкретной группы слов и отдельных слов, которые используются в данной синтаксической конструкции (лексическая сочетаемость).

Например:

1) РОДИТЕЛЬНЫЙ падеж: *кого? чего? СтудентА, преподавателЯ, яблокА, морЯ, книгИ, тетрадИ* и т. д.

2) *НЕТ* + N_2, *ДОСТИГНУТЬ* + N_2, *ДОБИТЬСЯ* + N_2 и т. д.

3) Достигнуть + *ЦЕЛИ, РЕЗУЛЬТАТА, ХОРОШИХ РЕЗУЛЬТАТОВ* и т. д.

РОДИТЕЛЬНЫЙ ПАДЕЖ (N_2) 생격

Информация по употреблению 생격의 사용

Родительный падеж используется в конструкциях с существительными: 1) *отъезд* **отца**; 2) *решение* **задачи**; 3) *рубашка* **отца**.

А также в конструкциях с глаголами: 1) *не было* **друзей**; 2) *выпить* **воды**.

Родительный падеж. Единственное число.
Окончания существительных (нет: *кого? чего?*)
명사의 단수생격 어미

m (мужской род)	-А (-Я)	~студентА ~преподавателЯ (*но: путИ)
n (средний род)	-А (-Я)	~окнА ~морЯ, упражнениЯ (*но: времЕНИ, имЕНИ и др.)
f (женский род)	-Ы (-И)	~таблицЫ ~тетрадИ, РоссиИ, книгИ

Упражнение 1. **Раскройте скобки.**

М о д е л ь: Это твой дом? (Иван) — Нет, это дом ИванА.

1. Это ваш преподаватель? (Владимир). 2. Это твой карандаш? (Николай). 3. В университете твоя сестра? (Наташа). 4. Это твоя книга? (Борис или Михаил). 5. Это твои часы? (Боря или Миша). 6. Это ваша комната? (отец; папа). 7. Это мои очки? (мать; мама). 8. Это его словарь? (его сестра или брат). 9. Это их машина? (бабушка и дедушка или тётя и дядя).

Упражнение 2. **Составьте предложения по модели.**

М о д е л ь: Брат — У меня НЕТ братА. (Там НЕТ братА).
— А у меня ДВА (ТРИ, ЧЕТЫРЕ) братА. (Там ДВА братА).

1. Друг, стул, урок, паспорт, документ, телефон, телевизор, магнитофон, велосипед, мотоцикл, экзамен, портфель, рюкзак, стол, словарь, преподаватель, бутерброд, стакан, билет на концерт.
2. Окно, яблоко, озеро, письмо, зеркало, кольцо, море, поле, упражнение, задание, занятие, предложение, заявление, собрание.
3. Подруга, сестра, тётя, конфета, кошка, собака, лошадь, машина, тетрадь, лекция, чашка, ложка, вилка, кастрюля, сковородка, расчёска.

Упражнение 3. **Прослушайте¹ или прочитайте анекдот. Перескажите его, а затем напишите ваш пересказ, обращая особое внимание на грамматику.**

Маленькая девочка спрашивает маму:
— Мама, почему у меня две руки, две ноги, два глаза, два уха и только один язык?
Мама отвечает:
— Это чтобы ты больше работала, больше ходила, больше видела, больше слышала и меньше говорила.

Упражнение 4. **Раскройте скобки.**

М о д е л ь: Килограмм … (мясо). — Килограмм мясА.

1. Килограмм … (рис, сыр, масло, рыба, колбаса, ветчина).
2. Литр … (молоко, масло, сок, вода, квас, пиво).
3. Бутылка … (коньяк, ликёр, вино, пиво, водка, вода, лимонад).
4. Чашка или стакан … (сок, молоко, чай, *кофе, *какао).
5. Пачка … (чай, печенье, масло, соль).
6. Пакет … (сахар, рис, молоко).

---
¹ Текст читает преподаватель или ваш друг.

Упражнение 5. **Прослушайте или прочитайте анекдот. Перескажите его, а затем напишите ваш пересказ, обращая особое внимание на грамматику.**

Один человек пришёл в ресторан и заказал тарелку супа.

Официант принёс суп. Человек посмотрел на суп и сказал:

— Официант, я не могу есть этот суп.

Официант взял тарелку и унёс. Через некоторое время он принёс другую тарелку, но этот человек снова сказал:

— Я не могу есть этот суп!

— Но почему? Это очень вкусный суп. Почему вы не можете его есть?

— Потому что у меня нет ложки, — ответил человек.

Упражнение 6. **Составьте микродиалоги.**

    М о д е л ь: — Это директор завода? (фабрика)
                   — Нет, это директор ФАБРИКИ.

1. Это ректор института? (университет) 2. Это министр образования? (культура). 3. Это преподаватель физики? (математика и информатика). 4. Это театр драмы? (комедия). 5. Здесь недалеко находится театр оперетты? (опера и балет). 6. Это площадь Революции? (Труд). 7. Там улица Пушкина? (Гоголь). 8. Это факультет журналистики? (менеджмент). 9. Двенадцатого июня отмечается День Конституции? (Россия). 10. Вы были в музее-квартире Некрасова? (Пушкин) 11. Это метро «Площадь Восстания»? («Парк (Победа)») 12. Это проспект Науки? (Просвещение) 13. Это факультет менеджмента? (психология)

Упражнение 7. **Прочитайте предложения, по их модели придумайте свои. Например:** *Чай БЕЗ сахара. Кофе без молока, хлеб без масла* **и т. д.**

1. Моя книга У Ивана. 2. Это подарок ДЛЯ Нины. 3. Я получил письмо ОТ мамы. 4. Я ИЗ Кореи. 5. Они идут С концерта. 6. Это ОКОЛО дома. 7. Совсем НЕДАЛЕКО ОТ общежития. 8. Надо прийти за час ДО экзамена. 9. Хочу отдохнуть ПОСЛЕ обеда. 10. Нельзя громко разговаривать ВО ВРЕМЯ спектакля. 11. Мы опоздали ИЗ-ЗА Марины. 12. В театр пойдут все, КРОМЕ Сергея. 13. Он был ПРОТИВ предложения Елены.

> У, ДЛЯ, БЕЗ, ИЗ, *С (N_2 или N_5), ОКОЛО, НЕДАЛЕКО ОТ, НАПРОТИВ, ДО, ПОСЛЕ, ВО ВРЕМЯ, ИЗ-ЗА, КРОМЕ, ПРОТИВ и др. предлоги с родительным падежом.

Упражнение 8. **Составьте предложения по модели.**

    М о д е л ь: Деревянный дом. — Дом ИЗ деревA.

1. Каменный дом. 2. Картофельное пюре. 3. Мраморная скульптура. 4. Шерстяной свитер. 5. Шёлковое платье. 6. Синтетическая блузка. 7. Хлопчатобумажная рубашка. 8. Гранитная набережная. 9. Лисья шуба. 10. Золотое кольцо. 11. Серебряная цепочка. 12. Бронзовая статуэтка. 13. Стеклянные бусы. 14. Жемчужное ожерелье. 15. Янтарная комната.

Упражнение 9. **Прослушайте или прочитайте анекдот. Перескажите его, а затем напишите ваш пересказ, обращая особое внимание на грамматику.**

Разговаривают два приятеля. Один спрашивает:

— Ну, как твой зуб? Не болит?

Другой отвечает:

— Не знаю, он остался у врача.

Упражнение 10. **Прослушайте или прочитайте анекдот. Перескажите его, а затем напишите ваш пересказ, обращая особое внимание на грамматику.**

У матери был сын. С утра до вечера мать работала в поле, а сын не хотел работать. Один раз вечером после работы мать приготовила суп, но сын не хотел его есть. Он сказал:

— Суп невкусный.

Утром мать и сын пошли работать вместе. Вечером после работы мать опять дала на ужин суп.

— Вот сегодня суп вкусный, — сказал сын.

— Это вчерашний суп, — ответила мать.

Упражнение 11. **Определите, где возможны два варианта окончаний у существительных мужского рода (-А/-Я или -У/-Ю), а где только один вариант (-А/-Я).**

1. Два килограмма … . Запасы … . (сахар)
2. Чашка … . Выпуск … . (чай)
3. Стакан … . Продавец … . (сок)
4. Рюмка … . Запасы … . (коньяк)
5. Ложка … . Вкус … . (мёд)
6. Пакет … . Перевозка … . (изюм)
7. Немного … . Производство … . (сыр)
8. Мешок … . Поле … . (лук)
9. Тарелка … . Вкус … . (суп)

> ❗ В разговорном языке существительные мужского рода в родительном падеже могут иметь окончание -У (-Ю), но только в значении **количества**. Например: *много народа* и *много народУ*, *килограмм сыра* и *килограмм сырУ*.

> ❗ Если существительные мужского рода имеют уменьшительные суффиксы, то при обозначении количества в родительном падеже возможно только окончание -У(-Ю). Например: *чаёк — попить чайкУ, кофеёк — кофейкУ, квасок — квескУ, положить сахарок — сахаркУ, творожок — творожкУ, лучок — лучкУ, чесночок — чесночкУ, медок — медкУ, перчик — перчикУ* и др.

Упражнение 12. **Составьте диалоги по модели.**

М о д е л ь: — Сегодня первое МАЯ? — Нет, первое июнЯ.

1. Завтра будет второе июля? 2. Вчера было третье августа? 3. Послезавтра будет четвёртое сентября? 4. Через два дня будет пятое октября? 5. Вчера было шестое ноября? 6. Сегодня седьмое декабря? 7. Завтра будет восьмое января? 8. Сегодня девятое февраля?

9. Завтра будет десятое марта? 10. Завтра будет уже одиннадцатое апреля? 11. Сегодня двенадцатое мая? 12. Сегодня первое июня?

Упражнение 13. Составьте диалоги по модели.

М о д е л ь: — От кого это письмо? (он)
— Это письмо от НЕГО.

> Личные местоимения в родительном падеже: нет МЕНЯ, ТЕБЯ, ЕГО, ЕЁ, НАС, ВАС, ИХ;
> для МЕНЯ, ТЕБЯ, **Н**ЕГО, **Н**ЕЁ, НАС, ВАС, **Н**ИХ.

1. У кого нет ручки? У … (она) 2. Он живет недалеко от … (мы) 3. Это подарок для … (ты) 4. До … (ты) можно доехать на трамвае. 5. На собрании я был против … (вы) 6. Экзамен сдали все кроме … (он) 7. Где мои друзья? Скучно без … (они) 8. Кто жил в этой комнате до … (я) ? 9. Берите пример с … (она), она всё делает отлично.

Родительный падеж. Единственное число.
Окончания прилагательных и некоторых местоимений (нет: *кого? чего?*)
형용사와 일부 대명사의 단수생격 어미

m (мужской род)	-ОГО (-ЕГО)	~больш**ОГО** словаря син**ЕГО**
n (средний род)	-ОГО (-ЕГО)	~красн**ОГО** яблока мо**ЕГО**
f (женский род)	-ОЙ (-ЕЙ)	~красн**ОЙ** ручки син**ЕЙ**

Упражнение 14. Составьте диалоги по модели.

М о д е л ь: — У тебя есть старший брат? — Нет, у меня нет старш**ЕГО** брат**А**.

1. У тебя есть младший брат? 2. У тебя есть простой карандаш? 3. У Марины есть чёрный фломастер? 4. У него есть англо-русский словарь? 5. У Николая Петровича есть синий костюм? 6. У вас есть лишний билет в театр? 7. У Иванова Сергея есть новое расписание? 8. У Нади есть маленькое зеркало? 9. Рядом с вашим домом есть большое озеро? 10. У кого есть запасная ручка? 11. У тебя есть старшая или младшая сестра? 12. У вас есть зимняя одежда?

Упражнение 15. Ответьте на вопросы.

> Обратите внимание на ударение.
> Нет МОЕГО́, ТВОЕГО́, ЕГО́, ЕЁ, НА́ШЕГО, ВА́ШЕГО, ИХ друга;
> нет МОЕ́Й, ТВОЕ́Й, ЕГО́, ЕЁ, НА́ШЕЙ, ВА́ШЕЙ, ИХ подруги.

1. Это письмо от твоего друга? 2. Ты купил(а) цветы для своей мамы? 3. Ты живёшь напротив того или напротив этого дома? 4. Она приготовила ужин для всей нашей компании? 5. Когда

мы поговорим: до или после этого урока? 6. Где мы встретимся: около моего или около твоего дома? 7. Как лучше туда ехать: от той или от этой станции метро? 8. Как доехать до вашего общежития? 9. Из какого окна лучше видно озеро: из вашего или из нашего? 10. Из-за какой девушки он потерял голову: из-за этой или из-за той? 11. Когда контрольная: в конце или в начале этого урока? 12. Контрольная работа всегда проводится в конце урока? 13. Когда желают кому-то всего самого хорошего?

Упражнение 16. **Ответьте на вопросы.**

1. Мы встречаемся после третьего или после четвёртого урока? 2. Ты будешь здесь до пятнадцатого или до шестнадцатого июня? 2. Ты в группе с первого или со второго сентября? 3. У нас контрольная в конце второго или в конце третьего урока? 4. С какого числа он в нашей группе? 5. Ты будешь в Петербурге до какого числа? 6. Вы знаете, когда в России появилась картошка: до или после Петра Первого? 7. Скажите, Екатерина Вторая правила до Петра Первого или Пётр Первый правил до Екатерины Второй? 8. Кто был царём после Николая Второго? 9. Кто был царём во время первой русской революции?

> ⚠ Не было, нет или не будет ПЕРВОГО, ВТОРОГО, ТРЕТЬЕГО, ЧЕТВЁРТОГО, ПЯТОГО, ШЕСТОГО, СЕДЬМОГО, ВОСЬМОГО, ДЕВЯТОГО, ДЕСЯТОГО, ОДИННАДЦАТОГО, ДВЕНАДЦАТОГО… урока; после ПЕРВОЙ, ВТОРОЙ, ТРЕТЬЕЙ, ЧЕТВЁРТОЙ, ПЯТОЙ, ШЕСТОЙ, СЕДЬМОЙ, ВОСЬМОЙ, ДЕВЯТОЙ, ДЕСЯТОЙ, ОДИННАДЦАТОЙ, ДВЕНАДЦАТОЙ… лекции.

Упражнение 17. **Раскройте скобки.**

М о д е л ь: Новый год отмечается … (1 и 2 января).
— Новый год отмечается первОГО и вторОГО января.

1. Рождество Христово отмечается … (7 января). 2. День защитника Отечества отмечается … (23 февраля). 3. Международный женский день отмечается … (8 марта). 4. Праздник Весны и Труда отмечается … (1 и 2 мая). 5. День Победы отмечается … (9 мая).

Упражнение 18. **Проговорите и запишите предложения.**

М о д е л ь: Пушкин родился шестого июня тысяча семьсот девяносто девятОГО годА.

1. Лев Николаевич Толстой родился девятого сентября 1828 г. 2. Фёдор Михайлович Достоевский родился одиннадцатого ноября 1821 г. 3. Пётр Ильич Чайковский родился двадцать пятого апреля 1840 г. 4. Петербург был основан двадцать седьмого мая 1703 г. 5. Мой папа родился … . 6. Моя мама родилась … . 7. Я родился (родилась) … .

Упражнение 19. **Раскройте скобки.**

М о д е л ь: Конкурс имени (Чайковский). — Конкурс имени ЧайковскОГО.

1. Вы читали роман (Достоевский) «Преступление и наказание»? 2. Это улица (Чайковский)? 3. Где находится музей (Римский-Корсаков)? 4. Вы читали роман (Толстой)

«Война и мир»? 5. Слева от Русского музея — Малый театр оперы и балета имени (Мусоргский). 6. Вы любите поэзию (Ахматова и Цветаева)? 7. Вы были в музее-квартире (Достоевский)?

Родительный падеж. Множественное число. Окончания существительных 명사의 복수생격 어미

m (мужской род)	-ОВ (-ЕВ) -ЕЙ —	студентОВ иностранцЕВ преподавателЕЙ раз☐
n (средний род)	— -ЕЙ -ИЙ	яблок☐ морЕЙ занятИЙ
f (женский род)	— -ЕЙ -ИЙ	книг☐ тетрадЕЙ лекцИЙ

Упражнение 20. **Ответьте на вопросы.**

1. В вашем городе много университетов? 2. Сколько факультетов в вашем университете? 3. Вы знаете, сколько студентов учится в вашем университете? 4. Здесь учится много студентов-иностранцев? 5. У нас много музеев и театров? 6. Вы много раз были в Эрмитаже? 7. У тебя пять или шесть преподавателей? 8. Сколько парней у вас в группе? 9. У тебя много ключей от дома? 10. В спортзале много мячей? 11. В магазине одежды много плащей? 12. В миллионе шесть нолей или семь? 13. У нее действительно пять сыновей? 14. Сколько ног у жука? 15. Сколько человек в вашей группе? 16. *У него шесть или семь братьев? 17. *На дереве нет листьев? 18. *Здесь пять стульев?

Упражнение 21. **Ответьте на вопросы.**

1. Мы купили килограмм яблок или полкило? 2. В аудитории шесть окон? 3. Я получил(а) пять писем или шесть? 4. В Финляндии много озёр? 5. Сколько морей на севере России? 6. За городом много полей? 7. У тебя сегодня много дел? 8. Сколько слов вы знаете по-русски? 9. В автобусе больше нет мест? 10. Сколько упражнений нужно ещё сделать? 11. У вас было много собраний? 12. Вчера совсем не было занятий? 13. Сколько общежитий у университета? 14. *Сколько крыльев у самолёта? 15. *У птицы много перьев? 16. *Правда ли, что в Латинской Америке принято давать ребёнку несколько имён?

Упражнение 22. **Ответьте на вопросы.**

1. В городе много библиотек? 2. В музее много картин? 3. На улице нет машин? 4. В городе много собак и кошек? 5. В Доме книги много книг? 6. Сколько девушек в ва-

шей группе? 7. У него семь сестёр? 8. Сколько чашек чая вы можете выпить? 9. Сколько бутылок пива он купил? 10. Сколько рюмок вина она выпила? 11. Здесь пять или шесть тарелок? 12. Сколько нужно ложек и вилок? 13. Сколько пачек сигарет он купил? 14. Два или три килограмма конфет нужно купить? 15. Может быть, лучше купить пять коробок конфет? 16. Сколько подушек тебе нужно? 17. Сколько кроватей в комнате? 18. В центре города много площадей? 19. Это правда, что у него пять лошадей? 20. У вас сегодня совсем нет лекций? 21. Сколько станций метро ты видел?

Упражнение 23. **Скажите, а затем напишите, чего (кого) много, а чего (кого) мало в вашем городе, в вашей стране, в вашей семье, у вас.**

Слова для справок:

музеи, театры, балеты, дома, вокзалы, каналы, проспекты, памятники, фонтаны, милиционеры, студенты, рестораны, бары, магазины, пенсионеры, стадионы, спектакли, цари, преподаватели, друзья, приятели, дети, родственники, автомобили, мотоциклы, велосипеды, автобусы, троллейбусы, трамваи, жители, голуби, товарищи, перекрёстки, светофоры, музыканты, архитекторы, композиторы, писатели, мыслители, люди;

улицы, реки, горы, библиотеки, книги, подруги, бабушки и дедушки, девушки, приятельницы, родственницы, машины, оперы, площади, лошади, собаки, кошки, птицы, утки, чайки, старушки, газеты, остановки, станции, аптеки, экскурсии, киностудии, дискотеки, школы, проблемы;

озёра, зеркала, моря, поля, здания, общежития, *кафе, *казино, *такси.

Упражнение 24. **Составьте диалоги по модели.**

М о д е л ь: — Он отдыхал у родителей? (родственники)
— Он отдыхал у родственникОВ.

1. У него пять сестёр? (братья) 2. В библиотеке не было книг? (словари) 3. У неё нет друзей? (дети) 4. В университете много классов? (аудитории) 5. У этой старушки семь собак? (кошки) 6. Здесь много рек? (каналы) 7. Вы прочитали много романов Льва Николаевича Толстого? (рассказы) 8. Завтра не будет практических занятий? (лекции) 9. У артистов много выступлений? (репетиции) 10. Ты поедешь отдыхать после экзаменов? (соревнования) 11. Это конференция для учителей? (врачи) 12. Это тетрадь для лекций? (ноты)

Упражнение 25. **Прослушайте или прочитайте анекдот. Перескажите его, а затем напишите ваш пересказ, обращая особое внимание на грамматику.**

Мама говорит дочке:
— Вот тебе десять конфет. Половину дай брату.
— Хорошо, — отвечает дочка, — я дам ему три конфеты.
— Как?! Разве ты не умеешь считать?
— Я-то умею, но мой брат очень маленький, он не умеет считать.

Упражнение 26. Отгадайте загадки. Обратите внимание на грамматику.

1. Ног нет, а хожу, рта нет, а скажу, когда спать, когда вставать, когда работу начинать.
2. Без рук, без ног, по небу ползёт.
3. Без языка, без голоса, а всё расскажет.
4. Сто одёжек, и все без застёжек.

Упражнение 27. Прослушайте или прочитайте анекдот. Перескажите его, а затем напишите ваш пересказ, обращая особое внимание на грамматику.

Два студента первый раз оказались в деревне. Они увидели большой сад, в котором росло много деревьев. На них было много яблок. Только на одном дереве не было яблок. Студенты спросили местного мальчика:

— Мальчик, скажи, пожалуйста, почему на этом дереве нет яблок?

— Потому что это не яблоня, а дуб, — ответил мальчик.

Упражнение 28. Выполните упражнение по модели.

М о д е л ь: Магазин открыт с девяти часов утра. (с 10)
— Магазин открыт с ДЕСЯТИ часов утра.

1. Этот магазин работает с десяти утра до восьми вечера. (с 11 до 9) 2. Эрмитаж работает с десяти до шести. (с 10.30 до 5.30) 3. Зоологический музей работает только до семнадцати часов. (до 17.30) 4. Я буду дома после девяти. (после 11) 5. Он обещал позвонить мне после семи. (после 8) 6. Извини, я спешу, у меня нет даже пяти минут. (нет даже 2 мин.) 7. У нас перерыв с часу до двух. (с 2 до 3) 8. Маленький мальчик уже может сосчитать от одного до десяти. (от 1 до 20; от 20 до 100; от 100 до 1000)

(!) Два студента. Но: нет ДВУХ, ТРЁХ, ЧЕТЫРЁХ, ПЯТИ студентов, ШЕСТИ, СЕМИ, ВОСЬМИ, ДЕВЯТИ, ДЕСЯТИ, ОДИННАДЦАТИ и т.д.

Упражнение 29. Прочитайте.

1) 7.40
2) 8.45
3) 9.50
4) 10.55
5) 18.30
6) 19.35
7) 19.10
8) 20.05
9) 21.15
10) 22.20
11) 11.30
12) 9.25
13) 12.30
14) 12.05
15) 12.50

(!) Официальный и неофициальный варианты обозначения времени: *Пятнадцать часов двадцать минут. — Двадцать минут четвёртого. Пятнадцать часов сорок минут. — Без двадцати четыре.*

Родительный падеж. Множественное число.
Окончания прилагательных и некоторых местоимений и числительных
(много: *кого? чего?*) 형용사, 일부 대명사, 수사의 복수생격 어미

-ЫХ	новЫХ студентов и преподавателей, улиц и площадей, слов и предложений
(-ИХ)	этИХ маленькИХ

Упражнение 30. **Выполните упражнение по модели.**

М о д е л ь: У нас пять новых книг. — Сколько у нас НОВЫХ книг?

1. У нас много красивых девушек. 2. У нас много хороших парней. 3. В магазине я видел(а) восемь новых хороших словарей. 4. В нашем университете двадцать факультетов. 5. В Петербурге восемьсот различных архитектурных памятников. 6. В Петербурге 50 набережных и гранитных спусков. 7. Самая длинная улица — Садовая, её длина составляет 4376 метров. 8. В Петербурге сейчас 49 больших и малых рек. 9. Чайковский написал 10 знаменитых опер.

Упражнение 31. **Ответьте на вопросы.**

1. Вы знаете, сколько романов написал Иван Сергеевич Тургенев? (6) 2. Вы знаете, сколько опер написал Пётр Ильич Чайковский? (10) 3. Вы знаете, сколько полных лет прожил Александр Сергеевич Пушкин? (37) 5. Вы знаете, сколько километров от Петербурга до Москвы? (650) 6. Какова длина Невского проспекта? (4260 м) 7. Какова ширина Невы? (400–600 м) 8. Сколько длится самый длинный день в Петербурге? (18 час. 50 мин.) 9. Сколько весит огромный камень, на котором стоит памятник «Медный всадник»? (1600 т)

Упражнение 32. **Раскройте скобки.**

1. У тебя нет (мои часы)? 2. Здесь совсем нет (никакие достопримечательности). 3. У меня очень много (интересные знакомые). 4. Встретимся дома у (мои родственники). 5. У тебя так много (всякие приятели и приятельницы), но совсем нет (настоящие друзья). 6. Это будет сюрприз для (наши общие знакомые). 7. Тебе надо доехать до («Московские ворота»). 8. Это все знают из (сегодняшние газеты). 9. У меня болит голова от (все мои проблемы). 10. Он не смог бы победить без помощи и поддержки (свои родители и друзья).

Упражнение 33. **Прочитайте предложения.**

> Сколько (много, мало) + множественное число. Например: *сколько (много, мало) домов, книг, заданий* и т.д.
> * В некоторых случаях используется единственное число.

1. У моей подруги много разной ОДЕЖДЫ и ОБУВИ. 2. В комнате не так

уж много МЕБЕЛИ. 3. На ужин хочу купить побольше РЫБЫ (ЕДЫ). 4. У них много красивой ПОСУДЫ. 5. До экзамена ещё очень много ВРЕМЕНИ. 6. Когда дети получают в семье много СВОБОДЫ — это хорошо или плохо? 7. Боже мой, как много РАБОТЫ! 8. Проблема в том, что в Интернете слишком много разной ИНФОРМАЦИИ. 9. Много МУЗЫКИ не бывает!

Упражнение 34. **Прочитайте и запомните.**

1. Передо мной сидят два красивых парня. 2. Там было двое красивых молодых парней. 3. Ко мне подошли две красивые молодые девушки. 4. У него две замечательные бабушки. 5. Она купила две новые шариковые ручки. 6. Анна купила два простых карандаша. 7. Я ему уже отправил(а) три больших-больших письма. 8. Пять лучших студентов поедет за границу. 9. Пятеро лучших студентов поедут за границу.

> ДВА молодЫХ человека, но: ДВЕ молодЫЕ девушки, ДВОЕ молодЫХ людей, ДВОЕ больШИХ ножниц.

Упражнение 35. **Прочитайте предложения.**

1. Нормальная температура тела — 36,6 градуса. 2. Скорость течения Невы составляет 3,2–4,3 километра в час. 3. На машине в городе можно ехать со скоростью не более чем 60,1 километра в час. 4. Сейчас на Земле проживает более чем 6,5 миллиарда человек. 6. В 2050 г. численность населения Земли составит 9,3 миллиарда человек. 5. На экзамене по грамматике мой друг получил 65,7 процента.

> Запомните, как читается: 0,2 км — ноль целых (и) две десятых километра; 0,5 км — ноль целых (и) пять десятых километра; 0,05 км — ноль целых (и) пять сотых километра; 0,005 км — ноль целых (и) пять тысячных километра.

Упражнение 36. (На контроль.) **Прочитайте предложения, раскрывая скобки. Подчеркните слова или конструкции, которые диктуют необходимость употребления форм родительного падежа.**

1. У (мои друзья) двое (маленькие дети).
2. Я очень скучаю без (свои родители).
3. На улице всегда много (люди), много (народ).
4. Сколько (люди) придёт к тебе на вечеринку?
5. Это лекарство надо принимать до, после или во время (еда)?
6. У них большая семья, одиннадцать (дети): шесть (братья) и пять (сёстры).
7. Антон Павлович Чехов написал пьесу «Три (сестра)».
8. Боюсь, что завтра у меня совсем не будет (время).
9. Ты помнишь, что произошло в конце (роман) (Лев Николаевич Толстой) «Анна Каренина»?
10. Уровень жизни повысился на 0,5%.
11. Что я могу сделать для (ты, самый дорогой человек)?
12. За этот закон проголосовали все депутаты Госдумы за исключением (депутат Иванов).

13. Он писал эту книгу в течение (пять лет).

14. Магазин работает с (девять) утра до (восемь) вечера.

15. — Сколько лет он учит русский язык? — Не лет, а только десять или одиннадцать (месяц).

16. За сколько (дни) или (недели) ты сможешь выполнить эту работу?

17. Желаю вам (счастье, здоровье, любовь и всё самое хорошее).

18. До свидания! (Счастливый путь) тебе!

19. — Он принес коробку (конфеты), две (пачка печенья) и две бутылки (вино). — Какого (вино)? — Две бутылки (шампанское).

20. Он выпил две рюмки (водка) и заказал два блюда из (морская и речная рыба).

21. Выпей рюмочку (коньячок), а потом чашечку (чаёк) или (кофеёк).

22. Как ты думаешь, это не вредно — выкуривать в день по три (сигарета) или по пять (сигареты)?

23. — Он приедет в конце (этот месяц). — А разве не (следующий)?

24. Я не могу находиться в бане более (пятнадцать минут).

25. В результате (большая авария) пострадало семнадцать (люди).

26. Он побледнел от (волнение), даже дрожит от (страх).

27. Я это делаю только из (уважение к вам).

28. Из-за (его невнимательность) мы чуть не попали в аварию.

29. Некоторые студенты плохо сдают экзамены именно вследствие (то, что) недостаточно хорошо занимаются в течение (весь учебный год).

30. Мальчик, не стесняйся (этот человек), он врач.

31. Я не боюсь (кошки, собаки и лошади), а боюсь только (мыши, крысы, змеи и крокодилы).

32. Мне всегда не хватало и сейчас не хватает (время и деньги).

33. В жизни многое зависит от (ты сам).

34. Он не привык отказываться от (удовольствия и развлечения).

35. Мы, кажется, отклонились от (наш маршрут), так можно сбиться с (путь) и заблудиться.

36. Продолжайте, пожалуйста, только не отклоняйтесь от (тема доклада), позднее мы ещё коснёмся (этот вопрос).

37. Вынь, пожалуйста, руки из (карманы)!

38. Достань мне яблочко с (яблоня).

39. Он хочет достичь (своя цель), для этого ему надо добиться (хорошие результаты).

40. Этот человек достоин (уважение), он заслуживает (внимание и забота).

41. Я придерживаюсь (иная точка зрения).

42. Я уже не прошу, а требую (абсолютная тишина)!

43. Хочется (что-нибудь вкусное).

44. Она наготовила много (вкусное), много (всякая разная еда, всякие разные блюда).

45. Он рассердился и наговорил много (лишнее).

46. Хватит спорить из-за (всякие пустяки, всякая ерунда)!

47. Отец лишил сына (наследство).

48. Большая собака отняла у (щенок) кусочек (колбаса).

49. «Зенит» выиграл у («Спартак») со счётом 2:0.

50. Это театр (опера и балет) имени (Мусоргский).

51. Все названия (улицы, реки, каналы, площади) пишутся с (большая буква).

52. В Петербурге проживает 5 млн. чел. или менее 5 млн. чел.?

Упражнение 37. **Используя материал упражнения 35, придумайте и запишите ещё 15–20 примеров. Проверьте вместе с преподавателем, всё ли правильно. Итак, ещё раз повторим.**

1. нет, не было, не будет + N_2

2. у, около, от, недалеко от, из (с), без, для, до, после, во время, кроме, за исключением, против, из-за, ради, в течение, со стороны, вследствие, ввиду + N_2

3. 2 (два, две), 3, 4 (0,5; 1,5; 2,4; 2,45…), много, мало, сколько + N_2

4. пакет + **молока**, конец (начало) + **урока**, в начале (в конце) + **урока** (N_2)

5. бояться, стесняться + N_2
   не хватает + N_2
   зависит от + N_2
   отказываться от + N_2
   отвлекаться от, отклоняться от + N_2
   вынуть из, достать из (с) + N_2
   избегать + N_2
   достигнуть, достичь, добиться + N_2
   лишить, лишиться + N_2
   касаться + N_2
   дотрагиваться до + N_2
   достоин + N_2
   *заслуживать (+ N_2 или N_4)
   *хотеть, *просить, *требовать (+ N_2 или N_4)
   желать + N_2
   наготовить, наговорить, насмотреться… + N_2
   избавить(ся) от + N_2
   спорить из-за + N_2
   с **точки зрения** (N_2) + N_2
   с большой **буквы** (N_2)
   выиграть у, отнять у, отобрать у + N_2

6. первое **сентября**, занятия **первого сентября** (две тысячи пятого года) (N_2)

7. театр **оперетты**, музей **восковых фигур** (N_2)

8. День **России** (N_2)

9. хуже (лучше) **меня** (N_2)

10. более (менее, около) **пяти процентов** (N_2)

Упражнение 38. Если при выполнении предыдущего упражнения у вас возникли трудности, обратите внимание на лексическую сочетаемость (прежде всего глаголов), изучение которой необходимо для активного владения языком. Если синтаксическая сочетаемость — это синтаксическая форма, то лексическая сочетаемость — конкретные слова или сочетания слов в этой конструкции. Придумывать не существующие в русском языке варианты (а также переводить буквально с родного языка на русский) не следует.

Придумайте 15–20 предложений, используя данный ниже материал (лексическую сочетаемость), иногда расширяя его. Будьте внимательны!

бояться	всего; этого; чего-нибудь…
стесняться	+ инфинитив
	кого-либо…
зависит от	меня…, кого-либо
	от обстоятельств…
	от того, как… (когда…)
не хватает (не хватило)	ничего
	времени
	денег (средств)
	сил…
отказываться от (отказаться от)	развлечений
	самого необходимого
	всего (этого; чего-то; чего-нибудь)
	удовольствий
	еды
	работы
	предложения…
отвлекаться от (отвлечься)	темы (рассказа)
	от дела (работы)…
отклоняться от (отклониться от)	направления (от маршрута)
достигать (достигнуть, достичь)	цели (намеченной цели; своей цели)
	успеха (успехов; больших успехов)
	зенита (апогея)…
добиваться (добиться)	цели
	успеха
	славы…
лишать (лишить)	наследства (денег)
	всего (чего-нибудь)
	возможности…
	слова…
касаться (коснуться)	руки
	этого вопроса (этой темы)…
дотрагиваться до (дотронуться до)	руки

достоин (достойна)	внимания (уважения; любви)
	награды…
(по)просить	внимания (уважения; тишины)
(по)требовать	слова
	воды…
(по)желать	счастья, любви, здоровья, успехов, всего самого хорошего
придерживаться	другой точки зрения (точки зрения, что…)
	иных взглядов…
(избавляться)	
избавиться от	недостатков
	этого человека…
насмотреться	всего
	разных фильмов…
наготовить	всего (всякой еды; много всего)
наговорить	всего (много всего; такого)
	лишнего…
(лишаться)	
лишиться	всего
	денег
	родителей
	работы
	волос, зубов…
привет от	мамы, Ирины, меня
спорить из-за	этого
	из-за ерунды (пустяков; такой ерунды; таких пустяков)…

ВИНИТЕЛЬНЫЙ ПАДЕЖ (N₄) 대격

Информация по употреблению 대격의 사용

Винительный падеж употребляется с переходными глаголами или словами категории состояния: 1) *писать **письмо**; жаль **сына***; 2) *заниматься **целую неделю**, повторить **несколько раз***.

Винительный падеж. Единственное число.
Окончания существительных
(вижу: *что? кого?*) 명사의 단수대격 어미

m (мужской род)	= именительный: дом, стол	= родительный: студентА, другА
n (средний род)	= именительный: море	= именительный: лицо
f (женский род)	книгУ, станциЮ, улицУ, мамУ, девушкУ, но: = именительный: тетрадь, мать	

Упражнение 1. Ответьте на вопросы.

1. Что ты будешь есть? (мясо, рыба, салат) 2. Что ты будешь пить? (пиво, вино или водка) 3. Съешь что-нибудь из фруктов! (апельсин, банан, мандарин, яблоко или груша) 4. Что мы будем писать сегодня на уроке? (диктант, сочинение или контрольная работа) 5. Что обычно пишет аспирант? (реферат или диссертация) 6. Что надо взять с собой? (паспорт, виза) 7. Что ты купил(а)? (бутылка вина, коробка конфет, печенье и чай) 8. Какой цветок ей подарить? (роза, тюльпан, нарцисс, хризантема или лилия) 9. Что этот парень хочет на день рождения? (велосипед, мотоцикл или машина) 10. Если у тебя будет много денег, что ты купишь? (компьютер, машина, вертолёт, самолёт, яхта, магазин, фабрика, килограмм конфет) 11. Что вы любите? (литература, история, поэзия, живопись, архитектура, политика, экономика).

> ⓘ Винительный падеж необходим после следующих глаголов: *видеть — увидеть, слышать — услышать, писать — написать, читать — прочитать, смотреть — посмотреть, решать — решить, получать — получить, понимать — понять, целовать — поцеловать, обнимать — обнять, понимать — понять, вспоминать — вспомнить, встречать — встретить* и др. Такие глаголы в русском языке не требуют после себя предлога и называются **переходными**.

Упражнение 2. **Прослушайте или прочитайте анекдот. Перескажите его, а затем напишите ваш пересказ, обращая особое внимание на грамматику.**

Жена говорит мужу:

— Дорогой, ты говорил, что любишь картошку. Я готовила картошку в понедельник, во вторник, в среду, в четверг и в пятницу. Сегодня суббота, и ты говоришь, что уже не любишь картошку! Что случилось?

 В понедельник, во вторник, в среду, в четверг, в пятницу, в субботу, в воскресенье.

Упражнение 3. **Прослушайте или прочитайте анекдот. Перескажите его, а затем напишите ваш пересказ, обращая особое внимание на грамматику.**

Маленькая девочка говорит:

— Мама, наша учительница никогда не видела собаку.

— Почему ты так думаешь?

— Когда я нарисовала собаку, она спросила: «Кто это?»

Упражнение 4. **Раскройте скобки.**

1. Он едет в Петербург? (Москва) 2. Куда ты поедешь на каникулы? (Финляндия, Швеция, Франция, Германия или Китай) 3. Пожалуйста, положи книгу и тетрадь в портфель. (рюкзак или сумка) 4. Садись, если хочешь, на стул. (диван или кресло) 5. У тебя температура, ложись в кровать. (постель) 6. Она убрала книгу в сумку. (шкаф или стол) 7. Она перебросила мяч через сетку. (забор) 8. Ручка упала под стол. (кровать) 9. Он ударился рукой об угол стола. (стол) 10. Мальчик пошёл на кухню. (туалет) 11. Машина заехала за угол. (дом) 12. Солнце зашло за горизонт. (туча) 13. Он прыгнул в воду. (бассейн) 14. Таня уронила мячик в речку. (лужа) 15. Щенок лёг на траву (коврик) и уснул. 16. Будем обедать или заниматься? Садитесь за стол! (уроки) 17. Он взял меня за руку (рукав, воротник, пуговица) и сказал: «Выслушай меня!»

 После глаголов со значением движения употребляется винительный падеж.

Винительный падеж. Единственное число.
Окончания прилагательных, местоимений и числительных (*что? кого?*)
형용사와 대명사 및 수사의 단수대격 어미

m (мужской род)	красивЫЙ дом (-ИЙ, -ОЙ)	дорогОГО друга (-ЕГО)
n (средний род)	ЧёрнОЕ море (-ЕЕ)	юридическОЕ лицо (-ЕЕ)
f (женский род)	первУЮ книгу (-ЮЮ) большУЮ тетрадь	любимУЮ маму моЮ мать

Упражнение 5. Ответьте на вопрос-шутку.

На какое дерево садится ворона после дождя?

Упражнение 6. Раскройте скобки.

1. Кого вы видели вчера? (наш общий друг) 2. Кого ты вчера встретил(а)? (моя лучшая подруга) 3. За кого она выходит замуж? За ... (её школьный друг). 4. Я даже сразу не узнал(а) (моя тётя и мой дядя). 5. Надо бы встретить в аэропорту (ваша племянница). 6. Не надо обвинять (этот человек). 7. Как я люблю (мой отец и моя мать; мой папа и моя мама)! 8. Я очень рад(а) за (их новый преподаватель). 9. Я хочу покормить (моя лошадь; моя лошадка). 10. Дайте мне обнять (мой дедушка и моя бабушка)! 11. Я буду всегда любить и защищать (мой сын и моя дочь; мой сыночек и моя дочка). 12. Как хорошо, что мы поддержали (наш приятель) в трудную минуту! 13. Ты должен слушаться (мама и папа).

> (!) Мой, моего, мою, моё — твой, твоего, твою, твоё — его, её — наш, нашего, нашу, наше — ваш, вашего, вашу, ваше — их.

Упражнение 7. Раскройте скобки.

1. Мама несёт на руках (маленький ребёнок). 2. Он несёт своей девушке в подарок (красивая красная роза и коробка конфет). 3. Кто потерял (маленькая белая собачка; маленький белый щенок)? 4. В зоомагазине они купили (волнистый попугайчик и рыжий хомячок). 5. Что ты будешь пить: (кофе с молоком или чёрный кофе)? 6. Змея проглотила (маленькая птичка). 7. В зоопарке мы видели (огромный слон и симпатичный жираф). 8. Мы выписываем (газета «Комсомольская правда» и журнал «Эксперт»). 9. Вчера мы видели (рыжая лошадь; рыжий конь). 10. Я встречал(а) в аэропорту (моя тётя — мамина сестра). 11. Я давно не видел(а) (мой дядя — мамин брат). 12. Мы первый раз встретили (такой замечательный преподаватель)! 13. Я всегда могу рассчитывать на (моя сестра и мой брат).

Упражнение 8. Прочитайте предложения. Обратите внимание на конструкции времени.

1. Он придёт через минутУ. 2. Она приехала сюда на неделЮ. 3. Она будет здесь неделЮ. 4. Подожди, пожалуйста, только однУ минуточкУ! 5. Он писал реферат целый год! 6. Анна написала реферат за однУ неделЮ. 7. Преподаватель задал нам задание на месяц вперёд. 8. В войнУ люди голодали. 9. В эту эпохУ происходит много войн. 10. Так много мне не прочитать и за сто лет! 11. В настоящее время существует ряд социальных проблем. 12. Она придёт ко мне в этУ субботУ. 13. Подождите, я всё приготовлю за однУ секундУ! 14. Что она приготовит на завтрак, на обед и на ужин? 15. Эту работу можно отложить на вечер. 16. Он дал мне книгу на неделЮ или две. 17. Я буду это читать целУЮ неделЮ. 18. Постарайся это прочитать за неделЮ!

Упражнение 9. **Раскройте скобки.**

1. Спасибо за (ваша забота и внимание). 2. Извините за (беспокойство). 3. Сначала надо постучать в (дверь), а потом уже заходить в (комната). 4. Мне дали (эта книга) всего на (одна неделя). 5. Самолёты летают в (любая погода). 6. Я обожаю (мой племянник). 7. Папа хотел порадовать (свой сын) и купил ему (новый компьютер). 8. Сын также хотел порадовать (свой отец) и хорошо сдал (летняя сессия). 9. Давайте заведём (какая-нибудь собака: или большой сенбернар, или овчарка, или спаниель). 10. Дети принесли в (дом) (пушистый котёнок). 11. Машенька, поцелуй (любимый дедушка и любимая бабушка)! 12. Он не любит тратить деньги на (еда). 13. Извини за (поздний визит). 14. Ты должен простить (свой друг). 15. Он купил (ноутбук) за (тысяча долларов). 16. Скоро все будут голосовать за (новый президент). 17. Повесь (куртка) на (вешалка). 18. Это письмо на (имя декана). 19. Вышлите письмо на (адрес нашей фирмы).

Винительный падеж. Множественное число.
Общая таблица окончаний (вижу: *что? кого?*)
복수대격 어미의 총정리 (표)

m (мужской род)	эти дома (=N₁)	этих студентов (=N₂)
n (средний род)	эти поля (=N₁)	юридических лиц (=N₂)
f (женский род)	эти площади (=N₁)	этих девушек (=N₂)

Упражнение 10. **Закончите предложения.**

1. Ты очень нехорошо поступил. Я обиделся на … . 2. У неё все хорошо. Мы очень рады за … . 3. Ребёнок очень красивый. Все хотят посмотреть на … . 4. Я нехорошо поступил. Не сердись на … . 5. Я тебя люблю. Не бросай … . 6. Вам сейчас тяжело. Я хочу в трудную минуту поддержать … . 7. Мои друзья — очень хорошие люди. Я очень люблю … . 8. Ольга, Вы прекрасны. Я люблю … . 9. Они не виноваты. В чём ты … обвиняешь? 10. Я переживаю за … .

> ⓘ Личные местоимения в винительном падеже: он видит МЕНЯ, ТЕБЯ, ЕГО, ЕЁ, НАС, ВАС, ИХ; он обиделся на НЕЁ, НЕГО, НИХ.

Упражнение 11. **Прослушайте или прочитайте анекдот. Перескажите его, а затем напишите ваш пересказ, обращая особое внимание на грамматику.**

Разговаривают два приятеля. Один спрашивает другого:
— Как ты думаешь, кого труднее всего рисовать?
— Труднее всего рисовать обычных людей, лошадей, собак и кошек. А легче всего — чертей и злых духов.
— Почему?
— Потому что людей, лошадей, собак и кошек все видели, а чертей и злых духов никто не видел, и никто не знает, как они выглядят.

Упражнение 12. **Ответьте на вопросы.**

1. Ты знаешь этих молодых людей? 2. Вы не видели здесь моих родителей? 3. Кого вы чаще видите на филфаке: парней или девушек? 3. За что она обиделась на своих соседей? 4. Вы любите писать письма? 5. Как вы считаете, люди должны отвечать за свои поступки? 6. Что вы сделаете, если я попрошу вас начинать занятия в 6 часов утра? 7. Почему ребёнок хочет, чтобы отец взял его на руки? 8. Сколько будет: два умножить на единицу? 9. Сколько будет: пять тысяч разделить на тысячу? 10. Куда вы выбрасываете мусор? 11. В каких птиц превращаются девушки в балете «Лебединое озеро»? 12. Вы умеете рисовать животных? 13. Каких животных вы любите? 14. Любите ли вы людей? Кого больше: мужчин или женщин? 15. Вы похожи на своих родителей? 16. Вы любите тратить деньги на развлечения? 17. На сколько дней вы хотите поехать в Москву? 18. Куда вы хотите поехать на каникулы? 19. Вы часто ходите в гости? 20. В какие страны можно поехать без визы? 21. Какие продукты вы обычно покупаете в магазине?

Упражнение 13. **Повторите формы существительных, прилагательных и местоимений единственного и множественного числа в винительном падеже.**

1. Что можно купить в магазине? (бытовая техника: современный компьютер, цветной телевизор, небольшой пылесос, стиральная машина, магнитофон, видеокамера, музыкальный центр) 2. Какую посуду надо принести? (глубокие и мелкие тарелки, шесть чашек, все блюдца, шесть вилок и ножей и одна большая ложка) 3. Какие цветы он обычно покупает? (тюльпаны, нарциссы, лилии, гладиолусы, ромашки, колокольчики и одна большая роза) 4. Какие овощи надо купить для борща? (свёкла, морковь, картошка, лук, чеснок, перец, помидор и, конечно, капуста) 5. Какие музыкальные инструменты можно увидеть в симфоническом оркестре? (рояль, скрипка, виолончель, барабан, арфа, а также духовые инструменты) 6. Каких людей вы любите? (добрые, хорошие, умные, талантливые, интеллектуальные) 7. Каких людей вы не любите? (злые, завистливые, недоброжелательные, глупые, бестолковые) 8. Каких животных вы видели в зоопарке? (обезьяны, крокодилы, орлы и другие птицы, чёрные пантеры, полосатые тигры, бурые и белые медведи) 9. Кого часто рисовал этот художник? (молодые красивые девушки, солидные дамы, дряхлые старики и старухи) 10. Кого и что он часто видит во сне? (свои родители, бабушка и дедушка, своя семья, своя девушка, родные места) 11. За кого она хочет выйти замуж? (известный артист, популярный певец, бразильский футболист, её друг, её любимый) 12. Куда он её пригласил? (дача, музей, драматический театр, прогулка на катере, студенческая вечеринка) 13. В какие города можно поехать? (Новгород, Псков, Мурманск, Новосибирск, Владивосток, Владимир, Ярославль, Суздаль, Воронеж, Иркутск) 14. Кого вы хотите пригласить сегодня в гости? (все мои самые лучшие друзья) 15. Кого и что вы любите фотографировать? (различные памятники, наша группа, наш преподаватель и всё, что мне нравится)

Упражнение 14. **Ответьте на вопросы, используя не менее пяти вариантов ответа.**

1. Что вы покупаете на рынке? 2. Что надо купить, чтобы приготовить щи? 3. Что можно купить в хозяйственном магазине? 4. Кого вы давно не видели? 5. За кого всегда

все волнуются? 6. Кого вы очень любите? 7. Каких людей нельзя уважать? 8. Кого можно увидеть в центре города? 9. Что можно увидеть в центре города? 10. Что продают в киоске? 11. Куда обычно выбрасывают мусор? 12. На кого и на что можно надеяться? 13. На какие газеты и журналы можно подписаться на почте?

Упражнение 15. **Раскройте скобки.**

1. Я советую вам почитать (Лев Николаевич Толстой). 2. Почитайте (Фёдор Михайлович Достоевский). 3. Он хочет прочитать (весь Пушкин). 4. Она обожает (Пётр Ильич Чайковский). 5. Кого вы больше любите: (Шостакович или Глинка)? 6. Я хочу послушать (эти певцы). 7. Мы уважаем (наши преподаватели). 8. (Каждая суббота) они ходят на (ближайший стадион) и играют в (футбол или городки). 9. После бакалавриата можно поступать в (магистратура), а уже потом в (аспирантура). 10. Я хочу найти (интересная работа). 11. Я надеюсь на (помощь друзей). 12. Я всегда могу положиться на (мои друзья). 13. Благодарю вас за (интересная экскурсия). 14. Мы часто ходим на (различные выставки). 15. Я думаю, что ещё плохо знаю (мои новые знакомые).

Упражнение 16. **Прочитайте предложения. Найдите и подчеркните конструкции с винительным падежом, определите их значение.**

1. На какое число назначен экзамен? — На пятое февраля. 2. Кого она пригласила на день рождения? 3. Умер известный писатель, и все пошли на его похороны. 4. Эту работу лучше отложить на июнь. 5. Экскурсия переносится со вторника на среду, с пятого числа на шестое. 6. У тебя виза с какого по какое число? — С первого сентября по десятое января. 7. Это домашнее задание на пятницу. 8. Она сшила новое платье на выпускной вечер. 9. На окончание университета родители подарили мне машину. 10. На свадьбу принято дарить хорошие подарки. 11. На свой юбилей он пригласил много гостей. 12. Этот костюм я обычно надеваю только на какое-нибудь торжество. 13. Что у нас на ужин?

Упражнение 17. **Прочитайте предложения. Найдите и подчеркните конструкции с винительным падежом, определите их значение.**

1. На наше счастье, экзамен перенесли на другое число. 2. На её беду, приехал отец и всё узнал. 3. Расти, сыночек, большой, родителям на радость! 4. Он всегда надеялся на удачу. 5. Я хотел вернуться в город на последней электричке, но тут, на мою беду, последнюю электричку отменили. 6. Хотя все билеты проданы, на ваше счастье, остался ещё один билетик. 7. Ешьте и пейте на здоровье!

Упражнение 18. (На контроль.) **Прочитайте предложения, раскройте скобки. Подчеркните слова и конструкции, которые диктуют необходимость употребления винительного падежа.**

1. Они идут, взявшись за (руки) или под (рука)?

2. Он в (она) влюбился сразу, с первого взгляда.

3. Сегодня мы будем петь (песни) под (гитара), а потом можно потанцевать под (магнитофон).

4. Котёнок прыгнул под (стол) — туда же, куда я бросил (мячик).

5. Всмотритесь в (это лицо), вдумайтесь в (эти слова), и вы откроете для себя много нового и интересного.

6. Он атеист и не верит в (Бог).

7. — Завтра я иду на (балет) в (театр).
   — На (какой)?
   — Не помню. Помню, что на (Чайковский).
   — Значит, на («Лебединое озеро»), или на («Спящая красавица»), или на («Щелкунчик»), потому что Чайковский написал только (эти балеты).

8. Приходите ко мне в (гости).

9. Заходите в (эта комната), раздевайтесь, вешайте (куртки) в (шкаф) на (вешалка), (обувь) ставьте на (подставка), (сумки) тоже кладите туда.

10. — Куда положить (книги)?
    — На (стол) или (пианино).

11. Хочу поехать в (Москва или Суздаль) или за (граница).

12. — Нехорошо говорить о людях плохо за (глаза).
    — А я и в (глаза) могу ему сказать, что он подлец.

13. — Можно ли поменять (билет) на (самолёт)?
    — А на (какое число)?
    — На (третье января).

14. Мы вышли на (большая дорога).

15. Напали на (козлик) серые волки.

16. Не нервничай! Сядь, пожалуйста, на (своё место)!

17. Здравствуй, Наташа! Извини, что долго не отвечала на (твоё письмо).

18. Он любит тратить деньги на (всякая ерунда), например, на (жевачка, сигареты, дешёвая выпивка).

19. Не обижайся на (я) за (это).

20. Спасибо за (подарок).

21. Благодарю за (внимание).

22. Заплати за (мы), у нас нет с собой денег.

23. За (что) они борются, за (что) воюют? За (кто и что) готовы умереть эти солдаты?

24. Я презираю, я просто ненавижу (он) за (этот поступок).

25. Они будут голосовать за (новый президент).

26. Не обращай внимания на (они), они так влюблены, что не могут насмотреться друг на (друг).

27. — Обо (что) он так сильно ударился?
    — Об (угол).

28. Расскажи мне (сказка) про (белый бычок).

29. Этот факт имеет (большое значение).

30. Как ты думаешь, это может сыграть (какая-то роль)?

Упражнение 19. **Используя материал упражнения 18, придумайте и запишите ещё 15–20 примеров. Проверьте вместе с преподавателем, всё ли правильно.**
Итак, ещё раз повторим.

1. (с)делать (создавать — создать, (по)строить, (на)писать, (на)рисовать...) + N_4
2. получать — получить, брать — взять (покупать — купить, отбирать — отобрать, отнимать — отнять...); отдавать — отдать (отправлять — отправить, посылать — послать...) + N_4
3. узнавать — узнать ((у)слышать, (у)видеть...) + N_4
4. (по)слушать, (по)смотреть + N_4
   на + N_4 (или в + N_4)
5. (про)читать, (вы)учить, изучать — изучить... + N_4
6. повторять — повторить, запоминать — запомнить, вспоминать — вспомнить... + N_4
7. спрашивать — спросить + N_4
8. (по)любить, (по)целовать, обнимать — обнять... + N_4
9. (по)ставить, вешать — повесить, класть — положить, сажать — посадить... + N_4
10. бросать — бросить, кидать — кинуть + N_4
    в + N_4 (или на + N_4)
11. узнавать — узнать, понимать — понять + N_4
12. (по)слушаться + N_4
13. выбирать — выбрать + N_4
14. носить **одежду** (N_4)
15. (по)жалеть + N_4
16. выписывать — выписать + N_4
17. обманывать — обмануть + N_4
18. поддерживать — поддержать + N_4
19. защищать — защитить, обвинять — обвинить + N_4
20. атаковать + N_4
21. нападать на + N_4
22. (об)(по)радовать кого (+ чем), удивлять — удивить, огорчать — огорчить; беспокоит **меня**; раздражает **меня**...
23. подводить — подвести + N_4
24. прибавлять — прибавить что (N_4) (+ к чему), отнимать — отнять что + N_4 (+ от чего)
25. умножать — умножить что (N_4) (+ на что), (раз)делить что (+ на что)
26. поступать — поступить на (или в) + N_4
27. идти — пойти, (по)ехать в (или на) + N_4
28. настраиваться — настроиться на + N_4
29. (по)менять что (+ N_4) (+ на что)
30. (по)(ис)тратить что (+ на что); (из)расходовать что (+ на что)
31. отвечать — ответить на + N_4
32. наступать на + N_4
33. (по)влиять на + N_4
34. рассчитывать на + N_4

35. (по)жаловаться на + N_4 (+ кому)
36. право на; планы на... + N_4
37. вставать — встать на (или в), садиться — сесть на (или в) + N_4
38. натыкаться — наткнуться на, наталкиваться — натолкнуться на + N_4
39. (по)надеяться на + N_4
40. клеветать на + N_4
41. на **удачу** (N_4)
42. на **неделю**, на **каникулы** (в **отпуск**) (N_4)
43. на **следующий день** (N_4)
44. спасибо за; извини за; рад за... + N_4
45. уважать за; любить за; ненавидеть за... + N_4
46. покупать — купить за + N_4
47. садиться — сесть за + N_4
48. наказывать — наказать за; бить — (по)(из)бить за... + N_4
49. воевать за; умирать — умереть за; бороться за... + N_4
50. выходить — выйти замуж за + N_4
51. болеть за + N_4
52. брать — взять за; держать за; держаться за; хватать — схватить за... + N_4
53. выдавать — выдать себя за; принимать — принять за; слыть за... + N_4
54. (про)голосовать за + N_4
55. за **неделю** (N_4)
56. прыгать — прыгнуть в (или на); бросать — бросить в (или на)... + N_4
57. (по)стучать в + N_4
58. иду в **гости** (N_4)
59. в **честь**, в **память**, в **знак**, в **защиту**, в **ответ**... (N_4)
60. влюбляться — влюбиться в + N_4
61. (по)верить в + N_4
62. превращаться — превратиться в + N_4
63. во **сколько** раз (на **сколько** процентов) (N_4)
64. говорить, рассказывать — рассказать про *(разговорное)* + N_4
65. через **минуту** (**минуту** назад) (N_4)
66. бросать — бросить, перебрасывать — перебросить через... + N_4
67. ударяться — удариться о; бить о + N_4
68. бросать — бросить под; положить, убрать, спрятать под... + N_4
69. танцевать под; петь под... + N_4
70. подстраиваться — подстроиться под + N_4
71. (за)гримироваться под + N_4
72. под **конец**; под **занавес** (N_4)

Упражнение 20. Если при выполнении предыдущего упражнения у вас возникли трудности, используйте приводимый ниже материал. Придумайте свои 15–20 предложений. Будьте внимательны!

смотреть	фильм, спектакль…
	в окно…
	на меня…
вспомнить	этого человека
	адрес, телефон…
	, что…
слушаться	родителей, маму и папу, старших…
выписывать	газету, журнал…
это раздражает (беспокоит)	меня, тебя, его
он подвёл	меня, кого-либо
носить	какую-либо одежду, очки, усы, бороду, бакенбарды…
(с)делать	предложение
предложить	руку и сердце
жить, работать, учиться…	неделю
настроиться на	работу, экзамен…
отвечать на	вопросы, письмо, грубость
отвечать за	работу, свои слова, свои поступки, своих детей…
влиять на	человека, что-либо…
рассчитывать на	помощь, поддержку, ночлег; то, что…
жаловаться на	жизнь, судьбу, родителей; то, что…
право на	труд, отдых, образование…
планы на	будущее, ближайшее время, отпуск…
вставать на	колени, голову…
сесть на	стул, *голову, *шею, *диету
натыкаться на	всё, все предметы, какие-то вещи, стол…
надеяться на	то, что…; него, судьбу, удачу…
поехать, приехать, купить, наготовить на	неделю
поехать, приехать, взять, планировать на	каникулы
спасибо за	всё, это, всё это, помощь, внимание, поддержку, ваше участие…
извини за	беспокойство, всё; то, что…
уважать за	это, его работоспособность, её мужество; то, что…
купить, продать за	тысячу рублей, копейки, ни за что…
сесть за	стол, компьютер, работу, учебники…
наказывать за	это; то, что…; опоздание, плохое поведение…

болеть за	свою команду, своих, дело…
принимать за	своего знакомого, другого человека, начальника, *чистую монету
прочитать, выучить, подготовить, сделать за	неделю
прыгать в	воду, бассейн, лодку…
стучать в	дверь, окно
иду, ходил, пойду, пригласить, ждать...	в гости
поступать в	университет, академию, специальную школу, магистратуру, аспирантуру…
на	филологический факультет, дневное отделение…
идти — пойти в	школу, армию, отпуск, декрет…
идти — выйти на	пенсию, работу…
резать	бумагу, мясо, овощи…
стричь	волосы, ногти, бумагу…
(у)красть	деньги, часы, сумку, ребёнка…
похищать — похитить	ребёнка, человека, большую сумму денег…
нанести	краски, лак; удар; урон, ущерб…
(за)платить за	учёбу, общежитие, него, обед…
оплачивать — оплатить	учёбу, проживание в общежитии, проезд… *(офиц.)*
(по)терпеть *(офиц.)*	аварию, катастрофу, крушение, поражение…
предоставлять — предоставить *(офиц.)*	регистрацию, общежитие, прописку, возможность, слово…
продлевать — продлить	визу
оформлять — оформить *(офиц.)*	документы, визу, отношения…
совершать — совершить *(офиц.)*	экскурсию, поездку, турне, ошибку…
допускать — допустить *(офиц.)*	ошибку, погрешность, промах…
одерживать — одержать *(офиц.)*	победу, верх…
(по)терпеть *(офиц.)*	поражение, бедствие, катастрофу, аварию…
играть — сыграть	роль
иметь	значение, решающее значение, влияние, вес…
приобретать — приобрести *(офиц.)*	что-либо; влияние, вес…
проявлять — проявить *(офиц.)*	внимание, заботу, милосердие…
оказывать — оказать *(офиц.)*	помощь, содействие, поддержку, влияние…
испытывать — испытать *(офиц.)*	нужду, голод, усталость, страх, ужас, радость, блаженство, боль, стыд, волнение, наслаждение, негодование…

ДАТЕЛЬНЫЙ ПАДЕЖ (N₃) 여격

Информация по употреблению 여격의 사용

Дательный падеж употребляется с глаголами: 1) **мне** *нездоровится*; 2) *помогать* **другу**; 3) *идти* **к другу**.

А также с существительными: 1) *письмо* **другу**; 2) *памятник* **Пушкину**.

Дательный падеж. Единственное число.
Окончания существительных (подхожу: *к кому? к чему?*)
명사의 단수여격 어미

m (мужской род)	-У (-Ю)	студентУ преподавателЮ (*но: путИ)
n (средний род)	-У (-Ю)	окнУ морЮ (*но: времЕНИ)
f (женский род)	-Е -И	мамЕ *матЕРИ, тетрадИ

Упражнение 1. **Прослушайте или прочитайте анекдот. Перескажите его, а затем напишите ваш пересказ, обращая особое внимание на грамматику.**

Маленький мальчик утром пришел к маме и говорит:
— Мама, я видел интересный сон.
— Расскажи мне, что ты видел, — говорит мама мальчику.
— Нет, лучше ты расскажи.
— Но это ты видел сон, а не я.
— Да, но ты тоже была там, — отвечает он маме.

Упражнение 2. **Ответьте на вопросы.**

1. Кому она вчера звонила? (мама) 2. Кому он послал письмо? (мать и отец) 3. Кому она помогает? (дедушка и бабушка) 4. Кому очень грустно? (девочка) 5. Кому больно? (мальчик) 6. К кому мы идём в гости? (Наташа и Иван) 7. Кому это письмо? (декан университета) 8. Кому эти цветы? (преподаватель русского языка). 9. Кому нравятся красивые и умные девушки? (Александр) 10. Кому нравится жить в общежитии? (Анна) 11. Кому вы рассказывали об этом? (подруга) 12. Кому скучно на лекции? (Саша и Маша) 13. Кому вы обещали помочь? (приятель)

Упражнение 3. **Ответьте на вопросы.**

(!) Грустно, весело МНЕ, ТЕБЕ, ЕМУ, ЕЙ, НАМ, ВАМ, ИМ.

1. Кому вы помогаете? (он) 2. Кому вы передали привет? (она) 3. Кому преподаватель объясняет новую тему? (они) 4. Кому он показал фотографии? (мы) 5. Кому идёт синий цвет? (вы) 6. Кому хорошо здесь? (я) 7. Кому нравится грамматика? (он) 8. Кому грустно? (она) 9. Кому поставили зачёт? (они)

Дательный падеж. Единственное число.
Окончания прилагательных, некоторых местоимений и числительных
(*кому? чему?*) 형용사와 일부 대명사 및 수사의 단수여격 어미

m (мужской род)	-ОМУ (-ЕМУ)	большОМУ домУ нашЕМУ преподавателЮ
n (средний род)	-ОМУ (-ЕМУ)	большОМУ озерУ нашЕМУ морЮ
f (женский род)	-ОЙ (-ЕЙ)	хорошЕЙ преподавательницЕ умнОЙ девочкЕ

Упражнение 4. **Раскройте скобки.**

> МОЕМУ, ТВОЕМУ, ЕГО, ЕЁ, НАШЕМУ, ВАШЕМУ, ИХ другу; МОЕЙ, ТВОЕЙ, ЕГО, ЕЁ, НАШЕЙ, ВАШЕЙ, ИХ подруге.

1. Я обещал(а) (моя мама) приехать через месяц. 2. Оля не сказала (свой друг), куда она идёт. 3. Мы подарили цветы (наша первая учительница). 4. Он каждый вечер звонит или посылает письма (своя любимая девушка). 5. Пошёл старик к (синее море), стал звать золотую рыбку. 6. Рыбка приплыла к (этот старик) и спросила: «Что ты хочешь, старик?» 7. Старик (она) отвечает: «Ничего (я) не надо, но (моя старуха) нужен новый дом». 8. Мы часто гуляем по (Невский проспект). 9. (Я) очень нравится симфоническая музыка, но она мешает заниматься (мой сосед по комнате). 10. Как ты думаешь, сколько лет (эта преподавательница)? 11. (Борис) должно быть стыдно: он забыл, сколько лет (его мать). 12. (Новая студентка) очень трудно в этой группе. 13. (Несовершеннолетний юноша) нельзя покупать вино. 14. На экскурсию по (наш город) приглашаются все желающие. 15. Корабль плывёт по (Балтийское море или Финский залив)? 16. Передайте, пожалуйста, привет (наш общий друг). 17. Это памятник (Пётр Первый), далее мы увидим памятник (Николай Первый), а потом мы посмотрим памятник (Екатерина Вторая).

Упражнение 5. **Ответьте на вопросы, используя не менее трёх вариантов ответа.**

1. Кому хорошо здесь? 2. Кому весело? 3. Кому нравится здесь? 4. Кому надо сдавать экзамен? 5. Кому можно позвонить? 6. Кому больше двадцати лет? 7. К кому мы пойдём в гости? 8. Кому вы хотите подарить сувениры? 9. К кому можно обратиться в трудную минуту? 10. Чему вы радуетесь? 11. Памятник кому стоит около Русского музея? 12. Кому повезёт завтра? 13. Кому идёт зелёный цвет? 14. Кому вы хотите передать привет? 15. По какому предмету он будет сдавать экзамен? 16. Кому можно дарить игрушки?

Упражнение 6. **Прочитайте предложения. Найдите и подчеркните конструкции с дательным падежом, определите их значение.**

1. К счастью, скоро приедут мои родители. 2. К несчастью, я ещё ничего не успел приготовить. 3. К моему стыду, я часто пропускаю занятия. 4. Ко всеобщей радости, экзамен

перенесли. 5. К её ужасу, в комнате кто-то был. 6. Он наконец-то закончил свою скучную лекцию, ко всеобщему удовольствию. 7. К нашему счастью, скоро каникулы.

Упражнение 7. **Прочитайте предложения. Найдите и подчеркните конструкции с дательным падежом, определите их значение. Придумайте свои примеры.**

1. Извини, я по ошибке взял(а) твою тетрадь. 2. Он сделал много ошибок только по невнимательности. 3. По рассеянности профессор зашёл не в ту аудиторию. 4. По молодости все хотят быть начальниками. 5. Я уже здесь не работаю, но часто по привычке всё равно захожу сюда. 6. Хочу взять отпуск по семейным обстоятельствам. 7. Он не вышел на работу по болезни. 8. Она ушла в декрет и будет получать пособие по уходу за ребёнком. 9. Он ушёл с работы по собственному желанию. 10. Все билеты были уже проданы, и лишь по счастливой случайности мне удалось достать один билетик на этот спектакль.

Дательный падеж. Множественное число. Общая таблица окончаний (*кому? чему?*)
복수여격 어미의 총정리 (표)

m, n, f (мужской, средний, женский род)	-ИМ (-ЫМ)	-ЯМ (-АМ)	моИМ друзьЯМ умнЫМ студентАМ, красивЫМ девушкАМ большИМ озёрАМ

Упражнение 8. **Ответьте на вопросы.**

1. Каким людям обычно ставят памятники? (известные) 2. К каким праздникам они готовятся? (майские) 3. По каким улицам вы любите гулять? (самые красивые) 4. К кому он подошёл? (наши преподаватели) 5. К каким экзаменам вы готовитесь? (экзамены в аспирантуру) 6. По каким дням не работает библиотека? (выходные и праздничные) 7. Кому трудно учиться в университете? (ленивые студенты) 8. По каким морям он плавал? (северные) 9. Каким людям можно доверять? (ответственные и честные) 10. К каким наукам у него есть способности? (точные или гуманитарные) 11. Кому вы благодарны? (свои родители) 12. Кому хочется сказать спасибо? (все мои преподаватели) 13. Кому хорошо здесь? (все наши ученики) 14. Кому понравилась вчерашняя лекция? (не все наши студенты) 15. По кому вы скучаете? (все мои знакомые и друзья, мои родители) 16. Кому надо поступать в аспирантуру? (самые способные ученики)

Упражнение 9. **Прослушайте или прочитайте анекдот. Перескажите его, а затем напишите ваш пересказ, обращая особое внимание на грамматику.**

Врач спрашивает женщину:
— Сколько вам лет?
— Мне тридцать два года, — отвечает женщина.
— Да? Это правда?
— Да, мне тридцать два года и восемнадцать месяцев, — отвечает она врачу.

Упражнение 10. **Прослушайте или прочитайте анекдот. Перескажите его, а затем напишите ваш пересказ, обращая особое внимание на грамматику.**

Маленькая девочка пришла из школы. Её спрашивают:
— Что тебе больше всего нравится в школе?
— Больше всего мне нравится перемена, — отвечает девочка.

Упражнение 11. **Прослушайте или прочитайте анекдот. Перескажите его, а затем напишите ваш пересказ, обращая особое внимание на грамматику.**

Дочь хочет выйти замуж, отец против. Он говорит жене:
— Ты сказала дочери, что если она выйдет замуж за этого парня, я лишу её наследства?
— Я сделала лучше, — отвечает жена, — я сказала это жениху.

Упражнение 12. **Составьте микродиалоги, используя данные ниже вопросы.**

1. К какому празднику наряжают (украшают) ёлку? 2. К какому блюду подают соус? 3. К каким блюдам подают белое вино? 4. К каким блюдам подают красное вино? 5. Что подают к шампанскому? 6. Каким девушкам идут высокие причёски? 7. Каким людям легко жить? 8. Кому принадлежат слова: «Книга — лучший подарок»? 9. К чему у тебя есть способности? 10. По какому предмету труднее всего сдавать экзамен? 11. По каким дням у вас занятия по грамматике? 12. Твой жених (твоя невеста) соответствует твоему идеалу? 13. Благодаря кому ты можешь учиться в университете? 14. К какому празднику вы готовитесь? 15. К какому костюму подойдёт красный галстук? 16. Кому надо всегда всё напоминать?

Упражнение 13. **Найдите и подчеркните конструкции с дательным падежом, определите их значение.**

1. Эту работу надо закончить к понедельнику. 2. Мы готовы к приходу гостей. 3. Что же купить к Рождеству? 4. Гости придут к пяти часам. 5. Мы приходим в университет к девяти тридцати. 6. К часу дня всё должно быть готово. 7. Эти конфеты мы купили к празднику. 8. К вечеру у него поднялась температура, к утру температура прошла. 9. Зимнюю одежду лучше покупать ближе к зиме.

Упражнение 14. (На контроль.) **Раскройте скобки. Подчеркните слова и конструкции, которые диктуют необходимость употребления дательного падежа.**

1. Дай, пожалуйста, книгу (этот человек).
2. Помоги (свой хороший друг).
3. Напиши или позвони, купи и пошли что-нибудь (своя мама, свой папа, свои родители).
4. Я стараюсь не мешать (мои соседи).
5. Я не очень доверяю (эта блондинка).
6. Обещаю (ты), что обязательно напишу.
7. Передай привет (моя сестрёнка, братик, все мои друзья).

8. Передайте эту записку (Елена или Иван).

9. Напомни (отец, папа), что надо прислать (я) денег.

10. Не завидуй (он), у него не так всё хорошо.

11. (Я, ты, он, она, мы все) хорошо и весело здесь.

12. (Я) надоело это сто раз повторять!

13. (Мы все) не понравилась эта экскурсия.

14. У него всегда был интерес к (иностранные языки).

15. Я не привык к (это).

16. Я всегда рад (мои гости).

17. Этот цвет (ты) идёт.

18. У меня будет экзамен по (русский язык и литература).

19. Я люблю гулять по (Петербург, его улицы и гранитные набережные).

20. У нас хорошие преподаватели по (все аспекты).

21. Он отличный специалист по (компьютерная графика).

22. Я смотрел этот фильм по (телевизор, телевидение).

23. Этот спектакль поставлен по (роман Достоевского).

24. Я иду по (свои дела).

25. Я очень скучаю по (дом, свои родители).

26. Я иду в гости к (моя соседка).

27. Жаль, что я проиграл вчера (ты) в шахматы.

28. Сколько будет: к (пять) прибавить два?

29. — (Что) равно: пять плюс семь? — (Двенадцать).

30. — Невский проспект перпендикулярен (что)? — (Садовая улица).

31. — Как идёт Средний проспект Васильевского острова? — Параллельно (Большой проспект и Малый проспект).

32. Я очень хорошо отношусь к (этот человек и его подруга).

33. Он не принадлежал к (высшее общество).

34. Ты не знаешь, (кто) принадлежит этот дом?

35. Всегда, наверно, надо прислушиваться к (советы своих родных).

36. Не приставай ко (я)!

37. Отец приучил его к (труд и самостоятельность).

38. Он сделал (она) предложение, но она отказала (он).

39. Он ревнивый, всегда ревнует её к (кто-нибудь).

40. Не надо никогда (никто) лгать!

41. Это не соответствует (действительность).

42. Жаль, что я не последовал (твой совет)!

43. Надо быть снисходительнее к (чужие недостатки).

44. Надо всё прибрать к (приезд родителей).

45. Надо (сам) стараться добиваться всего, но иногда нужно, чтобы (ты) хоть чуточку повезло!

46. Футболист бьёт по (мяч), удар, гол!

47. Не подлежит (сомнение) тот факт, что бытие определяет сознание.

48. — В театре у нас были плохие места, (мы) ничего не было видно и почти ничего не слышно. — (Я) очень жаль, (вы) не повезло. — (Я) всегда не везёт с билетами.

49. Он любит путешествовать по (разные города и разные страны).

50. Вопреки (совет отца и здравый смысл) сын пошёл работать, а не учиться.

51. Согласно (наша Конституция), каждый человек имеет право на труд, на отдых и на образование.

52. Наш начальник любит, когда (он) льстят.

53. Мы будем переписываться по (Интернет).

Упражнение 15. Используя материал упражнения 14, придумайте и запишите ещё 15–20 предложений. Проверьте вместе с преподавателем, всё ли правильно.
Итак, ещё раз повторим.

1. говорить, писать, давать, посылать, отправлять, звонить, дарить… + N_3
2. помогать, мешать… + N_3
3. отдать, проиграть + N_3
4. обещать, давать слово, доверять, верить… + N_3
5. объяснять, объявлять, передавать, рекомендовать, напоминать, советовать… + N_3
6. жаловаться, завидовать… + N_3
7. говорить неправду, лгать, врать + N_3
8. льстить + N_3
9. сколько лет + N_3
10. нравится + N_3
11. идёт + N_3
12. нельзя, можно, разрешается, разрешено, запрещается, запрещено, рекомендовано… + N_3
13. надоело, повезло, везёт, повезёт, удалось + N_3
14. хорошо, плохо, весело, грустно, смешно, видно, слышно; странно, что… + N_3
15. разрешить, запретить + N_3
16. отказывать + N_3
17. (ставить) памятник + N_3
18. слава + N_3
19. подчиняться, покоряться + N_3
20. не подлежит + N_3
21. следовать; подражать + N_3
22. соответствовать; противоречить + N_3
23. равен; противоположен + N_3
24. параллельно; перпендикулярно + N_3
25. благодаря; *по[1]; к; вопреки; согласно (*офиц.*) + N_3
26. принадлежать + N_3
27. принадлежать к + N_3
28. интерес к, любовь к, ненависть к, способности к, талант к… + N_3
29. привыкнуть к, привык(ла) к, приучить к, приспособиться к… + N_3
30. прислушаться к, присмотреться к… + N_3
31. призывать к + N_3

---

[1] Всего в грамматике существует 3 варианта: по + N_3, по + N_4, по + N_6.

32. приходить к, приставать к + N₃
33. относиться к + N₃
34. снисходительный к + N₃
35. свататься к + N₃
36. идти, ходить, ехать, ездить к + N₃
37. переходить к + N₃
38. гулять по, путешествовать по… + N₃
39. бить по, ударить по, стучать по… + N₃
40. учебник по, экзамен по, преподаватель по… + N₃
41. скучать по, тосковать по + N₃
42. по **телевизору** (N₃), по **телевидению** (N₃), по **радио** (N₃), по **телефону** (N₃), по **Интернету** (N₃)…
43. по **книге** (N₃), по **роману** (N₃), по **рассказу** (N₃)…
44. по **закону** (N₃)
45. по **моему мнению** (N₃)
46. по **недоразумению** (N₃)

Упражнение 16. Если при выполнении предыдущего упражнения у вас возникли трудности, обратите внимание на лексическую сочетаемость (прежде всего глаголов), изучение которой необходимо для активного владения языком. Придумайте ещё 15–20 предложений, используя приведённый ниже материал, иногда расширяя его. Будьте внимательны!

верить	человеку, его словам…
согласно *(офиц.)*	закону, конституции, инструкции, указу…
рад(а)	успеху, тебе, твоему приходу, всему, солнцу…
принадлежать	человеку, кому-либо, мне
принадлежать к	высшему обществу, числу…; самым…
интерес к	науке, наукам, математике…
следовать *(офиц.)*	примеру; инструкции…
приспособиться к	жизни, этому…
прислушаться к	человеку, его словам, моему совету…
присмотреться к	человеку, людям…
призывать к	борьбе; революции…
соответствовать	действительности, твоим словам…
противоречить	действительности, его словам, здравому смыслу…
жаловаться	маме или папе, старшему, начальнику…
льстить	человеку, начальнику…
подлизываться к *(разг.)*	человеку, начальнику…
завидовать	человеку, его успехам, его славе…
снисходительны к	человеку, его недостаткам..
подчиняться, покоряться	человеку, силе, грубой силе…
вопреки	совету, всему…
подражать	человеку, его голосу, его походке, его манерам…
не подлежит *(офиц.)*	*сомнению, уничтожению…*
свататься к	*девушке…*

идти, ехать к	кому-либо
переходить к	следующему вопросу, следующей теме…
скучать по	родине, родителям, своим друзьям, университету…
путешествовать по	разным странам, разным городам, своей стране…
пособие по	безработице, уходу за ребенком, временной нетрудоспособности, инвалидности…
узнать, определить, понять по	голосу, почерку, походке

ПРЕДЛОЖНЫЙ ПАДЕЖ (N_6) 전치격

Информация по употреблению 전치격의 사용

Предложный падеж употребляется только с предлогами *в, на, о, по, при*.

Предложный падеж употребляется с глаголами: 1) *рассказывать **о семье***; 2) *мечтать **в детстве***.

А также с существительными: 1) *рассказ **о себе***; 2) *птица **в клетке***; 3) *прогулка **в саду***.

Предложный падеж. Единственное число.
Окончания существительных (говорю: *о ком? о чём?*)
명사의 단수전치격 어미

m (мужской род)	-Е	о музеЕ
	-иИ	о планетариИ (*но: в путИ)
	*-У	в садУ
n (средний род)	-Е	о яблокЕ
	-иИ	о расписаниИ (*но: о времениИ)
f (женский род)	-Е	о мамЕ
	-иИ	о РоссиИ, о матерИ

Упражнение 1. Прослушайте или прочитайте анекдот. Перескажите его, а затем напишите ваш пересказ, обращая особое внимание на грамматику.

Маленький мальчик спрашивает папу:
— Папа, где ты родился?
— В Москве, — отвечает папа.
— А мама где родилась?
— В Киеве.
— А я где родился?
— В Петербурге.
— Как хорошо, что все мы встретились! — говорит мальчик.

Упражнение 2. **Ответьте на вопросы.**

1. Где он был вчера? (стадион — футбол) 2. Где она была два дня назад? (театр — балет) 3. Где вы были позавчера? (Мариинский театр — опера «Евгений Онегин») 4. Где они были? (университет — урок русского языка) 5. Где работает твой отец? (фирма) 6. Где работает твоя мама? (гостиница) 7. Где можно купить марки? (почта) 8. Где живёт много студентов? (общежитие) 9. Где можно увидеть много животных? (зоопарк или цирк — представление) 10. Где лучше покупать фрукты? (рынок или магазин) 11. Где находятся большие студенческие общежития? (улица Кораблестроителей и улица Шевченко) 12. Где можно летом отдыхать? (море)

> (!) В университете, в доме, в городе, в театре…
> Но: *на почте, *на рынке, *на вокзале, *на станции, на улице, на концерте, на лекции.

Упражнение 3. **Составьте микродиалоги, используя приведённые ниже вопросы.**

1. На чём ты едешь в университет? (маршрутка, автобус, троллейбус, трамвай, метро, такси, частник). 2. Как доехать до Эрмитажа? 3. Как быстрее добраться до Москвы? (поезд, самолёт, машина, корабль, теплоход) 4. Как добраться до Петродворца? 5. На чём лучше ехать в Пушкин? 6. На чём лучше плыть в Швецию? (корабль, паром, теплоход, катер, яхта, лодка, плот) 7. На чём лучше кататься? (велосипед, мотороллер, скейт, мотоцикл, мопед, самокат) 8. На ком вы ещё не ездили? (лошадь, верблюд, слон, осёл, пони, зебра, олень, лось, коза, страус) 9. На чём вы уже летали? (самолёт, вертолёт, планер)

Упражнение 4. **Составьте микродиалоги, используя приведённые ниже вопросы.**

1. Где можно жить? (Европа, Азия, Америка, Австралия, Арктика, Антарктида) 2. Где вы уже были? (Россия, Франция, Англия, Италия, Испания, Португалия, Чехия, Словакия, Венгрия, Румыния, Болгария, Швейцария, Швеция, Финляндия, Норвегия, Дания, Бельгия, Германия, Австрия) 3. Где вы ещё не были? (Япония, Корея, Вьетнам, Лаос, Китай, Монголия, Таиланд) 4. Где вы хотите побывать? (Египет, Марокко, Алжир, Тунис, Эфиопия, ЮАР, Гвинея) 5. Где живут ваши друзья? (Австралия, Индонезия, Океания, Кипр, Мадагаскар) 6. Где бы вы хотели жить? (Америка, США, Канада, Чили, Куба, Аргентина, Колумбия, Коста-Рика)

Упражнение 5. **Ответьте на вопросы.**

1. Где много деревьев? (сад) 2. Где стоит шкаф? (угол) 3. Где находится Гостиный двор? (угол Невского и Садовой) 4. Где вы были? (аэропорт) 5. Где можно стоять и фотографировать? (мост) 6. Где конфета? (рот) 7. Где можно собирать грибы? (лес) 8. Где стоит рыбак? (берег) 9. Скоро экзамены? (нос)

> (!) Особая группа существительных мужского рода: *в лесУ*.

Упражнение 6. Ответьте на вопросы.

1. О чём пишут в газете? (политика, экономика, спорт, экология) 2. О чём вы говорили вчера весь вечер? (культура и религия) 3. О чём она долго рассказывала? (путешествие, поездка в Египет) 4. О чём можно узнать из газет и журналов? (ситуация в России) 5. О чём этот фильм? (любовь двух молодых людей) 6. О чём роман «Война и мир»? (судьбы разных героев) 7. О чём он не знает? (экзамен) 8. Где он отдыхал? (Крым или Кавказ) 9. О чём они спорят? (спектакль) 10. О чём они говорят? (балет Чайковского «Лебединое озеро»)

Упражнение 7. Прослушайте или прочитайте анекдот. Перескажите его, а затем напишите ваш пересказ, обращая особое внимание на грамматику.

Одна женщина сидела в саду и писала письмо подруге. Какой-то мужчина стоял рядом и читал её письмо. Женщина заметила это и написала в письме: «Дорогая подруга, я не могу больше писать тебе письмо, потому что какой-то мужчина стоит рядом и читает его».

— Неправда! — сказал мужчина. — Я не читаю!

Упражнение 8. Ответьте на вопросы.

1. О ком ты думаешь? (ты) 2. Это стул. На чём вы сидите? (он) 3. Это плита. На чём стоит чайник? (она) 4. Это река. Где много рыбы? (она) 5. О ком он всегда заботится? (я) 6. Это мои родители. О ком я всегда думаю? (они) 7. Скоро отпуск. О чём я мечтаю? (он) 8. Скоро каникулы. О чём я мечтаю? (они)

> ❗ Думайте обо МНЕ, о ТЕБЕ, о НЁМ, о НЕЙ, о НАС, о ВАС, о НИХ.

Предложный падеж. Единственное число.
Окончания прилагательных, местоимений и числительных
(думать: *о ком? о чём?*) 형용사, 대명사 및 수사의 단수전치격 어미

m (мужской род)	-ОМ (-ЁМ) (-ЕМ)	большОМ, моЁМ нашЕМ
n (средний род)	-ОМ (-ЁМ) (-ЕМ)	большОМ, моЁМ нашЕМ
f (женский род)	-ОЙ (-ЕЙ)	большОЙ нашЕЙ

Упражнение 9. Ответьте на вопросы.

1. В каком городе вы живёте: в большом или небольшом? 2. На каком острове находится Санкт-Петербургский государственный университет: на Васильевском или на

Крестовском? 3. На каком этаже вы живёте: на первом, на втором, на третьем или выше? 4. В каком корпусе общежития вы живёте: в первом или во втором? 5. На каком автобусе вы едете: на десятом или на седьмом? 6. В каком море больше рыбы: в Балтийском или Чёрном? 7. На каком озере вы были: на ближнем или дальнем? 8. На каком окне стоят цветы: на моём или на твоём? 9. На каком уроке будет контрольная: на первом или втором? 10. В каком здании магазин: в этом или в соседнем? 11. На каком троллейбусе вы едете: на первом или на десятом? 12. В каком соке больше витаминов: в апельсиновом или в яблочном? 13. В каком платье ты пойдёшь на вечеринку: в чёрном или синем? 14. В каком магазине можно купить мыло: в продуктовом или хозяйственном? 15. На каком такси мы поедем: на маршрутном или на обычном? 16. На каком вокзале ты был: на Балтийском, на Витебском или на Финляндском?

Упражнение 10. **Ответьте на вопросы.**

1. В какой деревне они живут: в большой или в маленькой? 2. На какой улице он живёт: на Садовой или на Пушкинской? 3. На какой лекции вы были: на интересной или на не очень интересной? 4. В какой комнате мы будем принимать гостей: в этой или в той? 5. О какой невесте он мечтает: о красивой или о богатой? 6. На какой девушке он женился: на красивой или на умной? 7. В какой газете вы это прочитали: в «Комсомольской правде» или в «Коммерсанте»? 8. В какой библиотеке он был: в публичной или в студенческой? 9. На какой руке носят обручальное кольцо: на левой или на правой? 10. О какой жизни вы мечтаете: о тихой и спокойной или о весёлой? 11. На какой станции метро вы будете выходить: на «Маяковской» или на «Пушкинской»? 12. В какой пище больше полезных веществ: в консервированной или в свежеприготовленной? 13. В какой воде водится больше рыбы: в чистой или в мутной? 14. Где вы ещё не были: в Северной Америке или в Южной? 15. В какой школе он учится: в начальной или в средней? 16. Вы учились когда-нибудь в музыкальной или в художественной школе?

Упражнение 11. **Составьте микродиалоги, используя приведённые ниже вопросы.**

1. В каком университете ты учишься? (Санкт-Петербургский государственный университет) 2. На каком факультете ты учишься? (филологический) 3. На каком курсе ты учишься? (первый, второй, третий, четвёртый, пятый) 4. На каком факультете учится твой друг? (исторический, философский, экономический, химический, биолого-почвенный, физический, математико-механический, юридический, восточный, специальный филологический) 5. В какой конференции вы хотели бы принять участие? (международная, университетская, студенческая, городская, межвузовская) 6. В каком полушарии расположена Северная Америка? (северное, южное) 7. В каком общежитии ты живёшь? (студенческое, семейное, университетское, новое) 8. В каком магазине ты был недавно? (продуктовый, промтоварный, обувной, хозяйственный, книжный) 9. В какой комнате лучше поставить компьютер? (гостиная, мамина, папина, ванная, самая маленькая, любая) 10. Где можно хорошо отдохнуть? (Южная или Северная Корея, Латинская Америка, ЮАР, Российская Федерация…)

Упражнение 12. **Хорошо ли вы знаете математику? Отгадайте загадку-шутку.**

На берёзе десять веток. На каждой ветке по пять веточек. На каждой веточке по пять яблок. Сколько яблок на берёзе?..

Упражнение 13. **Ответьте на вопрос-шутку.**

На дереве сидело пять птиц. Пришла кошка и съела одну птицу. Сколько птиц осталось?..

Упражнение 14. **Раскройте скобки.**

1. Пушкин любил гулять в (Летний сад). 2. Мы купили эти сувениры в (Гостиный двор). 3. Много красивых домов расположено на (Невский проспект). 4. Недавно мы были в (Русский музей). 5. Он никогда не был в (Третьяковская галерея). 6. Я ничего не понимаю в (прикладная математика). 7. Бельё можно постирать в (стиральная машина). 8. Фальшивые деньги можно печатать на (цветной принтер или цветной ксерокс). 9. Памятник Суворову стоит на (Марсово поле). 10. Как ты думаешь, можно купаться в (Финский залив)? 11. Дуэль Пушкина была на (Черная речка). 12. Ты часто занимаешься в (Публичная библиотека)? 13. Запломбировать зуб можно в (университетская поликлиника). 14. Лучшие музыканты выступают в (Санкт-Петербургская государственная филармония). 15. Петербург был построен при (Петр Первый). 16. Расскажи о (твой родной город). 17. Расскажите о (своя семья).

Упражнение 15. **Прочитайте вопросы, раскрывая скобки. Ответьте на эти вопросы.**

1. В (какое полушарие) находится Россия? (западное, восточное, северное, южное) 2. В (какой век) была основана Москва? (двенадцатый, девятнадцатый) 3. В (какой век) был основан Петербург? (семнадцатый, восемнадцатый) 4. В (какой век) родился А.С. Пушкин? (восемнадцатый, девятнадцатый) 5. В (какой век) мы живем? (двадцатый, двадцать первый) 6. В (какой год) родился А.С. Пушкин? (тысяча семьсот девяносто девятый) 7. В (какой год) был основан Петербург? (тысяча семьсот третий год) 8. В (какой год) вы родились? (...) 9. На (какая страница) это упражнение? (двести двадцать пятая) 10. На (какая Олимпиада) выступали спортсмены? (зимняя, летняя) 11. О (какая война) часто вспоминают в России? (Вторая мировая) 12. В (какой университет) он учится? (Политехнический, Гуманитарный, Финансово-экономический) 13. В (какой театр) он был? (Мариинский, Малый оперный) 14. На (какой язык) он свободно говорит? (английский, французский, немецкий, испанский, итальянский, китайский, арабский) 15. В (какая библиотека) она была? (какая-то, никакая) 16. О (что) она любит рассказывать? (своя жизнь).

Предложный падеж. Множественное число.
Общая таблица окончаний 복수전치격 어미의 총정리 (표)

m (мужской род), n (средний род), f (женский род)	-ИХ (-ЫХ) + -АХ (-ЯХ)	в больш**ИХ** город**АХ**, мор**ЯХ**, тетрад**ЯХ**

Упражнение 16. **Ответьте на вопросы.**

1. В каких городах вы любите бывать? (большие, небольшие, провинциальные, столичные) 2. О каких проблемах вы не любите говорить? (свои, личные, мелкие) 3. В чём люди не любят признаваться? (свои ошибки) 4. О чём вы жалеете? (неразумно потраченные деньги) 5. На каких вопросах вы хотите остановиться в своей работе? (самые актуальные) 6. В каких задачах вы хорошо разбираетесь? (химические, физические, математические) 7. На каких музыкальных инструментах вы играете? (струнные, духовые, клавишные, ударные) 8. В каких Олимпийских играх он участвовал? (двадцать вторые, двадцать третьи, двадцать четвёртые) 9. На каких курсах он занимался? (подготовительные) 10. В каких делах нужно разбираться самому? (личные) 11. В чём человеку трудно признаться? (свои грехи) 12. В чём вы иногда ошибаетесь? (свои прогнозы)

Упражнение 17. **Составьте диалоги по модели.**

М о д е л ь: — Я был в Англии, во Франции, в Японии.
— В как**ИХ** стран**АХ** ты был?

1. Я был в Париже, Лондоне, Токио. 2. Он был в Русском музее, в Эрмитаже и в Морском музее. 3. Она участвовала в студенческой и международной конференциях. 4. Один мой друг учится в Инженерно-экономическом университете, другой — в Финансово-экономическом университете. 5. Я говорю на испанском, итальянском и французском языках. 6. Вы говорите о романе Пушкина «Евгений Онегин» и романе Льва Толстого «Война и мир». 7. Я думаю об экзамене по русскому языку и об экзамене по зарубежной литературе. 8. Об этом писали в газете «Санкт-Петербургские ведомости» и в газете «Известия». 9. Мы говорили о журнале «Эксперт», а ещё о журналах «Деньги», «Власть» и «Итоги». 10. Он рассказывал о Северном Ледовитом океане, о Тихом океане, об Атлантическом океане и об Индийском океане. 11. Он плавал в Баренцевом море, в Средиземном море, в Чёрном море, в Белом море и других морях. 12. Мы уже были в Москве в Театре имени Маяковского, в Театре на Таганке и в Театре Сатиры. 13. Она совсем не волнуется о своих бабушке, тёте, дяде, двоюродной сестре.

Упражнение 18. **Составьте микродиалоги, используя приведённый ниже материал.**

1. Где вы бывали? (разные страны, разные города, разные континенты) 2. В каких вопросах ты разбираешься? (социальные, экономические, различные) 3. О каких проблемах они говорили? (международные проблемы, общечеловеческие проблемы) 4. О ком надо заботиться? (свои родители, родственники, свои родные, близкие, друзья,

дети) 5. На чём и на ком может отразиться твоё плохое настроение? (результаты работы, состояние здоровья, твоя карьера) 6. В чём ты ничего не понимаешь? (психология, женская логика, мужская логика, вопросы политики) 7. В чём ты поедешь за город? (новый костюм, обычные джинсы, старые брюки) 8. В чём она пойдёт на вечеринку? (вечернее платье, голубые джинсы, узкие бриджи, короткая юбка) 9. О чём вы мечтаете? (кругосветное путешествие, большие доходы, интересная работа, своя семья) 10. При каком царе был основан Санкт-Петербургский университет? (Пётр Первый, Екатерина Вторая)

Упражнение 19. (На контроль.) **Прочитайте предложения, раскройте скобки. Подчеркните слова или конструкции, требующие предложного падежа.**

1. О (что) ты всё время думаешь? Ты совсем не думаешь о (я).

2. — О (что) этот фильм? — О (одна провинциальная девушка), о (то), как она приезжает в город, о (история её любви) — в общем, мелодрама.

3. Не беспокойся о (я), у меня всё будет хорошо.

4. — Почему они ссорятся? — Они не ссорятся, просто спорят о (политика).

5. Я живу на (улица Кораблестроителей) в (общежитие) на (семнадцатый этаж), а учусь в (Санкт-Петербургский университет) на (филологический факультет) на (первый курс).

6. — На (какой язык) ты слушаешь лекции? — На (английский).

7. — Ты на (что-нибудь) играешь? — На (семиструнная гитара), а когда-то учился на (скрипка и виолончель).

8. Он не хочет на (она) жениться.

9. Плохая подготовка сказывается (отражается) на (результаты экзаменов).

10. Я не настаиваю на (своя точка зрения), даже могу её пересмотреть и, если окажусь не прав, согласиться с вами.

11. — Ты уверен в (этот человек)? — Да, я не сомневаюсь в (он), он не подведёт.

12. С ним трудно разговаривать, он настолько убеждён в (своя правота), что его не переубедить.

13. Сколько спортсменов примет участие в (Олимпийские игры)?

14. — Я никогда в (ничто) не ошибаюсь. — Беда в (то), что ты очень самоуверен.

15. Пожилые люди нуждаются в (наша забота и внимание).

16. Раскольников глубоко раскаивался в (то), что он совершил, — в (своё преступление).

17. Печорин разочаровался в (жизнь и люди).

18. Онегин в (конец романа) признаётся Татьяне в (любовь).

19. — Мне в (ничто) себя упрекнуть. — Дело не в (это), Иван всё равно на нас обиделся.

20. — Наташа, ты в (что) пойдёшь на вечеринку? — Наверно, в (вечернее платье). А может быть, и в (джинсы), в (они) удобнее танцевать.

21. — Ты разбираешься в (техника)? — Смотря в (какая). В (компьютеры и телевизоры) — немного.

22. Умный учится на (чужие ошибки), дурак — на (свои).

23. Он вышел из незнакомого дома не через ту дверь и оказался в (тёмный глухой двор).

24. Гостиница «Москва». Название гостиницы пишется с большой буквы и в (кавычки).

25. — В (что) у тебя лицо? Ты в (что-то) испачкался. — Наверное, в (крем) — мы недавно ели торт.

26. — При (что) здесь талант? — Как это при (что)? При (твой талант) ты должен стать профессиональным музыкантом.

27. Санкт-Петербургский университет был основан при (Пётр Первый).

28. — Я не доверяю ему в (это). — В (такой случай) лучше иметь дело с другим человеком.

29. Мои родители всегда поддерживают меня в (все мои начинания).

30. В (прошлый год) мы переехали на новую квартиру.

31. Он приедет на (следующая неделя).

32. Вода в (Байкал) такая чистая, что в (он) всё отражается, как в (зеркало).

33. Итак, на (что) мы остановились на (прошлая лекция)?

34. Ты хочешь служить в (армия)?

35. Ей уже 55 лет, и она уже на (пенсия).

36. Я этого в (принцип) не хочу делать.

37. По-моему, он в (ничто) не виноват.

38. При (покупка компьютера) нужно быть очень внимательным.

Упражнение 20. Используя материал упражнения 19, придумайте и запишите ещё 15–20 примеров. Проверьте вместе с преподавателем, всё ли правильно.
Итак, ещё раз повторим.

1. говорить о, думать о, читать о, писать о, знать о, сообщать о, мечтать о + N_6
2. беспокоиться о, волноваться о + N_6
3. заботиться о + N_6
4. спорить о, рассуждать о + N_6
5. грустить о + N_6
6. книга о, роман о, фильм о, спектакль о + N_6
7. находиться, жить, остановиться, работать, учиться (где?) в + N_6 или на + N_6
8. стоять, сидеть, лежать, спать, висеть (где?) в + N_6 или на + N_6
9. оказаться, очутиться (где?) в + N_6 или на + N_6
10. служить (где?) в + N_6 или на + N_6
11. быть, бывать (где?) в + N_6 или на + N_6
12. играть на + N_6
13. лекция на каком-либо **языке** (N_6)
14. говорить на каких-либо **языках** (N_6)
15. жениться на + N_6
16. настаивать на + N_6
17. сказывается на + N_6
18. учиться на (**примере**) + N_6

19. доказать на + N_6

20. показывать — показать на + N_6

21. отражается на + N_6

22. отражается в + N_6

23. уверен в, убеждён в, сомневаюсь в + N_6

24. убеждать — убедить в + N_6

25. виноват в + N_6

26. ходить в (**джинсах**) + N_6

27. участвовать в, принимать — принять участие в + N_6

28. преуспеть в + N_6

29. поддерживать — поддержать в + N_6

30. ошибаться — ошибиться в + N_6

31. раскаиваться — раскаяться в + N_6

32. разбираться в + N_6

33. упрекать — упрекнуть в, обвинять — обвинить в + N_6

34. признаваться — признаться в + N_6

35. испачкаться в + N_6

36. в прошлом **году**, на прошлой **неделе** (N_6)

37. проблема в, вопрос в, дело в + N_6; беда в **том** (N_6), что…

38. в **скобках**, в **кавычках**, в **принципе** (N_6)

39. в **таком случае**, во **всяком случае**, в общем, в **целом**, в **среднем** (N_6)

40. при **таком таланте**… (N_6)

41. при **царе**… (N_6)

Упражнение 21. Если при выполнении предыдущего упражнения у вас возникли трудности, обратите внимание на лексическую сочетаемость (прежде всего глаголов), изучение которой необходимо для активного владения языком. Придумайте ещё 15–20 предложений, используя приведённый ниже материал, иногда расширяя его. Будьте внимательны!

беспокоиться, волноваться о	том, что…; том, как…; себе, родителях…	(п)
заботиться о	людях, животных; том, чтобы…	
спорить о	политике, работе; том, как…	
грустить о	своей любимой, обо мне…	
книга, фильм о	любви, истории любви, человеке, жизни; том, как…	
оказаться, очутиться	в незнакомом месте; на необитаемом острове; в ужасном положении, в ужасной ситуации	
служить	в армии, на флоте…	
бывать, быть	в музеях, театрах, разных городах, на концертах, на выставках…	
быть	на пенсии, в декрете, в отставке…	
играть на	фортепиано, пианино, рояле, гитаре, скрипке, виолончели, трубе, саксофоне, флейте, балалайке, арфе, барабане, ударных…	

жениться на	девушке, женщине…
настаивать на	этом; том, что…; своей точке зрения, своём понимании
сказывается на	работе, здоровье…
учиться на	ошибках, примере, примере кого-либо
доказать на	ошибках, примере, примере кого-либо, собственном примере, собственном опыте…
показать на	себе, схеме, плане, рисунке…
отражается на	работе, результатах, людях, зарплате…
отражается в	зеркале, реке, чём-либо…
уверен, не уверен, убеждён, сомневаюсь в	этом; том, что…; человеке, результате, результатах работы, вашей правоте…
виноват в	этом; том, что…; во всём, ни в чём не виноват…
ходить в	какой-либо одежде: брюках и рубашке, костюме, юбке и блузке, трусах, халате, пижаме; в очках; в чём мать родила
участвовать в	соревнованиях, Олимпийских играх; концерте, выступлении; демонстрации, забастовке, митинге; конференции…
ошибиться в	этом, человеке; том, что…; своих планах, своих расчётах…
преуспеть в	этом, своих делах, своей работе…
поддерживать в	этом, этом вопросе, целом…
раскаиваться в	этом; том, что…; своём преступлении…
разбираться в	этом, технике, политике, экономике, математике, людях, мужчинах, женщинах, цветах…
обвинять в	этом, во всём; в том, что…; кого-либо в своих неудачах…
упрекать в	этом; том, что; во всём…
признаться в	любви; своих ошибках; том, что…
испачкаться в	грязи, краске, мелу, земле, креме, рыбе…
приехал, был, изучал, проходил, случилось…	в прошлом году, на прошлой неделе
проблема, вопрос в	том, что…
беда, его счастье в	том, что…
в чём	проблема, дело
пишется, стоит в	скобках, кавычках
в таком случае = тогда	
во всяком случае = но	
согласен, хорошо, неплохо	в общем, в целом…
очень большой талант = при таком (твоём) таланте	
при (таком) твоём уме	надо…; можно…

построен, основан
жить…

при царе = когда был царь…
при царе, при коммунизме…
при покупке, при ремонте, при нагревании…

ТВОРИТЕЛЬНЫЙ ПАДЕЖ (N₅) 조격

Информация по употреблению 조격의 사용

Творительный падеж употребляется в конструкциях с глаголами: 1) *дом строится рабочими*; 2) *интересоваться историей*; 3) *был инженером*.

А также с существительными: 1) *исполнение песни автором*; 2) *плавание кролем*; 3) *прогулки вечерами*.

Творительный падеж. Единственное число. Окончания существительных
(*кем? чем?*) 명사의 단수조격 어미

m (мужской род)	-ОМ (-ЁМ) (-ЕМ)	врачОМ, вратарЁМ преподавателЕМ
n (средний род)	-ОМ (-ЁМ) (-ЕМ)	озерОМ морЕМ
f (женский род)	-ОЙ (-ЁЙ) (-ЕЙ) -ЬЮ	девушкОЙ, семьЁЙ МариЕЙ матерьЮ

Упражнение 1. **Ответьте на вопросы.**

1. Кем он хотел быть в детстве: врачом или преподавателем? 2. Кем он стал: строителем или архитектором? 3. Кем она мечтает быть: артисткой или фотомоделью? 4. Кем он никогда не станет: космонавтом или лётчиком? 5. Кем он будет после университета: экономистом или журналистом? 6. Кем она хочет быть: физиком или математиком? 7. Кем она была: его женой или его любовницей? 8. Кем он был на прошлой работе: директором или менеджером? 9. Она хочет стать филологом или историком? 10. Он стал юристом или политиком? 11. Он хочет быть президентом или просто министром? 12. Кем был Пушкин: писателем или композитором? 13. Кем был Шостакович: композитором или писателем? 14. Кем был Суворов: полководцем или солдатом?

Упражнение 2. **Ответьте на вопросы.**

1. Чем он интересуется больше: историей или философией? 2. Чем она интересуется: скульптурой или живописью? 3. Чем ты занимаешься в университете: литературой или языком? 4. Он занимается дизайном или архитектурой? 5. Он занимается спортом или фитнесом? 6. Он увлёкся альпинизмом или скалолазанием? 7. Она заинтересовалась

жизнью растений или животных? Флорой или фауной? 8. В школе она серьёзно занималась рисованием или пением? 9. Ещё в школе она увлеклась биологией или медициной? 10. Он хочет серьёзно заниматься плаванием или теннисом? 11. Чем мы займёмся сначала: работой или подготовкой к выступлению? 12. Чем ты увлекался пять лет назад: спортом или политикой?

Упражнение 3. **Прочитайте предложения, раскрывая скобки.**

1. Я пишу в тетради (карандаш), а не (ручка). 2. Она рисует (фломастер). 3. Преподаватель пишет на доске (фломастер) или (мел)? 4. Суп обычно едят (ложка). 5. Мясо едят (вилка и нож). 6. Мы режем хлеб (нож). 7. Не надо никого бить (палка). 8. Дверь можно открыть (ключ). 9. Футболист отбил мяч (нога, а потом голова). 10. Не стучи, пожалуйста, (карандаш) по столу! 11. Думать надо (голова)! 12. В теннисе по мячу бьют (ракетка). 13. Ну что ты качаешь (голова)? 14. Гвоздь можно забить (молоток). 15. Что написано (перо), не вырубишь (топор).

Упражнение 4. **Прочитайте предложения.**

1. Перед домом небольшой сад. 2. Самолёт летит над городом. 3. За домом тоже небольшой сад. 4. Между отцом и сыном состоялся неприятный разговор. 5. Он пойдёт на вечеринку с девушкой. 6. Мне стыдно перед мамой. 7. С кем она так долго говорит по телефону? — С матерью. 8. Это лекарство лучше принимать перед едой. 9. Где мяч? — Под кроватью. 10. Поздравляю вас с праздником. 11. Можно поднять тост за чистое небо над головой. 12. Ты иди, а я пойду за тобой.

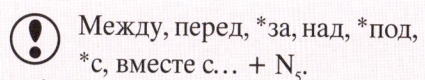

Между, перед, *за, над, *под, *с, вместе с… + N_5.

Упражнение 5. **Прослушайте или прочитайте анекдот. Перескажите его, а затем напишите ваш пересказ, обращая особое внимание на грамматику.**

— Сыночек, — говорит мама. — Я не разрешаю тебе дружить с Петей, он плохой мальчик.

— Хорошо, — отвечает сын. — Я не буду дружить с ним. Тогда он может дружить со мной, ведь я-то хороший мальчик.

Интересоваться МНОЙ, ТОБОЙ, ИМ, ЕЙ, НАМИ, ВАМИ, ИМИ; со МНОЙ, с ТОБОЙ, НИМ, НЕЙ, НАМИ, ВАМИ, НИМИ.

Упражнение 6. **Прочитайте предложения. Найдите конструкции с творительным падежом, определите их значение.**

1. Ты пойдёшь со мной в театр? — С удовольствием. 2. Они с восторгом слушали своего преподавателя. 3. Она смотрела на него с улыбкой. 4. Они смотрели на него с ненавистью. 5. Мы с завистью смотрели на него. 6. Мы слушали его с интересом. 7. Он с грустью взглянул на неё. 8. Он рассказывал об этом со смехом. 9. Она посмотрела на меня с неприязнью. 10. Он с ужасом смотрел на всё это. 11. Мать смотрит на ребёнка с любовью.

Упражнение 7. **Прослушайте или прочитайте анекдот. Перескажите его, а затем напишите ваш пересказ, обращая особое внимание на грамматику.**

На уроке учитель спрашивает учеников:
— Какая разница между молнией и электричеством?
Один ученик отвечает:
— Молния — это бесплатное электричество.

Творительный падеж. Единственное число.
Окончания прилагательных, некоторых местоимений и числительных
(*с кем? с чем?*) 형용사, 일부 대명사 및 수사의 단수조격 어미

m (мужской род)	-ЫМ (-ИМ)	с умнЫМ другом
n (средний род)	-ЫМ (-ИМ)	с большИМ яблоком
f (женский род)	-ОЙ (-ЕЙ)	с моЕЙ матерью

Упражнение 8. **Ответьте на вопросы.**

1. Какой ручкой вы пишете? (синяя, чёрная, красная, зелёная) 2. Каким карандашом он пишет? (красный, простой) 3. Какой рукой ты пишешь? (левая, правая) 4. Какой литературой вы интересуетесь? (классическая, современная) 5. Какой атлетикой он занимается? (лёгкая, тяжёлая) 6. Какой гимнастикой она занимается? (спортивная, художественная) 7. Каким теннисом он увлёкся? (большой, настольный) 8. С какой сестрой она давно не виделась? (родная, двоюродная) 9. С какой девушкой он встречается? (умная, очаровательная) 10. Каким вином он нас будет угощать? (белое, красное, сухое, креплёное, шампанское) 11. Чем они нас будут угощать? — Рыбой. — Какой? (какая-то морская, какая-то речная) 12. Какой ручкой удобнее писать? (шариковая, перьевая) 13. За каким столом удобнее работать? (письменный, обеденный, журнальный столик) 14. Каким боком он повернулся ко мне? (левый, правый) 15. С каким хлебом едят суп? (белый, чёрный, серый) 16. Под каким соусом подают рыбу? (чесночный, острый, соевый, томатный, белый)

Упражнение 9. **Раскройте скобки.**

1. Поздравляю вас с (день рождения)! 2. Поздравляю вас с (первое сентября — начало занятий)! 3. Я не могу поставить свою подпись под (этот документ). 4. Не надо ссориться с (этот человек). 5. Он посмотрел на меня с (какое-то удивление). 6. Не надо злоупотреблять (моё терпение)! 7. Писатель работает над (новая книга). 8. Она машет нам (белый платок). 9. Надеюсь, ты не будешь драться с (этот негодяй)? 10. Чем можно почистить кастрюлю? — (Какая-нибудь паста или порошок). 11. Чем можно вытереться? — (Вот это полотенце). 12. Чем наградят этого героя? — (Какой-нибудь орден или медаль).

13. Он обладает (редкий талант). 14. Нехорошо смеяться над (больной человек) 15. Чем вас порадовать? — (Какая-нибудь смешная история или какой-нибудь анекдот). 16. Она занимается (фигурное катание).

Упражнение 10. **Составьте микродиалоги, используя приведённый ниже материал.**

1. С чем лучше пить чай? (с молоком, с сахаром, с мёдом, с вареньем, с печеньем, с пирожным…) 2. С чем ты хочешь бутерброд? (с колбасой, с ветчиной, с сыром, с рыбой…) 3. С кем вы никогда не спорите? (со своим отцом, со своей мамой, со своей матерью, со своей сестрой, со своим братом, со своей подругой, со своим другом…) 4. За чем ты идёшь в магазин? (за хлебом, за вином, за водкой, за пивом, за лимонадом, за молоком…) 5. Где посажены цветы? (за домом, перед домом, между домом и садом…) 6. Перед кем надо извиниться? (перед моим дедушкой, перед моим дядей, перед этим человеком, перед водителем автобуса…) 7. Над чем ты сейчас работаешь? (над дипломом, над диссертацией, над сценарием фильма, над своей книгой) 8. Чем можно наслаждаться? (отдыхом, покоем, хорошей едой, хорошим вином, приятным разговором, чудесной музыкой…) 9. Чем можно любоваться? (видом из окна, прекрасным видом, рекой, костюмом, своим лицом, своей фигурой, её фигурой, её походкой…) 10. С чем и с кем вам повезло? (с расписанием, с преподавателем, с другом, с братом, с подругой)

Упражнение 11. **Составьте микродиалоги, используя приведённый ниже материал.**

1. Ты занимался каким-нибудь видом спорта? (лёгкая атлетика, гимнастика, плавание, большой теннис, конный спорт, фигурное катание, акробатика, бег...) 2. Ты увлекаешься музыкой? (симфоническая, классическая, популярная, рок, поп-музыка…) 3. Чем люди болеют? (грипп, ангина, бронхит, воспаление лёгких, СПИД, рак…) 4. Чем можно питаться? (консервированные продукты, молочные продукты, мясо, молоко, рыба…) 5. С кем или чем можно сравнить свою любимую? (солнце, солнышко, свет, прекрасный цветок, птичка, рыбка, ласточка, голубушка, радость жизни…) 6. Чем дышит человек? (свежий воздух, кислород, плохой воздух) 7. С чем обычно поздравляют друг друга? (успех, окончание школы, окончание университета, рождение ребёнка, день свадьбы, День строителя…) 8. С каким праздником ты хочешь меня поздравить? (Новый год, Рождество, Международный женский день, Восьмое марта, Первое мая, Праздник весны и труда, День Победы, День России) 9. Чем нужно обладать, чтобы руководить людьми? (ум, незаурядный ум, талант, организаторский талант, желание работать с людьми…) 10. Чем можно бить по мячу? (голова, левая рука, правая рука, левая нога, правая нога, палка, ракетка, бита, клюшка…)

Упражнение 12. **Прочитайте анекдот. Найдите конструкции с творительным падежом. Перескажите анекдот.**

Одного мальчика спрашивают:
— Мальчик, куда ты идёшь?
— В детский сад.
— А что ты там делаешь?

— Работаю.
— Вот как! А кем?
— Ребёнком.

Упражнение 13. **Прочитайте анекдот. Найдите конструкции с творительным падежом. Перескажите анекдот.**

— Вовочка, если ты будешь хорошим мальчиком, то попадёшь в рай, а если плохим, то попадёшь в ад.
— А кем мне быть, бабушка, чтобы попасть в цирк? — спрашивает Вовочка.

Упражнение 14. **Прочитайте анекдот. Найдите конструкции с творительным падежом. Перескажите анекдот.**

Человек пришёл к другу в гости и видит, что тот играет в шахматы с собакой.
— Вот это да! — говорит он. — Какая умная у тебя собака!
— Ничего себе умная! Я выиграл у неё со счётом 3:2!

Творительный падеж. Множественное число. Общая таблица окончаний
(*с кем? с чем?*) 복수조격 어미의 총정리 (표)

m (мужской род), n (средний род), f (женский род)	-ИМИ (-ЫМИ) -АМИ (-ЯМИ)	с моИМИ добрЫМИ друзьЯМИ, персикАМИ, девушкАМИ…

Упражнение 15. **Ответьте на вопросы.**

1. Вы любите мясо с макаронами? 2. Вы любите макароны с овощами? 3. Вы боитесь рисковать своими деньгами? 4. Бумагу можно резать ножницами? 5. Почему не надо размахивать на улице руками? 6. Вы умеете рисовать масляными красками? 7. Вы любите играть с маленькими детьми? 8. Вы умеете руководить людьми? 9. Вы гордитесь своими родителями? 10. Вы часто хвастаетесь своими успехами? 11. Вы умеете шевелить ушами? 12. Можно ли смеяться над глупыми людьми? 13. Вы будете драться с тиграми? 14. Вы обычно расплачиваетесь рублями или долларами? 15. Как нужно ухаживать за женщинами? 16. Вы умеете ухаживать за своими волосами? 17. Вы переписываетесь со своими друзьями?

Упражнение 16. **Ответьте на вопросы.**

1. — Это пирожки с грибами. — С какими? — С (белые). 2. — С чем это связано? — С (мои проблемы). 3. — Что ты будешь там есть? — Я буду питаться (рыбные консервы). 4. — С кем сложно спорить? — С (сильные оппоненты). 5. — Чем он хочет овладеть? — (Иностранные языки). 6. — Чем известен наш город? — (Свои достопримечательно-

сти). 7. — Чем прославился Суворов? — (Свои победы). 8. — Чем он объелся? — (Разные деликатесы). 9. — Чем он отравился? — (Какие-то неизвестные грибы). 10. — Чем он занимался? — (Разные виды спорта). 11. — С чем всех можно поздравить? — С (большие успехи и достижения). 12. — За чем необходимо следить? — За (свои волосы и ногти).

Упражнение 17. **Составьте микродиалоги, используя данный ниже материал.**

1. С чем ты будешь пить чай? (пироги, пирожки, пирожные, торт, мёд, шоколадные конфеты, карамель, леденцы, фрукты, сухофрукты…) 2. Чем можно писать или рисовать? (ручка, шариковая или перьевая ручка, цветной карандаш, цветные карандаши, простой карандаш, фломастер, фломастеры, краски, гуашь, тушь…) 3. Кем можно работать? (директор, генеральный директор, учитель, продавец, преподаватель, менеджер, старший менеджер, бухгалтер…) 4. Кем можно быть? (писатель, художник, композитор, артист, бизнесмен, политик, дипломат, коммерсант, предприниматель…) 5. Чем ты (не)доволен? (своя жена, своя семья, свои дети, свои соседи, свои родители, результаты работы, преподаватели, свои друзья, свои успехи…) 6. Чем можно угощать гостей? (чай, кофе, зелёный чай, отличный свежесваренный кофе, растворимый кофе, пироги, конфеты, разные вкусные вещи…) 7. Чем моются, чистят зубы, чистят одежду, обувь, моют посуду? (мыло, мочалка, мягкая губка, гель для душа, зубная паста, зубная щётка, щётка, специальная щётка, специальный крем, губка, средство для мытья посуды, хозяйственное мыло…) 8. Чем бреются, чем причёсываются? (бритва, электробритва, расчёска, щётка для волос…) 9. Чем сушат волосы, чем вытираются? (фен, полотенце, салфетка, простыня…)

Упражнение 18. **Раскройте скобки.**

1. Я бы не хотел быть (официант или повар). 2. На экзамене можно пользоваться (толковый словарь). 3. Я заразился от него (грипп). 4. Надо осторожно обращаться с (огонь). 5. Сегодня я весь день за (руль). 6. Как у тебя с (время)? 7. Что с (твой голос)? Ты заболел? 8. Он не остановится перед (никакие трудности). 9. Солдат должен уметь обращаться с (оружие). 10. Она скоро станет (мать). 11. Я всегда боюсь выступать перед (большая аудитория). 12. Все кончено между (мы). 13. Я с (радость) тебе помогу. 14. Я люблю пирожки с (рис и яйцо, повидло, мясо, картошка, грибы, капуста). 15. Я не могу согласиться с (ты). 16. Он подавился (маленькая косточка).

Упражнение 19. **Прослушайте или прочитайте анекдот. Перескажите его, а затем напишите ваш пересказ, обращая особое внимание на грамматику.**

Один студент никак не мог сдать экзамен по анатомии. Когда он не сдал экзамен в третий раз, он заявил, что покончит с собой, и взял нож. На это профессор сказал:

— Вы не сможете это сделать, молодой человек, так как даже не знаете, где у человека находится сердце.

Упражнение 20. **Прослушайте или прочитайте анекдот. Перескажите его, а затем напишите ваш пересказ, обращая особое внимание на грамматику.**

Разговаривают два приятеля. Один говорит:
— Ты знаешь, моя жена часто разговаривает сама с собой.
— Как это?
— Просто она думает, что я её слушаю.

Упражнение 21. **Прослушайте или прочитайте анекдот. Перескажите его, а затем напишите ваш пересказ, обращая особое внимание на грамматику.**

В детском саду воспитательница спрашивает:
— Дети, зачем надо мыть руки перед едой?
Один мальчик отвечает:
— Чтобы ложку не испачкать.

Упражнение 22. (На контроль.) **Прочитайте предложения. Раскройте скобки. Подчеркните слова или конструкции, которые диктуют необходимость употребления творительного падежа.**

1. Мои родители хотели, чтобы я был (художник), в детстве я думал, что буду (врач), а стал, как видите, (инженер).
2. — Где ты работаешь? (Что) занимаешься? — Решил серьёзно заняться (наука), так как всегда интересовался (биология).
3. Трудно управлять (большой коллектив)?
4. (Что) открыть шампанское и (что) разрезать торт?
5. Почисти костюм (вот эта щётка).
6. — (Что) обычно закусывают водку? — Наверное, (что-то солёное: солёный огурец, маринованные грибы).
7. Ты нас угостишь (что-нибудь)?
8. — Что у него? (Что) он болеет? — (Грипп).
9. Роман Лермонтова «Герой нашего времени» кончается (смерть Печорина)?
10. Не злоупотребляй (моё внимание и доброта), если ты хоть немного дорожишь (моя дружба).
11. Она пожертвовала для него (своя карьера), а он считал её (влюблённая дурочка).
12. Мы очень тронуты (ваша забота и внимание).
13. Давай обменяемся (адреса).
14. — (Что) так сильно пахнет? — (Черёмуха).
15. Это вино славится (свои вкусовые качества), оно отличается от других (тонкий аромат).
16. — Не хвастайся перед (я) (свои успехи)! — Я не хвастаюсь, я просто горжусь (они).
17. Она не хочет делиться с (никто) (свои секреты).
18. Не унижайся перед (она), она тебя не стоит.
19. Раздел физики, в котором изучаются звуковые явления, называется (акустика).

20. — С (кто) ты так долго говорила по телефону? — Мы два часа проболтали с (Ирина).

21. — Ты знаком с (Николай Петрович Иванов)? — С (Коля)? Да, мы познакомились два года назад, и с тех пор (я и он) дружим.

22. Как договоримся? Где (ты и я) встретимся?

23. Не спорь с (я), ладно? А то (я и ты) поругаемся, а то и подерёмся.

24. (Я и он) поссорились. Я хочу, чтобы он первый с (я) помирился или хотя бы просто извинился перед (я).

25. Дорогой Иван Николаевич!
    Поздравляю Вас с (Новый год)!
    Желаю счастья, здоровья, успехов.
    С (уважение)
                                    Борис.

26. — Что с (ты)?
    — Мне что-то грустно.
    — Пошли с (мы) на вечеринку!
    — С (удовольствие)!

27. — Ты опять сидишь за (стол) за (свои учебники)? — Ага! Хочу на экзамене получить пятёрку с (плюс). И не надо над (я) прикалываться! Правда, не смейся над (я)!

28. Трудно ухаживать за (капризная девушка).

29. Сходи за (хлеб), ладно?

30. Тебе не стыдно перед (мы)? Только не надо оправдываться!

31. Зайди за (я), и мы вместе пойдём в театр.

32. Следуйте за (я)!

33. Смотри: ты держишь книгу вверх (ноги)!

34. Я преклоняюсь перед (ваш талант)!

35. Не нужно смешивать водку с (пиво), это вредно.

36. Туристы идут с (весёлая песня).

37. Перед (я) сидит девушка с (замечательно красивые глаза и очаровательная улыбка).

38. Смилуйся над (я), государыня рыбка!

Упражнение 23. Используя материал упражнения 22, придумайте и запишите ещё 15–20 примеров. Проверьте вместе с преподавателем, всё ли правильно.
Итак, ещё раз повторим.

1. был, стал, буду + N_5
2. является, считается, признаётся, представился + N_5
3. пользоваться + N_5
4. работать + N_5
5. интересоваться, заниматься, увлекаться + N_5
6. подтвердить, доказать + N_5
7. руководить, управлять, командовать + N_5
8. владеть, распоряжаться + N_5
9. любоваться, восхищаться, наслаждаться, восторгаться + N_5

10. писать, есть, рисовать, резать, рубить, пилить, забивать... + N_5
11. чистить, мыть, красить, краситься... + N_5
12. стучать, бить, ударить... + N_5
13. болеть, заразиться + N_5
14. кончить, кончиться... + N_5
15. рисковать, злоупотреблять... + N_5
16. платить, расплачиваться... + N_5
17. хвастаться + N_5
18. гордиться + N_5
19. доволен, очарован, восхищён, удивлён, недоволен... + N_5
20. радовать, веселить, развлекать — развлечь, развлекаться — развлечься + N_5
21. двигать, шевелить, махать... + N_5
22. утешать себя + N_5
23. жить, дышать + N_5
24. кормить, угощать, кормиться, питаться... + N_5
25. закусить, запить + N_5
26. отравиться + N_5
27. (по)делиться + N_5
28. (об)меняться + N_5
29. (по)жертвовать + N_5
30. унижать + N_5 (+ кого?)
31. поворачиваться — повернуться, вставать — встать + N_5
32. называть, называться + N_5
33. обзывать + N_5 (+ кого?)
34. считать + N_5 (+ кого? что?)
35. известен, прославился, богат, знаменит, отмечен... + N_5
36. дорожить + N_5
37. подавиться + N_5
38. похож + N_5
39. больше **чем**, лучше **чем** (N_5)
40. пахнет + N_5
41. говорить с, разговаривать с, переписываться с, переговариваться с, перезваниваться с... + N_5
42. встречаться — встретиться с, договариваться — договориться с... + N_5
43. дружить с, (по)ссориться с, (по)мириться с + N_5
44. везёт, повезло, повезёт с + N_5
45. что с, как с, хорошо с, плохо с... + N_5
46. справляться — справиться с, сражаться — сразиться с, (по)драться с, воевать с... + N_5
47. (по)спорить с + N_5
48. борьба с, война с + N_5
49. поздравлять — поздравить с + N_5
50. связано с + N_5
51. по сравнению с, над, *под, между... + N_5

52. обращаться с + N_5
53. с **удовольствием**, с **радостью**, с **уважением**, с **приветом** (N_5)
54. со **счётом** (3:0) (N_5)
55. **пять с плюсом** (N_5)
56. покончить с + N_5
57. сидеть над, работать над + N_5
58. смеяться над, прикалываться над, насмехаться над, издеваться над + N_5
59. победа над + N_5
60. размышлять над, плакать над, дрожать над… + N_5
61. смилуйся над + N_5
62. зайти за + N_5
63. сходить за + N_5
64. сидеть за + N_5
65. **за рулём** (N_5)
66. ухаживать за, ходить за + N_5
67. замужем за + N_5
68. следить за + N_5
69. следовать за + N_5
70. лежит под + N_5
71. подписаться под + N_5
72. виноват перед, стыдно перед + N_5
73. выступать — выступить перед + N_5
74. извиняться — извиниться перед + N_5
75. отчитываться — отчитаться перед + N_5
76. (не) останавливаться — (не) остановиться перед + N_5
77. унижаться перед + N_5
78. оправдываться перед + N_5

Упражнение 24. Если при выполнении предыдущего упражнения у вас возникли трудности, обратите внимание на лексическую сочетаемость (прежде всего глаголов), знание которой необходимо для активного владения языком. Придумайте свои 15–20 примеров. Будьте внимательны!

пользоваться	словарём, компьютером, вилкой и ножом…
подтвердить, доказать	своим примером
владеть	иностранным языком, домом, большой суммой, страной…
распоряжаться	суммой денег, деньгами, наследством, вкладом…
восхищаться, наслаждаться, восторгаться	артистами, красотой артистов, костюмами, игрой артистов, видом из окна, постановкой спектакля…
любоваться	артистами, красотой артистов, костюмами, видом из окна…
рубить, колоть	топором, ножом…

колоть	иглой…
резать	ножом, ножницами…
пилить	пилой
кончиться	чем, ничем…
рисковать	жизнью, своей жизнью, деньгами…
злоупотреблять	своим положением, моим вниманием, моим хорошим отношением, моим гостеприимством
платить	валютой, наличными, долларами, рублями…
расплачиваться	деньгами, своим здоровьем…
хвастаться	своими успехами, своим богатством; тем, что…
радовать, развлекать	чем, чем-нибудь, хоть как-то…
двигать, шевелить	рукой, ногой…
махать	рукой, хвостом, платком…
утешать себя	чем, хоть чем-то, чем-нибудь; тем, что…
жить	своей работой, своим искусством, своей семьёй…
дышать	воздухом, лёгкими…
делиться	продуктами, запасами, чем-то, своими секретами…
меняться	вещами…
обменяться	телефонами, фотографиями, адресами…
пожертвовать	жизнью, своей жизнью, самым дорогим в жизни, своей карьерой, своей семьёй…
унижать	ничем не ~; тем, что…
поворачиваться, встать	боком, лицом, спиной, задом…
называть	мамой, Дашей, разными именами…
обзывать	дураком, дурой, идиотом, мерзавцем, подлецом…
считать	мамой, дураком, дурой…
известен, славится	своими достижениями…
дорожить	жизнью, своим здоровьем, своим спокойствием…
пахнет	чем-то, газом, цветами, весной…
подавиться	чем-то, косточкой, куском мяса, не знаю чем…
похож	чем-то, не знаю чем; ничем не похож…
ошиблись	адресом, номером
что с	тобой, рукой, глазами, мамой, работой…
как с	рукой, глазами, мамой, работой…
плохо с	головой, сердцем, работой…
справиться с	собой, волнением, противником, соперником, заданием…
поздравлять с	праздником, успехом, победой, рождением ребёнка…
связано с	тем, что…; моей работой, мной, моей семьёй…
считаться с	тем, что…; мнением, мной…
обращаться с	вопросом, оружием, техникой, ребёнком…

выиграть, проиграть, победить…	со счётом 1:2
покончить с	собой, долгами, прежней жизнью, прогулами…
сидеть над	книгами, диссертацией, конспектами
работать над	диссертацией, новым романом…
смеяться над	человеком, надо всем, над всеми, над собой…
победа над	собой, противником, соперником…
размышлять над	вопросом; этим; тем, как…; мировыми проблемами…
плакать над	книгой, покойником, умирающим…
дрожать над	ребёнком, своими оценками, своей женой, своей новой машиной
смилуйся *(устар.)* над	ним, надо мной….
зайди за	ним, нами, мной…
сходи за	книгой, человеком, продуктами
сидеть за	работой, учебниками, книгами…
ухаживать за	девушкой, человеком, старыми людьми, больным, волосами, кожей…
средство по уходу за	волосами, кожей, обувью…
следить за	человеком, детьми, преступниками, своей кожей, своими волосами…
под столом	лежит, сидит, валяется, спрятался, затаился…
подписаться под	этим, этим документом, этими словами…
выступать перед	публикой, большой аудиторией, собравшимися…
отчитываться перед	начальством, начальником, своими родителями…
(не) остановиться перед	чем-либо; ни перед чем не останавливаться; трудностями…
унижаться перед	кем-либо; начальством, начальником, родителями…
оправдываться перед	кем-либо; начальником, родителями…

Часть 2. ВИД ГЛАГОЛА 동사의 상

Вопреки традиционной точке зрения, согласно которой вид глагола — трудная грамматическая тема, мы считаем, что основную массу проблем можно снять, если следовать двум условиям, из которых первое касается грамматики, второе — лексики.

Первое условие. Сначала изучить и закрепить с помощью упражнений программу-минимум по грамматике, т. е. основы, касающиеся значения и употребления видов, а затем уже — программу-максимум, т. е. более сложные, частные случаи.

Второе условие. Серьёзное внимание обращать на лексику, в первую очередь глагольную, так как глагол является организующим центром предложения, особенно в обиходно-бытовой сфере. Начинать следует с лексического запаса в 500–1000 слов (при этом нужно уметь активно использовать все грамматические формы), далее расширять лексику до четырёх–пяти тысяч слов, что, на наш взгляд, достаточно для очень хорошего владения языком.

Наша многолетняя практика преподавания показывает, что студенты, которые начинают изучать тему «Вид глагола» вместе с нами по нашей системе, не делают ошибок при употреблении глаголов несовершенного или совершенного вида!

Начинаем с основ. Проверьте, всё ли вы уже знаете.

ПОНЯТИЕ ВИДА. СООТНОСИТЕЛЬНОСТЬ ИЛИ НЕСООТНОСИТЕЛЬНОСТЬ ПО ВИДУ 동사 상의 개념

Все глаголы в русском языке имеют вид: либо несовершенный (НСВ), либо совершенный (СВ).

Глаголы НСВ обычно выражают действие в процессе его протекания. Например: *Он читает книгу.*

Глаголы СВ обозначают ограничение действия пределом, обычно мы определяем это как «результат». Например: *Он прочитал книгу.* (Слово «результат» мы используем для удобства и быстроты обозначения, понимая «результат» как «конец», «финиш». Однако в грамматиках русского языка употребляется слово «предел», что более корректно, особенно когда речь идёт о глаголах со значением действия, ограниченного во времени, например: *зацвести, отцвести, полежать,* или одноактных глаголах: *крикнуть*.)

1. Двувидовые глаголы — это совсем небольшая группа глаголов, которые могут употребляться как в значении НСВ, так и в значении СВ, например: *исследовать, использовать, атаковать, госпитализировать* и другие. Видовое значение определяется по контексту: *Сейчас мы используем многие материалы* (НСВ). — *Мы используем данные материалы завтра* (СВ). Подобные глаголы образуют причастия как НСВ, так и СВ. Например: *исследующий, исследовавший, исследуемый* (НСВ); *исследовавший, исследованный* (СВ). Грамматики русского языка также относят к двувидовым такие глаголы, как *жениться, наследовать, поэтизировать, арестовать, организовать* и др. Следует сказать, что они также могут иметь видовую пару и тогда относиться либо к НСВ: **жениться** — *пожениться*, **наследовать** — *унаследовать*, **поэтизировать** — *опоэтизировать*, либо к СВ: *арестовывать* — **арестовать**, *организовывать* — **организовать** и др.

2. Одновидовые глаголы — глаголы, которые не имеют видовой пары и употребляются только в одном виде.

Глаголы НСВ (большая группа глаголов, имеющих значение «существование» и «характеристика»): *находиться, быть, стоять, светиться, сиять, граничить, простираться, обладать, принадлежать, иметь, иметься, преобладать, значить, означать, соответствовать, равняться, противоречить, зависеть, состоять, содержать, следовать, обожать, боготворить, предвидеть, предчувствовать, существовать, бодрствовать, бедствовать, блаженствовать, горевать, торговать, дирижировать, сопротивляться, угрожать, наступать* (в значении «нападать»), *разгуливать, расхаживать, припевать, идти, ходить, ехать, ездить, бежать, бегать, лететь, летать, плыть, плавать, нести, носить, везти, возить, вести, водить* и другие. Грамматики русского языка также рассматривают как одновидовые — НСВ — такие глаголы, как *желать, мечтать, стесняться, бояться, любить, болеть, приветствовать, курить, петь, есть, пить, горячиться, брить, клеить, жевать, зевать, махать, колоть, интересоваться, стучать, радоваться* и многие другие. Безусловно, с академической точки зрения это правильно. Для практического изучения русского языка как иностранного эти глаголы удобнее рассматривать в паре с глаголами СВ: *желать — пожелать, мечтать — помечтать, стесняться — постесняться, бояться — побояться, любить — полюбить, болеть — заболеть, приветствовать — поприветствовать, курить — покурить, петь — спеть, есть — поесть, съесть, пить — выпить, попить, горячиться — погорячиться, брить — побрить, клеить — оклеить, поклеить, жевать — прожевать, зевать — зевнуть, махать — махнуть, колоть — поколоть, расколоть, интересоваться — поинтересоваться, заинтересоваться, стучать — постучать, радоваться — обрадоваться* и т. д.

Глаголы СВ (маленькая группа глаголов): *закричать, развеселиться, промолчать, расплакаться, встревожить, побыть, погостить, погулять* (в значении «немного») и др.

3. Видовые пары образуют глаголы, которые соотносятся по виду. Таких глаголов в русском языке большинство. По способу образования их можно разделить на три группы: 1) префиксальные: *читать* (НСВ) — **про**читать (СВ), 2) суффиксальные: *расска***зыва**ть (НСВ) — *рассказать* (СВ) и 3) супплетивные: *говорить* (НСВ) — *сказать* (СВ).

3.1. Перфективация: прибавление префикса. НСВ → СВ.

Запомните: *читать — прочитать, писать — написать, рисовать — нарисовать, чертить — начертить, делать — сделать, фотографировать — сфотографировать, петь — спеть, танцевать — станцевать, играть — сыграть, уметь — суметь, мочь — смочь, есть — съесть* (что-то); *есть — поесть, пить — попить, пить — выпить* (что-то), *мыть — помыть (вымыть), звонить — позвонить, думать — подумать, стучать — постучать, дарить — подарить, любить — полюбить, целовать — поцеловать, знакомиться — познакомиться, менять — поменять (обменять), смотреть — посмотреть, слушать — послушать, ставить — поставить, знать — узнать, видеть — увидеть, слышать — услышать; готовить — приготовить; ждать — подождать; платить — заплатить (оплатить); учить — выучить.* Исключение: *покупать* (НСВ) — *купить* (СВ). Это программа-минимум.

Расширение лексического запаса: *кипятить — вскипятить, бесить — взбесить, потеть — вспотеть, пахать — вспахать; мужать — возмужать; лечить — вылечить, сохнуть — высохнуть; планировать — запланировать, консервировать — законсервировать, программировать — запрограммировать, регистрировать — зарегистрировать, мерзнуть — замерзнуть, черстветь — зачерстветь; мерить — измерить, купать — искупать, печь — испечь, портить — испортить; учить — научить, учиться — научиться, кормить — накормить, смешить — насмешить, мокнуть — намокнуть, крахмалить — накрахмалить; слабеть — ослабеть, крепнуть — окрепнуть, слепнуть — ослепнуть, глохнуть — оглохнуть, неметь — онеметь; редактировать — отредактировать; строить — построить, красить — покрасить, белить — побелить, мириться — помириться, ссориться — поссориться, благодарить — поблагодарить, шутить — пошутить, здороваться — поздороваться, прощаться — попрощаться, бледнеть — побледнеть, краснеть — покраснеть, хоронить — похоронить; считать — подсчитать (сосчитать), греть — подогреть (согреть); стыдить — пристыдить; контролировать — проконтролировать, нумеровать — пронумеровать, консультировать — проконсультировать, голосовать — проголосовать, трезветь — протрезветь, мокнуть — промокнуть, киснуть — прокиснуть (скиснуть); будить — разбудить, делить — разделить, веселить — развеселить, сердить — рассердить, сердиться — рассердиться, богатеть — разбогатеть, таять — растаять; считать — сосчитать, молоть — смолоть, мастерить — смастерить, вязать — связать, конструировать — сконструировать, гореть — сгореть, темнеть — стемнеть, стариться — состариться; красть — украсть, регулировать (конфликт) — урегулировать, совершенствовать — усовершенствовать.* Исключения: *падать — упасть, ронять — уронить* и др.

Как видим, в некоторых случаях возможны вариативные образования, часто это связано со стилем — либо официальным, либо разговорным: *менять — обменять (поменять), платить — оплатить (заплатить), пачкать — испачкать (запачкать), вянуть — увянуть (завянуть)* и т. д.

3.2. Имперфективация: «работают» суффиксы. НСВ → СВ.

Минимальная лексика: *давать — дать, вставать — встать; открывать — открыть, забывать — забыть; рассказывать — рассказать, показывать — показать, рассматривать — рассмотреть, спрашивать — спросить; решать — решить, изучать — изучить, получать — получить, повторять — повторить, кончать — кончить, отвечать — ответить, отправлять — отправить, поздравлять — поздравить; понимать — понять, обнимать — обнять, начинать — начать, вспоминать — вспомнить, выбирать — выбрать; отдыхать — отдохнуть.*

Далее — расширяем лексику:

Употребляются с **родительным** падежом: *лишать — лишить, лишаться — лишиться, достигать — достигнуть, добиваться — добиться, касаться — коснуться, дотрагиваться — дотронуться, выигрывать — выиграть, заслуживать — заслужить,* *отказываться — отказаться, отклоняться — отклониться, избавляться — избавиться, отбирать — отобрать* (род. падеж + вин. падеж), *отнимать — отнять* и др.

Употребляются с **винительным** падежом: *бросать — бросить, кидать — кинуть, наливать — налить, насыпа́ть — насы́пать, разреза́ть — разре́зать, влюбляться — влюбиться, отправлять — отправить, посылать — послать, узнавать — узнать, запоминать — запомнить, нападать — напасть, наступать — наступить, удивлять — удивить, огорчать — огорчить, подводить — подвести, умножать — умножить, поступать — поступить, выписывать — выписать, обманывать — обмануть, поддерживать — поддержать, одобрять — одобрить, побеждать — победить, защищать — защитить, обвинять — обвинить, вставать — встать, садиться — сесть, ложиться — лечь, наказывать — наказать, выходить — выйти, выдавать — выдать, принимать — принять, убивать — убить, ударять — ударить, настраивать — настроить, расстраивать — расстроить, встречать — встретить, провожать — проводить, ощущать — ощутить, изумлять — изумить, воскрешать — воскресить, прощать — простить, приносить — принести, приводить — привести, привозить — привезти, подметать — подмести, откусывать — откусить, обдумывать — обдумать, подписывать — подписать, подтверждать — подтвердить, завязывать — завязать, заворачивать — завернуть, складывать — сложить, собирать — собрать, одевать — одеть, надевать — надеть, обувать — обуть, надувать — надуть, забивать — забить, разбивать — разбить, доживать — дожить, прогонять — прогнать, вытаскивать — вытащить, заготавливать (заготовлять) — заготовить* и др.

Употребляются с **дательным** падежом: *проигрывать — проиграть, объявлять — объявить, передавать — передать, разрешать — разрешить, запрещать — запретить, позволять — позволить, надоедать — надоесть, отказывать — отказать, подчиняться — подчиниться, покоряться — покориться, внушать — внушить, привыкать — привыкнуть, приучать — приучить, приспосабливаться — приспособиться, прислушиваться — прислушаться, присматриваться — присмотреться, призывать — призвать, приставать — пристать, относиться — отнестись, ударять — ударить* (дат. п. + твор. п.) и др.

Употребляются с **творительным** падежом: *заниматься — заняться, увлекаться — увлечься, заражаться — заразиться, заболевать — заболеть, подтверждать — подтвердить, доказывать — доказать, распоряжаться — распорядиться, овладевать — овладеть, кончаться — кончиться, расплачиваться — расплатиться, махать — махнуть, закусывать — закусить, запивать — запить, унижать — унизить, называть — назвать, обзывать — обозвать, обмениваться — обменяться, встречаться — встретиться, договариваться — договориться, справляться — справиться, сражаться — сразиться, выступать — выступить, извиняться — извиниться, отчитываться — отчитаться, оправдываться — оправдаться, останавливаться — остановиться* и др.

Употребляются с **предложным** падежом: *останавливаться — остановиться, оказываться — оказаться, настаивать — настоять, доказывать — доказать, отражаться — отразиться, убеждать — убедить, принимать участие — принять участие, поддерживать — поддержать, разбираться — разобраться, ошибаться — ошибиться, раскаиваться — раскаяться, упрекать — упрекнуть, укорять — укорить, признаваться — признаться* и др.

А также другие глаголы, употребляющиеся с разными падежами и без падежей: *приходить — прийти, заходить — зайти* (и др. префиксы), *приезжать — приехать, уезжать — уехать* (и др. префиксы), *прибегать — прибежать, прилетать — прилететь, приплывать — приплыть, залезать — залезть; выздоравливать — выздороветь, поправляться — поправиться, ослабевать — ослабеть, усиливаться — усилиться, умирать — умереть, погибать — погибнуть, рождаться — родиться, изменяться — измениться, преображаться — преобразиться, засыпать — заснуть, просыпаться — проснуться, закипать — закипеть, загорать — загореть* и др.

3.3. Супплетивные пары: неоднокоренные глаголы, образующие видовые пары (их немного). НСВ → СВ.

Например: *говорить — сказать, брать — взять, класть — положить, искать — найти, ловить — поймать.*

ЗНАЧЕНИЕ ВИДОВ 상의 의미

Не все глаголы имеют видовые пары. Глаголы НСВ в изъявительном наклонении имеют три формы времени: настоящее, прошедшее и будущее, например: *я читаю, читал, буду читать*. Глаголы СВ в изъявительном наклонении имеют только две формы времени: прошедшее и будущее, что связано с их значением («ограничение действия пределом», которое мы условно определили как «результат»): *я съел — я съем*.

Для того чтобы хорошо понять и запомнить значения видов, необходимо определить, какие из них присутствуют в вашем родном языке, а какие надо просто запомнить.

Для удобства и для быстроты обучения рассмотрим только главные значения НСВ и СВ. Эти главные значения хорошо можно увидеть в прошедшем времени. (Сразу отметим, что эти значения очень важны, т. к. они распространяются практически на все глагольные формы). Главных значений у НСВ три: «процесс», «регулярное действие» и «факт», а у СВ только одно — «результат» (иногда еще выделяют «однократность», но по существу это также «результат»).

ВИД ГЛАГОЛА В ПРОШЕДШЕМ ВРЕМЕНИ ЗНАЧЕНИЕ И УПОТРЕБЛЕНИЕ 동사의 과거시제 의미와 사용

1. Процесс («долго»): НСВ
   Он долго (три часа) читал книгу.
2. Регулярное действие («много раз»): НСВ
   Каждый день он читает газеты.
3. Факт («это действительно было»): НСВ
   — *Ты читал роман Льва Толстого «Война и мир»?*
   — *Да, читал.* (— *Нет, не читал.*)

4. Результат: СВ
   Он уже прочитал эту книгу.

Как видим, главное значение СВ только одно — «результат», «финиш». Обычно это значение СВ соотносится с НСВ в первом значении — «процесс» или «длительность (продолжительность) действия» — всё это по значению одно и то же, т. е. необходимо запомнить не термин (иногда в разных грамматиках используются разные термины), а значение. Например: ел, ел — и всё съел, пил, пил — и всё выпил, открывал, открывал дверь — и наконец открыл и т. д.

Второе значение НСВ — «регулярное действие» — также обычно не представляет трудности для студентов-иностранцев, так как здесь всё логично и просто. Например: *Бабушка каждый день рассказывает сказки. По утрам он просматривает (читает) газеты. Она регулярно делает гимнастику (занимается спортом).*

Третье значение НСВ — «факт» — всегда самое трудное для иностранцев, поэтому на это значение НСВ следует обратить особое внимание. Советуем вам больше слушать и запоминать, как в таких ситуациях обычно говорят русские, а также закрепить употребление НСВ в общефактическом значении на большом количестве примеров. Например: *Вчера вечером я стирал, готовил ужин, потом смотрел телевизор и делал домашнее задание. Днем я ходил в Эрмитаж, а потом обедал в кафе. Спасибо, я не хочу кофе, я уже пил кофе утром.* Обратите внимание на то, что именно при таком использовании возможна замена НСВ в значении «факт» на СВ в значении «результат»: *постирал, приготовил ужин* и т. д. Иностранцы обычно такую замену «с удовольствием» делают, не зная, что с изменением вида изменяется и оттенок значения фразы, например: *Я готовил, стирал* и т. д. — «я был занят», *я не готовил, не стирал* и т. д. — «я не был занят»; *я ходил в Эрмитаж, обедал* — «я был занят», *я не ходил в Эрмитаж, не обедал* — «я не был занят этим, я был свободен»; *я пил кофе утром* — «я был занят этим делом утром», *я не пил кофе* — «я не был занят этим делом утром». Если же русские говорят «я постирал, приготовил ужин, посмотрел телевизор и сделал домашнее задание», что это значит? СВ — это «результат», «финиш», значит: *я постирал, приготовил* и т. д. — «я уже свободен, освободился, так как всё это я уже закончил». Ура! *Я сходил в Эрмитаж* — «долго не мог сходить и наконец сходил» — какое счастье! *Я уже выпил две чашки кофе* — «результат» в животе. *Я запомнил (выучил) десять новых слов* — «результат» в голове.

Обратите внимание на то, что: а) значение «результат» — присуще **только** глаголам СВ; б) значение «факт» — присуще **только** глаголам НСВ; в) значение «процесс» характерно **обычно — на 90–95%** — для глаголов НСВ; г) значение «много раз» характерно **обычно — на 90–95%** — для глаголов НСВ.

ЗНАЧЕНИЕ И УПОТРЕБЛЕНИЕ ВИДОВ ГЛАГОЛА В БУДУЩЕМ ВРЕМЕНИ 동사의 미래시제 의미와 사용

Абсолютно совпадают — по логике и по грамматике — со значением и употреблением видов в прошедшем времени.

Напомним:

1. «Процесс»:
   *Он **будет читать** книгу два дня.*
2. «Регулярное действие»:
   *По вечерам он **будет читать**.*
3. «Факт»:
   *— Он **будет читать** по-русски?*
   *— **Будет**. (— **Не будет**.)*
4. «Результат»:
   *Он **прочитает** книгу за два дня.*

Выполним тренировочные упражнения и повторим видовые пары.

Упражнение 1. Прочитайте предложения. Обратите внимание на употребление глаголов НСВ и СВ.

1. Он весь вечер делал домашнее задание и наконец сделал его. 2. Он два часа писал письма и наконец написал их. 3. Он долго ел бутерброд и наконец съел его. 4. Мы почти час готовили ужин и в конце концов приготовили его. 5. Он долго чертил схему и наконец начертил её. 6. Он медленно пил вино и наконец выпил его. 7. Она всю неделю рисовала мой портрет и наконец нарисовала его.

Упражнение 2. Выполните упражнение по модели.

М о д е л ь: — Ты будешь делать домашнее задание? — Нет, я уже … .
— Ты будешь делать домашнее задание? — Нет, я уже его сделал.

1. — Ты будешь читать статью? — Нет, я уже … .
2. — Ты будешь писать статью? — Нет, я уже … .
3. — Ты будешь готовить ужин? — Нет, я уже … .
4. — Ты будешь чертить план? — Нет, я уже … .
5. — Ты будешь рисовать его портрет? — Нет, я уже … .
6. — Ты будешь пить вино? — Нет, я уже … .
7. — Ты будешь мыть посуду? — Нет, я уже … .
8. — Ты будешь есть свой бутерброд? — Нет, я уже … .

Упражнение 3. (*Расширенная лексика.*) **Выполните упражнение по модели упражнения 2.**

1. — Ты будешь кормить собаку? — Нет, я уже её … .
2. — Ты пойдёшь голосовать? — Нет, я уже … .
3. — Ты будешь считать деньги? — Нет, я уже их … .
4. — Ты будешь редактировать рукопись? — Нет, я её уже … .
5. — Ты будешь учиться водить машину? — Нет, я уже … .
6. — Ты будешь шить новый костюм? — Нет, я уже … .
7. — Ты будешь нумеровать страницы в тексте? — Нет, я уже … .
8. — Ты будешь лечить свой насморк? — Я уже … .
9. — Ты будешь молоть и варить кофе? — Я уже … и … .
10. — Ты будешь строить новый дом? — Я уже … .
11. — Ты будешь со мной здороваться? — Я уже … .
12. — Ты собираешься печь пироги? — Я уже … .
13. — Ты будешь кипятить воду? — Я уже … .
14. — Крестьянин будет пахать свой участок? — Он уже давно его … .
15. — Мать будет купать ребёнка? — Она уже полчаса назад его … .
16. — Ну что, будем прощаться? — А вы не слышали? Мы уже … .
17. — Не ссорьтесь! — А мы уже … .
18. — Будете мириться? — Да мы уже практически … .

Упражнение 4. **Используя материал предыдущего упражнения, ответьте на вопросы, используя глаголы СВ в будущем времени. Обратите внимание на то, что значение и употребление глаголов НСВ и СВ в будущем времени абсолютно такое же, как в прошедшем времени.**

    М о д е л ь: — Ты будешь есть свой бутерброд?
                    — Скоро (через час) съем.

Упражнение 5. **Выполните упражнение, употребляя глаголы СВ сначала в прошедшем, а затем в будущем времени. Обратите внимание на ударение!**

    М о д е л ь: — Обычно я не даю ему свою книгу, но в этот раз … (дать).
                    — Обычно я не даю ему свою книгу, но в этот раз дал (дам).

1. Я никогда не встаю в шесть утра, а в понедельник … (встать). 2. Он не показывает никому фотографию своей девушки, а на вечеринке … (показать). 3. Таня никогда не получала пятёрок по математике, но после дополнительных занятий с репетитором … много пятёрок (получить). 4. Я никогда не рассматривал этот портрет, но в этот раз … (рассмотреть). 5. Преподаватель обычно не спрашивает меня на уроке, но в этот раз … (спросить). 6. Когда холодно, мы не открываем окно, но сейчас … (открыть). 7. Я не люблю повторять всё по нескольку раз, но сейчас … (повторить). 8. Обычно я не отдыхаю летом, но в этом году хорошо … (отдохнуть). 9. Обычно он не обнимает в метро свою девушку, но сейчас … (обнять). 10. Обычно он не отвечает на мои письма, но в этой ситуации … (ответить). 11. Обычно я не поздравляю её с праздником Восьмое марта, но в этот раз … (поздравить). 12. Часто отец не понимает меня, но, я думаю, сейчас … (понять). 13. Я ни разу раньше не отправлял посылки домой, но в этот раз … две бандероли (отправить). 14. Он никогда не начинает работать раньше девяти, но в понедельник … (начать).

Упражнение 6. (Расширенная лексика.) **Выполните упражнение по модели.**

    М о д е л ь: — Может быть, не надо отбирать у него словарь? — Нет, я … (отобрать).
                    — Может быть, не надо отбирать у него словарь? — Нет, я отберу.

1. — Может быть, не надо отказываться от денег? — Нет, я … (отказаться).
2. — Может быть, не надо касаться этой темы? — Нет, я всё-таки … (коснуться).
3. — Может быть, не надо затрагивать эту тему? — Нет, я всё-таки её … (затронуть).
4. — Может, не надо посылать ему сообщение? — Я всё-таки … (послать).
5. — Может, не стоит наказывать ребёнка и лишать его сладкого? — Нет, я его всё-таки … и … сладкого всего на неделю (наказать и лишить).
6. — Может, не надо с ним договариваться и встречаться? — Нет, я … (договориться и встретиться).
7. — Может быть, ты не поедешь встречать друга в аэропорт? — Ну что ты, я обязательно его … (встретить).
8. — Не надо прогонять собаку. — Нет, она бродячая, я её … (прогнать).
9. — Может, не следует ложиться так рано? — Нет, мы … сегодня раньше (лечь).
10. Может быть, не стоит в театре садиться не на свои места? — Мы … только на первое действие (сесть).

11. — Может, не будешь надевать эти туфли? — Нет, ... (надеть).

12. — Возможно, не следует бросать эту работу? — Нет, ... (бросить).

13. — Может, не будешь перед ней извиняться? — Нет, лучше я ... (извиниться).

14. — Может, не надо расплачиваться с официантом раньше времени? — Нет, я ... (расплатиться).

15. — Может, не надо собирать вещи раньше времени? — Лучше всё-таки ... (собрать).

16. — Может, не стоит передавать ей мои слова? — Нет, я ... (передать).

17. — Может, не стоит завтра приходить на лекцию? — Нет, это невозможно. Я ... (прийти).

18. — Может, не надо приносить словарь на экзамен? — Я всё-таки ... (принести).

Упражнение 7. **Выполните упражнение по модели.**

М о д е л ь: — Он(а) взял(а) книгу в библиотеке? — Скоро возьмёт.

1. Ты взял(а) книгу в библиотеке? 2. Ты сказал(а) ему об этом? 3. Ты положил(а) книги на место? 4. Ты нашёл (нашла) нужную книгу? 5. Ты поймал такси?

Упражнение 8. **Выполните упражнение по модели.**

М о д е л ь: — Приготовь, пожалуйста, ужин! — Сейчас приготовлю.

1. Съешь пирожок! 2. Выпей кофе! 3. Обними меня! 4. Поцелуй меня! 5. Вытри пыль! 6. Почисти картошку! 7. Прими таблетку! 8. Включи телевизор! 9. Выключи свет! 10. Подготовься к выступлению! 11. Закрой окно! 12. Зайди за мной! 13. Поменяй деньги! 14. Принеси свою тетрадь! 15. Узнай новое расписание! 16. Дай мне ручку! 17. Сыграй мне что-нибудь на пианино! 18. Спой нам! 19. Сними куртку! 20. Сфотографируй нас! 21. Ответь мне на вопрос! 22. Прибери в комнате!

Упражнение 9. (Расширенная лексика.) **Выполните упражнение по модели.**

М о д е л ь: — Подтверди свое участие в конференции.
— Хорошо, подтвержу.

1. Прожуй, а потом говори! 2. Выплюни жевачку! 3. Подмети пол! 4. Пропылесось в комнате! 5. Разогрей мне суп! 6. Оденься! 7. Побрейся! 8. Постригись! 9. Причешись! 10. Оглянись назад! 11. Поприветствуй преподавателя! 12. Забей гвоздь! 13. Помирись с ним! 14. Разбуди его! 15. Смели кофе! 16. Разрежь торт! 17. Присмотрись к этому человеку! 18. Надуй шарик! 19. Сразись с ним в шахматы! 20. Ударь его! 21. Останови машину! 22. Остановись здесь! 23. Завяжи галстук! 24. Залезь на дерево! 25. Махни мне рукой! 26. Запрети ему обзывать меня! 27. Настрой антенну! 28. Закуси водку огурцом! 29. Пришей пуговицу! 30. Заведи машину! 31. Поезжай! 32. Отнесись к этому серьёзно! 33. Приведи аргументы! 34. Обуйся! 35. Встреть меня вечером! 36. Кинь мне мяч! 37. Брось мне яблоко! 38. Поддержи меня! 39. Рассмеши меня! 40. Улыбнись! 41. Засмейся! 42. Заплачь! 43. Ну рассердись хоть раз!

Упражнение 10. **Проанализируйте предложения.**

> СВ — это всегда «результат». Отрицание выражает «НЕ результат», то есть «отсутствие результата».

1. — Он уже пришёл? — Нет, ещё не пришёл. 2. — Ты купил сигареты или забыл? — Нет, не купил. 3. — Ты отправил письмо или забыл? — Забыл, не отправил. 4. — Ты уже получил деньги? — Не успел, не получил. 5. — Он наконец сдал экзамен? — Не сдал, не сумел. 6. — Ты уже доел пиццу? — Нет, не доел, там ещё осталось. 7. — Ты наконец приготовил ужин? — Ещё не приготовил. 8. — Ты рассказал отцу о своих проблемах? — Нет, не рассказал, не смог. 9. — Ты наконец взял книги в библиотеке? — Нет, не взял, у меня не было читательского билета. 10. — Они уже поженились? — Нет, ещё не поженились, просто живут вместе. 11. — Ты уже начал писать диплом? — Нет, ещё не начал, нет времени. 12. — Ты уже кончил (закончил) писать диссертацию? — Нет, ещё не кончил (закончил), совсем немного осталось.

Упражнение 11. **Выполните упражнение по модели.**

М о д е л ь: — Он уже пришёл?
— Нет, не пришёл, но скоро (через два часа) придёт.

1. Он уже выучил новые слова? 2. Он позвонил домой? 3. Она передала тебе мою записку? 4. Он переписал упражнение в тетрадь? 5. Он уже поцеловал её? 6. Он уже сделал ей предложение? 7. Он уже начал заниматься спортом? 8. Она уже заплатила за общежитие? 9. Она уже встала или всё ещё спит? 10. Ты уже принял душ? 11. Ты уже решил свои проблемы? 12. Он отдал тебе твои книги? 13. Преподаватель поставил тебе зачёт? 14. Ты уже взял книги в библиотеке? 15. Он уже получил студенческий билет? 16. Он уже оформил регистрацию (визу)?

Упражнение 12. **(Расширенная лексика.) Сыграйте роль ленивого (или просто забывчивого) человека.**

М о д е л ь: — Ты уже пришил пуговицу?
— Нет, не пришил, завтра пришью.

1. Ты уже отремонтировал компьютер? 2. Ты наконец сдал часы в ремонт? 3. Ты давно хотела покрасить волосы. Ну как, покрасила? 4. Ты хотел постричься. Постригся наконец? 5. Ты сбрил бороду? 6. Ты пропылесосил ковёр? 7. Ты смазал ботинки кремом? 8. Ты полил цветы? 9. Ты пронумеровал страницы диссертации? 10. Ты проконсультировался с врачом? 11. Ты продезинфицировал рану? 12. Ты сходил наконец в поликлинику? 13. Ты сводил друга к врачу? 14. Ты повесил наконец занавеску? 15. Ты отчитался наконец перед своим шефом? 15. Ты бросил курить? 16. Ты упаковал наконец вещи?

Упражнение 13. **Сыграйте роль упрямого человека. Ваша задача — не выполнять просьбы собеседника.**

Модель: — Отдай мою тетрадь!
— Не отдам! (— Никогда не отдам!)

1. Помоги мне хоть раз! 2. Скажи, о чём вы говорили? 3. Дай мне руку! 4. Поцелуй меня! 5. Обними меня! 6. Попроси у меня прощения! 7. Извинись передо мной! 8. Сейчас же отойди от меня! 9. Замолчи сейчас же! 10. Уйди! 11. Забери свои слова назад! 12. Открой мне дверь!

Упражнение 14. (Расширенная лексика.) **Выполните упражнение по модели.**

Модель: — Поцелуй меня!
— Не поцелую ни за что на свете! (— Ни за что (на свете) не поцелую!)

1. Поклонись начальнику! 2. Подпиши этот документ! 3. Сядь ко мне на колени! 4. Подвинься! 5. Встань в угол! 6. Ударь его! 7. Дотронься до змеи! 8. Подчинись (покорись) ему! 9. Отстань от меня! 10. Остановись! 11. Постригись наголо! 12. Откажись от сладкого! 13. Сядь на диету! 14. Ляг сегодня спать до одиннадцати! 15. Встань на колени! 16. Поднимись с колен! 17. Прогони его! 18. Убей человека! 19. Укради! 20. Смирись с этим! 21. Перестань приходить ко мне! 22. Признайся, что ты не прав!

> **Грамматика на максимум.** Значение «процесс» имеют и глаголы типа *погулять, прогулять, походить, проходить*, т. е. глаголы с префиксом **по-** (в значении «недолго, немного времени») и префиксом **про-** (в значении «долго, продолжительное время»).
>
> З а п о м н и т е: такие глаголы являются одновидовыми и формально принадлежат к СВ.
>
> Сравните: *немного погулять — прогулять весь день*.

Упражнение 15. (Грамматика на максимум.) **Прочитайте предложения. Объясните, почему возможно такое «ненормальное» употребление глаголов СВ в значении «процесс». С чем это связано? Какое значение придают глаголам префиксы *по-* и *про-*? Обратите внимание на управление глаголов, т. е. синтаксическую конструкцию после них (например: погулять *по городу*).**

1. Мы немного погуляли по городу. 2. Мы прогуляли по городу весь день. 3. Вода в реке была холодная. Он поплавал минут пять и вышел на берег. 4. Было жарко, и мы проплавали в бассейне больше часа. 5. Мы потанцевали минут десять и сели ужинать. 6. Мы протанцевали всю ночь. 7. Он покашлял и перестал. 8. Он прокашлял весь урок. 9. Он полежал (повалялся) десять минут и пошёл на прогулку. 10. Он пролежал (провалялся) на диване все выходные. 11. Туристы всегда хотят походить по магазинам. 12. Туристы проходили по городу целый день и очень устали. 13. Я могу съесть три мороженых сразу — и ничего, только немного поболит горло. 14. Он проболел целую неделю. 15. Она почитала минут десять и легла спать. 16. Он прочитал весь день. 17. Можно я поработаю полчаса на компьютере? 18. Я проработал на компьютере всю ночь. 19. Я устал, хочу хоть полчасика поспать (подремать) перед вечеринкой. 20. Он проспал до часу дня. 21. Мы

так мало поговорили (поболтали)! 22. Они проговорили (проболтали) по телефону целых три часа!

Упражнение 16. **Определите, какие глаголы СВ употребляются в значении «процесс» чаще: с префиксом *по-* (*погулять немного*) или с префиксом *про-* (*прогулять весь день*). Прочитайте предложения, вставьте необходимый по смыслу глагол.**

1. Я не делал гимнастику, только немного … по парку. — Мы … по парку целых два часа и опоздали на обед. (побегать — пробегать) 2. Вчера он далеко не ездил, просто … на машине около дома. — Он … на новой машине весь день. (покататься — прокататься) 3. Он … немного и пошёл в университет. — После бессонной ночи он … весь день. (поспать — проспать) 4. Утром ему всегда хочется … в постели. Сегодня он тоже проснулся, немного … и только потом пошёл в душ. — В воскресенье он весь день … на диване с книгой. (поваляться — проваляться) 5. Мы с тобой давно не виделись, вот и … весь вечер! — Совсем мало …! (поговорить — проговорить) 6. Ты всё прослушал, ты … весь урок! — Он … немного, а потом поел. (поспать — проспать) 7. Девушка немного … с соседом. — Она … с соседом весь урок. (пококетничать — прококетничать)

Упражнение 17. **Прочитайте предложения. Обратите внимание на время и вид глагола. Выполните упражнение по модели.**

М о д е л ь: По утрам она пьёт кофе. — По утрам она пила кофе. По утрам она будет пить кофе.

1. По утрам он читает газеты. 2. Целыми днями он сидит (просиживает) в библиотеке. 3. По вторникам и четвергам мы занимаемся грамматикой. 4. Каждую субботу мы ездим (выезжаем) за город. 5. Летом мы обычно ездим на дачу. 6. Каждый вечер он смотрит программу «Время». 7. Иногда я беру книги в библиотеке. 8. Он часто рассказывает разные интересные истории. 9. Обычно она хорошо сдаёт экзамены. 10. Саша всегда помогает мне. 11. Я в пятый раз смотрю этот фильм. 12. Она редко ходит в Русский музей. 13. Он каждую неделю ходит в Морской музей. 14. Он регулярно платит за общежитие. 15. Она систематически пропускает занятия. 16. Время от времени она покупает себе обновки. 17. Он редко задаёт вопросы. 18. Она два раза в неделю ходит в бассейн.

Упражнение 18. (Расширенная лексика.) **Измените настоящее время на прошедшее, а затем на будущее. Изменится ли что-нибудь?**

1. Он время от времени что-то изобретает. 2. Он никогда не изменяет своей жене. 3. Он влюблён в меня. 4. Она всегда заботится о своих родных. 5. Она красит волосы раз в месяц. 6. Каждую среду мы выступаем на семинаре. 7. По ночам студенты веселятся. 8. Каждый день отец за что-то ругает сына. 9. Каждую свободную минуту она прихорашивается перед зеркалом. 10. К сожалению, она регулярно опаздывает. 11. Периодически он влюбляется. 12. Вечером (каждый вечер) он ложится спать в одиннадцать часов, утром (каждое утро) встаёт в семь. 13. Он очень хорошо работает, и каждый месяц директор объявляет ему благодарность и повышает зарплату. 14. Дети иногда обижаются (сердятся) на своих родителей. 15. Она год от года старится всё больше. 16. Каждый раз, если дождь,

эта куртка промокает насквозь. 17. Богатые богатеют всё больше и больше. 18. Каждый раз ты только сердишь меня! 19. Я всегда добиваюсь своей цели. 20. Я всегда стремлюсь к лучшему. 21. Весной (каждую весну) скворцы прилетают, а осенью (каждую осень) улетают. 22. Он всегда закусывает водку чем-то солёным. 23. Иногда наш начальник выходит из себя. 24. Если я делаю что-то не так, отец каждый раз стыдит меня.

Упражнение 19. Выполните упражнение по модели.

М о д е л ь: Я никогда не мешаю соседям. — Я никогда не мешал соседям. Я никогда не буду мешать соседям.

1. Я никогда много не пью. 2. Я никогда не опаздываю. 3. Я никогда не обманываю. 4. Я никогда не бью животных. 5. Я никогда не беру чужие вещи без разрешения. 6. Я никогда не рассказываю чужих секретов. 7. Я никогда не хожу в гости с пустыми руками. 8. Я никогда не злюсь на друзей. 9. Я никогда никого не жду. 10. Я никогда не читаю чужие письма. 11. Я никогда не плаваю в холодной воде. 12. Я никогда ничего не забываю. 13. Я никогда ничего не обещаю. 14. Я никогда ни о чём не жалею.

Упражнение 20. (*Расширенная лексика.*) Выполните упражнение по модели.

М о д е л ь: — Ты что-то перепутал! — Я никогда ничего не путаю. Я никогда ничего не путал.

1. Ты забыл об этом? 2. Ты ошибся в этом! 3. Ты что-то разбил? 4. Ты испортил компьютер? 5. Ты раскаялся в этом? 6. Ты влез в чужие дела? 7. Ты поссорился с подругой? 8. Ты извинился перед ним? 9. Ты отчитался перед отцом? 10. Ты пересмотрел свои убеждения? 11. Ты серьёзно увлёкся новыми теориями? 12. Ты влюбился? 13. Ты расстроился из-за чего-то? 14. Ты внушил себе это? 15. Ты оглянулся назад? 16. Ты дотронулся до электрического провода? 17. Ты подслушал наш разговор? 18. Ты напомнил ему о нашем разговоре? 19. Ты всё-таки упрекнул его в этом? 20. Ты уже распорядился отцовскими деньгами? 21. Ты признался в обмане? 22. Ты убил пауков? 23. Ты поставил будильник на шесть утра? 24. Это ты положил в суп так много соли? 25. Это ты ограбил банк? 26. Ты остановился на достигнутом?

Грамматика на максимум. В ситуации «регулярно» обычно употребляются глаголы НСВ, особенно вместе с такими словами и конструкциями, как *регулярно, систематически, периодически, время от времени, по утрам, по вечерам, часто, редко, иногда*: *Иногда он читает, гуляет, ходит в театр, пишет письма и т.д.*

*В будущем времени в разговорном языке возможно нетипичное употребление СВ со словами **всегда** и **никогда не**: Он всегда скажет что-нибудь хорошее и всегда поможет мне. Он никогда не поможет мне и никогда не скажет ничего хорошего.* (При этом возможно и обычное употребление: *всегда говорит, помогает, никогда не говорит, не помогает*).

Почему же возможно нетипичное употребление? Наверное, потому, что мы видим каждый раз единичную ситуацию как результат: *всегда поможет* = поможет сейчас + поможет потом + поможет завтра + поможет в следующий раз и т.д. Таким же образом *никогда не поможет* = не поможет сейчас + не поможет в следующий раз + не поможет и в другой раз, и завтра, и послезавтра, и т. д. (В грамматиках такое значение определяется обычно как «наглядно-примерное», т. е. когда один пример обозначает типичную ситуацию: «каждый раз такой же, как этот один»).

Такая же логика при счёте: *два раза, пять раз, много раз — крикнул* (СВ!)*, стукнул* (СВ!)*, два раза, пять раз — крикнет* (СВ!)*, стукнет* (СВ!). Каждый раз видим отдельный фрагмент ситуации как отдельный результат: *стукнул + стукнул = стукнул два раза* и т. д.

Упражнение 21. (Грамматика на максимум.) Прочитайте предложения. Обратите внимание на употребление глаголов СВ в нетипичном для них значении «повторяемость действия».

1. Он два раза стукнул кулаком по столу. 2. Звонок не работал, и он постучал в дверь три раза. 3. Отец два раза серьёзно наказал сына: первый раз — когда сыну было девять лет, а второй — когда было четырнадцать. 4. Он ударил меня два раза, а я его — три. 5. Сначала подпрыгну пять раз на одной ножке, потом пять раз на другой. 6. Я сто раз напишу слово «удача». 7. Вы меня толкнули два раза. 8. Сколько можно! Я тебе уже раз пять (не меньше!) рассказал всю свою историю от начала до конца! 9. Он трижды обозвал меня тупицей. 10. Он талантливый журналист, даже в обыденной жизни всегда найдёт что-то необычное и захватывающее. 11. Мой друг очень заботливый: всегда, когда приходит ко мне, обязательно принесёт какой-нибудь подарок. 12. Очень обаятельный человек! Всегда при встрече скажет вам какой-нибудь комплимент, просто поговорит с вами — и всё это очень мило! 13. Ты знаешь, это прекрасный человек, он никогда не подведёт. 14. Он преступник? Да он мухи не обидит! 15. Ты молодец: всегда купишь что-нибудь полезное! 16. Ты, мама, меня всегда поймёшь!

Упражнение 22. (Грамматика на максимум.) Выполните упражнение по модели.

М о д е л ь: — **Ешь**, это вкусно!
— Я так много никогда не съем! (Значение — «не смогу получить результат»).

1. — Пожалуйста, **делай** домашнее задание! — Я так много никогда … ! 2. — Пожалуйста, садись и **пиши** реферат. — Что ты! Сто страниц я никогда … ! 3. — Вот тебе задание на лето: **решай** задачи. — Я столько никогда … . 4. — Это всё тебе! **Пей**! — Что ты! Я столько никогда … ! 5. — Это тебе новые слова. **Учи**! — Ничего себе! Столько я никогда … ! 6. — Что он тебе сказал? **Говори**! — Я тебе этого никогда … . 7. — **Выходи** за меня замуж! — Я за тебя замуж никогда … . 8. — **Приезжай** ещё раз! — Ну, нет. Я к тебе больше никогда … . 9. — **Не забывай** меня! — Я тебя никогда … !

> Конструкции со словами *никогда не* иностранцы привыкают воспринимать в значении «регулярно» и используют здесь глаголы НСВ. Обычно это так, но не всегда. Что значит «никогда»? По-русски это — «ни при каких обстоятельствах, ни в какое время», т. е. «никогда не» = «ни при каких обстоятельствах не…». Как видим, семантика (значение) вовсе не гарантирует регулярность. Грамматически здесь возможен и предел (единичный), т. е. СВ глагола.

Упражнение 23. (*Грамматика на максимум.*) **Выполните упражнение по модели.**

М о д е л ь: Он мне никогда не поможет (ни в чём).
— Он мне всегда поможет (во всём).

1. Он мне на экзамене никогда не подскажет. 2. Когда он в Петербурге, он никогда не позвонит. 3. Наш преподаватель никогда ничего толком не объяснит. 4. Я знаю, что он меня никогда не поддержит на собрании. 5. Он никогда не заплатит за девушку в ресторане. 6. Мой отец меня никогда ни в чём не упрекнёт. 7. Мой отец никогда не пошлёт мне денег, когда мне трудно. 8. Он никогда не выпьет лишнего. 9. Она никогда не погостит у меня больше трёх дней.

Упражнение 24. **Выполните упражнение по модели.**

М о д е л ь: — Ты вчера был занят (или свободен)?
— Да, был занят, **занимался** в библиотеке, потом **смотрел** телевизор и **читал**.

С л о в а д л я с п р а в о к: гулять, писать письма, работать на компьютере, играть на компьютере, читать, делать домашнее задание, готовить ужин, разговаривать с друзьями, смотреть фильм, ходить в театр, ходить в кино, ходить в музей, ходить в гости, оформлять документы, ходить в иностранный отдел, ужинать в ресторане, сдавать экзамен, ходить в парикмахерскую, готовиться к семинару, писать реферат, играть в футбол, играть в теннис, играть в шахматы, стирать, гладить, прибирать в комнате, читать по-русски, отдыхать, слушать музыку.

1. — Ты вчера был чем-то занят? — Да, вчера я ... .
2. — Что ты делал вчера? Отдыхал? — Нет, вчера я ... .
3. — Ты вчера был свободен? — Нет, я ... .
4. — Что ты делал после обеда? — После обеда я ... .
5. — Что ты делал вчера вечером? — Вчера вечером я ... .
6. — Чем ты был занят в субботу? — В эту субботу я ... .
7. — Что ты делал в воскресенье? — В это воскресенье я ... .
8. — Что ты делал два часа назад? — Два часа назад я ... .

Упражнение 25. **Ответьте на вопросы.**

1. Где вы живёте? 2. Где вы жили раньше? 3. Где вы изучали русский язык? 4. Где работает ваш отец? 5. Чем занимается ваша мама? 6. Где вы будете учиться потом (в магистратуре, в аспирантуре)? 7. Какие произведения Чехова вы читали? 8. Какие романы Льва Толстого вы знаете? 9. Какие произведения современных писателей вы читали? 10. Какие книги вы хотите читать на уроке? 11. Творчество каких писателей вы будете изучать? 12. Вы когда-нибудь читали по-русски русскую поэзию? 13. После университета вы будете учиться дальше или будете работать? 14. Когда вы будете писать тест? 15. Какой уровень вы будете сдавать? 16. Может быть, вы не будете сдавать экзамен?

> В значении «факт» употребляются глаголы только НСВ, например: *Я смотрел фильм «Сибирский цирюльник».* = *Я знаю содержание фильма.* Если вы слышите, видите или говорите «посмотрел», то немного меняете смысл: *Я посмотрел фильм «Сибирский цирюльник».* = *Наконец-то я сумел это сделать, т.е. получил результат!*

Упражнение 26. Ответьте на вопросы, используя лишь один из двух возможных ответов: либо «Я готовил ужин», либо «Я приготовил ужин» (либо «факт», либо «результат»).

М о д е л ь: — Ты был занят вчера?
— Да, **я готовил ужин**.

1. — Ты был свободен вчера? — Нет, я … .
2. — Ты смотрел «Новости» или ходил в магазин? — Ни то, ни другое, я … .
3. — У тебя есть что-нибудь поесть? — Да! Вот смотри, какой я … . Здорово?
4. — Что ты принёс? — Я …, садись за стол!
5. — Ты успел перевести текст? — Нет, я … .
6. — Ты пойдёшь с нами в ресторан? — Нет, я … .
7. — Ты что-нибудь успел сделать за весь вечер? — Нет, я … .
8. — Ты что-нибудь успел сделать за весь вечер? — Да, я … .
9. — Я купил вино. — А я … . — Отлично!

Упражнение 27. Ответьте на вопросы. Варианты ответа: «Я буду готовить ужин» или «Я приготовлю ужин».

1. Ты будешь свободен сегодня вечером? — Нет, … .
2. Ты пойдёшь в магазин или будешь заниматься? — Я … .
3. Я ужасно хочу есть. — Подожди, сейчас быстро … .
4. Ты успеешь всё сделать за час? — Конечно! …, а потом приглашу гостей.
5. Ты сейчас занят? — Да, … .

Упражнение 28. Ответьте на вопросы. Варианты ответа: «Я писал письмо» или «Я написал письмо».

1. Что ты положил мне на стол? — Письмо, которое я … .
2. Сколько писем у тебя готово? — Я … только одно.
3. Чем ты занимался сегодня? — Я … .
4. Почему ты не позвонил матери? — Я … .
5. Ты сообщил о своём приезде? — Да, я … .
6. Ты успел что-нибудь сделать за это время? — Да, я … .
7. Ты почему не приготовил ужин? — Я … .
8. Почему ты мне не позвонил? — Я … . Разве ты его не получил?
9. Твои родители знают, что мы хотим пожениться? — Да, я … .

Упражнение 29. **Прочитайте текст, обратите внимание на виды глаголов. Запоминайте!**

На уроке в школе учитель говорит ученику:
— Ты плохо знаешь урок. Садись. Двойка.
Ученик говорит:
— Но я учил.
— Учил, но не выучил, — говорит учитель.

Упражнение 30. **Прочитайте текст и перескажите его.**

Как старик корову продавал
(сказка)

Жил-был старик. Жил он в деревне, и у него была корова. Корова была старая и мало давала молока. И решил старик корову продать.

И вот утром взял он свою корову и повёл её на базар.

Пришёл на базар и стал продавать свою корову. Но он не умел продавать. К нему подходили люди и спрашивали:

— Это хорошая корова? Она много даёт молока?

Он отвечал:

— Нет, это старая корова, и она очень мало даёт молока.

Рядом был один парень. Он увидел, что старик не может продать свою корову, и сказал:

— Послушай, старик. Я помогу тебе продать корову, только ты ничего не говори. Молчи и слушай.

Старик согласился.

И вот подошёл ещё один покупатель и спрашивает:

— Это хорошая корова?

Парень отвечает:

— Да, это очень хорошая корова, и она очень много даёт молока. А ещё она очень умная, добрая и красивая!

Покупатель сказал:

— Хорошо. Я хочу купить эту корову. А сколько она стоит?

И тут старик сказал:

— Нет! Я не буду продавать свою корову. Такая хорошая корова мне нужна самому.

И он взял корову и повёл её обратно в деревню.

(В о п р о с: продал старик свою корову или не продал?)

Упражнение 31. **Ответьте на вопросы.**

1. Вы читали (не читали) рассказ Достоевского «Маленький герой»? 2. Вы читали (не читали) «Белые ночи» Достоевского? 3. Вы смотрели (не смотрели) фильм «Восток – Запад»? 4. Вы читали (не читали) стихи по-русски? 5. Вы изучали (не изучали) русскую литературу? 6. Вы знали (не знали), что в Петербурге два оперных театра? 7. Вы мечтали (не мечтали) поехать в Петербург учиться? 8. Вы изучали (не изучали) вид глагола раньше?

9. Вы занимались (не занимались) в лингафонном классе? 10. Вы будете (не будете) читать газеты на уроке? 11. Вы будете (не будете) писать диссертацию? 12. Вы будете (не будете) пить водку в России? 13. Вы будете (не будете) слушать лекции по страноведению? 14. Вы будете (не будете) на уроке смотреть видео? 15. Вы будете (не будете) спать на уроках? 16. Вы будете (не будете) скучать в Петербурге? 17. Вы будете (не будете) путешествовать по России? 18. Вы будете (не будете) покупать книги?

 При отрицании логика та же («факт» или «не факт» — «результат» или «не результат») и грамматика та же (НСВ — СВ). Например: *готовил* или *не готовил* — *приготовил* или *не приготовил*.

Упражнение 32. **Выберите предпочтительный вариант.**

1. — Ты уже знаешь все новые слова к тексту? — Нет, я ещё не все слова хорошо … (учил — выучил). 2. — Ты долго … новые слова? (учил — выучил) — Ты знаешь, я совсем забыл об этом и совсем ничего вчера не … (учил — выучил). 3. — Ты … наконец учебник? (покупал — купил) — Конечно, нет. Я вообще ещё ничего не … (покупал — купил), потому что не могу поменять деньги. 4. — Ты … летом или работал? (отдыхал — отдохнул) — Конечно, … (отдыхал — отдохнул), ведь этот год был такой тяжёлый! 5. — Ты … летом или работал? (отдыхал — отдохнул) — Нет, совсем не … (отдыхал — отдохнул), мне очень нужны были деньги. 6. — А ты … летом? (отдыхал — отдохнул) — Да. — Один? — Нет, мы … вместе с друзьями. (отдыхали — отдохнули) — А где? — Мы … на море. (отдыхали — отдохнули). 7. А ты хорошо … ? (отдыхал — отдохнул) — Ужасно! Совсем не … (отдыхал — отдохнул): поехал на море, простудился и заболел. 8. — Вы … когда-нибудь изложения? (писали — написали) — … в прошлом году (Писали — Написали). 9. — Ты когда-нибудь … «Мастера и Маргариту» Булгакова по-русски? (читал — прочитал) — Никогда не … (читал — прочитал). 10. — Где книга, которую дал преподаватель? — Я её ещё не … до конца. (читал — прочитал) 11. — Ты ещё не готов? — Извини, я ещё не … до конца … вещи. (собирал — собрал) 12. — Ты ещё не готов? — Извини, я ещё не … все вещи. (собирал — собрал) 13. — Ну как, ты … деньги, всё в порядке? (менял — поменял) — Нет. А ты? — И я не … (менял — поменял). — А где меняют деньги? — Раньше … на Невском, там много обменных пунктов. (меняли — поменяли)

СОВЕТ: не переживайте из-за двух пустяков, которые часто мучают бедных студентов, изучающих русский язык.

Пустяк первый: часто в предложении, определяя значение вида, студенты не могут различить, где у НСВ значение «процесс», а где значение «факт». Не мучьте себя: русские тоже не могут иногда этого сделать, т. к. либо контекст слишком маленький, либо различные значения пересекаются, накладываются друг на друга. К тому же это и не так важно: ведь в любом случае это НСВ! Например: *Вчера он читал. Вчера на уроке мы пересказывали текст.*

Пустяк второй: часто из контекста не ясно, что имеется в виду. Речь идёт об употреблении глаголов в разговоре, где не всё до конца конкретно. Глаголы НСВ и СВ в некоторых случаях могут употребляться как синонимы (будут очень-очень маленькие и почти незаметные нюансы значений фразы). Например: *Что ты вчера делал? — Я звонил (позвонил) домой. «Был занят» или «наконец результат»? Не знаю. Русские об этом зачастую не задумываются. Так что слушайте русскую речь и наблюдайте!*

Упражнение 33. **Прочитайте предложения. Понаблюдайте за употреблением НСВ и СВ.**

1. Вчера я весь день сидел дома. 2. Вчера я весь день просидел дома. 3. Вечером я готовил ужин, потом постирал куртку. 4. Вечером я приготовил ужин, потом стирал куртку. 5. Вечером я готовил ужин, потом стирал куртку. 6. Вечером я приготовил ужин, потом постирал куртку. 7. Завтра я с утра пойду на занятия, потом буду заниматься в библиотеке, потом пообедаю. 8. Завтра я с утра иду на занятия, потом позанимаюсь в библиотеке и буду обедать. 9. Я уже ел. 10. Я уже поел. 11. Сегодня он уже делал зарядку. 12. Сегодня он уже сделал зарядку.

Упражнение 34. **Прочитайте или прослушайте текст, перескажите его.**

Крестьянин и муха
(сказка)

Один крестьянин весь день работал в поле, он пахал землю. И весь день у него на плече сидела муха.

Вечером крестьянин закончил работу и сел ужинать. Муха сказала:

— Я тоже хочу есть!

Крестьянин сказал:

— Я работал, я устал, а ты не работала.

— Нет, я работала, — сказала муха. — Мы пахали вместе.

> ❗ **Часто в общефактическом значении употребляются одновидовые глаголы, имеющие только форму НСВ. Например:** *Наш университет находится (находился) на Васильевском острове.* Иногда грамматики выделяют отдельно ещё одно значение НСВ — значение «постоянного отношения», например: *Билет стоит (стоил) сто рублей.* Для удобства изучения вида мы относим его к значению «факт».

Упражнение 35. **Замените настоящее время на прошедшее, не изменяя вида глагола.**

1. Кунсткамера находится на Васильевском острове. 2. Я живу в центре города. 3. Я работаю над диссертацией. 4. Он болеет. 5. Почему ты куришь в классе? 6. Он ходит пешком. 7. Дети бегают по парку. 8. Мы занимаемся физкультурой в парке. 9. Вы плаваете в бассейне? 10. Это имеет значение? 11. Он интересуется политикой. 12. Ярко светит солнце.

Упражнение 36. (Расширенная лексика.) **Замените настоящее время на прошедшее, не изменяя вида глагола.**

1. Её глаза светятся радостью. 2. Существуют различные гипотезы появления жизни на Земле. 3. Многие люди бедствуют. 4. Она обожает мороженое. 5. Его слова не соответствуют действительности. 6. С кем граничит Россия? 7. С кем торгует Россия? 8. Он бодрствует всю ночь. 9. Он обладает многими талантами. 10. А она и не горюет. 11. Почему на уроке ты зеваешь? 12. Он её боготворит. 13. На севере области преобладает минусовая температура. 14. Почему он не сопротивляется? 15. И что это означает? 16. До завтрака он разгуливает по дому в пижаме. 17. Уральские горы простираются с севера на юг. 18. Она предчувствует беду. 19. Я равняюсь на лучших. 20. Максимальное количество студентов в группе контрактом не оговаривается. 21. Экскурсии по городу программой не предусматриваются.

Упражнение 37. (Расширенная лексика.) **Замените прошедшее время на будущее, не изменяя вида глагола.**

1. Ночью на небе сияли звёзды. 2. Он никогда ни в чём не противоречил жене. 3. Она расхаживала по комнате и курила. 4. Он бодрствовал двое суток. 5. Она его обожала всю жизнь. 6. Это от меня не зависело. 7. Всегда существовали различные философские школы. 8. На юго-западе возвышались новые дома. 9. Это не противоречило твоим принципам? 10. Он раздумывал над этим долго. 11. В этом наряде она прекрасно выглядела. 12. Я не планирую никаких изменений. 13. Кому принадлежит этот дом? 14. Он прекрасно дирижирует оркестром. 15. Они нам угрожают. 16. Он содержит две семьи. 17. Они переписывались долго. 18. Какими косметическими средствами ты пользовалась? 19. С такими плохими знаниями на экзамене он «плавал». 20. Солдаты маршировали на площади. 21. Она не очень сильно страдала и мучилась из-за этого. 22. Ты не нервничала? 23. Он нёс всякую чушь. 24. Армия наступала.

> При недостаточном контексте иногда возможно параллельное употребление как НСВ, так и СВ. Смысл при этом почти не меняется или меняется минимально.
>
> **Когда же смысл меняется?** Легче начинать с анализа СВ, т. к. он всегда имеет одно значение — результат. Например: *Мы уже открыли окно* — окно открыто? Конечно! Это результат. Другой пример: *Мы уже открывали окно* — значит: открыли (это было как факт) + закрыли = сейчас окно скорее всего закрыто (обычно так).
> Выполним упражнения. Здесь **важно видеть ситуацию.**

Упражнение 38. **Проверьте себя! Вместо точек вставьте глагол НСВ или СВ. Укажите, где из-за недостаточности контекста возможны варианты и определите, различаются ли по значению эти варианты. Укажите, какой вариант лучше.**

1. Утром он уже … (брился — побрился). 2. — Что ты делал в ванной? — … (Брился — Побрился). 3. Она … (стеснялась — постеснялась) попросить ещё одну конфету. 4. Студенты стоя … (приветствовали — поприветствовали) преподавателя. 5. Вчера мы

... (пели — спели). 6. Мы ... (пели — спели) только две песни. 7. Профессор вчера ... (интересовался — поинтересовался), почему ты пропускаешь занятия. 8. Вчера она очень ... (радовалась — обрадовалась), когда узнала об этом. 9. — Садись с нами ужинать! — Спасибо, я уже ... (ел — поел). 10. Она ... (курила — покурила) в коридоре. 11. Мы ... (мечтали — помечтали) о будущем. 12. Он ... (желал — пожелал) нам счастья.

Упражнение 39. *(Расширенная лексика.)* **Выберите правильный вариант. Обратите внимание на то, что при недостаточности контекста возможно параллельное употребление как НСВ, так и СВ.**

1. Он сидел за столом и ... . (дремал — задремал) 2. Она разговаривала со мной и ... на компьютере. (печатала — напечатала) 3. Она разговаривала со мной и ... на компьютере текст. (печатала — напечатала) 4. Пока она разговаривала со мной, она ... на компьютере какой-то текст. (печатала — напечатала) 5. Извини, я вчера ... и ... тебя! (горячился — погорячился) (обижал — обидел) 6. Ты не знаешь, где моя тетрадь? Я её ... сюда. (клал — положил) 7. Спасибо, что ты меня ... , уже давно пора вставать! (будил — разбудил) 8. Он вчера нас здорово ... ! (веселил — развеселил) 9. Вчера ты очень ... на меня? (сердилась — рассердилась) 10. Ты со мной ... ? (здоровался — поздоровался) 11. Он ... в снег и лежит. (падал — упал) 12. Он ... ручку на пол и не заметил. (ронял — уронил) 13. Вечером он ... деньги. (считал — сосчитал) 14. Вчера ... нашего соседа. (хоронили — похоронили) 15. Свеча ... на столе. (горела — сгорела) 16. Месяц назад она ... и ... волосы. (красила — покрасила) (завивала — завила) 17. Он ... очень быстро. (мужал — возмужал) 18. Он сильно ... . (потел — вспотел).

Упражнение 40. *(Расширенная лексика.)* **Выберите правильный вариант. Возможен ли другой вариант? Изменится ли смысл?**

1. Вчера вечером он ... падежи. (повторял — повторил) 2. Он не ... от темы выступления. (отклонялся — отклонился) 3. Она ... меня в аэропорту. (встречала — встретила) 4. Её слова меня просто ... . (изумляли — изумили) 5. Он ... к новому сотруднику. (присматривался — присмотрелся) 6. Он легко ... к новым условиям. (приспосабливался — приспособился) 7. Зачем он ... перед ней? (унижался — унизился) 8. Вы ... участие в конференции? (подтверждали — подтвердили) 9. Этого я тебе не ... . (разрешал — разрешил) 10. Отец ... сына к порядку. (приучал — приучил) 11. Он ... план действий. (обдумывал — обдумал) 12. Он ... ей в любви. (признавался — признался) 13. Вчера мы ... об этом. (договаривались — договорились) 14. Мы с тобой уже ... (здоровались — поздоровались) 15. Мы с тобой уже ... (прощались — попрощались) 16. Он ... в этом. (ошибался — ошибся) 17. Он ... её в измене. (упрекал — упрекнул) 18. Раскольников ... в своём преступлении. (раскаивался — раскаялся).

Упражнение 41. Прочитайте примеры, проанализируйте их. Анализ легче начинать с глаголов СВ. Помните: надо увидеть ситуацию!

1. Я взял книгу в библиотеке. **(Где сейчас книга: у меня или нет? У меня, конечно.)** 2. Я брал книгу в библиотеке. **(Книга была у меня? Конечно. Сейчас она у меня? Неизвестно, но скорее всего не у меня.)** 3. Он взял у меня ручку. 4. Он брал у меня ручку.

5. Кто открыл дверь на балкон? 6. Кто открывал дверь на балкон? Кошка могла убежать. 7. Я уже надел рубашку. 8. Эту рубашку я уже надевал. 9. Кто и зачем включил мой компьютер?! 10. Кто включал мой компьютер? Почему я сейчас не могу его включить? 11. Ты выключил компьютер? 12. Ты выключал компьютер? Где моя дискета? 13. Она сдала пальто в химчистку. 14. Она сдавала пальто в химчистку. 15. Она сдавала экзамен. 16. Она сдала экзамен.

Упражнение 42. **Прокомментируйте различия в значениях глаголов НСВ и СВ.**

1. — Он здесь? — Да, он пришёл. 2. — Его нет? — Нет, но он приходил. 3. Месяц назад ко мне приехали родители. 4. Месяц назад ко мне приезжали родители. 5. Летом он приехал в Петербург. 6. Летом он приезжал в Петербург. 7. Почтальон принёс бандероль. 8. Почтальон приносил бандероль, но никого не было дома. 9. Ко мне пришла подруга. 10. Ко мне приходила подруга. 11. — Что это? — В комнату залетела птица. 12. — Что за беспорядок? — В комнату залетала птица. 13. Из класса вынесли все столы и стулья. 14. На время ремонта из класса выносили все столы и стулья. 15. Он прибежал домой на обед. 16. Он прибегал домой на обед. 17. Приплыла золотая рыбка к старику. 18. К старику приплывала золотая рыбка. 19. Она вывела собаку на прогулку. 20. Она уже выводила собаку на прогулку. 21. Эту картину увезли в другой город на выставку. 22. Эту картину увозили в другой город на выставку.

Упражнение 43. **Выберите один из вариантов.**

1. Кто … из моей тарелки? (ел — съел) 2. Кто … всё печенье? (ел — съел) 3. Кто … на мою постель и всю её смял? (ложился — лёг) 4. Кто это … на мою постель? Вставай сейчас же! (ложился — лёг) 5. Кто это … на моё место? Вставай! (садился — сел) 6. Кто … на мой стул и сломал его? (садился — сел) 7. Почему телевизор не работает? Кто … телевизор? (включал — включил) 8. Иди смотреть новости: я … телевизор! (включал — включил) 9. — Дверь заперта? — Всё в порядке, я … дверь на ключ. (закрывал — закрыл) 10. — Почему дверь не заперта? — Не знаю, я … её. (закрывал — закрыл) 11. — Ты без очков? — Да, я … очки. (снимал — снял) 12. — Ты весь день в очках? — Нет, …, когда глаза устали. (снимал — снял)

Упражнение 44. **Выберите один из вариантов.**

1. Ко мне … моя подруга, я тебя сейчас с ней познакомлю. (приходила — пришла) 2. — Кто это был? — Ко мне … моя подруга. (приходила — пришла) 3. Он … в комнату и сел на стул. (заходил — зашёл) 4. Мне кажется, что к нам в комнату кто-то … : все вещи не на своих местах. (заходил — зашёл) 5. — Что это за новые люди на вечеринке? — Наша новая соседка … всех своих знакомых. (приводила — привела) 6. — Почему такой беспорядок?! — Наша новая соседка … в гости всех своих знакомых. (приводила — привела) 7. — Вас давно не было видно. — На неделю мы … на дачу. (уезжали — уехали) 8. — Где твои родители? В городе? — Нет, они … на дачу. (уезжали — уехали) 9. — Откуда у тебя дискета? — А! Это … мой приятель. (забегал — забежал) 10. — Кто это у тебя? — А это … мой приятель. Вы знакомы? (забегал — забежал) 11. — Где ковёр? — Я … его на

балкон. (вытаскивал — вытащил) 12. — Почему ковёр сложен и стоит посреди комнаты? — А это я … его на балкон проветрить и забыл разложить. (вытаскивал — вытащил) 13. Девочка, зачем ты … на шкаф? Что ты там делаешь? (залезала — залезла) 14. Девочка, зачем ты … на шкаф? Что ты там делала? Теперь ты вся в пыли! (залезала — залезла)

Упражнение 45. Ответьте на вопросы. Обратите внимание на логический акцент во фразе, где голос идёт вверх!

> При отрицании логика та же.
> Обратите внимание **на логический акцент** во фразе.

М о д е л ь: — Ты не **купил** хлеб?
              — **Не купил.** Извини.

1. Ты не купил цветы? 2. Ты не пришил пуговицу? 3. Ты не поздравил маму с днём рождения? 4. Ты так и не отдохнул за лето? 5. Ты не выполнил моё поручение? 6. Ты не принёс мою тетрадь? 7. Ты так и не придумал ничего нового? 8. Ты так и не перевёл текст? 9. Ты не помог ему? 10. Она не помогла тебе? 11. Он не подвёз тебя на машине? 12. Начальник не разрешил тебе уходить домой раньше?

Упражнение 46. Ответьте на вопросы отрицательно, не изменяя вид глагола.

1. Он у тебя выиграл? 2. Ты ему проиграл? 3. Он тебе помог? 4. Он тебя довёл до университета? 5. Он выключил за собой свет? 6. Она уже проснулась? 7. Он уже приготовил ужин? 8. Он допил молоко? 9. Они отправили моё письмо? 10. Он кончил печатать? 11. Ты написал тест? 12. Он сдал экзамен?

Упражнение 47. Ответьте на вопросы. Обратите внимание на логический акцент во фразе, где голос идёт вверх!

М о д е л ь: — Кто взял мою тетрадь? Ты?!
              — Не знаю, кто взял. Я не брал.

1. — Кто рассказал ему об этом? Ты? — Не знаю, … .
2. — Кто сломал компьютер? Ты? — Не знаю, … .
3. — Кто сказал, что я глупый? — Не знаю, … .
4. — Кто съел моё пирожное? Ты? — Не знаю, … .
5. — Кто выбросил мои бумаги? Ты? — Не знаю, … .
6. — Кто принёс в класс крысу? Ты? — Не знаю, … .
7. — Кто написал на доске слово «дурак»? — Не знаю, … .
8. — Кто привёл ребёнка на урок? — Не знаю, … .
9. — Кто пустил в класс собаку? — Не знаю, … .
10. — Кто открыл окно? Холодно! — Не знаю, … .
11. — Кто снял со стены картину? Зачем? — Не знаю, … .
12. — Кто убрал со стола фотографии? Мне они нужны! — Не знаю, … .
13. — Кто купил этот дурацкий сувенир? Ты? — Не знаю, … .
14. — Кто его убил? — Не знаю, … .

Упражнение 48. Прочитайте предложения, объясните употребление вида. Определите, где значение «отсутствие результата», а где значение «отсутствие действия».

1. Я не съем такой большой кусок торта! 2. Я не буду есть сладкое, я сейчас совсем не ем сладкого. 3. Ты не выпьешь один бутылку коньяка. 4. Ты совсем не будешь пить? 5. Я не буду учить стихотворение! Устал! 6. Я не выучу такое большое стихотворение! 7. Я не встану в шесть утра! 8. Ни за что не буду вставать в шесть утра! 9. Я не буду готовить ужин. Лучше ты! 10. Я не приготовлю ужин так быстро. 11. Я никогда не научусь водить машину! 12. Я вообще не буду учиться водить машину!

> Фразы с глаголами СВ в разговорном языке часто трансформируются. Например: *Я не съем такой большой кусок торта! — Мне не съесть такой большой кусок торта! Как видим, изменяется только конструкция. Значение и вид не меняются. Подобная трансформация возможна и при НСВ, хотя в таком случае она используется значительно реже: Я не буду есть сладкое. — Зачем ты печёшь такой большой торт? Всё равно мне не есть сладкого, у меня диабет.*

Упражнение 49. Выполните упражнение по модели.

М о д е л ь: — Съешь ещё мороженое!
             — Я не буду больше есть мороженое сегодня, а то горло заболит.

1. Выпей ещё вина! 2. Потанцуем ещё! 3. Поцелуй меня ещё раз! 4. Обними меня ещё раз! 5. Расскажи о себе! 6. Пригласи меня к себе в гости! 7. Сфотографируй меня! 8. Нарисуй меня! 9. Подожди меня! 10. Заплати за меня! 11. Возьми у меня деньги! 12. Включи музыку! 13. Напиши мне из Англии! 14. Разбуди меня завтра утром! 15. Выучи стихотворение! 16. Помой руки! 17. Прими лекарство. 18. Узнай расписание.

Упражнение 50. *(Расширенная лексика.)* Возразите собеседнику, объяснив причину отказа.

М о д е л ь: — Сосчитай до ста.
             — **Не буду** считать до ста. **Это не помогает.**

1. Постучи в дверь. 2. Откажись от сладкого и мучного! 3. Зажги свет! 4. Поверни налево! 5. Пошли сообщение. 6. Пристыди его! 7. Прости его! 8. Дотронься до моей руки! 9. Завяжи галстук! 10. Застегни молнию. 11. Разверни подарок! 12. Прислушайся к моему совету! 13. Разрежь торт до прихода гостей! 14. Постели постель. 15. Переоденься! 16. Переобуйся! 17. Займись аэробикой! 18. Залезь на дерево! 19. Убеди его в своей правоте! 20. Разогрей вчерашний суп. 21. Подвинься ко мне ближе! 22. Сядь ко мне на колени! 23. Перевяжи рану! 24. Проконсультируй меня по этому вопросу!

Упражнение 51. Выполните упражнение по модели.

Модель: Мы ещё не начали строить дачу. (строить — построить)
— Мы ещё **не строили** дачу.
Мы ещё не кончили строить дачу. (строить — построить)
— **Мы ещё не построили** дачу.

1. Мы ещё не начали красить дачу. (красить — покрасить) 2. Мы ещё не кончили красить дачу. (красить — покрасить) 3. Рабочие ещё не кончили белить потолок. (белить — побелить) 4. Рабочие ещё не начали белить потолок. (белить — побелить) 5. Он ещё не начал стирать. (стирать — постирать) 6. Он ещё не кончил стирать. (стирать — постирать) 7. Преподаватель ещё не кончил проверять работы студентов. (проверять — проверить) 8. Преподаватель ещё не начал проверять работы студентов. (проверять — проверить) 9. Холодно. Снег ещё не начал таять. (таять — растаять) 10. Холодно. Снег ещё не кончил таять. (таять — растаять) 11. Он ещё не кончил учиться водить машину. (учиться — научиться) 12. Он ещё не начал учиться водить машину. (учиться — научиться)

Обратите внимание на два момента.

Первый. Грамматика (как и логика) разрешает употребление параллельных конструкций типа: *Снег ещё не кончил таять. — Снег ещё не растаял.* Однако сфера употребления диктует свои правила: *Снег ещё не начал таять* лучше, т. е. правильнее и привычнее для русского уха, чем *Снег ещё не таял* (этот грамматически нормативный вариант звучит несколько странно и непривычно). *Он ещё не кончил учиться водить машину* — тоже звучит странно, потому что так обычно не говорят по-русски. Почему не говорят? Потому что есть более удачная конструкция: *Он ещё не научился водить машину.*

Второй. Некоторые конструкции являются правильными грамматически, но некорректными с точки зрения логики. Например, что значит *Не начали договариваться* или *Не кончили договариваться*? Часто русские подобные фразы с глаголами НСВ или СВ не дифференцируют.

Вывод: трудности у иностранцев при изучении вида связаны с незнанием стереотипов употребления и возможности параллельного употребления как НСВ, так и СВ (при минимальном изменении смысла или даже без изменения смысла).

ПОВТОРИМ: все рассмотренные выше главные значения глаголов НСВ (3 значения) и СВ (1 значение) являются **универсальными** и присутствуют во всех формах глагола.

Поработаем с текстами сказок. Обратите внимание на то, что в сказках иногда могут встречаться устаревшие слова, попробуйте заменить их синонимами.

Желаю удачи!

Упражнение 52. **Проверьте, знаете ли вы следующие слова:** *ворон, лисица (лиса), добыть, царь, разинуть, орать, схватить.* **Прослушайте, а затем прочитайте текст. Подчеркните глаголы, составьте, если возможно, видовую пару.**

Ворон и лисица
(сказка)

Ворон добыл мяса кусок и сел на дерево. Захотелось лисице мяса, она подошла и говорит:

— Эх, ворон, как посмотрю на тебя, — по твоему росту и красоте только бы тебе царём быть! И верно был бы царём, если бы у тебя голос был!

Ворон разинул рот и заорал что было мочи. Мясо упало. Лиса подхватила его и говорит:

— Ах, ворон, коли бы ещё у тебя ум был, быть бы тебе царём.

Л.Н. Толстой

Дополнительное задание. **Перескажите сказку, используя простую лексику:** *нашёл, сел, увидела, подошла, начала хвалить, должен быть, открыл, взяла (схватила), сказала.*

Упражнение 53. **Проверьте, знаете ли вы следующие слова:** *выскочить, медведь, броситься, влезть, спрятаться, остаться, притвориться, понюхать.* **Прочитайте текст, раскройте скобки.**

Два товарища
(сказка-быль)

Шли по лесу два товарища, и … (выскакивал — выскочил) на них медведь. Один … (бросался — бросился) бежать, … (влезал — влез) на дерево и … (прятался — спрятался), а другой … (оставался — остался) на дороге. Делать ему было нечего — он упал наземь и … (притворялся — притворился) мёртвым.

Медведь … (подходил — подошёл) к нему и стал нюхать: он и дышать перестал.

Медведь … (нюхал — понюхал) ему лицо, … (думал — подумал), что мёртвый, и … (отходил — отошёл).

Когда медведь … (уходил — ушёл), тот … (слезал — слез) с дерева и смеётся:

— Ну что, — говорит, — медведь тебе на ухо … (говорил — сказал)?

— А он … (говорил — сказал) мне, что плохие люди те, которые в опасности от товарищей … (убегают — убегут).

Л.Н. Толстой

Дополнительное задание. **Перескажите текст, используя необходимую по сюжету лексику:** *шли, увидели (выбежал, появился), убежал (залез, спрятался), не успел убежать, лёг, не дышал (перестал дышать), подошёл, посмотрел, подумал, что… (решил, что…), неживой (мёртвый, умер), ушёл, подошёл (слез), сказал (говорит), не убегают (не бросают).*

Упражнение 54. **Проверьте, знаете ли вы следующие слова:** *ягоды, заблудиться, изба (избушка), отпустить, горевать, гостинцы, пироги (пирожки), короб, пень (пенёк).* **Прочитайте текст, раскройте скобки. Укажите, где возможны варианты.**

Маша и медведь
(сказка)

Жили-были дедушка да бабушка. Была у них внучка Машенька.

Собрались раз подружки в лес по грибы да по ягоды. (Приходили — пришли) … звать с собой и Машеньку.

— Дедушка, бабушка, — … (говорит — сказала) Машенька, — отпустите меня в лес с подружками!

Дедушка с бабушкой … (отвечают — ответили):

— Иди, только смотри от подружек не отставай, а то … (заблудилась — заблудишься).

… (пришли — придут) девушки в лес, стали собирать грибы да ягоды. Вот Машенька деревце за деревце, кустик за кустик — и … (уходит — ушла) далеко-далеко от подружек.

… (стала — станет) она аукаться, … (стала — станет) их звать, а подружки … (не слышат — не услышат), … (не отзываются — не отзовутся).

… (ходила — шла) Машенька по лесу, … (ходила — шла) — и совсем … (заблудилась — заблудится).

… (приходила — пришла) она в самую глушь, в самую чащу. … (видит — увидит) — … (стоит — будет стоять) избушка. … (стучала — постучала) Машенька в дверь — … (не открывают — не будут открывать). … (Толкала — толкнула) она дверь — дверь и … (открывалась — открылась).

… (входила — вошла) Машенька в избушку, … (садилась — села) у окна на лавочку.

…(садилась — села) и думает: «Кто же здесь … (живёт — жил)? Почему никого не видно?..»

А в той избушке … (живёт — жил) большущий медведь. Только его тогда дома … (не было — не будет): он по лесу … (ходил — шёл).

… (возвращался — вернулся) вечером медведь, … (видел — увидел) Машеньку, … (радовался — обрадовался).

— Ага, — … (говорит — сказал), — теперь … (не буду отпускать — не отпущу) тебя! Будешь у меня …(жить — жила). Будешь печку … (топить — топила), будешь кашу … (варить — варила), меня кашей … (кормить — кормила).

… (тужила — потужила) Маша, … (горевала — погоревала), да ничего не поделаешь. … (становилась — стала) она жить у медведя в избушке.

Медведь на целый день … (уходит — уйдёт) в лес, а Машеньке наказывает никуда без него из избушки не выходить.

— А если … (будешь уходить — уйдёшь), — говорит, — всё равно … (буду ловить — поймаю) и тогда уж … (буду есть — съем)!

… (становилась — стала) Машенька думать, как ей от медведя убежать. Кругом лес, в какую сторону идти — … (не знает — не узнает), спросить не у кого…

… (думала — придумала) она, … (думала — придумала) и … (думала — придумала).

… (приходит — пришёл) раз медведь из лесу, а Машенька и … (говорит — сказала) ему:

— Медведь, медведь, … (отпускай — отпусти) меня на денёк в деревню: я бабушке и дедушке гостинцев … (буду носить — снесу).

— Нет, — … (говорит — сказал) медведь, — ты в лесу опять … (заблудилась — заблудишься). Давай гостинцы, я их сам … (буду относить — отнесу).

А Машеньке того и надо!

… (пекла — напекла) она пирожков, …(доставала — достала) большой-пребольшой короб и … (говорит — сказала) медведю:

— Вот, смотри: я в этот короб … (буду класть — положу) пирожки, а ты отнеси их дедушке и бабушке. Да помни: короб по дороге не открывай, пирожки не вынимай. Я на дерево … (буду залезать — залезу), за тобой … (следить буду — прослежу)!

— Ладно, … (отвечает — ответил) медведь, — давай короб!

Машенька говорит:

— Выйди на крылечко, посмотри, … (не идёт — не пошёл) ли дождик!

Только медведь … (выходил — вышел) на крылечко, Машенька сейчас же … (залезала — залезла) в короб, а на голову себе блюдо с пирожками … (ставила — поставила).

… (возвращался — вернулся) медведь, … (видит — увидит) — короб готов. … (Поднимал — поднял) его на спину и … (шёл — пошёл) в деревню.

Идёт медведь между ёлками, бредёт между сосенками, в овражки … (спускается — спустился), на пригорки … (поднимается — поднялся). Шёл-шёл, … (уставал — устал) и … (говорит — сказал):

— … (Буду садиться — сяду) на пенёк,

… (Буду есть — съем) пирожок!

А Машенька из короба:

— Вижу-… (вижу — увижу)!

Не садись на пенёк,

Не ешь пирожок!

Неси бабушке,

Неси дедушке!

— Ишь какая глазастая, — … (говорит — сказал) медведь, — всё … (видит — увидит)!

… (Поднимал — поднял) он короб и …(шёл — пошёл) дальше. Шёл-шёл, шёл-шёл, … (останавливался — остановился) и … (говорит — сказал):

— … (Буду садиться — сяду) на пенёк,

…(Буду есть — съем) пирожок!

А Машенька из короба опять:

— Вижу-… (вижу — увижу)!

Не садись на пенёк,

Не ешь пирожок!

Неси бабушке,

Неси дедушке!

… (удивлялся — удивился) медведь:

— Вот какая хитрая! Высоко … (сидит — сидела), далеко … (глядит — глядела)! —… (Вставал — встал) и … (шёл — пошёл) дальше.

… (Приходил — пришёл) в деревню, … (находил — нашёл) дом, где дедушка с бабушкой … (жили — пожили), и давай изо всех сил стучать в ворота:

— Тук-тук-тук! Отпирайте, открывайте! Я вам от Машеньки гостинцев ... (приносил — принёс).

А собаки ... (чуяли — почуяли) медведя и ... (бросались — бросились) на него. Со всех дворов ... (бегут — побегут), ... (лают — залают).

... (пугался — испугался) медведь, ... (ставил — поставил) короб у ворот и ... (пускался — пустился) в лес без оглядки.

... (выходили — вышли) тут дедушка и бабушка к воротам. ... (видят — увидят) — короб стоит.

— Что это в коробе? — ... (говорит — говорила) бабушка.

А дедушка ... (поднимал — поднял) крышку — и глазам своим ... (не верит — не поверит): в коробе Машенька ... (сидит — сидела), живёхонька и здоровёхонька.

... (радовались — обрадовались) дедушка да бабушка. ... (становились — стали) Машеньку обнимать, умницей называть.

Упражнение 55. Предлагаем краткий пересказ сказки «Маша и медведь». Какие глаголы надо добавить, чтобы сделать его более подробным?

Маша и медведь
(краткое содержание)

Жили-были дедушка и бабушка. И была у них внучка Машенька. Один раз пошла Маша в лес с подругами *(собирать...)* и потеряла дорогу. *(не знала, куда идти; заблудилась)*

Пошла она дальше и увидела дом в лесу. *(избушка стоит, постучала, толкнула дверь, не отвечает никто)* Вошла Машенька в дом. *(села, думает, не видно никого)* А там жил медведь. *(ходил)*

Пришёл медведь домой и увидел Машу. *(вернулся, обрадовался, не отпущу тебя)*

Он сказал:

— Теперь ты будешь у меня жить и всё будешь делать. *(печку топить, варить, кормить)*

Но Маша не хотела жить у медведя, она хотела домой к дедушке и бабушке. *(убежать, уйдёшь, убежишь — поймаю и съем)*

И Маша придумала, как убежать от медведя. *(приходит, говорит, отпусти, отнесу, заблудишься, сам отнесу)*

Вот один раз она приготовила пирожки, положила их в короб и сама в короб села, когда медведь не видел. *(выйди на крыльцо, посмотри, вышел, залезла, поставила)*

Маша сказала медведю, что нельзя открывать короб и есть пирожки. *(отнеси, помни, не открывай, не вынимай, залезу, следить буду)*

Взял медведь короб и пошёл в деревню. Шёл-шёл, устал. *(вернулся, видит, поднял, идёт, бредёт, спускается, поднимается)* Решил съесть один пирожок, но Машенька сказала:

— Всё вижу! Не ешь пирожок! *(не садись, не ешь, неси, поднял, пошёл, остановился, сел, говорит, удивился, встал, пошёл)*

Вот пришёл медведь в деревню, а там были собаки. *(нашёл, постучал, отпирайте, открывайте, принёс, почуяли, бросились, бегут, лают)*

Испугался медведь и убежал в лес. *(поставил, пустился без оглядки)*

Вышли дедушка и бабушка, открыли короб и увидели Машу. *(видят, говорит, поднял, глазам своим не верит, сидит)*

И все были очень рады. *(обрадовались, стали обнимать, целовать, называть)*

Упражнение 56. Проверьте, знаете ли вы следующие слова: *лиса, журавль, угощать, каша, тарелка, кувшин, окрошка.* **Выберите правильный вариант.**

Лиса и журавль
(сказка)

… (подружатся — подружились) лиса с журавлём.

Вот … (думала — вздумала) лиса угостить журавля, пошла звать его к себе в гости:

— Приходи, куманёк, приходи, дорогой! Уж я тебя … (буду угощать — угощу)!

… (Шёл — пошёл) журавль на званый пир. А лиса … (варила — наварила) манной каши и … (размазывала — размазала) по тарелке. … (Подавала — подала) и … (потчевала — потчует):

— Угощайся! Я сама … (готовила — приготовила)!

Журавль стук-стук длинным носом по тарелке, … (стучал — постучал), … (стучал — постучал) — ничего не … (попадает — попадёт)!

А лисица … (лижет — слижет) себе кашу, так всё сама и … (ела — съела).

Кашу … (ела — съела) и … (говорит — сказала):

— Не сердись, куманёк, больше потчевать нечем!

Журавль ей … (отвечает — ответил):

— Спасибо, кума, и на этом! Приходи теперь ты ко мне в гости!

На другой день … (приходит — приходила) лиса к журавлю, а он … (готовил — приготовил) окрошку, … (лил — налил) в кувшин с узким горлышком, … (ставил — поставил) на стол и … (говорит — сказал):

— Кушай, кумушка!

Лиса начала вертеться вокруг кувшина. И так … (заходит — зайдёт), и этак, и … (лижет — лизнёт) его, и … (нюхает — понюхает), — никак достать не может: … (не лезет — не пролезет) голова в кувшин!

А журавль … (клюёт — склюёт) себе да … (клюёт — склюёт), пока всё не … (ел — съел):

— Ну, кумушка, больше угощать тебя нечем!

… (сердилась — рассердилась) лиса. Она думала, что … (наедается — наестся) на целую неделю, а домой … (шла — пошла) несолоно хлебавши. Как … (аукалось — аукнулось), так и … (откликалось — откликнулось)!

С тех пор дружба у лисы с журавлём врозь.

Упражнение 57. **Перескажите сказку «Лиса и журавль», используя нашу помощь.**

Лиса и журавль
(краткое содержание)

Жили-были … , они … *(дружить)*.

Один раз … *(сказала, приходи)*.

И журавль … *(прийти)*.

А лиса … *(приготовить, сварить, положить, сказать, угощаться)*.

Журавль … *(не мочь есть)*, и лиса всё … *(съесть)*.

На другой день лиса … *(прийти)*, журавль … *(приготовить, налит)*

Лиса … *(не мочь есть)*, и журавль … *(съесть)*.

Лиса … *(рассердиться, пойти домой, не наесться)*.

И вот уже лиса и журавль … *(не дружить)*.

Упражнение 58. **Проверьте, знаете ли вы следующие слова:** *щука (щучий), велеть (веленье), печь, невестка, ведро, топор, рубить, пригодится, умолять, дрова (дровишки), дубинка, помять, колотить = бить, вельможа, кафтан, бочка, пир.* **Прослушайте или прочитайте текст, обратите внимание на главную идею текста и основную лексику. Перескажите сюжет, а затем напишите его краткое содержание. Какие необходимые для пересказа сюжета глаголы вы используете? Каково минимальное количество таких глаголов? Какого они вида?**

По щучьему веленью
(сказка)

Жил-был старик. У него было три сына: двое умных, а третий — дурачок Емеля.

Те братья работают, а Емеля целый день лежит на печке, знать ничего не хочет.

Один раз братья уехали на базар, а бабы, невестки, давай посылать его:

— Сходи, Емеля, за водой!

А он им с печки:

— Неохота…

— Сходи, Емеля, а то братья с базара вернутся, гостинцев тебе не привезут.

— Ну ладно.

Слез Емеля с печки, обулся, оделся, взял вёдра да топор и пошёл на речку.

Прорубил лёд, зачерпнул воды и поставил вёдра, а сам глядит в прорубь. И увидел Емеля в проруби щуку. Изловчился и ухватил щуку в руку:

— Вот уха будет сладка!

Вдруг щука молвит ему человечьим голосом:

— Емеля, отпусти меня в воду, я тебе пригожусь.

А Емеля смеётся:

— На что ты мне пригодишься? Нет, понесу тебя домой, велю невесткам уху сварить. Будет уха сладка.

Щука взмолилась опять:

— Емеля, Емеля, отпусти меня в воду, я тебе сделаю всё, что ни пожелаешь.

— Ладно, только покажи сначала, что не обманываешь меня, тогда отпущу.

Щука его спрашивает:

— Емеля, Емеля, скажи, что ты сейчас хочешь?

— Хочу, чтобы вёдра сами пошли домой и вода бы не расплескалась…

Щука ему говорит:

— Запомни мои слова: когда чего-то тебе захочется — скажи только:

По щучьему веленью,

По моему хотенью.

Емеля и говорит:

— По щучьему веленью,

По моему хотенью —

ступайте, вёдра, сами домой…

Только сказал — вёдра сами пошли в гору. Емеля отпустил щуку в прорубь, а сам пошёл за ведрами.

Идут вёдра по деревне, народ дивится, а Емеля идёт сзади, посмеивается… Зашли вёдра в избу и сами встали на лавку, а Емеля полез на печь.

Прошло много ли, мало ли времени — невестки говорят ему:

— Емеля, что ты лежишь? Пошёл бы дров нарубил.

— Неохота.

— Не нарубишь дров, братья с базара вернутся, гостинцев тебе не привезут.

Емеле неохота слезать с печи. Вспомнил он про щуку и потихоньку говорит:

— По щучьему веленью,

По моему хотенью —

иди, топор, наколи дров, а дрова — сами в избу ступайте и в печь залезайте…

Топор выскочил из-под лавки — и на двор, и давай дрова колоть, а дрова сами в избу идут и в печь лезут.

Много ли, мало ли времени прошло — невестки опять говорят:

— Емеля, дров у нас больше нет. Съезди в лес, наруби.

Делать нечего. Слез Емеля с печи, обулся, оделся, взял верёвку и топор, вышел на двор и сел в сани.

Невестки ему говорят:

— Что же ты, дурень, лошадь не запряг?

— Не надо мне лошади.

Отворили невестки ворота, а Емеля и говорит потихоньку:

— По щучьему веленью,

По моему хотенью —

Ступайте, сани, в лес…

Сани сами и поехали в ворота, да так быстро — на лошади не догнать.

А в лес-то пришлось ехать через город, и тут он много народу помял.

Приехал Емеля в лес:

— По щучьему веленью,

По моему хотенью —

топор, наруби дровишек посуше, а вы, дровишки, сами валитесь в сани,

сами вяжитесь…

95

Топор начал рубить, колоть сухие дрова, а дровишки сами в сани валятся и верёвкой вяжутся. Потом Емеля велел топору вырубить себе дубинку. Сел на воз:

— По щучьему веленью,

   По моему хотенью —

Поезжайте, сани, домой…

Сани помчались домой. Опять проезжает Емеля по городу, где он помял много народу, а там его уже дожидаются. Ухватили Емелю и тащат с возу, ругают, бьют.

Видит он, что плохо дело, и потихоньку говорит:

— По щучьему веленью,

   По моему хотенью —

давай, дубинка, обломай им бока…

Дубинка выскочила — и давай колотить. Народ кинулся прочь, а Емеля приехал домой и залез на печь.

Долго ли, коротко ли — услышал царь о Емелиных проделках и посылает за ним офицера: его найти и привезти во дворец.

Приезжает офицер в ту деревню, входит в ту избу, где Емеля живёт, и говорит:

— Емеля, одевайся скорее, я повезу тебя к царю.

— А мне неохота.

Рассердился офицер и ударил Емелю по щеке.

А Емеля говорит потихоньку:

— По щучьему веленью,

   По моему хотенью —

дубинка, обломай ему бока…

Дубинка выскочила — и давай колотить офицера — насилу он ноги унёс.

Царь удивился, что его офицер не мог справиться с Емелей, и посылает своего главного вельможу:

— Привези ко мне во дворец Емелю, а то голову с плеч сниму!

Накупил вельможа изюму, черносливу, пряников, приехал в ту деревню, где Емеля живёт, вошёл в ту избу и стал спрашивать у невесток, что любит Емеля.

— Наш Емеля любит, когда его ласково попросят да красный кафтан посулят, — тогда наш Емеля сделает всё, что ни попросишь.

Вот вельможа дал Емеле изюму, черносливу, пряников и говорит:

— Емеля, Емеля, что ты лежишь на печи? Поедем к царю!

— Мне неохота.

— Емеля, Емеля, царь тебе красный кафтан подарит, шапку и сапоги!

Емеля подумал-подумал:

— Ну ладно, ступай ты вперёд, а я за тобой вслед буду.

Уехал вельможа, а Емеля полежал ещё и говорит:

— По щучьему веленью,

   По моему хотенью —

ну-ка, печь, поезжай к царю…

Тут в избе углы затрещали, крыша зашаталась, стена вылетела, и печь сама пошла по улице, по дороге, прямо к царю.

Царь глядит в окно, дивится:

— Это что за чудо?

Главный вельможа ему отвечает:

— А это Емеля на печи к тебе едет.

Вышел царь на крыльцо:

— Что-то, Емеля, на тебя много жалоб! Ты много народу помял!

— А зачем они под сани лезли?

В это время в окно на него глядела царская дочь — Марья-царевна. Емеля увидал её в окошке и говорит потихоньку:

— По щучьему веленью,

    По моему хотенью —

  пусть царская дочь меня полюбит...

И сказал ещё:

— Ступай, печь, домой!

Печь повернулась и пошла домой, зашла в избу и встала на прежнее место. Емеля опять лежит-полёживает.

А у царя во дворце крик да слёзы. Марья-царевна по Емеле скучает, не может жить без него, просит отца, чтобы выдал он её за Емелю замуж. Тут царь загрустил, затужил и говорит опять главному вельможе:

— Приведи ко мне Емелю живого или мёртвого, а то голову с плеч сниму.

Накупил вельможа вин сладких да разных закусок, поехал в ту деревню и начал Емелю угощать.

Емеля наелся, напился, захмелел и лёг спать. А вельможа положил его в повозку и повёз к царю.

Царь велел прикатить большую бочку с железными обручами. В неё посадили Емелю и Марью-царевну, засмолили бочку и в море бросили.

Долго ли, коротко ли — проснулся Емеля. Видит — темно, тесно:

— Где это я?

А ему отвечают:

— Скучно и тошно, Емелюшка! Нас в бочку засмолили, бросили в синее море.

— А ты кто?

— Я — Марья-царевна.

Емеля говорит:

— По щучьему веленью,

    По моему хотенью —

  ветры буйные, выкатите бочку на сухой берег, на жёлтый песок...

Ветры буйные подули. Море взволновалось, бочку выкинуло на сухой берег, на жёлтый песок. Емеля и Марья-царевна вышли из неё.

— Емелюшка, где же мы будем жить?

Емеля и говорит:

— По щучьему веленью,

    По моему хотенью —

  пусть выстроится каменный дворец с золотой крышей...

Только он сказал — появился каменный дворец с золотой крышей. Кругом — зелёный сад: цветы цветут и птицы поют.

Марья-царевна с Емелей вошли во дворец, сели у окошечка.

— Емелюшка, а нельзя тебе красавчиком стать?

Тут Емеля недолго думал:

— По щучьему веленью,

По моему хотенью —

Стать мне добрым молодцем, писаным красавцем...

И стал Емеля таким, что ни в сказке сказать, ни пером описать.

А в ту пору царь ехал на охоту и видит — стоит дворец, где раньше ничего не было. И послал узнать, кто это без его позволения дворец поставил.

Послы побежали, стали под окошком, спрашивают.

Емеля им отвечает:

— Просите царя ко мне в гости, я сам ему скажу.

Царь приехал к нему в гости. Емеля его встречает, ведёт во дворец, сажает за стол. Начинают они пировать. Царь ест, пьёт, не надивится:

— Кто же ты такой, добрый молодец?

— А помнишь дурачка Емелю — как приезжал к тебе на печи, а ты велел его со своей дочерью в бочку засмолить, в море бросить? Я — тот самый Емеля. Захочу — всё твоё царство пожгу и разорю.

Царь сильно испугался, стал прощенья просить:

— Женись на моей дочери, Емелюшка, бери моё царство, только не губи меня!

Тут устроили пир на весь мир, Емеля женился на Марье-царевне и стал править царством.

Тут и сказке конец, а кто слушал — молодец.

Упражнение 59. Прочитайте ещё раз сказку «По щучьему веленью», поработайте над лексикой.

А. **Проверьте, понимаете ли вы по тексту следующие слова:** *печка, щука, уха, сани, ворота, дрова, верёвка, дубинка, вельможа, кафтан, бочка, пир.* **Составьте предложения по модели.**

М о д е л ь: печка — слезть — Емеля слез с печки.

Печка — залезть, щука — поймать, щука — вытащить, уха — сварить, сани — сесть, ворота — открыть, верёвка — завязать, дубинка — побить, вельможа — приехать, кафтан — подарить, бочка — посадить, пир — устроить.

Б. **Замените устаревшие и нечастотные глаголы синонимами.**

1. *Молвит* щука человечьим голосом. (говорить) 2. *Велю* из щуки уху сварить. (приказать) 3. Щука *взмолилась*: «Отпусти меня, Емеля!» (попросить) 4. «Сделаю для тебя всё, что ни *пожелаешь*!» (захотеть) 5. Чтобы вода не *расплескалась*. (пролиться) 6. Лошадь *не запряг*. (Поехать без лошади) 7. *Отворили* ворота. (открыть) 8. *Посулит* ему кафтан. (пообещать) 9. Дубинка *поколотила* вельможу. (побить) 10. *Затужил* тут царь. (загрустить) 11. *Прикатили* слуги бочку. (доставить) 12. *Засмолили* бочку. (закрыть, заделать, залить смолой) 13. *Дивится* царь: откуда новый дворец? (удивляться)

***В.* Вы хорошо помните, о чём Емеля просил щуку? Сколько раз просил? Емеля говорил: «По щучьему веленью, по моему хотенью…» Выполните упражнение по модели.**

М о д е л ь: «Вёдра, идите сами домой!» — Емеля хотел, чтобы вёдра сами шли (пошли) домой.

1. Топор, *наруби (наколи)* дров! 2. Сани, *поезжайте* сами в лес! 3. Топор, *наруби* дров, а вы, дрова, сами в сани *складывайтесь*! 4. *Поезжайте*, сани, сами домой! 5. Дубинка, *побей* этих людей! 6. Дубинка, *побей* офицера! *(Обломай ему бока!)* 7. Печь, *поезжай* к царю! 8. Пускай царская дочь меня *полюбит*! 9. Ветры буйные, *выкатите (выбросьте)* бочку на берег! 10. Пусть *выстроится* каменный дворец с золотой крышей! 11. Хочу *стать* добрым молодцем!

> Надеемся, что у вас уже не возникает больших трудностей, связанных с употреблением глаголов НСВ и СВ в прошедшем и будущем времени. Однако в случае, если вы будете проходить тестирование (экзамен по грамматике в виде теста: ТРКИ-1, ТРКИ-2, ТРКИ-3), обратите внимание на наши выводы и рекомендации.
>
> **Выводы перед тестом.** Смысл работы состоял в том, чтобы получить нужную грамматическую информацию и отработать употребление глаголов НСВ и СВ в конкретных речевых ситуациях.
>
> Мы шли от нетрудных ситуативно-грамматических упражнений к тексту, который вы слушали, читали, затем рассказывали и писали. При этом мы системно прослеживали лексику: от минимальной — до расширенной.
>
> Система в лексике и грамматике просто необходима. Понятие «частотность» (или «частота употребления») актуально и для грамматики: именно поэтому мы в первую очередь отрабатывали наиболее частотные случаи употребления НСВ и СВ.
>
> Таким образом, главная наша цель — коммуникация. (Помните нашу идею: «Как обычно в такой ситуации говорят русские?») Однако мы рассмотрели и редкие случаи употребления НСВ и СВ, для того чтобы иметь достаточно полную информацию по данной теме.
>
> **Рекомендации перед тестом.** 1. При написании теста обращайте внимание прежде всего на ситуацию употребления: если она типичная, характерная (как ТРКИ-1), то должен сработать уже выработанный вами автоматизм: «Обычно здесь так!» — выбирайте сразу привычный вариант.
>
> 2. Если ситуация употребления нетипичная, вспомните, какие нечастотные случаи употребления вы рассматривали в «Грамматике на максимум», какие были исключения и комментарии. (Начиная с ТРКИ-2, все нетипичные и редкие случаи употребления присутствуют в тестовых заданиях в большом количестве.)
>
> 3. Что же делать, если ситуация употребления нетипичная, если вы всё вспомнили про вид глагола, но всё равно чувствуете себя некомфортно? Есть ещё один секрет теста: ищите специфическую конструкцию, от которой зависит употребление НСВ или СВ!
>
> Запомните: вид глагола — постоянная категория глагола, таким образом, его можно рассматривать в рамках почти всех грамматических тем, особенно это касается синтаксиса сложного предложения, где регулярно присутствуют комментарии типа:

«В этой конструкции обычно используется СВ глагола», например: *Пока не **съешь** кашу, не пойдёшь гулять*.

Совет: проверьте свои знания по другим грамматическим темам, в частности, как вы знаете синтаксис простого и сложного предложения.

Конструкция, от которой зависит употребление НСВ или СВ, может быть достаточно разговорной, например: *Мне не за что его **благодарить***.

Совет: проверьте, хорошо ли вы знаете разговорный стиль, в частности, разговорный синтаксис.

ВИД ГЛАГОЛА В ИНФИНИТИВЕ 동사원형의 상

Общее правило. Как мы уже говорили, для всех глаголов СВ характерно одно значение — «результат» (единичное действие — тоже результат), глаголам НСВ присуще три значения — «процесс», «регулярность», «факт». При выборе нужного глагола вы, как и раньше, начинаете с СВ, т.е. быстро думаете: главная идея — результат или не результат?

Для удобства и быстроты работы, т.е. для выработки необходимого автоматизма, приведём некоторые частные рекомендации, касающиеся безусловных случаев употребления НСВ или СВ. Эти рекомендации удобны, и за достоверность их мы ручаемся.

НСВ:	**СВ:**
1. С глаголами в значении «начинать» или «кончать» + **инфинитив НСВ**	С глаголами и конструкциями в значении «успешный результат» + **инфинитив СВ**
Я начинаю (начал, начну) учить русский язык.	*Я сумел купить билет.*
Он стал учить русский язык.	*Он успел купить билет.*
Он принялся учить русский язык.	*Ему удалось купить билет.*
Он кончает (кончил) курить.	
Он бросил курить.	
Он перестал курить.	
Он продолжает (продолжил) говорить об этом.	
2. В конструкциях со значением «не надо» + **инфинитив НСВ**	
Не надо говорить ей об этом!	
Не нужно курить здесь!	
Не стоит делать этого!	
Не следует так делать.	

Обратите ещё раз внимание на те примеры, которые даны в таблице (конечно, правило этими примерами не исчерпывается). В остальных случаях действуют универсальные значения НСВ и СВ, которые мы рассмотрели выше и которые уже повторяли в начале этого раздела.

> Перейдём к тренировочным упражнениям. Как всегда, начинаем с нетрудных моментов. Добивайтесь автоматизма употребления в типичных ситуациях! Помните: при активном владении материалом на размышление требуется не более секунды!

ПЕРВЫЙ БЕЗУСЛОВНЫЙ СЛУЧАЙ УПОТРЕБЛЕНИЯ ИНФИНИТИВА НСВ 반드시 불완료상 동사원형이 사용되는 경우 1

Упражнение 1. **Прочитайте предложения. Объясните употребление НСВ. Проследите: что меняется, а что не меняется?**

1. Он начал повторять грамматику. 2. Она начала изучать испанский язык. 3. Я начал учиться водить машину. 4. Когда ты наконец начнёшь учиться водить машину? 5. Слушайте: я начинаю рассказывать сказку! 6. Завтра мы начинаем изучать новую тему. 7. Завтра мы начнём изучать новую тему. 8. Где вы начинали заниматься спортом? 9. Начинайте читать, пожалуйста! 10. Начните читать, пожалуйста! 11. Мы продолжаем тему «Вид глагола». 12. Завтра мы продолжим тему «Вид глагола». 13. Завтра мы закончим тему «Вид глагола». 14. Он кончил читать и посмотрел на меня. 15. Обычно я кончаю работать в шесть. 16. Я скоро кончу печатать, и мы будем обедать. 17. Я скоро кончу печатать, и мы пообедаем. 17. Кончай печатать, пойдём гулять! 18. Ты кончила говорить по телефону? Спасибо!

Упражнение 2. **Ответьте на вопросы утвердительно или отрицательно.**

1. Ты кончил говорить по телефону? — Да, я … . 2. Ты уже начал заниматься плаванием? — Нет, я ещё не … . 3. Ты начал учить итальянский язык? — Да, конечно, … . 4. Ты начинаешь понимать по-русски? — Да, … . 5. Ты скоро начнёшь давать уроки английского языка? — Да, уже завтра … . 6. Ты продолжаешь играть на скрипке? — Да, … . 7. Ты продолжишь учиться и не пойдёшь работать? — Конечно, я … . 8. Он будет продолжать мешать нам? — Нет, … . 9. Ты закончил печатать? — Нет, … . 10. Ты заканчиваешь печатать? — Да, … . 11. Когда ты вчера кончил печатать? — Вчера я … . 12. Когда ты кончишь смеяться надо мной? — Никогда не … .

Упражнение 3. **(Расширенная лексика.) Ответьте на вопросы отрицательно. Дайте полные (развёрнутые) ответы на вопросы.**

1. — Ты уже начал учиться рисовать акварелью? — Нет, не … . 2. Ты уже начал чертить чертёж? 3. Ты уже кончил смотреть видео? 4. Ты начал поправляться? 5. Он что, начал слепнуть? 6. Он что, начал глохнуть? 7. Ты всё продолжаешь мастерить у себя дома? 8. Ты продолжаешь сердиться на меня? 9. Ты по-прежнему продолжаешь кормить эту бездомную собаку? 10. Ты перестала красить волосы? 11. Ты бросил курить? 12. Ты стал заниматься спортом? 13. Ты начал красть? 14. Сметана начинает киснуть? 15. Ты перестал переписываться с девушкой из Германии? 16. Ты перестал встречаться с ней? 17. Ты кончил, наконец, одеваться? 18. Он начал привыкать к здешней жизни? 19. Он опять принялся доказывать всем свою правоту? 20. Он начал всем надоедать? 21. Ты начал заболевать? 22. Он начал раскаиваться в своём поступке? 23. С чего это он бросился убеждать всех в этом? 24. Ты стал присматриваться к новому человеку? 25. Начальник

перестал унижать тебя? 26. Она прекратила упрекать тебя? 27. Ты уже стал самостоятельно распоряжаться своим наследством? 28. Уже начали объявлять участников соревнований? 29. Отец уже перестал помогать тебе деньгами? 30. Ты уже начал избавляться от вредных привычек?

Упражнение 4. Ответьте на вопросы утвердительно.

1. Ты наконец начал серьёзно заниматься? — Да, … . 2. Ты стал печь пироги? 3. Ты научился открывать вино? 4. Ты привык вставать рано? 5. Ты полюбил гулять ночью по городу? 6. Ты отвык делать гимнастику? 7. Ты разучился водить машину? 8. Ты бросил курить? 9. Ты не перестал её любить? 10. Соседи кончили ссориться? 11. Ты перестал злиться на меня? 12. Это перестало тебе надоедать? 13. Она продолжает выступать или уже бросила сцену? 14. Это твой отец научил тебя так хорошо водить машину? 15. Ты уже начал выздоравливать? 16. Ты совсем разучился ездить на велосипеде? 17. Ты отвык вставать рано? 18. Ты привык всегда всё класть на место? 19. Ты разлюбил пить кофе по утрам? 20. Ты стал ходить по магазинам? 21. Это твои родители приучили тебя регулярно ходить в театр? 22. Ты научился пить водку? 23. Ты уже привык думать по-русски? 24. Ты прекратил посылать ей подарки?

Упражнение 5. Дайте развёрнутый ответ на вопрос.

1. Почему ты перестал посылать ей подарки? 2. Почему ты не перестал посылать ей подарки? 3. Для кого он начал строить дачу? 4. Чем она стала красить волосы? 5. Где ты научился так хорошо готовить? 6. Кто тебя научил так хорошо готовить? 7. Когда ты полюбил ходить в театр? 8. Почему он перестал здороваться со мной? 9. Почему ты не перестал здороваться с ним? 10. Когда ты закончишь собирать вещи? 11. Когда ты привыкнешь жить в общежитии? 12. Когда ты научишься спать по ночам? 13. Скоро ты бросишь курить? 14. Он перестанет, наконец, сегодня пить? 15. Когда ты научишься хорошо говорить по-русски? 16. С кем он начал встречаться? 17. Почему ты не отучил его курить? 18. Кто привык всегда побеждать? 19. Кто научит меня играть в шахматы? 20. Кто научит меня говорить без ошибок? 21. Кто никогда не перестанет меня любить? 22. Когда ты перестанешь смеяться надо мной? 23. Почему ты не бросишь курить? 24. Как отучить ребёнка спать на уроке? 25. Как быстрее научиться плавать? 26. Кто может научить меня играть на гитаре?

Упражнение 6. *(Расширенная лексика.)* Дайте развёрнутый ответ на вопрос.

1. Почему ты ещё не начал готовиться к экзаменам? 2. Где ты привык проводить лето? 3. Кто научил тебя заплетать косы! 4. Когда сейчас начинает темнеть? 5. Когда сейчас начинает светать? 6. Когда начинает работать Эрмитаж? 7. Когда ты перестанешь прощать его? 8. Когда ты перестанешь проигрывать ему? 9. Каким видом спорта он начал заниматься сейчас? 10. Ты так никогда и не перестанешь молиться на него? 11. Когда ты перестанешь приставать ко мне? 12. Когда ты научишься распоряжаться своим свободным временем? 13. Скоро он научится работать самостоятельно? 14. Почему ты никак не научишься говорить без ошибок? 15. Когда ты отвыкнешь свистеть в доме? 16. Кто приучил тебя бегать по утрам и принимать ледяной душ? 17. Из-за чего вы начали

ссориться? 18. Почему это она принялась вдруг худеть? 19. Когда ты бросишь подшучивать надо мной? 20. Скоро вы начнёте накрывать на стол? 21. Давно собака начала слепнуть? 22. Когда ты перестанешь дрожать от страха? 23. Давно он начал прогуливать занятия? 24. Когда же ты перестанешь переживать? 25. Когда же ты научишься управлять своими эмоциями? 26. Почему он так и не научился пахать землю и рубить деревья? 27. Почему ты так и не научился консервировать огурцы? 28. Когда ты начнёшь подметать пол? 29. Когда он перестанет лгать? 30. Когда ты привыкнешь подчиняться? 31. Когда же он перестанет ныть? 32. Когда мы отучим его курить в ванной? 33. Почему он раздумал жениться? 34. Почему родители отговорили её выходить замуж?

Упражнение 7. **Ответьте на вопросы по модели.**

    М о д е л ь: — Ты уже нарисовал мой портрет?
                   — Нет, но уже начал рисовать.

1. Он уже написал письмо? 2. Он уже приготовил ужин? 3. Ты уже перевёл этот текст? 4. Она уже подобрала материал для диссертации? 5. Он уже начертил чертёж? 6. Она уже испекла пирог? 7. Продукты испортились? 8. Молоко прокисло? 9. Ты заболел? 10. Ты уже поправился? 11. Ты уже отвык говорить на родном языке? 12. Ты уже привык говорить и думать только по-русски? 13. Она уже похудела? 14. Ты уже избавился от лишних вещей? 15. Вы уже присмотрелись к этому человеку? 16. Она уже научилась водить машину?

Упражнение 8. **Ответьте на вопросы по модели.**

    М о д е л ь: — Ты приготовил ужин?
                   — Заканчиваю (кончаю) готовить.

1. Ты написал письмо? 2. Ты начертил чертёж? 3. Ты уже дописал реферат? 4. Ты уже отремонтировал компьютер? 5. Ты настроил телевизор? 6. Ты подготовился к докладу? 7. Ты перевёл статью? 8. Ты собрал библиографию? 9. Ты построил дачу? 10. Ты наконец поел? 11. Ты прибрал в комнате? 12. Ты полил цветы?

Упражнение 9. **Ответьте на вопросы, используя конструкцию**
я передумал (раздумал) + инфинитив НСВ.

    М о д е л ь: — Ты хочешь поступать (поступить) в аспирантуру?
                   — Я раздумал (передумал) поступать в аспирантуру.

1. Ты будешь учиться в магистратуре? 2. Ты будешь покупать этот учебник? 3. Ты хочешь купить этот учебник? 4. Ты поедешь к нему? 5. Ты переведёшь этот текст? 6. Ты будешь помогать ему? 7. Ты извинишься перед ним? 8. Так ты прыгнешь с трамплина или нет? 9. Ты пойдёшь на концерт? 10. Ты помоешь голову? 11. Ты сходишь в магазин? 12. Ты поменяешь деньги? 13. Ты сфотографируешься с нами? 14. Ты отнесёшь компьютер в ремонт? 15. Ты испечёшь пирог? 16. Ты переедешь к нам?

> ⓘ В значении «кончить уметь (хотеть)» используются как глаголы *отвык, разучился*, так и глаголы *передумал, раздумал, устал*, конструкции *мне расхотелось, мне надоело* + *инфинитив НСВ*.

Упражнение 10. Ответьте на вопросы, используя конструкцию *я устал + инфинитив НСВ*.

   М о д е л ь: — Ты перепишешь (будешь переписывать) ещё раз сочинение?
                — Я уже устал сто раз переписывать это сочинение.

1. Ты поможешь ему ещё раз? 2. Ты напишешь за него сочинение? 3. Ты нарисуешь мой портрет? 4. Ты принесёшь мне ещё раз эту кассету? 5. Ты купишь билеты в кино? 6. Ты поцелуешь меня? 7. Ты поставишь чайник? 8. Ты подогреешь ужин? 9. Ты подождёшь меня? 10. Ты сбегаешь в аптеку ещё раз? 11. Ты объяснишь мне это ещё раз? 12. Ты попросишь за меня? 13. Ты отнесёшь за меня мои работы профессору? 14. Ты приготовишь за меня ужин? 15. Ты отремонтируешь магнитофон? 16. Ты скажешь мне, что любишь меня?

Упражнение 11. Ответьте на вопросы, используя конструкции *мне расхотелось... или мне надоело + инфинитив НСВ*.

   М о д е л ь: — Почему ты не ешь? — Мне расхотелось есть.

1. Почему ты не пьёшь? 2. Почему ты не смотришь телевизор? 3. Почему ты не играешь в теннис? 4. Почему он не играет в баскетбол? 5. Почему она не играет в волейбол? 6. Почему вы не выступаете? 7. Почему она не пойдёт на вечеринку? 8. А что ты не играешь в компьютер? 9. А что он не занимается? 10. Почему ты не помогаешь мне? 11. Почему же ты не делаешь домашнее задание? 12. Почему бы нам не поехать за город? 13. Почему бы нам не прокатиться на машине? 14. Почему бы тебе не посоветоваться с отцом? 15. Почему бы тебе не попросить у отца денег? 16. Почему ты не хочешь отремонтировать магнитофон?

Упражнение 12. (Расширенная лексика.) Ответьте на вопросы, используя конструкции *я отвык, разучился, раздумал (передумал), устал... или мне расхотелось, надоело + инфинитив НСВ*.

1. Ты можешь открыть шампанское? 2. Ты можешь выучить ещё один иностранный язык? 3. Ты не хочешь заняться математикой? 4. Ты не хочешь побриться? 5. Ты не можешь подстричь меня? 6. Ты можешь понянчить ребёнка? 7. Ты не застегнёшь мне молнию? 8. Ты сможешь сварить борщ или щи? 9. Ты сможешь вести машину? 10. Ты приберёшь в комнате? 11. Ты отчитаешься перед шефом? 12. Ты скажешь тост? 13. Ты не веселишься вместе со всеми? 14. Почему ты такой грустный? 15. Почему ты здесь, а не вместе со всеми? 16. Ты не завязал галстук? 17. Ты можешь не наступать мне на ноги, когда мы танцуем? 18. Ты напечатал текст?

ВТОРОЙ БЕЗУСЛОВНЫЙ СЛУЧАЙ УПОТРЕБЛЕНИЯ ИНФИНИТИВА НСВ 반드시 불완료상 동사원형이 사용되는 경우 2

Упражнение 13. **Прочитайте предложения. Объясните употребление НСВ инфинитива.**

1. Не надо мне сто раз это повторять! 2. Не нужно так говорить! 3. Не надо было этого делать! 4. Не нужно было ему всё рассказывать! 5. Не стоит знакомиться на улице. 6. Не стоило покупать эту книгу. 7. Не следует переходить улицу в неположенном месте. 8. Вредно так много курить. 9. Нехорошо так поступать. 10. Невежливо проходить мимо, не здороваясь. 11. Опасно гулять ночью. 12. Некрасиво сидеть к кому-то спиной. 13. Вредно регулярно недосыпать. 14. Глупо пропускать занятия! 15. Опасно прыгать с парашютом. 16. Стыдно не делать домашние задания! 17. Глупо жениться в шестнадцать лет! 18. Стыдно ругаться матом!

Упражнение 14. **Закончите предложения, используя дополнительную лексику.**

1. Не надо так много … ! 2. Не нужно … ! 3. Не стоит … ! 4. Не надо было … ! 5. Не нужно было мне … ! 6. Не стоило вчера мне … ! 7. Не следовало ему … ! 8. Вредно … ! 9. Нехорошо … ! 10. Опасно … ! 11. Стыдно … ! 12. Глупо … ! 13. Некрасиво … ! 14. Невежливо … ! 15. Не надо было … !

Слова для справок: ссориться, ругаться, шуметь, плакать, смеяться над глупыми, пить так много пива, рассказывать чужие секреты, говорить об этом, купаться в Неве, брать эти деньги, забывать родителей, разжигать костёр на балконе, залезать на дерево, бить ребёнка, так рано выходить замуж, разводиться, ехать на старой машине, подсматривать, подслушивать, брать чужие вещи, читать чужие письма, рассказывать политические анекдоты, отдавать шубу в химчистку.

Упражнение 15. **Составьте диалоги по модели.**

Модель: — Пригласи его в гости!
— **Не надо** (не нужно, не стоит) его приглашать!

1. Расскажи ему об этом! 2. Помоги ему! 3. Покажи ему город! 4. Своди его в ресторан! 5. Позвони «ноль один»! 6. Открой дверь! 7. Закрой окно! 8. Принесите кофе! 9. Возьми мою тетрадь! 10. Расскажи ему об этом! 11. Поцелуй её! 12. Обними её! 13. Подумай об экзаменах! 14. Поторопись! 15. Поспеши! 16. Положи сахар в чай! 17. Поставь книги на полку! 18. Включи свет!

Упражнение 16. **Составьте диалоги по модели.**

Модель: — Включить свет?
— **Не надо** (не нужно, не стоит) включать. Ещё и так светло.

1. Включить телевизор? 2. Заварить чай? 3. Принести тебе кофе? 4. Купить тебе цветы? 5. Пригласить сегодня гостей? 6. Может, устроить вечеринку? 7. Тебя проводить? 8. Открыть окно? 9. Помыть посуду? 10. Убрать со стола? 11. Выключить музыку? 12. Снять занавеску? 13. Перевести текст? 14. Выбросить старые газеты? 15. Допить вино? 16. Налить тебе ещё вина? 17. Согласиться на это предложение?

Упражнение 17. (Расширенная лексика.) **Возразите собеседнику, объяснив причину отказа.**

1. Почистить картошку? — Не стоит сейчас… . Гости придут ещё не скоро. 2. Сварить яйца всмятку? 3. Постучать в дверь? 4. Сбрить усы? 5. Может, постричься наголо? 6. Разрезать торт? 7. Посолить картошку сейчас? 8. Подчеркнуть в тексте глаголы? 9. Стереть с доски? 10. Поджарить мясо? 11. Замочить бельё? 12. Измерить тебе давление? 13. Может, покрасить волосы в зелёный цвет? 14. Пронумеровать страницы? 15. Сжечь эту записку? 16. Может, простить его? 17. Может, преподнести ей сюрприз? 18. Может, доказать ему, что он не прав? 19. Может, изменить ему? 20. Может, обвинить его самого в измене? 21. Может, залезть на столб? 22. Может, подняться на крышу? 23. Может, спуститься в подвал? 24. Может, бросить всё и уехать? 25. Подмести пол? 26. Надуть тебе шарик? 27. Взять ребёнка на руки или посадить его себе на плечи? 28. Поймать такси? 29. Приехать к тебе? 30. Зайти за тобой? 31. Убить муху? 32. Может, искупаться в пруду? 33. Может, наесться сегодня до отвала? 34. Может, напиться с горя? 35. Может, побить его? 36. Завернуть цветы в газету? 37. Может, завязать бант? 38. Может, застегнуть куртку?

Упражнение 18. **Составьте диалоги по модели.**

М о д е л ь: — Может, съесть ещё мороженое?
— Опасно есть мороженое зимой (можно заболеть).

1. Может, помыться холодной водой? 2. Может быть, искупаться в реке с крокодилами? 3. Может быть, здесь перейти улицу? 4. Может, встретиться с журналистами? 5. Может быть, прыгнуть с балкона? 6. Может, оставить машину на ночь на улице? 7. Может быть, поехать здесь? 8. Может, обменять деньги на улице? 9. Может, сделать укол самому? 10. Может, сделать операцию? 11. Может быть, выглянуть в окно? 12. Может быть, привести в дом медведя?

Упражнение 19. (Расширенная лексика.) **Возразите собеседнику, используя конструкции** *опасно (нехорошо, некрасиво, вредно, запрещено)* **+ инфинитив НСВ. Мотивируйте свой ответ.**

1. Может, нырнуть здесь? 2. Может быть, остановиться здесь? 3. Может, перелезть через забор? 4. Может, проглотить ещё пять-шесть таблеток? 5. Может быть, туже завязать галстук? 6. Может, подсказать ему на экзамене? 7. Может, воспользоваться шпаргалкой? 8. Может, вынуть шпаргалку? 9. Может, на экзамене списать у соседа? 10. Может, перекурить в аудитории? 11. Может быть, сесть на стол? 12. Может, снять футболку? 13. Может быть, поесть прямо со сковородки? 14. Может быть, свистнуть? 15. Может, толкнуть его? 16. Может быть, выбросить мусор в окно? 17. Может, пойти ночью в Летний сад? 18. Может, зайти на разведённый мост?

Упражнение 20. **Ответьте на вопросы, используя конструкции** *не надо, не нужно, не стоит, не следует, опасно, запрещено, не рекомендуется... + НСВ.* **Дайте развёрнутый ответ на вопрос.**

М о д е л ь: — Может, съесть на ночь пару бутербродов?
— Не стоит есть бутерброды (ты ведь боишься поправиться), лучше выпей кефир.

1. Может, снять в банке сразу все деньги? 2. Может, отказаться от поездки? 3. Можно потрогать скульптуру? 4. Можно проехать «зайцем»? 5. Может, переставить мебель в комнате? 6. Может, взять академотпуск? 7. Может быть, перейти на другой факультет? 8. Я хочу поменять тему курсовой. Что ты на это скажешь? 9. Я хочу поменять научного руководителя. Твоё мнение? 10. Я думаю перейти в другую группу. Что ты скажешь? 11. Мне кажется, лучше взять телевизор у соседей. Как ты думаешь? 12. Давай покурим здесь, ладно? 13. Наверно, можно будет переночевать у него? 14. Я хочу полежать на траве в парке. Можно? 15. Я хочу здесь перейти улицу. 16. Вынесу компьютер на балкон. Там не холодно? 17. Сыграй на пианино! Сыграешь нам? 18. Подай ей руку!

Упражнение 21. **(Расширенная лексика.) Возразите собеседнику, используя конструкции** *не надо, не нужно, не стоит, не следует, не рекомендуется, запрещено, незачем... + инфинитив НСВ.* **Дайте развёрнутый ответ на реплику собеседника.**

1. Пожми ему крепко руку! 2. Погладь собачку. 3. Откажись от участия в конференции. 4. Может, тебе разложить все твои конспекты и перечитать их? 5. Может, тебе развесить все твои вещи в ванной? 6. Может, лучше перебраться в гостиницу? 7. Может, этот цветок лучше пересадить? 8. Может, эти складки на брюках посильнее загладить? 9. Может, эту блузку отбелить и накрахмалить? 10. Может, эти большие листы бумаги лучше скатать и положить на шкаф? 11. Может, забросить учёбу? 12. Хочу выйти замуж за первого встречного. 13. Может, подъехать на машине поближе и там припарковаться? 14. Давай перережем провод! 15. Давай залезем на крышу! 16. Сорви мне розу в Ботаническом саду! 17. Срежь для гостей несколько красных роз в нашем саду. 18. Выкопай и выбрось этот розовый куст! 19. Хочу посыпать дорожки в саду песком. 20. Давай посадим здесь капусту и картошку. 21. А не обратиться ли мне в милицию? 22. А не побить ли, не поколотить его за это? 23. А не искупаться ли в этом озере? 24. Выкинь его визитку, она тебе не пригодится. 25. Прикрепи на грудь красный бант. 26. Давай воспользуемся его компьютером. 27. Переверни ребёнка вверх ногами! 28. Давай подразним льва в зоопарке! 29. Давайте поднимемся на лифте впятером. 30. Намажь кусок хлеба маслом. 31. Отломи кусочек от батона. 32. Взвесь ребёнка на весах. 33. Вызови его на дуэль! 34. Отрекись от своих слов! 35. Выгляни в окно. 36. Засунь голову в пасть льва! 37. Заплети косички. 38. Отпусти длинные волосы. 39. Организуйте забастовку! 40. Проголосуйте! 41. Давай разуемся! 42. Ты не хочешь посплетничать?

БЕЗУСЛОВНЫЙ СЛУЧАЙ УПОТРЕБЛЕНИЯ ИНФИНИТИВА СВ
반드시 완료상 동사원형이 사용되는 경우

Упражнение 22. **Прочитайте предложения. Проследите употребление СВ инфинитива.**

1. Я сумел купить билет на «Лебединое озеро». 2. Мне удалось встретиться с ним. 3. Я успел выучить все новые слова. 4. Я сумел договориться о встрече. 5. Она успела позавтракать. 6. Думаю, что сумею договориться с ним. 7. Думаю, что мне удастся сдать экзамены досрочно. 8. Думаю, что успею оформить визу. 9. Она не успеет купить билет. 10. Он не сумеет открыть дверь. 11. Тебе не удастся обмануть меня. 12. Ему не удалось поступить в университет.

Упражнение 23. (Расширенная лексика.) **Прочитайте предложения. Измените прошедшее время вспомогательного глагола на будущее (не меняя вида глагола в форме инфинитива).**

1. Я сумел оплатить все счета. 2. Я сумел проглотить эту ужасную таблетку. 3. Я сумел перепрыгнуть через ограду. 4. Я сумел взобраться на дерево. 5. Ты сумел испечь пирог. 6. Она сумела воспроизвести весь наш разговор дословно. 7. Она сумела ни разу не ошибиться. 8. Она сумела не поддаться его обаянию. 9. Он сумел распорядиться своим наследством. 10. Мне удалось отремонтировать компьютер. 11. Мне удалось быстро оформить все документы. 12. Тебе удалось получить приглашение. 13. Им удалось поменять авиабилеты. 14. Вам удалось одержать над ним победу. 15. Нам удалось не опозориться. 16. Нам удалось провести (= обмануть) его. 17. Я успел перекусить. 18. Он успел за короткое время овладеть тремя иностранными языками. 19. Он не успел выпить кофе. 20. Она не успела созвониться с ним. 21. Мы не успели произнести ни звука. 22. Он успел проинструктировать туристов. 23. Они успели прошвырнуться по городу. 24. Вы успели переодеться?

Упражнение 24. **Составьте диалоги по модели.**

М о д е л ь: — Помоги мне!
  — К сожалению, я **не смогу** помочь тебе.

1. Дай мне свою тетрадь. 2. Позвони мне. 3. Довези меня до университета. 4. Принеси мне кофе. 5. Передай ему мою записку. 6. Пригласи его. 7. Поставь чайник. 8. Завари чай. 9. Разбуди меня завтра утром. 10. Поймай такси. 11. Отдохни летом. 12. Узнай новое расписание. 13. Останови машину. 14. Свари суп. 15. Купи продукты. 16. Зайди за мной.

> ❗ В конструкции *не смогу + инфинитив* в 90% случаев употребляется инфинитив СВ — значение единичного результата.

Упражнение 25. (Расширенная лексика.) **Отреагируйте на реплику собеседника, используя конструкции *я сумею (я успею; мне удастся)* + инфинитив СВ.**

1. Остановись! 2. Притормози! 3. Заведи машину! 4. Сбавь скорость! 5. Застрахуй машину! 6. Притворись спящим! 7. Ударь по мячу! 8. Вскопай землю. 9. Вырой яму. 10. Приобрети билеты. 11. Осуществи свои мечты! 12. Призови на помощь всю свою выдержку!

13. Подстригись! 14. Побрейся! 15. Завяжи волосы. 16. Заплети косу. 17. Отыграйся! 18. Отчитайся перед начальником. 19. Пристыди его! 20. Разожги костёр. 21. Согрейся! 22. Отчисти пятно. 23. Накажи его! 24. Подпишись на газету «Известия».

Упражнение 26. **Выполните упражнение по модели.**

М о д е л ь: — Он пишет диссертацию.
— **И мне удастся** написать диссертацию.

1. Он учится играть на гитаре. 2. Он сдаёт экзамены. 3. Он поступает в магистратуру. 4. Он заканчивает магистратуру. 5. Он защищает диссертацию. 6. Он публикует статью. 7. Она печёт пирог. 8. Они делают ремонт. 9. Они отдыхают на даче. 10. Он хорошо отвечает на уроке. 11. Она красит волосы. 12. Он переводит текст с английского на русский.

Упражнение 27. **Ответьте на реплику или вопрос, используя дополнительную лексику и употребляя конструкции** *я сумел (успел), мне удалось, мне посчастливилось.*

1. Как ты хорошо сдал экзамен! (сосредоточиться, вспомнить, рассказать) 2. Ты замечательно выступил на конференции! (хорошо подготовиться, высказать свою точку зрения) 3. Как рано ты защитил диссертацию! (сразу поступить в аспирантуру, быстро собрать и проанализировать материал) 4. Тебе идёт эта причёска! (попасть к хорошему парикмахеру) 5. Как хорошо, что ты приготовил ужин! (купить продукты, сварить макароны и потушить овощи) 6. Как здорово, что мы опять все вместе! (созвониться, встретиться) 7. Она молодец: поехала отдыхать! (взять отпуск, достать билет на поезд) 8. Он уехал в Швецию? (оформить визу, поменять деньги, купить путёвку) 9. Он уже женат! (найти свою любовь) 10. Я уже работаю. (найти работу) 11. Она замужем? (выйти замуж) 12. Его не было в городе? (уехать из города до землетрясения)

Упражнение 28. **Ответьте на вопросы, используя конструкцию** *я забыл + инфинитив СВ.*

М о д е л ь: — А где же ужин?
— **Я забыл** приготовить ужин.

1. А где же продукты? 2. Где же цветы? 3. Где сочинение? 4. Где домашнее задание? 5. Где твой перевод текста? 6. Где же гости? 7. Где его номер телефона? 8. Где подарки? 9. Где магнитофон? 10. Где дискета для компьютера? 11. Где твоё новое платье? 12. Где же твой жених? 13. Где торт? 14. Где же пирог? 15. Где пальто из химчистки? 16. Где же вино?

Упражнение 29. **Ответьте на вопросы, используя конструкцию** *мне (не) удалось + инфинитив СВ.*

М о д е л ь: — Ты его видел?
— Да, **мне удалось** встретиться с ним. (— Нет, мне не удалось встретиться с ним.)

1. Ты купил продукты? 2. Ты приготовил ужин? 3. Ты послал сообщение? 4. Ты поменял деньги? 5. Ты поговорил с ним? 6. Ты принял душ? 7. Ты пригласил всех на вечеринку? 8. Ты помог ему? 9. Ты подсказал ему на экзамене? 10. Ты подслушал, о чём

они говорили? 11. Ты объяснил ему, что он не прав? 12. Ты перевёл весь текст? 13. Ты выписал все новые слова? 14. Ты вызвал врача? 15. Ты показал ему свои картины? 16. Ты съездил в Новгород? 17. Ты побывал в Ярославле? 18. Ты купил билеты в круиз по Волге?

Упражнение 30. **Составьте диалоги по модели.**

М о д е л ь: — Ты сумеешь перевести этот текст?
 — Думаю, (что) **мне удастся** перевести этот текст.

1. Ты сумеешь открыть вино без штопора? 2. Ты сумеешь переплыть Неву? 3. Ты сумеешь сдать тест? 4. Как ты думаешь, я сумею сдать все экзамены на пятёрки? 5. Я, наверно, не сумею вовремя сдать экзамены. 6. Он сумеет всё сделать без моей помощи? 7. Она сумеет найти квартиру? 8. Мы сумеем научиться этому? 9. Вы сумеете подготовиться? 10. Он сумеет перебраться на другой берег? 11. Они сумеют всё объяснить? 12. Ты сумеешь собраться за десять минут?

Упражнение 31. **Отреагируйте на реплику собеседника, используя конструкции** *я успел, я сумел, мне удалось…* **или** *я не успел, я не сумел, мне не удалось, я забыл* **+ инфинитив СВ. В своём ответе используйте не менее трёх инфинитивов!**

1. Как ты так хорошо сдал экзамен?! (подготовиться, вытянуть хороший билет, вспомнить всё, логично изложить, привести примеры, высказать свою точку зрения) 2. Как же ты так плохо сдал экзамен?! 3. Ты так быстро оформил все документы? (отдать паспорт на регистрацию, продлить визу, получить паспорт, сфотографироваться, сдать две фотографии, получить студенческий билет) 4. Ты ещё не оформил документы? 5. Ты сделал всё, что запланировал на сегодня? (сходить на занятия, поработать в библиотеке, купить билеты в филармонию, приготовить ужин) 6. Ты не всё сделал? 7. Как прошла твоя встреча с профессором? Удачно? (созвониться с профессором, договориться о встрече, убедить профессора в своей правоте, договориться о следующей встрече) 8. Твоя встреча с профессором прошла не очень удачно? 9. Ты едешь в Финляндию? Поздравляю! (получить визу, купить билет, дозвониться до моего финского друга, обменять деньги, купить сувениры) 10. Ты не едешь в Финляндию? Почему? 11. Ты переезжаешь? (найти хорошую квартиру, созвониться с хозяйкой, встретиться с хозяйкой, договориться о цене, оформить договор, заплатить) 12. Ты не переезжаешь?

> ❗ Итак, в остальных случаях при употреблении инфинитива мы, как и прежде, руководствуемся идеей «результат — НЕ результат», т. е., соответственно, СВ или НСВ. СЛЕДУЙТЕ ЛОГИКЕ!
> Обратите внимание ещё на один момент: ситуацию, в которой вы употребляете форму инфинитива СВ или НСВ, надо видеть, представлять. Если контекст маленький, то возможны варианты: НСВ или СВ. Как представляют себе такую ситуацию русские? Что они видят? Как мыслят? Отсюда и закономерный вопрос: какой из возможных вариантов лучше? Выбирайте вариант по ситуации.

Упражнение 32. **Объясните возможность двоякого употребления вида при маленьком контексте. Постарайтесь представить себе ситуацию.**

1. Я хочу … (знать — узнать) больше. 2. Мне надо … (сдавать — сдать) экзамен. 3. Тебе нужно … (делать — сделать) домашнее задание. 4. Здесь можно … (отдыхать — отдохнуть). 5. Тебе придётся … (переписывать — переписать) работу. 6. Я могу … (оформлять — оформить) документы. 7. Ты должен … (выступать — выступить). 8. Он решил … (поступать — поступить) в университет. 9. Он думает … (заканчивать — закончить) аспирантуру. 10. Мы задумали … (писать — написать) песню. 11. Ему захотелось … (работать — поработать) летом. 12. Отец посоветовал мне … (менять — поменять) работу. 13. Нельзя так … (говорить — сказать).

Упражнение 33. **Выберите правильную форму. Если возможны варианты, укажите лучший из них.**

1. Я хочу каждый день … (узнавать — узнать) больше. 2. Мне сначала надо … (сдавать — сдать) экзамен, а потом … (заходить — зайти) в библиотеку. 3. Такое простое задание можно … (делать — сделать) за десять минут. 4. Здесь можно … (отдыхать — отдохнуть) всё лето. 5. Ему надо было немедленно … (отчитываться — отчитаться) перед преподавателем. 6. Нужно как можно чаще … (ходить — сходить) в библиотеку. 7. Вчера мне пришлось … (переписывать — переписать) работу и … (отдавать — отдать) её преподавателю. 8. Он любит … (ходить — сходить) в Эрмитаж и … (читать — почитать) книги по искусству. 9. Секретарь может … (оформлять — оформить) визу за три дня. 10. Хотя бы ради родителей он обязательно должен … (заканчивать — закончить) университет и … (получать — получить) диплом. 11. Невозможно … (посылать — послать) письмо по электронной почте, если компьютер не работает. 12. Друзья посоветовали мне … (покупать — купить) эту книгу.

Упражнение 34. **Составьте диалоги по модели.**

М о д е л ь: — Мне надо съесть бутерброд.
— Тебе надо регулярно (каждые три часа) что-нибудь есть.

1. Мне надо выпить сок. 2. Мне надо было в воскресенье съездить за город. 3. Мне надо было навестить бабушку. 4. Мне нужно подготовиться к семинару. 5. Мне нужно встретиться с другом. 6. Мне нужно послать ему письмо. 7. Мне надо позвонить родителям. 8. Мне надо было поцеловать тебя. 9. Мне надо будет сходить на выставку. 10. Мне надо будет прибрать в комнате. 11. Мне нужно было хорошо выспаться. 12. Мне нужно будет почистить зубы перед сном.

Упражнение 35. **Выполните упражнение по модели.**

М о д е л ь: — Можно сегодня погулять перед сном.
— Можно каждый день гулять перед сном.

1. Можно сегодня поехать за город. 2. Можно сегодня сходить в гости. 3. Сегодня можно позвонить родителям. 4. Сегодня можно было пригласить гостей. 5. Сегодня можно

будет устроить вечеринку. 6. Сегодня можно будет позаниматься. 7. Сегодня можно было и потанцевать. 8. Сегодня можно было сыграть в шахматы или шашки. 9. Сегодня можно приготовить что-нибудь вкусное. 10. Сегодня можно наесться до отвала. 11. Сегодня можно поговорить по душам. 12. Сегодня можно будет сбегать на почту.

Упражнение 36. **Закончите предложения, употребив не менее трёх инфинитивов НСВ или СВ.**

1. Чтобы поступить в университет, нужно … , … , … . 2. Чтобы хорошо говорить по-русски, надо … , … , … . 3. Чтобы победить на Олимпиаде, нужно … , … , … . 4. Чтобы оформить визу, нужно … , … , … . 5. Для того чтобы получить государственную стипендию, надо … , … , … . 6. Чтобы быть интеллигентным человеком, необходимо … , … , … . 7. Чтобы родители не волновались, необходимо … , … , … . 8. Для того чтобы не болеть, необходимо … , … , … . 9. Чтобы выучить ещё один иностранный язык, надо … , … , … . 10. Чтобы получить хорошую работу, надо … , … , … . 11. Для того чтобы стать начальником, надо … , … , … . 12. Чтобы снять комнату или квартиру, надо … , … , … .

Упражнение 37. **Объясните, почему при отрицании здесь используется инфинитив НСВ. К какой изученной конструкции близка данная конструкция и по значению, и грамматически?**

М о д е л ь: — Ты решил купить (покупать) эту книгу?
   — Я **решил не** покупать эту книгу.

1. Ты решил поиграть на пианино? 2. Ты решил послать письмо? 3. Ты решил построить дом? 4. Ты решил снять квартиру? 5. Ты задумал поставить спектакль? 6. Ты хочешь рассказать нам о себе? 7. Ты хочешь перейти в другую группу? 8. Ты думаешь поменяться со мной местами? 9. Ты думаешь устроить вечеринку? 10. Ты хочешь поехать в Швецию? 11. Ты решил пойти в филармонию? 12. Ты хочешь отправить бандероль?

Упражнение 38. **Объясните употребление НСВ при отрицании. Каково значение данной конструкции? Как можно её трансформировать, не изменяя ни её значение, ни вид глагола?**

М о д е л ь: Я попросил отца помочь мне.
   — Я попросил отца **не помогать** мне.

1. Я попросил его подсказать мне. 2. Я попросил его сообщить об этом моим родителям. 3. Я попросил его заказать столик в ресторане. 4. Он попросил меня позвонить поздно вечером. 5. Он попросил меня открыть окно на ночь. 6. Она попросила меня вызвать врача. 7. Саша попросил нас зайти в комнату. 8. Наташа попросила нас выключить музыку. 9. Ольга просила его приехать. 10. Иван просил меня сделать это. 11. Он просил тебя поискать её адрес. 12. Николай попросил тебя прийти.

Упражнение 39. **Выберите правильную форму.**

1. Мне постоянно … (приходится — пришлось) рано вставать. 2. Он просил меня не … (говорить — сказать) тебе об этом. 3. Я хочу быстрее … (заканчивать — закончить) университет. 4. Надо … (приезжать — приехать) к бабушке каждую субботу. 5. Он решил не … (переезжать — переехать). 6. Мне пришлось … (ехать — приехать) к тебе через весь город. 7. Нет смысла … (беседовать — побеседовать) с ним на эту тему. 8. Ты всё-таки решил не … (заниматься — заняться) философией? 9. Надо время от времени … (просматривать — просмотреть) газеты. 10. Официант! Я хочу … (заказывать — заказать) ужин. 11. Будьте добры, мне нужно … (оформлять — оформить) визу. 12. Я бы хотел … (переносить — перенести) или … (откладывать — отложить) нашу встречу. 13. Он решил не …(переносить — перенести) переговоры на завтра. 14. Не надо … (откладывать — отложить) на завтра то, что можно … (делать — сделать) сегодня.

Упражнение 40. **Объясните употребление НСВ инфинитива в этой конструкции. Какой синонимичной конструкцией её можно заменить?**

М о д е л ь: — Надо купить (покупать) учебник?
— **Можно не** покупать, он есть в библиотеке.

1. Надо прибрать в комнате? 2. Надо приготовить ужин? 3. Нужно делать домашнее задание? 4. Нужно посоветоваться с отцом? 5. Я должен поехать туда? 6. Пойти к нему? 7. Сходить в магазин? 8. Разбудить его? 9. Поздороваться с ним ещё раз? 10. Постараться ему понравиться? 11. Помыть посуду? 12. Открыть вино? 13. Посолить рис? 14. Принести соль? 15. Положить специи в мясо? 16. Включить музыку? 17. Пронумеровать страницы? 18. Разрезать торт?

Упражнение 41. **Выполните упражнение по модели. Определите, к какому стилю речи принадлежат получившиеся предложения.**

М о д е л ь: Встаньте, пожалуйста! — **Прошу (попрошу) вас** встать!

1. Помогите мне! 2. Отчитайтесь передо мной! 3. Напишите отчёт. 4. Объясните всё. 5. Пересядьте на другое место. 6. Повернитесь ко мне боком. 7. Сделайте вдох. 8. Сделайте выдох. 9. Лягте на кушетку. 10. Возьмитесь за руки. 11. Откройте чемодан. 12. Предъявите билет!

Упражнение 42. **Выполните упражнение по модели. Определите, к какому стилю речи принадлежат получившиеся предложения.**

М о д е л ь: Не вставайте, пожалуйста! — **Прошу (попрошу) вас** не вставать.

1. Не мешайте мне! 2. Не перебивайте меня! 3. Не трогайте ничего руками! 4. Не отставайте от меня! 5. Не включайте компьютер без моего разрешения. 6. Не берите мои вещи. 7. Не фотографируйте здесь! 8. Не ставьте сумки на этот стол. 9. Не устраивайте вечеринки в нашей комнате. 10. Не курите здесь. 11. Не открывайте глаза. 12. Не опаздывайте больше!

В конструкции **нельзя + инфинитив** возможен как НСВ, так и СВ.

Нельзя + НСВ обозначает (как и всегда НСВ) факт, повторение или процесс: *Нельзя (регулярно) покупать плохие продукты, Нельзя брать чужое, Нельзя так долго сидеть за компьютером!*

Нельзя + СВ обозначает (как и всегда СВ) результат, т.е. что я хочу получить результат, но не могу его получить: *Нельзя (невозможно) всё это съесть за один раз!*

Упражнение 43. **Прочитайте предложения. Объясните употребление СВ и НСВ инфинитива.**

1. Невозможно открыть дверь, если нет ключа. 2. К сожалению, этому человеку уже ничем нельзя помочь: он умер. 3. Неужели ничего нельзя сделать? 4. Нельзя ночью громко включать музыку и бегать по общежитию. 5. Нельзя же так себя вести! Это просто ужасно! 6. Здесь нельзя переходить улицу: нет пешеходного перехода. 7. Эту математическую задачу нельзя решить: у неё нет решения. 8. Из квартиры нельзя выйти: нет ключа. 9. Из дома нельзя выходить: это опасно. 10. Нельзя из такого количества материала сшить костюм: ткани не хватит. 11. Нельзя брать чужие вещи. 12. Нельзя подсматривать. 13. Нельзя подслушивать. 14. Никогда нельзя читать чужие письма! 15. Ничего нельзя прочитать: такой ужасный почерк! 16. Тебе нельзя выходить за него замуж: он плохой человек. 17. На самолёте нельзя провозить более двадцати килограммов багажа. 18. Его нельзя не любить.

Упражнение 44. **Выберите правильный вариант.**

1. Нельзя … (писать — написать) двадцать предложений за пять минут! 2. Этой ручкой совершенно нельзя … (писать — написать), паста кончилась. 3. Тебе нельзя … (поднимать — поднять) тяжёлые вещи, это опасно. 4. Этот чемодан нельзя … (поднимать — поднять), такой он тяжёлый! 5. В Эрмитаже нельзя … (фотографировать — сфотографировать) без специального разрешения. 6. Зачем ты едешь так быстро? Нельзя … (рисковать — рискнуть) своей жизнью. 7. Говорили, что некоторые произведения Ф. Листа нельзя … (играть — сыграть) — так они сложны. 8. Нельзя … (играть — сыграть) ночью на пианино — ты всех разбудишь. 9. Нельзя … (убивать — убить) животных, занесённых в «Красную книгу». 10. Этого котёнка нельзя … (ловить — поймать) — он всё время убегает.

Конструкция **нельзя + инфинитив СВ** в разговорной речи употребляется не в полном виде и выглядит так: **не + инфинитив СВ**. Она обозначает невозможность достижения результата: *Этот текст не выучить*. Употребляется в безличных предложениях: *Мне (тебе, ему…) этот текст (эту поэму) никогда не выучить*.

Конструкция **нельзя + инфинитив НСВ** в разговорной речи также принимает форму **не + инфинитив НСВ**. Она обозначает либо факт, либо регулярность, либо процесс (не всегда можно эти три значения разграничить, но это и не нужно, т.к. всё это формы НСВ): *Не вставать! Экспонаты руками не трогать! Не курить!* Это инфинитивные предложения. Конструкция употребляется как эквивалент императива.

В безличных предложениях в значении «факт» конструкция выглядит так же: *Мне всё равно: мне эту работу не делать!* = «Мне эту работу никогда не надо будет делать», часто имеется в виду противопоставление: «Это тебе, а не мне надо будет делать эту работу». Однако эта конструкция происходит не от конструкции **нельзя + инфинитив**, а от конструкции **не надо + инфинитив**.

Упражнение 45. **Прочитайте предложения, прокомментируйте их. Обратите внимание, что эти конструкции часто употребляются в разговорной речи.**

1. Окно никак не открыть: что-то мешает. 2. Эту книгу нигде не достать. 3. Такой дождь весь день — на улицу не выйти. 4. Такая большая таблетка — мне её не проглотить! 5. Ему нас не перехитрить! 6. Тебе меня не обмануть! 7. Мне не надуть этот шарик: наверное, он с дыркой. 8. Ему не поступить в университет. 9. Её ничем не удивить. 10. Ему уже не помочь. 11. Тебя не понять! 12. Так плохо играют футболисты — им не забить гол! 13. Компьютер не включить: нет света. 14. Мне столько не съесть! 15. Так много нам не прочитать за каникулы! 16. Ей не выиграть у меня! 17. Мне не поднять сто килограмм! 18. В автобус не сесть!

Упражнение 46. **Прочитайте предложения, прокомментируйте их. В каком значении употреблены эти конструкции? Прокомментируйте ситуации.**

1. По газонам не ходить! 2. Не курить! 3. Груз не кантовать! (= Не переворачивать!) 4. Не бросать! 5. Просьба во время спектакля не фотографировать. 6. Просьба с мест не вставать и детей с рук не спускать! (В цирке) 7. Экспонаты руками не трогать! 8. К дверям не прислоняться! 9. Животных не кормить! (В зоопарке) 10. К клеткам не подходить! 11. Машины у въезда во двор не ставить! 12. За буйки не заплывать!

Упражнение 47. **Прочитайте предложения, прокомментируйте их. Что можно сказать о частоте их употребления?**

1. Ты занят? Экзамены? Мне-то хорошо, мне экзамены не сдавать: я уже окончил университет! 2. Зачем будильник? Нам ведь завтра рано не вставать. 3. Решай сама, он твой муж, а не мой. Мне с ним не жить. 4. Скоро Олимпиада? Ну и что! Мне там не выступать. 5. Не очень вкусно? Ну и что! Мне это не есть. 6. Ему уже больше не выступать в театре: постарел! 7. Ей уж больше не петь на сцене — голос пропал. 8. Она уехала во Францию, и ей уже не танцевать в Большом театре. 9. Жаль, ему уже не играть в профессиональный футбол! 10. Мне не спать всю ночь: нужно готовиться к экзамену. 11. Он меня бросил — теперь мне не жить!

Упражнение 48. (Расширенная лексика.) **Прочитайте предложения, прокомментируйте их. По их образцу составьте собственные примеры (10–15 примеров).**

1. Как называется эта конфета? Ириска? Мне её не разжевать! 2. Помоги мне, никак не завязать галстук! 3. Мне не развязать шнурок на ботинке. 4. Мне не расстегнуть молнию. 5. Эту пуговицу не застегнуть! 6. Такая стена: гвоздь не вбить! 7. Вешалка оторвалась — теперь пальто не повесить! 8. Компьютер занят — теперь мне не поработать! 9. Пятно

на брюках никак не отстирать! 10. Мне никак не бросить курить. 11. Ей не справиться с заданием — слишком трудное. 12. Ей никак не похудеть. 13. Мне не залезть на лошадь. 14. Мне не слезть с лошади. 15. Не завести машину! 16. Машину не остановить! 17. Огонь не разжечь! 18. Лампочку не выкрутить. 19. Лампочку не вкрутить. 20. Ручку не развинтить. 21. Не придумать ничего интересного. 22. Дома дерево не вырастить. 23. Собаке верёвку не перегрызть. 24. Тебе меня не перекричать. 25. Ему нас не провести. 26. Сразу все счета не оплатить. 27. Нам всё не встретиться! 28. Им никак не расстаться. 29. Тебе не отказаться от курения? 30. В прошлое не вернуться.

Упражнение 49. **Прочитайте предложения, прокомментируйте их.**

1. Пора вставать! 2. Пора браться за работу! 3. Пора уж взяться за работу! 4. Завтра мне рано вставать. 5. Вас проводить? 6. Вам выходить на следующей. 7. Ей нравится танцевать. 8. Мне некогда ждать её. 9. Незачем с ним разговаривать. 10. Здесь негде поговорить. 11. Ей неоткуда ждать помощи. 12. Мне не с кем поговорить. 13. Мне нечем писать. 14. Не с кем пойти в кино. 15. Не в кого влюбиться. 16. Ему нечего есть. 17. А не сходить ли нам в кино? 18. А не купить ли абонемент в бассейн? 19. Не пойти ли погулять? 20. Отдохнуть бы! 21. Поспать бы! 22. Поехать бы в Европу! 23. Не опоздать бы! 24. Как бы не опоздать! 25. Смотри, как бы тебе не опоздать! 26. Как бы не упасть!

Упражнение 50. **Проверьте себя.**

1. Мы начали … (обсуждать — обсудить) этот вопрос. 2. Завтра мы продолжим … (обсуждать — обсудить) этот вопрос. 3. Как я понимаю, мы ещё не закончили … (обсуждать — обсудить) этот вопрос. 4. Давай прекратим … (спорить — поспорить)! 5. Только не надо меня … (успокаивать — успокоить)! 6. Опасно … (купаться — искупаться) здесь! 7. Не стоит … (обманывать — обмануть) родителей. 8. Перестань … (говорить — сказать) глупости! 9. Вчера я успел … (делать — сделать) много дел. 10. Мне удалось … (уговаривать — уговорить) его поехать с нами за город. 11. Я забыл … (передавать — передать) ему привет. 12. Весной на деревьях начинают … (появляться — появиться) зелёные листочки. 13. Не нужно … (откладывать — отложить) на завтра то, что можно сделать сегодня. 14. Всё-таки он сумел … (побеждать — победить) на этом конкурсе пианистов! 15. Ей удалось … (выигрывать — выиграть) на этих соревнованиях! 16. Он уже давно бросил … (курить — покурить). 17. Нехорошо … (обижать — обидеть) слабых. 18. Ему посчастливилось … (становиться — стать) призёром конкурса. 19. Ей расхотелось … (встречаться — встретиться) с ним. 20. Она передумала … (выходить — выйти) за него замуж.

Упражнение 51. **(Расширенная лексика.) Проверьте себя.**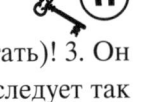

1. Вредно … (наедаться — наесться) на ночь. 2. Стыдно … (лгать — солгать)! 3. Он опять забыл … (бриться — побриться) и … (стричься — постричься). 4. Не следует так пристально … (рассматривать — рассмотреть) незнакомого человека. 5. Когда ты успел так … (пьянеть — опьянеть)? 6. К сожалению, он начал … (спиваться — спиться). 7. Ну, брось … (сердиться — рассердиться) на меня! 8. По-моему, она уже давно перестала … (злиться — разозлиться). 9. На улице начало … (светать — рассветать). 10. На улице стало

... (темнеть — стемнеть). 11. Боже мой, как ты сумела так ... (худеть — похудеть)! 12. После родов она начала очень быстро ... (полнеть — располнеть). 13. Ну надо же! Я опять забыл ... (звонить — позвонить)! 14. А ты всё продолжаешь ... (мастерить — смастерить) по вечерам? 15. Я не успел ... (замачивать — замочить) бельё. Ну, ничего, постираю и так. 16. Здесь запрещено ... (останавливаться — остановиться). 17. Он просил его не ... (беспокоить — побеспокоить). 18. Незачем ... (зажигать — зажечь) свет! 19. Он решил не ... (огорчать — огорчить) отца. 20. Не надо ... (называть — назвать) меня зайчиком, ладно? 21. Если так гнать машину, то можно не ... (доживать — дожить) и до сорока лет. 22. ... (Вставать — Встать)! Суд идёт! 23. Что за пробка! Бутылку никак не ... (открывать — открыть). 24. Не плачь! Дедушка умер, и его уже не ... (воскрешать — воскресить)! 25. Положи деньги в карман джинсов — и никакому вору будет туда не ... (залезать — залезть)! 26. Нельзя ... (расстраивать — расстроить) родителей.

Упражнение 52. Проверьте себя.

1. Он что, забыл ... (расплачиваться — расплатиться) с официантом? 2. Незачем ... (расстраиваться — расстроиться), всё будет хорошо! 3. Он просил ему не ... (звонить — позвонить) больше. 4. Мне в этом вопросе не ... (разбираться — разобраться), он слишком сложный. 5. Не нужно так ... (шутить — пошутить), это глупо. 6. Он уже стал ... (привыкать — привыкнуть) ... (делать — сделать) по утрам зарядку и ... (обливаться — облиться) холодной водой. 7. Может, тебе не стоит ... (садиться — сесть) на диету? 8. Как это можно не ... (есть — поесть) целыми днями? 9. Не рекомендуется так быстро ... (худеть — похудеть)! 10. Так много вещей, что чемодан не ... (закрывать — закрыть)! 11. Если ты так долго будешь собираться, то можно не ... (успевать — успеть) на поезд. 12. Шеф просил тебя больше не ... (опаздывать — опоздать). 13. Не надо ... (снимать — снять) куртку, здесь прохладно. 14. Может, не ... (брать — взять) сегодня зонтик, как ты думаешь? 15. Она всё-таки сумела ... (добиваться — добиться) своей цели в жизни. Молодец! 16. Кажется, я забыла ... (предупреждать — предупредить) его! 17. Не надо ни о чём ... (думать — подумать). 18. У тебя выходной завтра? Значит, тебе рано не ... (вставать — встать)? 19. Нельзя ... (вставать — встать), когда самолёт взлетает. 20. Как хорошо: каникулы! Теперь можно ничего не ... (делать — сделать)! 21. Тебе меня не ... (понимать — понять)! 22. Хорошее вино, говорите? Ну, всё равно вам его не ... (пить — выпить) — это не для вас! 23. Почему свет никак не ... (включать — включить)? У нас что — выключатель не работает? 24. Как бы не ... (падать — упасть)! Здесь скользко! 25. ... (Ехать — Поехать) бы за город! 26. ... (Есть — Съесть) бы чего-нибудь!

Упражнение 53. Сравните варианты. В какой ситуации они уместны?

1. Я хочу ... (пить — попить). 2. Можно ... (сидеть — посидеть) в кафе. 3. Нельзя ... (переходить — перейти) улицу. 4. Я прошу тебя ... (приходить — прийти) ко мне. 5. Нам надо ... (встречаться — встретиться). 6. Эту бутылку не ... (открывать — открыть)! 7. Тебе сочинение не ... (писать — написать)! 8. Тебе ... (помогать — помочь)? 9. Нельзя быстро ... (худеть — похудеть). 10. Эту скульптуру руками не ... (трогать — потрогать)! 11. Ничего нельзя ... (говорить — сказать)! 12. Лучше один раз ... (видеть — увидеть), чем сто раз ... (слышать — услышать). 13. Я хочу ... (приходить — прийти) к нему и ... (беседовать —

побеседовать) с ним. 14. Мне не у кого … (спрашивать — спросить) совета. 15. Ему некуда … (идти — пойти). 16. Нельзя это … (есть — съесть)! 17. Он решил … (менять — поменять) работу. 18. Мне хочется … (рассказывать — рассказать) тебе обо всём. 19. Прошу … (садиться — сесть)! 20. Можно … (вставать — встать) ногами на подоконник? 21. Мы уговорили его … (ехать — поехать) в отпуск на море. 22. Он надумал … (поступать — поступить) в аспирантуру. 23. Мне этот беспорядок не … (убирать — убрать). 24. Окно можно не … (закрывать — закрыть)? 25. Чемодан на шкаф не … (ставить — поставить)! 26. Некогда … (прибирать — прибрать) в комнате!

Упражнение 54. **Проверьте себя.**

1. Мне удалось … (доказывать — доказать) ему, что он не прав. 2. Я не успел … (завтракать — позавтракать). 3. Он раздумал … (снимать — снять) любительский фильм. 4. Он начал … (писать — написать) сценарий фильма. 5. Он сумел … (находить — найти) неплохих артистов для фильма. 6. Идёт экзамен, в аудиторию нельзя … (входить — войти). 7. Надо как можно больше … (заниматься — позаниматься). 8. Неприлично так громко … (включать — включить) музыку. 9. Не надо меня …(ждать — подождать), я приду потом. 10. На уроке мы не успели … (повторять — повторить) творительный падеж. 11. Он не сумел … (готовиться — подготовиться) к экзамену так, как нужно. 12. Не нужно так … (смотреть — посмотреть) на меня! 13. Как ты думаешь, я смогу … (становиться — стать) хорошим переводчиком? 14. Надо не … (забывать — забыть) передать ему привет от наших общих знакомых. 15. Ты опять лёг в три часа ночи? Нельзя так поздно … (ложиться — лечь) спать! 16. У меня так много впечатлений от поездки, что я, наверно, не смогу сразу обо всём … (рассказывать — рассказать). 17. Ну что, я прав? Ты не можешь со мной не … (соглашаться — согласиться)!

Упражнение 55. (Расширенная лексика.) **Проверьте себя.**

1. Она никогда не может меня … (понимать — понять)! 2. — Ты хромаешь? — Да, на эту ногу мне совсем не … (вставать — встать). 3. Поклонникам этого певца наконец удалось … (пробиваться — пробиться) к сцене. 4. Он успел … (запрыгивать — запрыгнуть) в автобус уже на ходу. 5. Мне надоело… (болтать — поболтать) о пустяках. 6. Это была его очередная глупость. Но он одумался и перестал … (употреблять — употребить) наркотики. 7. Извини, я забыл … (оформлять — оформить) подписку на «Известия». 8. Мы привыкли … (полагаться — положиться) друг на друга. 9. Похоже, что он не привык … (доверять — доверить) людям. 10. Нельзя … (лгать — солгать) — это аморально! 11. Тузик, … (сидеть — посидеть)! 12. К сожалению, старик начал … (глохнуть — оглохнуть). 13. Собака надоела ему, и он решил от неё … (избавляться — избавиться). 14. Дети совсем перестали … (слушаться — послушаться) родителей. 15. Мой отец научил меня не … (совать — сунуть) нос в чужие дела. 16. Не надо … (упрекать — упрекнуть) меня: я ни в чём не виноват! 17. Он негодяй. Зачем … (опускаться — опуститься) до его уровня?! 18. Как ты сумел не … (заражаться — заразиться) гриппом? Молодец! 19. А не … (развлекаться — развлечься) ли нам? 20. В бассейн … (спускаться — спуститься) строго запрещается. 21. По Неве зимой ходить опасно. Как бы не … (проваливаться — провалиться) под лёд! 22. А не … (заводить — завести) ли мне собаку? 23. Всё-таки мы решили не … (заводить — завести)

118

собаку. 24. Наверное, не стоит никому ничего … (запрещать — запретить)! 25. Необходимо время от времени … (проветривать — проветрить) комнату. 26. Он, как обычно, принялся всех … (обвинять — обвинить). 27. Он передумал … (разжигать — разжечь) огонь. 28. Пожарным не сразу удалось … (тушить — потушить) огонь. 29. Дом сгорел? Не беда! Мне там не … (жить — пожить), у меня есть другой. 30. … (Высыпаться — Выспаться) бы хоть раз! 31. Зачем … (унижаться — унизиться)? 32. Незачем … (сбривать — сбрить) бороду! 33. Это хорошее кафе, там всегда можно … (перекусывать — перекусить). 34. Зачем было … (расстёгивать — расстегнуть) куртку в такой ветер?!

Упражнение 56. **Проверьте себя. Укажите возможные варианты, прокомментируйте их.**

1. Нельзя быстро … (сбрасывать — сбросить) вес. 2. Я не смогу … (ездить — съездить) к тебе. 3. Он решил … (выступать — выступить) в цирке. 4. Он собрался … (включать — включить) телевизор. 5. Мне не с кем … (ходить — сходить) в кино. 6. Ему ничего нельзя … (говорить — сказать). 7. Тебя … (поздравлять — поздравить)? 8. Тебе … (покупать — купить) хлеб? 9. Бабушка просила … (приезжать — приехать) к ней. 10. Эх, … (отдыхать — отдохнуть) бы летом! 11. Тебя … (провожать — проводить)? 12. Прошу … (садиться — сесть). 13. С ним не о чем … (говорить — поговорить). 14. Можно … (вставать — встать) ногами на стул? 15. Нельзя … (залезать — залезть) на подоконник. 16. Я люблю … (гулять — погулять) вечером. 17. Мне нравится … (закусывать — закусить) водку солёным огурцом. 18. Надо … (предупреждать — предупредить) маму. 19. Ты должен … (отвлекать — отвлечь) его от грустных мыслей. 20. Он не должен … (мешать — помешать) нам. 21. Вы можете … (оставлять — оставить) ребёнка у меня. 22. Вы можете … (останавливаться — остановиться) здесь? 23. Мне некогда … (пить — выпить) кофе! 24. Он хочет … (получать — получить) деньги от отца. 25. Этого человека нельзя … (обманывать — обмануть). 26. Мне экскурсию не … (проводить — провести)!

Упражнение 57. **Проверьте, знаете ли вы следующие слова:** *каша, топор, жадный, крупа.* **Прослушайте или прочитайте сказку. Обратите внимание на вид глаголов. Перескажите сказку, а затем напишите ваш пересказ.**

Каша из топора
(сказка)

Пришёл солдат на квартиру и говорит хозяйке:

— Здравствуй, божья старушка! Дай мне что-нибудь поесть!

А старуха была жадная и говорит:

— Да нечего есть!

— А можно кашу сварить!

— Из чего же её варить?

— Да из топора!

Старухе было жалко давать топор, но в то же время было интересно, как же можно из топора кашу варить. Принесла старуха топор, солдат положил его в горшок, налил воды и начал варить. Потом попробовал и говорит:

— Всё бы хорошо, да надо бы немного крупы подсы́пать!

Старуха принесла крупу. Солдат варил-варил, попробовал и говорит:

— Совсем бы хорошо, да только бы ещё масла добавить!

Принесла старуха масло. Солдат закончил варить кашу и говорит:

— Теперь давай садиться за стол!

Стала старуха есть кашу и нахваливать:

— Вот как вкусно! А когда топор будем есть?

Солдат отвечает:

— Топор не надо есть, он ещё не успел свариться!

— Как не успел свариться?

— А так. Потом доварю.

Вынул солдат из горшка топор и положил его в ранец. Простился с хозяйкой и ушёл.

***Дополнительное задание.* Перескажите текст, делая акцент на следующих конструкциях с инфинитивом:** *дай поесть, нечего есть, можно сварить, из чего варить, жалко давать топор, поставил варить, надо положить (подсыпать, добавить), закончил варить, давай садиться (есть), стала есть и хвалить, не надо есть топор, не успел свариться.*

***Упражнение 58.* Проверьте, знаете ли вы следующие слова и словосочетания:** *лягушка квакает, утки крякают, болото, пруд, комар, прут (прутик), отпустить.*
Прочитайте текст. Укажите правильные грамматические варианты. Обратите внимание на новые слова: нужны ли они вам для вашей активной лексики? Понимаете ли вы их в тексте?

Лягушка-путешественница
(сказка)

Жила-была на свете лягушка-квакушка. Сидела она в болоте, ловила комаров и громко квакала. И … (жить — прожить) бы ей благополучно и дальше, если бы не случилось одно происшествие.

Однажды она сидела в своём болоте и наслаждалась тёплым мелким дождиком.

«Ах, какая сегодня прекрасная мокрая погода! — думала она. — Какое это наслаждение — … (жить — прожить) на свете!»

Моросил дождик, и это было восхитительно приятно, так приятно, что она чуть было не начала … (квакать — заквакать). Вдруг она увидела стаю уток, которые стали … (спускаться — спуститься) на её болото.

— Кря-кря, — сказала одна из уток. — Лететь ещё далеко, надо … (есть — поесть).

Лягушка решила … (узнавать — узнать), куда летят утки. Она осторожно приблизилась к ним и вежливо спросила:

— Госпожи утки, куда вы летите?

— На юг, — ответили утки.

— А что такое юг?

Утки окружили лягушку. Сначала у них появилось желание … (есть — съесть) её, но потом они подумали, что им, наверно, её просто не … (глотать — проглотить), такая она большая.

— Хорошо на юге! Там так тепло! Там есть такие славные червяки! — закричали утки наперебой.

Они так кричали, что едва не оглушили лягушку. Лягушка с трудом убедила их … (молчать — замолчать) и попросила самую толстую утку … (рассказывать — рассказать) ей, что такое юг. Та принялась … (рассказывать — рассказать). Лягушка пришла в полный восторг, но всё-таки спросила:

— А много там комаров и мошек?

— Целые тучи!

— Ква! — сказала лягушка и тут же обернулась … (смотреть — посмотреть), нет ли здесь её подруг-лягушек, которые могли бы это … (слышать — услышать). — Это восхитительно! Я хочу … (лететь — полететь) с вами. Возьмите меня с собой!

— Но как же мы тебя возьмём? У тебя нет крыльев!

— Позвольте мне … (думать — подумать) только пять минут, — сказала лягушка.

И она нырнула в болото и начала … (думать — подумать).

Прошло пять минут, и утки уже совсем было собрались … (лететь — полететь), как вдруг лягушка вынырнула из болота и закричала:

— Я придумала! Пусть две из вас возьмут в клювы прутик, а я буду … (держаться — подержаться) за него посередине. Вы будете … (лететь — полететь), а я … (ехать — поехать). Нужно только, чтобы вы не крякали, а я не квакала, и всё будет превосходно.

И хотя … (молчать — помолчать) и … (тащить — потащить) лягушку три тысячи вёрст было не такое уж большое удовольствие, её ум привёл уток в такой восторг, что они единодушно согласились … (нести — понести) её. Решили … (нести — понести) её по очереди и … (меняться — поменяться) каждые три часа.

Нашли хороший, прочный прутик, две утки взяли его в клювы, лягушка прицепилась ртом за середину, и вся стая поднялась в воздух. Бедная квакушка болталась в воздухе, но изо всех сил сжимала челюсти, чтобы не … (отрываться — оторваться) и не … (падать — упасть). Однако скоро она привыкла к своему положению и начала … (осматриваться — осмотреться). Под нею быстро проносились поля, луга, реки и горы, которые ей, впрочем, было трудно … (рассматривать — рассмотреть), потому что, вися на прутике, она смотрела назад и немного вверх, но кое-что всё-таки видела и радовалась и гордилась.

«Вот как я всё превосходно придумала», — думала она про себя.

А утки летели вслед за нёсшей её передней парой, кричали и хвалили её.

— Удивительно умная голова наша лягушка, — говорили они. — Даже среди уток мало таких найдётся.

Она едва удержалась, чтобы не … (благодарить — поблагодарить) их, но, вспомнив, что, открыв рот, она свалится со страшной высоты, ещё крепче сжала челюсти и решила … (терпеть — потерпеть).

Вечером вся компания остановилась в каком-то болоте. На заре утки с лягушкой снова пустились в путь. Люди смотрели на стаю, замечая в ней что-то странное, показывая на неё пальцами. И лягушке ужасно захотелось … (лететь — полететь) поближе к земле, … (показывать — показать) себя и … (слушать — послушать), что о ней говорят. На следующем отдыхе она спросила:

— Нельзя ли нам … (лететь — полететь) не так высоко? У меня от высоты кружится голова, и я боюсь … (валиться — свалиться), если мне вдруг сделается дурно.

И добрые утки обещали ей … (лететь — полететь) пониже. На следующий день они летели так низко, что слышали голоса:

— Смотрите, смотрите! — кричали дети в одной деревне. — Утки лягушку несут! Лягушка слышала это, и у неё прыгало сердце.

— Смотрите, смотрите, — кричали в другой деревне взрослые. — Вот чудо-то!

«Знают ли они, что это я придумала, а не утки?» — подумала квакушка.

— Смотрите, смотрите! — кричали в третьей деревне. — И кто это придумал такую хитрую штуку?

Тут лягушка не выдержала и, забыв всякую осторожность, закричала что было сил:

— Это я! Я!

И с этим криком полетела вверх тормашками на землю. Утки громко закричали; одна из них хотела … (подхватывать — подхватить) бедную лягушку на лету, но промахнулась.

К счастью, лягушка упала не на дорогу, а в пруд. Вскоре она вынырнула из воды и тотчас же опять начала … (кричать — закричать):

— Это я! Это я придумала!

Но вокруг никого не было. Испуганные местные лягушки все попрятались в воду. Когда они начали … (показываться — показаться) из воды, то с удивлением смотрели на новую.

И она рассказала им чудесную историю о том, как она думала всю жизнь и наконец изобрела новый, необыкновенный способ путешествия на утках; как у неё были свои собственные утки, которые носили её, куда ей было угодно; как она побывала на прекрасном юге, где так хорошо, где такие прекрасные тёплые болота и так много комаров и мошек.

— Я заехала к вам … (смотреть — посмотреть), как вы живёте, — сказала она. — Я побуду у вас до весны, пока не вернутся мои утки, которых я отпустила.

Но утки уже никогда не вернулись. Они думали, что квакушка разбилась о землю, и очень жалели её.

По В.М. Гаршину

Упражнение 59. Перескажите сюжет сказки «Лягушка-путешественница», используя нашу помощь.

Жила-была … .
Однажды она увидела … .
Лягушка решила с ними … .
Она попросила их … .
Они не знали, как … .
Лягушка придумала, как … .
Две утки взяли … , а лягушка … .
И так утки могли … .
Лягушка знала, что все люди … .
Лягушка хотела, чтобы все … .
И она … .
Но лягушка … на землю.
Лягушка рассказала другим лягушкам, что она изобрела … .
Она хотела снова … .
Но утки уже не … .

Упражнение 60. **Перескажите сказку «Лягушка-путешественница», используя расширенную лексику. Закончите предложения.**

Жила-была лягушка. Лягушка-квакушка, потому что она любила громко … .
Она любила есть … .
Жить бы ей всю жизнь … , если бы не … .
В один прекрасный день лягушка увидела уток. Целую … . Они уже стали … . Утки хотели … .
Лягушка хотела … , куда летят утки.
Утки сначала хотели … лягушку, но потом раздумали … и сказали, что … .
Лягушка сказала, что она тоже хочет … .
Лягушка просила уток … , но они сказали, что … .
И лягушка придумала, как … . Она сказала, что надо … .
Утки были в восторге и согласились … , но это было тяжело, и утки решили … .
Лягушка летела высоко, и ей было трудно … . Она боялась … . Но она очень хотела всё … . Ей очень хотелось всё … и всем … , что это она придумала.
Она попросила уток … . И на следующий день … .
Когда люди спросили … , лягушка закричала … и стала … .
Когда лягушка упала … , она опять начала … , что … .
И потом она всем рассказала, что … .
Она сказала другим уткам, что она заехала сюда … . И что хочет весной … .
Но утки … . Они считали, что лягушка не могла не … , падая с такой высоты.

Упражнение 61. **Проверьте, знаете ли вы следующие слова:** *рукоделье, ленивый, няня (нянюшка), печка, печь, мести (подметать), чулки (чулочки), колодец, ведро (ведёрко), верёвка, спуститься, подняться, рваться, уронить, монета, бриллиант, растаять.* **Прослушайте или прочитайте сказку, затем перескажите её сюжет.**

Мороз Иванович
(сказка)

В одном доме жили две девочки — Рукодельница да Ленивица, а при них нянюшка.

Рукодельница была умная девочка: рано вставала, сама, без нянюшки, одевалась, затем за дело принималась: печку топила, хлебы пекла, избу мела, петуха кормила, а потом на колодец за водой ходила.

А Ленивица меж тем в постельке лежала, потягивалась, с боку на бок переваливалась, уж разве наскучит лежать, так скажет спросонья:

— Нянюшка, надень мне чулочки, нянюшка, завяжи башмачки.

А потом говорит:

— Нянюшка, нет ли булочки?

Встанет Ленивица, попрыгает да и сядет к окошку мух считать. Как всех пересчитает, так и не знает, чем заняться. Ей бы в постельку — да спать не хочется, ей бы покушать — да есть не хочется. Сидит, плачет да жалуется на всех, что ей скучно, как будто в том другие виноваты.

Между тем Рукодельница вернётся, воду в кувшины нальёт, потом примется чулки вязать или рубашки шить, да ещё песенку запоёт. И никогда ей не скучно — потому

123

что некогда ей скучать: то за одним, то за другим делом, смотришь, и вечер — день прошёл.

Однажды с Рукодельницей беда приключилась: пошла она на колодец за водой, опустила ведро на верёвке, а верёвка-то и оборвалась. Упало ведро в колодец. Как тут быть?

Расплакалась бедная рукодельница и пошла к няне рассказывать про свою беду и несчастье. А няня была такая строгая да сердитая, говорит:

— Сама беду сделала, сама и поправляй, сама ведро утопила, сама и доставай!

Нечего делать: пошла бедная Рукодельница опять к колодцу, ухватилась за верёвку и спустилась по ней на дно. И тут чудо случилось. Смотрит она — перед ней сидит старик Мороз Иванович, седой-седой.

— А! — сказал он. — Здравствуй, Рукодельница! Знаю, зачем ты пришла. Я тебе ведёрко отдам, только ты мне за это три дня прослужи. А теперь, — прибавил старик, — я спать хочу, приготовь мне постель.

На постели у Мороза Ивановича лежал белый снег пушистый. Холодно, да делать нечего — Рукодельница принялась взбивать снег, чтобы старику было мягче спать. У неё все руки заледенели, пальчики замёрзли, побелели.

— Ничего, — говорит Мороз Иванович. — Только снегом пальцы потри — отойдут. Я ведь старик добрый: посмотри-ка, что у меня за диковинки.

Тут он приподнял своё снежное одеяло, и Рукодельница увидела, что под периной пробивается зелёная травка.

— Вот ты говоришь, что ты добрый, — сказала Рукодельница, — а почему зелёную травку под одеялом держишь, не выпускаешь?

— Потому что ещё не время — замёрзнет трава без снега. А вот весной снег растает, травка и будет расти, вырастет и хлеб, его уберут, отвезут на мельницу, будет мука, а ты, Рукодельница, из неё хлеб испечёшь.

— А зачем ты в колодце живёшь?

— Я потому в колодце сижу, что весна подходит, мне жарко становится. А в колодце и летом холодно бывает.

— А зачем ты зимой по улицам ходишь да в окошки стучишься?

— Чтобы люди не забывали печку топить. И ещё чтобы не забывали, что есть на свете люди, которым холодно, которым шубку купить не на что, чтобы им помогать не забывали.

Тут добрый Мороз Иванович погладил девочку по голове и лёг спать на свою снежную постель.

А Рукодельница меж тем всё в доме прибрала, пошла на кухню, поесть приготовила, одежду у старика починила.

Старик проснулся, был всем очень доволен и поблагодарил Рукодельницу. Потом они сели обедать. Обед был прекрасный.

Так прожила Рукодельница у Мороза Ивановича целых три дня.

На третий день Мороз Иванович сказал Рукодельнице:

— Спасибо тебе, умная ты девочка, хорошо поработала, и я у тебя в долгу не останусь. Вот тебе твоё ведёрко, я в него насыпал серебряных монет. Да вот тебе ещё бриллиантик — косыночку закалывать.

Рукодельница поблагодарила старика, приколола бриллиантик, взяла ведёрко, ухватилась за верёвку и вылезла на свет божий.

Когда Рукодельница пришла домой и рассказала, что с ней было, нянюшка сказала:

— Вот видишь, Ленивица, что люди за работу получают! Иди ты тоже к Морозу Ивановичу, поработай у него, и тоже что-нибудь заработаешь.

Ленивице очень хотелось получить подарки. Вот пошла она к колодцу, нарочно уронила в него ведёрко и по верёвке и спустилась вниз.

Мороз Иванович ей тоже сказал:

— Послужи мне, и получишь назад своё ведёрко!

А Ленивица не хотела себя утомлять, ей было холодно, не стала она хорошо постель взбивать, решила, что старик ничего не заметит. Старик в самом деле ничего не заметил или сделал вид, что не заметил, а Ленивица пошла на кухню, да не знает, что делать. Она никогда не готовила дома, готовили другие, а ей лень было посмотреть. Вот она огляделась: лежит перед ней зелень, и мясо, и уксус, и горчица, и квас, и овощи. Но как это приготовить? Вот она кое-как всё помыла, но забыла почистить и порезать, бросила продукты в кастрюльку, а сама и думает: «Зачем отдельно варить? Ведь в желудке всё вместе будет!»

Вот старик проснулся, просит есть. Сели они обедать. Старик попробовал и говорит:

— Да, «хорошо» ты готовишь! Посмотрим, какова будет другая твоя работа.

Ленивица тоже начала есть, но тут же и выплюнула — есть было нельзя. А старик сам приготовил кушанье, получился обед на славу: просто пальчики оближешь!

После обеда старик лёг отдохнуть и припомнил Ленивице, что надо ещё его одежду зашить.

Ленивица надулась, да делать нечего: принялась одежду разбирать. Взяла иголку, но с непривычки укололась, так её и бросила. А старик как будто опять ничего не заметил, ужинать Ленивицу позвал, да ещё и спать уложил.

А Ленивица и думает: «Авось и так всё пройдёт, зачем было сестре всё делать, старик добрый, он меня и так наградит!»

На третий день приходит Ленивица к Морозу Ивановичу и просит её отпустить и за работу наградить.

— Да какая же была твоя работа? — спросил старичок. — Уж если по правде, то это ты должна мне заплатить, потому что не ты для меня работала, а я тебе служил.

— Да как же! Я ведь у тебя целых три дня жила!

— Знаешь, голубушка, что я тебе скажу: жить и служить — разница. Да и работа работе рознь. Но если тебе не стыдно, то я тебя награжу: какова твоя работа, такова будет и награда!

С этими словами Мороз Иванович дал Ленивице большой кусок серебра и большой бриллиант.

Ленивица этому обрадовалась, схватила и то и другое и, даже не поблагодарив старика, домой побежала.

Пришла домой и хвастается:

— Вот что я заработала! Это не то, что сестра...

Не успела она договорить, как кусок серебра растаял, за ним растаял и бриллиант...

А вы, детушки, думайте, гадайте, что здесь правда, а что — вымысел; что сказано шутки ради, а что — в наставление...

По В.Ф. Одоевскому

Дополнительное задание. **Ответьте на вопросы по тексту.**

1. Кто герои сказки? Как их звали?
2. Чем занималась Рукодельница? Почему её так звали?
3. Чем занималась Ленивица? Почему её так звали?
4. Где оказалась Рукодельница и почему? Кто там жил?
5. Какую работу нужно было делать для Мороза Ивановича? Что попросил сделать Мороз Иванович?
6. Что сумела сделать Рукодельница? Что она успела сделать, пока старик спал?
7. Что не сумела хорошо сделать Ленивица и почему? Что она не стала делать?
8. Как наградил Мороз Иванович Рукодельницу? За что?
9. Как наградил Мороз Иванович Ленивицу? Почему?
10. Как можно сформулировать главную идею сказки? Что нужно делать и чего не нужно делать?

Упражнение 62. **Подберите необходимые глаголы из сказки «Мороз Иванович».**

Жили-были две девочки.

Одну звали Рукодельница. Ей надо было каждый день ... . Она умела ... .

Другую звали Ленивица. Она могла только ... . Она не знала, как (чем) ... .

Однажды Рукодельница пошла за водой и уронила ведро в колодец. Она пошла к няне ... . Няня сказала Рукодельнице, что ей надо самой ... .

Рукодельница сумела ... в колодец.

Мороз Иванович говорит:

— Надо ... .

Рукодельница сумела хорошо ... .

Мороз Иванович решил ... Рукодельницу за работу.

Дома Рукодельница ... .

Ленивица тоже захотела ... .

У Мороза Ивановича Ленивица не хотела ... . Она не умела ... . Но Ленивица требовала её за работу ... .

И Мороз Иванович ... .

Дома Ленивица начала ... . А кусок серебра и бриллиант начали ... и ... .

Упражнение 63. **Перескажите сказку «Мороз Иванович», используя следующие глаголы:**

1. Жить-быть, вставать, одеваться, приниматься (начинать) работать, топить (печку), печь (хлебы), мести (подметать), кормить, ходить (за водой).

2. Лежать, валяться, потягиваться, лениться, говорить, надеть, завязать, дать, прыгать, считать, пересчитать, кончить, заняться, не хочется (спать), есть, жаловаться.

3. Вернуться, налить (воду), вязать, шить, запеть, скучать, пройти, пойти, оборваться, упасть (уронить).

4. Заплакать (расплакаться), рассказать, исправлять (поправлять), доставать (вынимать), ухватиться (взяться), спуститься (опуститься).

5. Случиться (произойти), смотреть и видеть, сидеть, отдать (вернуть), прослужить, спать, приготовить.

6. Лежать (снег), делать нечего, взбивать, заледенеть, замёрзнуть, побелеть, посинеть, потереть, пройти (отойти), посмотреть.

7. Приподнять (поднять), показать, увидеть, расти (пробиваться), держать (не выпускать), растаять, вырасти, убрать (собрать), отвезти, испечь.

8. Сидеть, становиться, бывать, ходить и стучаться, забывать, быть, затопить (растопить), купить (не на что), помогать.

9. Погладить, лечь, прибрать (убрать), пойти, приготовить поесть, починить (зашить), проснуться, быть довольным, поблагодарить, сесть обедать.

10. Прожить, сказать, поработать, не остаться в долгу, насыпать (положить), закалывать, приколоть, взять, ухватиться (взяться), вылезти.

11. Прийти, рассказать, получать (за работу), идти поработать, заработать, хотеться получить, спуститься.

12. Утомлять себя, не любить работать, взбивать, не заметить или сделать вид, не знать, не уметь, оглядеться, лежать, помыть, забыть почистить.

13. Бросить, думать, варить, быть вместе, проснуться, просить есть, попробовать, готовить, посмотреть, начать есть, нельзя есть, выплюнуть.

14. Приготовить (самому), получиться, пальчики оближешь, лечь, припомнить (напомнить), надуться, взять, начать разбирать, уколоться, бросить.

15. Не заметить, позвать ужинать, уложить спать, пройти, прийти, просить отпустить и наградить, заплатить, не работать, служить.

16. Жить и служить, дать, обрадоваться, схватить, забыть поблагодарить, побежать, хвастаться, заработать, не успеть договорить, растаять.

17. Думать, гадать, размышлять, сказать (в шутку), сказать (в наставление), делать выводы.

ВИД ГЛАГОЛА В ИМПЕРАТИВЕ 동사 명령형

Мы помним обее правило: универсальные значения, присущие глаголам НСВ, — это «процесс», «много раз» и «факт». Для глаголов СВ это «результат».

Это правило распространяется также и на выбор вида глагола в императиве.

Частные рекомендации касаются случаев, выражающих значение «**надо** (или **не надо**) что-либо делать (сделать)»:

«Надо делать (сделать)»:

1. СВ — до 80% употребления:
 Открой окно! Принесите кофе!

2. НСВ — до 20% употребления
(когда действие должно произойти прямо сейчас):
Звоните в милицию! Берите ручку и записывайте!

«Не надо делать»:
Только НСВ:
Не открывай окно! Не приносите кофе!

Специфическая конструкция **смотри(те) не + императив.**

Конструкция имеет значение предостережения, т. е. значение «осторожно!», например: *Смотри не опоздай!*

Обычно — в 90% случаев — используется СВ (единичный результат), намного реже — НСВ (регулярное действие).

***Смотрите не опоздайте** на самолёт!*

***Смотри не опаздывай** на занятия, как ты обычно опаздываешь!*

В разговоре конструкция **смотри(те) не** обычно используется не полностью: *Смотри не забудь тетрадь!* превращается в *Не забудь тетрадь!* Формально эта конструкция похожа на конструкцию **не + императив**, где мы уже гарантировали использование НСВ. Как же их отличать? Обращайте внимание на контекст.

ОБРАЗОВАНИЕ ФОРМ ИМПЕРАТИВА 명령형을 만드는 방법

1. Если в инфинитиве ударение падает на -*ить*: форма императива будет оканчиваться на -*и*: люби́ть — люби́(те), ходи́ть — ходи́(те).

Если в инфинитиве ударение не падает на -*ить*: форма императива будет оканчиваться на -*ь*: гото́вить — гото́вь(те), ста́вить — ста́вь(те).

2. Если инфинитив заканчивается не на -*ить*, то необходимо определить форму 1-го лица единственного числа, т. е. форму «я»: *смотреть — я смотрю*. «Я смотрю» — ударение падает на «ю» — значит, в императиве также будет -*и*: *смотреть — я смотрю — смотри́(те), идти — я иду — иди́(те)*.

Если в форме «я» ударение не падает на окончание, то в императиве также будет -*ь*: *быть — я буду — будь(те), плакать — я плачу — не плачь(те)*.

3. Если в форме «я» при спряжении (изменении) глагола слышим «й» (которое есть в транскрипции), форма императива будет оканчиваться на -*й*: *читать — я читаю [читайу] — читай(те), петь — я пою [пайу] — пой(те), пить — я пью — пей(те), рисовать — я рисую — рисуй(те)*.

*Исключения: есть — ешь(те), давать — давай(те), дать — дай(те).

Упражнение 1. **Прочитайте предложения, объясните употребление вида.**

1. Откройте, пожалуйста, окно, здесь душно! 2. Посмотри мне в глаза! 3. Расскажи что-нибудь интересное! 4. Принесите нам чай, пожалуйста! 5. Дай мне твою руку. 6. Помоги мне, если можешь. 7. Сходи в магазин, если тебе не трудно. 8. Передайте ей моё письмо. 9. Привези мне из Франции какой-нибудь сувенир! 10. Отнеси чашки на кухню. 11. Отрежь мне кусочек торта! 12. Нарисуйте мой портрет!

Упражнение 2. **Образуйте формы императива от приведённых ниже глаголов**[1].

любить —	полюбить —
ходить —	сходить —
дарить —	подарить —
кормить —	накормить —
звонить —	позвонить —
учить —	выучить —
смотреть —	посмотреть —
стучать —	постучать —
брать —	взять —
говорить —	сказать —
класть —	положить —
идти —	
бежать —	
плыть —	
нести —	
искать —	найти —
готовить —	приготовить —
ставить —	поставить —
быть —	
садиться —	сесть —
ложиться —	лечь —
вставать —	встать —
поздравлять —	поздравить —
менять —	поменять —
танцевать —	станцевать —
петь —	спеть —
рисовать —	нарисовать —
интересоваться —	
радоваться —	
целовать —	поцеловать —
знать —	узнать —
фотографировать —	сфотографировать —

---

[1] Чтобы экономить время, можно образовывать только форму единственного числа *(люби)*, так как в форме множественного числа только прибавляется «те» *(любите)*.

покупать —	купить —
уметь —	суметь —
строить —	построить —
снимать —	снять —
надевать —	надеть —
отвечать —	ответить —
отдыхать —	отдохнуть —
включать —	включить —
выключать —	выключить —
пить —	выпить —
соглашаться —	согласиться —
отказываться —	отказаться —

Упражнение 3. **Выполните упражнение по модели.**

М о д е л ь: Надо погулять перед сном. — Погуляй(те) перед сном!

1. Надо посмотреть этот фильм. 2. Надо сфотографировать этот собор. 3. Нужно выучить эту лексику. 4. Нужно принести словарь на экзамен. 5. Нужно сходить в магазин. 6. Надо отнести книгу в библиотеку. 7. Надо приготовить ужин. 8. Надо позвонить ей. 9. Нужно ответить на письмо. 10. Надо согласиться с этим предложением. 11. Надо включить свет. 12. Давно уже надо выключить телевизор. 13. Надо поставить тарелки на стол. 14. Надо дать ему шанс. 15. Надо надеть синий костюм. 16. Нужно отдохнуть. 17. Надо спеть. 18. Надо сыграть на гитаре. 19. Надо взять у него телефон. 20. Надо поцеловать её. 21. Надо поискать эту книгу. 22. Нужно покормить собаку. 23. Надо узнать новое расписание.

Упражнение 4. **Выполните упражнение по модели.**

М о д е л ь: Не надо брать мои вещи. — Не бери(те) мои вещи!

1. Не надо говорить об этом. 2. Не надо стучать в стену. 3. Не надо мне ничего дарить. 4. Не нужно класть пальто на стол. 5. Не нужно выключать компьютер. 6. Не нужно фотографировать в театре. 7. Не надо отвечать на грубость. 8. Не надо ходить к нему. 9. Не надо надевать синий костюм. 10. Не нужно покупать всякую ерунду. 11. Не нужно садиться на мою кровать. 12. Не нужно вставать ногами на стул. 13. Не нужно пить сырую воду. 14. Не надо снимать куртку, здесь холодно. 15. Не надо ложиться в обуви на постель. 16. Не надо радоваться чужим неудачам. 17. Не нужно соглашаться на эту авантюру. 18. Не нужно ничего готовить, мы идём в ресторан. 19. Не надо помогать мне. 20. Не нужно так бежать, я не успеваю за тобой. 21. Не надо пить много вина. 22. Не надо отказываться от выгодного предложения.

Упражнение 5. **Выполните упражнение по модели.**

М о д е л ь: Читать — прочитать (текст).
— Прочитай(те) текст! Не читай(те) текст!

1. Рассказывать — рассказать (анекдот). 2. Петь — спеть (песню). 3. Пить — выпить (вино). 4. Смотреть — посмотреть (фильм). 5. Писать — написать (письмо). 6. Ждать — подождать (меня). 7. Готовить — приготовить (ужин). 8. Поздравлять — поздравить (меня). 9. Ставить — поставить (книги на полку). 10. Ходить — сходить (в кино). 11. Менять — поменять (деньги). 12. Слушать — послушать (его). 13. Открывать — открыть (вино). 14. Закрывать — закрыть (глаза). 15. Помогать — помочь (ей). 16. Подходить — подойти (ко мне). 17. Брать — взять (ключ). 18. Давать — дать (руку). 19. Говорить — сказать (где ты живёшь). 20. Спрашивать — спросить (его об этом). 21. Отвечать — ответить (ему). 22. Начинать — начать (плакать). 23. Кончать — кончить (институт). 24. Отдыхать — отдохнуть (летом). 25. Ездить — съездить (в аэропорт). 26. Класть — положить (деньги в кошелёк). 27. Передавать — передать (ему привет). 28. Платить — заплатить (за меня). 29. Учить — выучить (стихотворение). 30. Искать — найти (его телефон). 31. Показывать — показать (ей город). 32. Заниматься — заняться (альпинизмом).

Упражнение 6. *(Расширенная лексика.)* **Образуйте форму императива от приведённых ниже глаголов.**

контролировать — проконтролировать —
голосовать — проголосовать —
смешить — насмешить —
отмечать — отметить —
плакать — заплакать —
смеяться — засмеяться —
мириться — помириться —
подслушивать — подслушать —
подсматривать — подсмотреть —
анализировать — проанализировать —
выигрывать — выиграть —
проигрывать — проиграть —
побеждать — победить —
молодеть — помолодеть —
бриться — побриться —
причёсываться — причесаться —
укладывать — уложить —
раскладывать — разложить —
будить — разбудить —
просыпаться — проснуться —
подниматься — подняться —
опускать — опустить —
спускаться — спуститься —
здороваться — поздороваться —
прощаться — попрощаться —
  (проститься)
обманывать — обмануть —

подтверждать —
встречаться —
бросать —
кидать —
извиняться —
отказываться —
отбирать —
объявлять —
разрешать —
запрещать —
убивать —
приходить —
приезжать —
наказывать —
поддерживать —

подтвердить —
встретиться —
бросить —
кинуть —
извиниться —
отказаться —
отобрать —
объявить —
разрешить —
запретить —
убить —
прийти —
приехать —
наказать —
поддержать —

Упражнение 7. Не согласитесь с собеседником.

М о д е л ь: Откажитесь от работы. — Нет, не отказывайтесь!

1. Извинись перед ним. 2. Накажите ребёнка. 3. Отбери у ребёнка игрушку. 4. Разреши ему взять нашу посуду. 5. Побрейся! 6. Причешись! 7. Обмани его. 8. Разбуди его. 9. Уложи волосы. 10. Сбрей бороду. 11. Проснись! 12. Брось ему мяч! 13. Отдай ему долг. 14. Подними голову! 15. Опусти руки. 16. Спустись вниз на лифте. 17. Проиграй ему. 18. Кинь мне подушку!

Упражнение 8. Позанимаемся математикой. Проверьте, знаете ли вы эти слова: *считать — сосчитать, складывать — сложить, прибавлять — прибавить, отнимать — отнять, вычитать — вычесть, умножать — умножить, делить — разделить*. Образуйте форму императива.

М о д е л ь: Будем считать. — Считайте!
Надо сосчитать. — Сосчитайте!

1. Займёмся математикой. 2. Надо проверить, кто хорошо считает. 3. К трём надо прибавить десять. 4. То есть надо сложить три и десять. 5. К полученной сумме прибавим пять. 6. Результат надо разделить на три. 7. Затем этот результат разделим ещё раз на три. 8. Полученное число надо умножить на двенадцать. 9. От полученного числа надо отнять двадцать. 10. Из этого числа вычтем два. 11. К полученному числу прибавим три. 12. Надо определить результат.

Упражнение 9. Выполните упражнение по модели.

М о д е л ь: Не принимай таблетки. — Прими таблетки!

1. Не мирись с ним. 2. Не буди его. 3. Не бросай его. 4. Не выкидывай мусор. 5. Не спеши! 6. Не торопись! 7. Не открывай глаза! 8. Не раскладывай пасьянс. 9. Не прибирай

в комнате. 10. Не прощайся с ним. 11. Не оглядывайся назад. 12. Не подписывай этот контракт. 13. Не запрещайте детям шалить. 14. Не завязывай галстук. 15. Не встречайся с ней. 16. Не убивай муху. 17. Не приходи ко мне. 18. Не брейся.

Упражнение 10. (Расширенная лексика.) **Образуйте формы императива от приведённых ниже глаголов.**

называть —   назвать —
разбивать —   разбить —
отрезать —   отрезать —
ударять —   ударить —
распоряжаться —   распорядиться —
жечь —   сжечь —
расспрашивать —   расспросить —
подслушивать —   подслушать —
совершенствовать —   усовершенствовать —
лгать —   солгать —
врать —   соврать —
унижать —   унизить —
целиться —   прицелиться —
отодвигаться —   отодвинуться —
расправлять —   расправить —
переворачивать —   перевернуть —
удалять —   удалить —
срывать —   сорвать —
сражаться —   сразиться —
плевать —   плюнуть —
красть —   украсть —
откусывать —   откусить —
жевать —   прожевать —
глотать —   проглотить —
застёгивать —   застегнуть —
призывать —   призвать —
молоть —   смолоть —

Упражнение 11. (Расширенная лексика.) **Возразите собеседнику. Аргументируйте своё мнение.**

М о д е л ь: — Надо удалить этот файл из компьютера.
              — Нет, не удаляй его, он нам ещё понадобится.

1. Надо расспросить его обо всём. 2. Надо отрезать ему торта. 3. Надо разбить копилку. 4. Надо подслушать, о чём они говорят. 5. Нужно сжечь эту записку. 6. Нужно нарвать цветов. 7. Хочу ударить в барабан. 8. Хочу назвать её заинькой. 9. Хочу перевернуть страницу. 10. Хочу отодвинуть диван от окна. 11. Хочу разжевать эту таблетку. 12. Хочу откусить нитку зубами.

133

Упражнение 12. **Поддержите собеседника.**

М о д е л ь: — Пойду расспрошу его обо всём.
— Да, конечно, обязательно расспроси его обо всём.

1. Уже темно, включу свет. 2. Что по телевизору? Включу посмотрю. 3. Очень шумно, постучу соседям в стену. 4. У нас нет хлеба, схожу в магазин. 5. Полежу немного. 6. Отдохну минут десять. 7. Надену-ка я эту футболку. 8. Пожалуй, возьму зонтик. 9. Подогрею вчерашний суп. 10. Пойду умоюсь. 11. Пойду приму душ. 12. Пойду подстригусь. 13. Переоденусь. 14. Пожалуй, я переобуюсь. 15. Лягу сегодня спать пораньше. 16. Выпью сока. 17. Разверну и посмотрю подарок. 18. Открою бутылочку пива и налью себе стаканчик. 19. Залезу на чердак и посмотрю, что там делается. 20. Спущусь в подвал и посмотрю, что там происходит. 21. Сыграю с ним в теннис и непременно обыграю его. 22. Постираю. 23. Повешу бельё на балкон. 24. Постелю постель. 25. Пожалуй, прощу его. 26. Слетаю в Новосибирск. 27. Съезжу в Новгород. 28. Загляну к тебе в гости. 29. Навещу бабушку. 30. Проведаю родителей. 31. Искупаюсь в Финском заливе. 32. Пойду пристыжу его. 33. Займусь делом. 34. Завтра зайду за тобой. 35. Откажусь от поездки. 36. Улыбнусь ему. 37. Подшучу над ним.

Прочитаем несколько кулинарных рецептов. Сначала повторите «кулинарную» лексику.

 В значении «надо» (то есть «необходимость совершить действие») обычно используется императив СВ: *сходи, посмотри, принеси, скажи* и т. д.

Упражнение 13. **Образуйте формы императива от глаголов.**

готовить —   приготовить —
варить —   сварить —
жарить —   поджарить —
тушить —   потушить —
печь —   испечь —
добавлять —   добавить —
класть —   положить —
наливать —   налить —
*сыпать —   *посыпать —
тереть —   натереть (потереть) —
перемешивать —   перемешать —
резать —   порезать (нарезать) —

Упражнение 14. **Формы инфинитива глаголов замените формами императива.**

Борщ

Для приготовления борща надо взять мясо с костью, свёклу, капусту, морковь, картофель, лук, чеснок, томат-пасту или помидоры, специи и зелень.

Сварить мясной бульон. В готовый бульон опустить лук, капусту и картофель и варить до готовности.

В это время на сковороде потушить свёклу, затем морковь, добавить небольшое количество уксуса и сахара, положить столовую ложку томата и специи. Готовую массу переложить в кастрюлю с супом и добавить толчёный чеснок и мелко нарезанную зелень. Довести до кипения, выключить и немного остудить.

Подать на стол со сметаной и свежей зеленью.

Упражнение 15. (Расширенная лексика.) **Замените инфинитив на императив.**

Щи зелёные

Взять 400 г шпината, 200 г щавеля, небольшую морковку, пучок петрушки, 1 луковицу, 3–4 средние картофелины, 2 яйца, 1 столовую ложку муки, 2 столовые ложки сливочного или топлёного масла, 1/2 стакана сметаны, 2–3 лавровых листа, 5–6 горошин чёрного перца, 2 л мясного бульона или воды.

Шпинат перебрать и промыть в большом количестве воды 2–3 раза. При этом воду не сливать, а вынуть из неё зелень, чтобы песок не остался в листьях. Так же моют и щавель.

Проварить шпинат в большом количестве воды, не накрывая кастрюлю крышкой. Откинуть шпинат на сито, промыть холодной водой и пропустить через мясорубку.

Щавель промыть, отжать и потушить с маслом. Затем пропустить через мясорубку.

Пюре шпината и щавеля соединить, добавить разведённую отваром шпината мучную пассеровку, половину всего количества сметаны и прогреть 15–20 мин.

Мелко нарезанный лук и коренья обжарить на масле до образования у лука золотистой окраски.

Картофель нарезать тонкими ломтиками.

В кипящий мясной бульон или воду положить картофель, а через 15–20 мин. — смесь шпината со щавелем, пассерованные коренья и варить 15–20 мин. За 5–10 мин. до окончания варки добавить лавровый лист, перец, соль.

Для подачи на стол в каждую тарелку положить кусочек мяса, половинку варёного яйца, зелень и сметану по вкусу.

Упражнение 16. (Расширенная лексика.) **Замените инфинитив на императив.**

Уха раковая

Взять 2 л крепкого рыбного бульона, 8 раков.

Для фарша: 200–300 г рыбного филе, 3–4 ломтика пшеничного хлеба, полстакана сливок, 2 яйца, 2 столовые ложки сливочного масла, соль, перец молотый по вкусу, 2 ложки ракового масла.

Раков сварить в солёной воде, вынуть мякоть из раковых шеек и клешней, панцири очистить, промыть в воде и отложить в сторону. Рыбное филе и мясо из клешней рака пропустить через мясорубку вместе с размоченным в сливках хлебом, добавить сливочное масло, соль, перец по вкусу, вылить сырые яйца и хорошо перемешать до образования однородной густой массы.

Панцири раков наполнить рыбным фаршем, положить в кастрюлю, залить бульоном и проварить в течение нескольких минут. Затем снять с огня, добавить в кастрюлю раковые шейки и раковое масло, дать немного настояться. В тарелку положить фаршированные раком панцири и раковые шейки, залить бульоном, добавить зелень.

(Правильно приготовленный раковый суп имеет прозрачный бульон и вкус ухи.)

Упражнение 17. **Проверьте, знаете ли вы эту лексику:** *цыплёнок, цветная капуста, корень, петрушка, укроп, пучок, сухари, орех, тереть, переворачивать.* **Замените инфинитив на императив.**

Цыплята с цветной капустой

Вам потребуется: 2 цыплёнка, по 1 корню морковки и петрушки, 700–800 г цветной капусты, 2 луковицы, 1/2 стакана панировочных сухарей, 1 стакан сметаны, щепотка тёртого мускатного ореха, соль, перец по вкусу, пучок укропа или петрушки.

Подготовленных цыплят промыть, разрезать вдоль пополам, натереть перцем и солью и уложить в кастрюлю. Добавить нарезанные коренья петрушки и моркови и целые луковицы. Залить холодной водой так, чтобы вода наполовину покрыла цыплят, и варить до готовности, поливая цыплят бульоном и постоянно переворачивая.

Когда цыплята сварятся, добавить в бульон стакан сметаны, панировочные сухари, мускатный орех. Довести всё до кипения и снять с огня.

Отдельно в солёной воде отварить цветную капусту и разобрать её на соцветия.

Цыплят уложить на блюдо, вокруг разместить капусту, залить всё соусом, украсить зеленью.

Упражнение 18. **Проверьте, знаете ли вы эту лексику:** *пар, пучок, корень петрушки, укроп, филе, гарнир, лить, сыпать, специи, решётка.* **Замените инфинитив на императив.**

Паровая рыба

Вам потребуется: 700–800 г рыбы (судак, щука, карп, окунь морской, хек или др.), 2 луковицы, 1–2 корня петрушки, специи, соль, перец по вкусу, картофель для гарнира, 1 стакан томатного соуса, 1 стакан воды или бульона, пучок петрушки или укропа.

Рыбное филе нарезать на куски, уложить на решётку на дне кастрюли кожей вниз. Подлить горячую воду, посолить, добавить специи, нарезанный лук, коренья петрушки. Плотно накрыть крышкой и варить на пару 10–15 мин. на слабом огне.

Бульон использовать для приготовления соуса.

Рыбу уложить на блюдо, рядом выложить отварной картофель. Рыбу полить соусом, посыпать зеленью петрушки или укропа.

Упражнение 19. (Расширенная лексика.) **Замените инфинитив на императив.**

Говядина тушёная по-русски

Вам потребуется: 600–800 г говядины, 3 луковицы, по 1 корню морковки и сельдерея, 2 ломтика ржаного кислого хлеба, 150 г шпика, 1/2 стакана муки, 50 г топлёного масла, 2 стакана бульона, 1/2 стакана сметаны, 4–6 картофелин, соль, перец горошком, лавровый лист, зелень.

Кусок мяса от задней ноги или лопатки нарезать широкими ломтями, посолить, обвалять в муке и обжарить на масле с обеих сторон до образования поджаристой корочки.

Смешать в большой миске нарезанные репчатый лук, морковь и сельдерей, кислый хлеб, лавровый лист, горошины чёрного перца, соль.

Дно широкой кастрюли или глиняного горшка уложить тонкими ломтиками шпика. На него поместить слой обжаренного мяса, а на мясо — слой овощной смеси. Затем — снова слой мяса и слой смеси. Залить бульоном так, чтобы он покрывал второй слой мяса.

Кастрюлю поставить на огонь и довести бульон до кипения. Затем поставить кастрюлю в разогретую духовку. (Если мясо готовится в горшочках, их ставить только в духовку.)

Тушить мясо в течение 2–2,5 ч. под крышкой. За 20–25 мин. до окончания тушения добавить сметану.

Отдельно подать отварной картофель.

Упражнение 20. **Обратите внимание на то, что формы императива особенно актуальны для коммуникации за обеденным столом (а также в столовой, кафе, ресторане). Используйте формы императива в следующих ситуациях.**

1. Попросите официанта принести меню. 2. Попросите соседа передать вам соль. 3. Попросите соседа налить вам вина. 4. Попросите положить вам салата. 5. Попросите соседа сказать тост. 6. Попросите принести минеральной воды. 7. Попросите открыть бутылку. 8. Попросите пересадить вас за другой столик — подальше от оркестра. 9. Попросите поменять скатерть. 10. Попросите вытереть разлившееся вино. 11. Попросите передать вам хлеб. 12. Попросите охладить шампанское. 13. Попросите заменить какое-нибудь блюдо. 14. Попросите поставить вазу для цветов. 15. Попросите соседа немного подвинуться. 16. Попросите соседа поменяться с вами местами. 17. Попросите соседа дать вам прикурить. 18. Попросите соседа (соседку) станцевать с вами. 19. Попросите официанта принести счёт.

Упражнение 21. **Коммуникация в общежитии (в квартире). Используйте формы императива в следующих ситуациях.**

1. Попросите соседа показать вам вашу комнату. 2. Попросите принести вам вторую подушку или одеяло. 3. Попросите открыть окно. 4. Попросите прибрать на кухне. 5. Попросите поменять вам занавески. 6. Попросите повесить вам занавески. 7. Попросите вымыть окно. 8. Попросите соседа убрать за собой. 9. Попросите вынести мусор. 10. Попросите переставить кровать. 11. Попросите поставить письменный стол. 12. Попросите поменять вам постельное бельё. 13. Попросите пропылесосить ковёр. 14. Попросите дать вам ещё одно полотенце. 15. Попросите заделать окно на зиму. 16. Попросите отремонтировать кран в ванной. 17. Попросите включить радио. 18. Попросите передвинуть стол к окну. 19. Попросите купить вам чашки или кружки. 20. Попросите дать вам кастрюлю или сковородку. 21. Попросите одолжить вам утюг. 22. Попросите приготовить ужин.

Как мы уже отмечали, в императиве в значении «надо» обычно используется СВ, что логично, так как мы обычно хотим получить результат — сейчас или через какое-то время.

Также в значении «надо» может быть использован и НСВ — если действие необходимо совершить прямо сейчас: *заходите, раздевайтесь* и т. д.

Упражнение 22. **Представьте, что у вас гости. Что вы им говорите, когда их видите? Действие необходимо совершить прямо сейчас — следовательно, в основном это будут формы императива НСВ.**

1. Заходить (входить, проходить). 2. Раздеваться. 3. Вешать куртки на вешалку. 4. Снимать (не снимать) обувь. 5. Переобуваться. 6. Ставить сумки на подставку для обуви. 7. Проходить (заходить) в комнату. 8. Садиться (присаживаться, усаживаться, рассаживаться) на диван, в кресло, к окну, за стол. 9. Располагаться поудобнее. 10. Чувствовать себя как дома. 11. Брать конфеты, сигареты. 12. Наливать аперитив. 13. Закуривать (не курить). 14. Двигаться (пересаживаться) к столу. 15. Брать закуски. 16. Открывать шампанское. 17. Наливать сок, вино, минералку. 18. Угощаться.

В ситуации «сейчас», где, как мы говорили, используется императив НСВ, может быть использован и СВ, если смысловой акцент делается на результат. Возможно также параллельное употребление НСВ и СВ. Старайтесь запоминать, как обычно говорят русские!

Информация. Повелительное наклонение (императив) может образовываться и аналитически. Существует два таких способа.

1. При помощи частицы **давай(те) + инфинитив НСВ или 1-е лицо множественного числа будущего времени от глаголов СВ**, например: *давай(те) смотреть фильм, давай(те) посмотрим фильм.*

2. При помощи частиц **пусть, пускай, да + 3-е лицо единственного или множественного числа настоящего или будущего простого времени**, например: *пусть читает (прочитает), пускай смотрят, да здравствует 1-е Мая!*

Упражнение 23. **Прочитайте предложения, проследите употребление вида.**

1. Давай погуляем. 2. Давай пообедаем сегодня в ресторане! 3. Всё готово? Давайте обедать. 4. Давайте сходим куда-нибудь завтра! 5. Давайте съездим куда-нибудь? 6. Давайте поедем в Новгород! 7. Давай поговорим по душам! 8. Давай посмотрим, что там у тебя. 9. Давай рассказывай, какие у тебя проблемы. 10. Давай откроем окно. 11. Давайте поможем ему! 12. Дай посмотреть! 13. Дай посмотрю. 14. Дай мы посмотрим. 15. Давай не будем ему об этом говорить! 16. Давай не скажем ему об этом.

Упражнение 24. **Образуйте формы императива от глаголов НСВ и СВ. Изменяется ли что-нибудь? Какой вариант по ситуации вам нравится больше?**

1. Вот тебе ручка, … (писать — написать) записку. 2. Вот тебе сигареты, … (закуривать — закурить)! 3. Вот новая лексика, … (садиться — сесть) и … (переписывать — переписать) её! 4. Вот тебе твои перчатки, … (надевать — надеть)! 5. Я буду позировать тебе,

… (рисовать — нарисовать) мой портрет! 6. … (Закрывать — Закрыть) окно, уже холодно. 7. Вечером … (заходить — зайти) ко мне, поговорим! 8. … (Приводить — Привести) ко мне своего брата, он такой интересный человек! 9. Ну, … (идти — сходить) в магазин! 10. … (Начинать — Начать) уборку. 11. … (Выключать — выключить) плиту, суп, по-моему, готов. 12. … (Включать — Включить) магнитофон! 13. … (Стоять — Постоять), ты куда? 14. … (Открывать — Открыть), это я! 15. … (Садиться — Сесть), посиди со мной! 16. … (Ложиться — Лечь) сегодня спать на диван, ладно?

> Если вы чувствуете, что пока ещё не очень хорошо знаете правила, не переживайте: не забывайте, что помимо грамматики с ее многочисленными правилами есть ещё и живая речь. Ещё раз повторим: обращайте внимание на то, как обычно говорят русские. Что важнее по ситуации: результат или НЕ результат?
>
> В ситуации «сейчас» обычно используется императив НСВ, если есть наречия, например: *пишите медленнее* и т. п. Но это правило тоже не абсолютно! В редких случаях используется СВ: *повторите помедленнее* и т. п.

Упражнение 25. Прочитайте предложения, прокомментируйте употребление НСВ.

1. Говорите, пожалуйста, медленнее, я ничего не понимаю. 2. Пишите красиво, разборчиво. 3. Рассаживайтесь поудобнее. 4. Говорите, пожалуйста, громче. 5. Несите (переносите) компьютер осторожно. 6. Переодевайся быстрее! 7. Смотрите прямо на меня. 8. Голову держите прямо! 9. Слушайте внимательно! 10. Работайте на уроке активнее! 11. Заходи быстрее в комнату! 12. Дверь открыта, выходи!

Упражнение 26. *(Грамматика на максимум.)* Прочитайте предложения, прокомментируйте употребление СВ.

1. Скажи, пожалуйста, это слово медленно, а то я не понял. 2. Напиши эту записку красиво, разборчиво. 3. Сядьте поудобнее. 4. Скажи (повтори), пожалуйста, ещё раз, погромче! 5. Перенесите компьютер вот сюда, только осторожно! 6. Быстро переоденься, и пойдём! 7. Посмотрите прямо на меня. 8. Голову поднимите выше! 9. Послушайте внимательно хоть минуту! 10. Поработайте на уроке активнее, и домашнее задание будет меньше. 11. Зайди быстрее сюда, спрячься! 12. Выйди на минутку!

Упражнение 27. Прочитайте предложения, прокомментируйте употребление вида.

1. Смотри не опоздай на урок! 2. Ты переходишь на другую работу, так смотри не опаздывай там, как обычно! 3. Смотри не сломай мою ручку! 4. Смотри не забудь тетрадь! 5. Смотри не забывай мне звонить из Германии! 6. Смотри не забудь купить хлеб! 7. Ты уезжаешь, смотри не забывай меня! 8. Смотри не простудись! 9. Ты уезжаешь на Север, смотри не простужайся там! 10. Смотри не упади! 11. Смотри больше не падай, а то опять будет перелом! 12. Смотрите не пролейте воду! 13. Он спит, смотри не разбуди его! 14. Смотрите не будите его, он рассердится. 15. Мы уже договорились, смотри не передумай! 16. Это секрет, смотри никому не рассказывай! 17. Завтра рано вставать, смотри не проспи! 18. Такой холодный ветер, смотри не заболей!

Упражнение 28. *(Расширенная лексика.)* **Прокомментируйте употребление вида.**

1. Смотри не испорти мой компьютер! 2. Смотрите не перегрейтесь на солнце! 3. Ты любишь загорать, так смотри не перегревайся на солнце! 4. Смотри не урони ребёнка! 5. Смотри не перепутай расписание! 6. Осторожно, тут ребёнок, смотри не ударь его дверью! 7. Смотри не проговорись, это наша с тобой тайна. 8. Здесь краска, смотри не испачкайся! 9. Малыш, ты идёшь гулять, так смотри не пачкайся там! 10. Смотри не заразись от меня, может быть, это грипп. 11. Хватит драться, смотрите не убейте (не поубивайте) друг друга! 12. Смотри не напейся! 13. Смотри не напивайся, как в прошлый раз! 14. Смотри не промокни, возьми лучше зонтик! 15. Лёд на реке ещё тонкий, смотри не провались под лёд! 16. Осторожно, здесь огонь, смотри не обожгись! 17. Это секрет, только смотри не проболтайся! 18. Смотри не подведи меня! 19. Как скользко, смотри не поскользнись!

> **Грамматика на максимум.** В значении повелительного наклонения (императива) могут использоваться формы изъявительного наклонения. Таких случаев три.
> 1. Выражение приказа: *Сначала **сделаешь** уроки, а потом **пойдёшь** гулять.*
> 2. Побуждение к совместному действию: ***Идём (пойдём)** быстрее!*
> 3. Совет: *Ты бы сходил к врачу!*

Упражнение 29. *(На контроль.)* **Выскажите предостережение, используя конструкцию** *смотри(те) не ... .*

1. Вы боитесь, что ваш товарищ завтра проспит. 2. Вы волнуетесь, что ваш товарищ переест. 3. Вы беспокоитесь, что ваш товарищ опоздает. 4. Вы беспокоитесь, что ваш товарищ будет регулярно опаздывать в университет. 5. Вы боитесь, что ваши друзья будут прогуливать занятия. 6. Вы боитесь, что ваш друг простудится. 7. Вы беспокоитесь, что ваш друг забудет вам позвонить. 8. Вы волнуетесь, что ваш друг разобьёт вашу машину. 9. Вы боитесь, что ваши друзья разбудят соседей. 10. Вы беспокоитесь, что дети нечаянно порвут ваши бумаги. 11. На улице гололёд, и вы боитесь, что ваш друг сломает себе что-нибудь. 12. Вы боитесь, что ваш сосед уронит и разобьёт ваши чашки. 13. Вы волнуетесь, что ваш друг заболеет. 14. Вы беспокоитесь, что ваш друг проиграет много денег. 15. Ваш друг несёт книги, вы беспокоитесь, что он упадёт. 16. Ваш товарищ несёт книги, вы боитесь, что он уронит книги.

Упражнение 30. *(На контроль.)* **Обратитесь к собеседнику. Выскажите просьбу или совет в следующих ситуациях. Используйте формы императива.**

1. В комнате душно, а ваш товарищ сидит у окна. (открывать — открыть) 2. Уже восемь утра. (вставать — встать) 3. Вам скучно. (включать — включить, рассказывать — рассказать, играть — сыграть) 4. Уже час ночи. (ложиться — лечь, выключать — выключить) 5. К вам пришли гости. (принимать — принять, угощать — угостить) 6. Гости засиделись допоздна. (оставаться — остаться) 7. Гости утром проснулись. (садиться завтракать — сесть завтракать) 8. Гости уходят от вас. (брать — взять такси, садиться — сесть на автобус) 9. Вы посмотрели новый фильм и вам он понравился. (идти — сходить,

смотреть — посмотреть).10. Вы хотите погулять по городу вместе с товарищем. (гулять — погулять, прогуливаться — прогуляться) 11. Вы хотите в воскресенье на выставку или за город. (идти — сходить, ехать — поехать) 12. Вам очень не понравился балет, который вы недавно посмотрели. (ходить — сходить, смотреть — посмотреть) 13. Вашей подруге не идёт платье, которое она хочет купить. (покупать — купить, выбирать — выбрать другое) 14. Вам холодно, а ваш друг не замечает этого. (закрывать — закрыть окно, включать — включить обогреватель)

Упражнение 31. (Расширенная лексика.) **Обратитесь к собеседнику. Выскажите просьбу или совет в следующих ситуациях. Используйте формы императива.**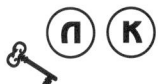

1. В комнате душно, а ваш товарищ сидит у окна. (пересаживаться — пересесть, меняться — поменяться) 2. Уже восемь часов. (просыпаться — проснуться, подниматься — подняться, не валяться в постели) 3. Вам скучно. (придумывать — придумать, веселить — развеселить) 4. Уже поздно. (стелить — постелить, укладываться — улечься) 5. У вас гости. (развлекать — развлечь, кормить — накормить, поить — напоить) 6. Гости не уходят. (ночевать — переночевать, располагаться — расположиться) 7. Утром. (перекусывать — перекусить, допивать — допить, доедать — доесть, собираться — собраться) 8. Гости уходят. (ехать — поехать, ловить — поймать, торопиться — поторопиться) 9. Вы посмотрели хороший новый фильм. (выбираться — выбраться посмотреть, находить — найти время, пользоваться — воспользоваться моментом) 10. Вы хотите погулять. (выбираться — выбраться, бродить — побродить, зайти — заходить, навещать — навестить) 11. Вы хотите поехать за город. (ехать — поехать, бывать — побывать, кататься — прокатиться) 12. Вам не понравился балет. (думать — подумать, терять — потерять время, выбрасывать — выбросить деньги) 13. Вашей подруге не идёт платье, которое она хочет купить. (оставлять — оставить, останавливаться — остановиться, бросать — бросить эту идею, плевать — плюнуть на это) 14. Вам холодно. (поворачиваться — повернуться, обращать — обратить внимание, догадываться — догадаться, прикрывать — прикрыть).

Упражнение 32. **Прочитайте первую часть сказки, обратите внимание на вид глагола, в частности, на формы императива. Проверьте, знаете ли вы следующие слова: *лягушка, лук, стрела, боярин, купец, коробка, кожа.* Помните: читая текст в первый раз, старайтесь понять главную идею и запомнить сюжет.**

Царевна-лягушка
(сказка, часть 1)

Давным-давно жил-был царь. Было у него три сына. Когда сыновья выросли, царь собрал их и говорит:

— Сынки мои, хочу я вас женить, посмотреть на внучат, пока я ещё не стар.

Сыновья ему отвечают:

— Что ж, батюшка, благослови нас. На ком ты хочешь нас женить?

— Вот что, сынки, возьмите по стреле, выходите в чистое поле и стреляйте: куда стрелы упадут, там и судьба ваша.

Сыновья поклонились отцу, взяли по стреле, вышли в чистое поле, натянули луки и выстрелили. У старшего сына стрела упала на боярский двор, подняла её боярская дочь. У среднего сына стрела упала на широкий купеческий двор, подняла её купеческая дочь.

А у младшего сына, Ивана-царевича, стрела поднялась и улетела, сам не знает куда. Вот он шёл, шёл, дошёл до болота, видит — сидит лягушка, подхватила его стрелу. Иван-царевич говорит ей:

— Лягушка, лягушка, отдай мою стрелу!

А лягушка ему отвечает:

— Возьми меня замуж!

— Что ты, как я возьму себе в жёны лягушку?

— Бери! Знать, судьба твоя такая!

Опечалился Иван-царевич. Делать нечего, взял лягушку, принёс домой.

Сыграл царь три свадьбы: старшего сына женил на боярской дочери, среднего — на купеческой, а несчастного Ивана-царевича — на лягушке.

Вот царь позвал сыновей:

— Хочу посмотреть, какая из ваших жён лучшая рукодельница. Пусть сошьют мне к завтрашнему дню по рубашке.

Сыновья поклонились отцу и пошли.

Иван-царевич приходит домой, сел и голову повесил. Лягушка по полу скачет, спрашивает его:

— Что, Иван-царевич, голову повесил? Или горе какое?

— Батюшка велел к завтрашнему дню рубашку сшить.

Лягушка отвечает:

— Не волнуйся, не тужи, Иван-царевич, ложись лучше спать, утро вечера мудренее.

Иван-царевич лёг спать, а лягушка прыгнула на крыльцо, сбросила с себя лягушечью кожу и обернулась Василисой Премудрой, такой красавицей, что ни в сказке сказать, ни пером описать.

Василиса Премудрая ударила в ладоши и крикнула:

— Мамки, няньки, собирайтесь, снаряжайтесь! Сшейте мне к утру такую рубашку, какую видела я у моего родного батюшки.

Иван-царевич утром проснулся, лягушка опять по полу скачет, а рубашка уж лежит на столе, завёрнута в полотенце. Обрадовался Иван-царевич, взял рубашку, понёс к отцу. Царь в это время принимал дары от старших сыновей. Старший сын развернул рубашку, царь принял её и сказал:

— Такую рубашку только в чёрной избе носить.

Средний сын развернул рубашку, царь сказал:

— В такой рубашке только в баню ходить.

Иван-царевич развернул рубашку, изукрашенную златом-серебром, хитрыми узорами. Царь только взглянул на неё, так сразу воскликнул:

— Вот это рубашка! Её только в праздник надевать!

Пошли братья по домам. Старшие говорят между собой:

— Напрасно мы смеялись над женой Ивана-царевича!..

На следующий день царь опять позвал сыновей:

— Пускай ваши жёны испекут мне к завтрашнему дню хлеб. Хочу узнать, кто лучше стряпает.

Иван-царевич голову повесил, пришёл домой. Лягушка его спрашивает:

— Что грустишь, кручинишься?

— Надо к завтрашнему дню хлеб испечь.

— Ложись спать, Иван-царевич, утро вечера мудренее.

А лягушка прыгнула на крыльцо, обернулась Василисой Премудрой и ударила в ладоши:

— Мамки, няньки, собирайтесь, снаряжайтесь! Испеките мне к утру мягкий белый хлеб, какой я у моего родного батюшки ела.

Иван-царевич утром проснулся, а на столе уже лежит хлеб, изукрашен узорами, пахнет вкусно.

Иван-царевич обрадовался, завернул хлеб в красивое полотенце и понёс отцу. Опять царю больше понравился хлеб Ивана-царевича:

— Вот это хлеб! Только в праздник его есть!

И приказал царь трём своим сыновьям:

— Завтра на праздник приезжайте вместе с жёнами!

Опять невесел Иван-царевич:

— Как я лягушку людям покажу?

— Не волнуйся, Иван-царевич, — говорит лягушка. — Иди на пир один, а я вслед за тобой приеду! Как услышишь стук да гром, не пугайся. Спросят тебя, скажи: «Это моя лягушонка в коробчонке едет!»

Иван-царевич и пошёл один. Старшие братья приехали с жёнами, разодетыми, нарумяненными. Стоят и над Иваном-царевичем смеются:

— Что же ты без жены пришёл? Хоть бы в платочке её принёс. Где ты такую красавицу выискал? Небось, все болота исходил.

Царь с сыновьями, с невестками, с гостями сел за столы дубовые, за скатерти браные — пировать. Вдруг поднялся стук да гром, весь дворец затрясся. Гости напугались, повскакивали с мест, а Иван-царевич говорит:

— Не бойтесь, гости: это моя лягушонка в коробчонке едет.

Подлетела к царскому крыльцу золочёная карета с шестью белыми лошадьми, и выходит оттуда Василиса Премудрая: в лазоревом платье, на платье — звёзды, на голове — месяц ясный, такая красавица — ни вздумать, ни взгадать, только в сказке сказать. Берёт она Ивана-царевича за руку и ведёт за столы дубовые, за скатерти браные.

Стали гости есть, пить, веселиться.

Василиса Премудрая отпила из стакана вина, а остаток себе в левый рукав вылила. Закусила лебедем, а косточки себе в правый рукав бросила.

Жёны старших братьев увидели это, и давай то же делать.

Поели, попили, настал черёд плясать. Василиса Премудрая пошла плясать с Иваном-царевичем. Все любуются на них, а она махнула левым рукавом — вдруг появилось озеро, махнула правым рукавом — поплыли по озеру белые лебеди. Царь и гости диву дались.

А старшие невестки тоже пошли плясать: махнули рукавом — только гостей забрызгали, махнули другим — только кости разлетелись, одна кость царю в глаз попала. Царь рассердился и прогнал обеих невесток.

А в это время Иван-царевич вышел потихоньку, побежал домой, нашёл там лягушечью кожу и бросил её в печь, сжёг на огне.

Упражнение 33. **Перескажите первую часть сказки «Царевна-лягушка», используя прямую речь и формы императива. Воспользуйтесь нашей помощью.**

Царевна-лягушка
(пересказ)

Жил-был царь, было у него … .

Один раз царь говорит:

— Я хочу … .

Сыновья сказали:

— … .

Царь говорит:

— Возьмите … , выходите … и … .

Сыновья так и сделали. Стрелу старшего сына подняла дочь боярина, стрелу среднего — дочь купца, а у младшего сына, Ивана-царевича, стрела упала … , её подняла … .

Иван-царевич говорит:

— … .

А лягушка отвечает:

— Тогда … .

Иван-царевич загрустил, взял … и понёс её домой.

Потом была свадьба.

Однажды царь позвал сыновей и говорит:

— Пускай ваши жёны … .

Вот Иван-царевич опять загрустил, пришёл домой. Лягушка ему говорит:

— … .

Иван-царевич лёг спать, а лягушка вышла на улицу и говорит:

— … .

Принёс утром Иван-царевич рубашку отцу, и его рубашка понравилась отцу больше всего. Потом царь сказал:

— Теперь пусть ваши жёны … .

Опять Иван-царевич загрустил, пришёл домой, а лягушка ему говорит:

— … .

Иван-царевич лёг спать, а лягушка вышла на улицу и говорит:

— … .

Утром Иван-царевич отнёс хлеб отцу, и опять его хлеб был самый лучший.

Потом царь сказал:

— Завтра будет пир, … ко мне в гости!

Опять загрустил Иван-царевич, пришёл домой, а лягушка ему говорит:

— … , … один, а я … . Когда услышишь стук и гром, … .

Вот все приехали на пир. Только Иван-царевич пришёл один. Вдруг все услышали стук и гром, испугались, а Иван-царевич и говорит:

— ... .

Вышла жена Ивана-царевича, но уже вовсе не лягушка, а Василиса Премудрая, красавица.

И опять жена Ивана-царевича была лучше всех.

Иван-царевич обрадовался, побежал домой и ... .

Упражнение 34. **Прочитайте сказку (часть 2), постарайтесь запомнить сюжет. Перескажите сказку, используя прямую речь и формы императива.
Проверьте, знаете ли вы следующие слова:** *клубок, баня, селезень, щука, заяц, сундук, дуб.*

Царевна-лягушка
(сказка, часть 2)

Василиса Премудрая вернулась домой, смотрит — нет лягушечьей кожи! Говорит она Ивану-царевичу:

— Что же ты наделал, Иван-царевич! Если бы ты ещё три дня подождал, я бы вечно твоей была. А теперь прощай! Ищи меня за тридевять земель, в тридесятом царстве, у Кощея Бессмертного...

Превратилась она в серую кукушку и улетела в окно. Иван-царевич поплакал, поплакал, поклонился на все четыре стороны и пошёл куда глаза глядят — искать жену, Василису Премудрую. Шёл он близко ли, далеко ли, долго ли, коротко ли, всю одежду поизносил. Попадается ему навстречу старичок:

— Здравствуй, мо́лодец, куда путь держишь?

Иван-царевич рассказал ему про своё несчастье, старичок и говорит:

— Эх, Иван-царевич, зачем ты лягушечью кожу сжёг? Не ты её надел, не тебе было её снимать. Василиса Премудрая должна была три года лягушкой пробыть. Ну, делать нечего, возьми клубок: куда он покатится, туда и ты иди за ним смело!

Иван-царевич поблагодарил старичка и пошёл за клубком. Клубок катится, он за ним идёт. В чистом поле попадается ему медведь. Иван-царевич прицелился из лука, хотел убить зверя. А медведь говорит ему человеческим голосом:

— Не убивай меня, Иван-царевич, когда-нибудь я тебе пригожусь.

Иван-царевич пожалел медведя, не стал в него стрелять, пошёл дальше. Видит, летит над ним селезень. Прицелился он из лука, а селезень говорит человеческим голосом:

— Не стреляй в меня, Иван-царевич, я тебе пригожусь.

Он пожалел селезня и пошёл дальше. Бежит заяц, Иван-царевич хочет в него выстрелить, но заяц говорит человеческим голосом:

— Не убивай меня, Иван-царевич, я тебе пригожусь.

Пожалел он зайца, пошёл дальше. Подходит к синему морю, видит — на берегу, на песке, лежит щука, едва дышит и говорит ему:

— Ах, Иван-царевич, пожалей меня, брось в синее море!

Он бросил щуку в море, пошёл дальше берегом. Долго ли, коротко ли, прикатился клубочек к лесу. Там стоит избушка на курьих ножках, кругом себя поворачивается.

— Избушка, избушка, повернись, — говорит Иван-царевич, — стань к лесу задом, ко мне передом.

Избушка стала к лесу задом, к нему передом. Иван-царевич вошёл в неё и видит: на печи лежит Баба-Яга, костяная нога, зубы — на полке, а нос в потолок врос.

— Зачем, добрый мо́лодец, ко мне пожаловал?

— Ах ты, старуха, ты бы меня прежде накормила, напоила, в бане напарила, а потом и спрашивала.

Баба-Яга его в бане напарила, накормила, напоила, в постель уложила, и Иван-царевич рассказал ей, что ищет свою жену, Василису Премудрую.

— Знаю, знаю, — говорит Баба-Яга. — Твоя жена теперь у Кощея Бессмертного. Трудно будет её спасти. Нелегко с Кощеем справиться: его смерть на конце иглы, та игла в яйце, яйцо в утке, утка в зайце, тот заяц сидит в каменном сундуке, а сундук стоит на высоком дубе, и тот дуб сам Кощей Бессмертный охраняет.

Иван-царевич у Бабы-Яги переночевал, а наутро она ему указала, где растёт тот высокий дуб. Долго ли, коротко ли, дошёл туда Иван-царевич, видит — стоит, шумит высокий дуб, на нём каменный сундук, а достать его трудно.

Вдруг, откуда ни возьмись, прибежал медведь и свалил дуб, выворотил его с корнем. Сундук упал и разбился. Из сундука выскочил заяц — и побежал. Прибежал другой заяц, догнал его, и из него вылетела утка, поднялась высоко в небо. Тут на неё селезень кинулся, догнал её, из утки выпало яйцо, упало яйцо в синее море...

Тут Иван-царевич залился горькими слезами — где же в море яйцо найти! Вдруг подплывает к берегу щука и держит яйцо в зубах. Иван-царевич поблагодарил щуку, разбил яйцо, достал иголку и давай у неё конец ломать. Сломал конец у иголки, тут и смерть Кощею Бессмертному пришла.

Пошёл Иван-царевич в Кощеев дворец. Выбежала к нему Василиса Премудрая, поцеловала его. Иван-царевич и Василиса Премудрая вернулись домой и жили долго и счастливо до глубокой старости.

Упражнение 35. Прочитайте сказку, раскройте скобки. Перескажите сказку, используя формы императива. Проверьте, знаете ли вы следующую лексику: *гусь, лебедь, прясть, веретено, мышь, баня.*

Гуси-лебеди
(сказка)

Жили мужик да баба. И были у них дочка и сынок маленький.

— Доченька, — сказала мать, — мы пойдём на работу, а ты ... (беречь) братца! Со двора не ... (выходить), ... (быть) умницей — мы купим тебе платочек.

Отец с матерью ушли, а дочка позабыла, что они ей наказывали, посадила братца на травке под окошко, сама побежала на улицу, заигралась, загулялась.

Налетели гуси-лебеди, подхватили мальчика и унесли на крыльях.

Вернулась девочка, глядь — братца нету! Она его звала-звала, слезами заливалась — братец не откликнулся.

Выбежала она в чистое поле и только видела: метнулись вдалеке гуси-лебеди и пропали за тёмным лесом. Тут она догадалась, что они унесли её братца: про гусей-лебедей шла дурная слава, что они уносили маленьких детей.

Бросилась девочка догонять их. Бежала, бежала, увидела: стоит печь.

— Печка, печка, … (сказать), куда гуси-лебеди полетели?

— … (Съесть) моего ржаного пирожка — скажу.

— Стану я ржаной пирог есть! У моего батюшки и пшеничные не едятся…

Печка ей ничего и не сказала. Побежала девочка дальше — стоит яблоня.

— Яблоня, яблоня, … (сказать), куда гуси-лебеди полетели?

— … (Съесть) моего лесного яблочка — скажу.

— Стану я лесные яблоки есть! У моего батюшки и садовые не едятся!

Яблоня ей ничего и не сказала. Побежала девочка дальше. Течёт молочная река в кисельных берегах.

— Молочная река, кисельные берега, куда гуси-лебеди полетели?

— … (Поесть) моего простого киселька с молочком — скажу.

— У моего батюшки и сливочки не едятся.

Река ей ничего и не сказала.

Долго бегала девочка по полям, по лесам. День клонится к вечеру, делать нечего — надо идти домой. Вдруг видит — стоит избушка на курьих ножках, кругом себя поворачивается.

В избушке сидит старая баба-яга и прядёт. А на лавочке сидит маленький братец, играет серебряными яблочками.

Девочка вошла в избу:

— Здравствуй, бабушка!

— Здравствуй, де́вица! Зачем пришла?

— Я по лесам, по болотам ходила, вся промокла, пришла погреться.

— Ну, … (садиться) прясть.

Баба-Яга дала девочке верстено, а сама ушла. Вот девочка прядёт и вдруг видит — из-под печки выбегает мышка. Мышка говорит ей:

— Де́вица, де́вица, … (дать) мне кашки, я тебе дело скажу.

Девочка дала ей кашки, мышка и сказала:

— Баба-Яга пошла баню топить, она тебя вымоет-выпарит, в печь посадит, зажарит и съест, сама на твоих костях покатается.

Девочка сидит ни жива ни мертва, плачет, а мышка ей опять:

— Не … (дожидаться), … (брать) братца, … (бежать)! А я за тебя попряду.

Девочка взяла братца и побежала. А Баба-Яга подошла к окошку и спрашивает:

— Де́вица, прядёшь ли?

Мышка ей отвечает:

— Пряду, бабушка.

Баба-Яга истопила баню и пошла за девочкой. А в избушке нет никого. Баба-Яга закричала:

— Гуси-лебеди, … (лететь) в погоню! Сестра братца унесла. … (Догнать) их!

Сестра с братцем добежала до молочной реки.

— Речка, матушка, … (спрятать) меня!

— … (Поесть) моего простого киселька.

Девочка поела и спасибо сказала. Река укрыла её под бережком.

Гуси-лебеди не увидели никого, пролетели мимо.

Девочка с братцем опять побежала. А гуси-лебеди воротились, летят навстречу, вот-вот увидят. Что делать? Беда! Вот стоит яблоня.

— Яблоня, матушка, … (спрятать) меня!

— … (Поесть) моего лесного яблочка.

Девочка поскорее съела яблочко и спасибо сказала. Яблоня её заслонила ветвями, прикрыла листьями.

Гуси-лебеди никого не видели, пролетели мимо.

Девочка опять побежала. Бежит, бежит, уж недалеко осталось. Тут гуси-лебеди увидели её, загоготали — налетают, крыльями бьют, того и гляди, братца из рук вырвут.

Добежала девочка до печки.

— Печка, матушка, … (спрятать) меня!

— … (Поесть) моего ржаного пирожка.

Девочка скорее — пирожок в рот, а сама с братцем — в печь.

Гуси-лебеди полетали-полетали, покричали-покричали и улетели ни с чем к Бабе-Яге.

Девочка сказала печи спасибо и вместе с братцем прибежала домой.

А тут и отец с матерью пришли.

Дополнительное задание. **Назовите героев сказки.**

Упражнение 36. **Перескажите сказку «Гуси-лебеди», используя прямую речь.**

1. Береги брата (смотри за братом), со двора не выходи (сиди дома).
2. Съешь пирожок.
3. Съешь лесное яблоко.
4. Поешь киселя, попей молочка.
5. Садись работать (садись прясть).
6. Дай каши (кашки).
7. Спрячь меня (укрой, спаси, защити меня).
8. Поешь киселька, попей (выпей) молочка, съешь яблочко, пирожок.

Упражнение 37. **Прочитайте сказку. Раскройте скобки, образуя формы императива, обратите внимание на возможные варианты. Проверьте, знаете ли вы следующие слова:** *лиса, волк, сани, ловить, (за)мёрзнуть, тесто, мазать.* **Старайтесь понять и запомнить информацию!**

Лисичка-сестричка и волк
(сказка)

Жили себе дед да баба. Дед говорит бабе:

— Ты, баба, … (печь — испечь) пироги, а я поеду за рыбой.

Поехал дед за рыбой на санях. Вот наловил он рыбы и везёт домой целый воз. Вот едет он и видит: лисичка свернулась калачиком и лежит на дороге. Дед слез с воза, подошёл к лисичке, а она не двигается, лежит себе как мёртвая.

— Вот будет подарок жене! — сказал дед, взял лисичку и положил на воз, а сам пошёл впереди. А лисичка улучила время и стала выбрасывать полегоньку из воза всё по рыбке да по рыбке, всё по рыбке да по рыбке. Повыбрасывала всю рыбу и сама убежала.

Приехал старик домой.

— Ну, старуха, — говорит, — какой я тебе воротник привёз на шубу!

— Где?

— Там на возу — и рыба, и воротник.

Подошла баба к возу: ни воротника, ни рыбы — и начала ругать мужа:

— Ах ты, такой-сякой! Ты ещё вздумал обманывать!

Тут дед смекнул, что лисичка-то была не мёртвая. Погоревал, погоревал, да делать нечего.

А лисичка собрала всю разбросанную рыбу в кучку, уселась на дорогу и знай себе ест! Приходит к ней серый волк:

— Здравствуй, сестрица!

— Здравствуй, братец!

— … (давать — дать) мне рыбки!

— … (ловить — наловить) сам да кушай!

— Я не умею.

— Эка невидаль! Ведь я же наловила! Ты, братец, … (идти — ходить) на реку, … (опускать — опустить) хвост в прорубь, … (сидеть — посидеть) да … (говорить — приговаривать): «… (ловиться — пойматься), рыбка, большая и маленькая! … (ловиться — пойматься), рыбка, большая и маленькая!» Рыбка сама к тебе на хвост прицепится. Да смотри … (сидеть — посидеть) подольше, а то не наловишь.

Волк и пошёл на реку, опустил хвост в прорубь и начал приговаривать:

— … (ловиться — пойматься), рыбка, большая и маленькая! … (ловиться — пойматься), рыбка, большая и маленькая!

Вслед за ним и лиса явилась; ходит около волка да припевает:

— … (мёрзнуть — замёрзнуть), … (мёрзнуть — замёрзнуть), волчий хвост!

— Что ты, лисичка-сестричка, говоришь?

— Это я тебе помогаю.

А сама, плутовка, поминутно твердит:

— … (мёрзнуть — замёрзнуть), … (мёрзнуть — замёрзнуть), волчий хвост!

Долго-долго сидел волк у проруби, целую ночь не сходил с места, хвост его и примёрз; попробовал было он подняться — не тут-то было!

«Ну, — думает, — сколько рыбы привалило — и не вытащишь!»

Смотрит, а бабы идут за водой и кричат, завидя серого:

— Волк, волк! … (бить — побить), … (бить — побить) его!

Прибежали и начали колотить волка — кто коромыслом, кто ведром, а кто чем попало. Волк прыгал, прыгал, оторвал себе хвост и пустился без оглядки бежать.

«Хорошо же, — думает, — уж я тебе отплачу, сестрица!»

Тем временем, пока волк расплачивался своими боками, лисичка-сестричка захотела попробовать, не удастся ли ещё что-нибудь стянуть. Забралась в одну избу, где бабы пекли блины, да попала головой в кадку с тестом, вымазалась и бежит. А волк ей навстречу:

— Так-то ты учишь? Меня всего исколотили!

— Эх, волк-братишка! — говорит лисичка-сестричка. — У тебя хоть кровь выступила, а у меня мозг, меня больней твоего побили, я насилу плетусь.

— И то правда, — говорит волк, — где уж тебе, сестрица, идти, … (садиться — сесть) на меня, я тебя довезу.

Лисичка села ему на спину, и он её повёз.

Вот лисичка-сестричка сидит да потихоньку напевает:

— Битый небитого везёт,
 Битый небитого везёт!

— Что ты, сестрица, говоришь?

— Я, братец, говорю: «Битый битого везёт».

— Так, сестрица, так!

Упражнение 38. **Перескажите сюжет сказки, используя нашу помощь.**

Лисичка-сестричка и волк
(пересказ)

Жили-были дед и баба. Один раз дед говорит:

— Ты, баба, … , а я … .

Вот он наловил рыбы и едет домой на санях. Вдруг видит: на дороге лежит …, она лежит как мёртвая. Дед сказал:

— … .

Взял он лису и положил её в сани, а сам пошёл впереди.

Вот лиса начала рыбу из саней … и так всю рыбу … . И сама убежала.

Старик приехал домой, посмотрел в сани, а там уже … . Старик понял, что … .

А лиса в это время … . Тут пришёл волк и говорит:

— … .

Лиса отвечает:

— Нет, … , сам … .

— Как? … .

— А вот как: … на реку, … хвост в воду и скажи: … .

Да подольше там … , а то мало поймаешь.

Так волк и сделал: пошёл на реку, сел на лёд, опустил хвост в воду и сказал:

— … .

Долго сидел волк, всю ночь. Было холодно, его хвост уже … .

Хочет волк встать, подняться, но … , потому что … .

Он решил, что это потому, что … .

Тут видит волк, что бабы … . Они увидели волка и закричали:

— … !

Волк испугался, побежал, но хвост … .

А в это время лиса захотела ещё что-нибудь … . Вот она пошла …, а там бабы … . И стояло тесто. Лиса залезла туда и вся … . И стала вся белая, вся в тесте.

Бежит лиса, а волк ей навстречу, говорит ей:

— … .

— Нет, мне хуже: у тебя это … , а у меня … .

— Верно, — говорит волк. — … на меня. Я тебя довезу.

И вот лиса едет на волке и поёт: … .

— Что ты поёшь?

— Я пою: … .

— Правильно, — говорит волк.

Часть 3. ГЛАГОЛЫ ДВИЖЕНИЯ 운동동사

Изучая глаголы движения, придерживаемся того же принципа, что и раньше: сначала даётся информация на минимум, затем — информация на максимум.

Начинаем с того, что все (!) глаголы движения без префиксов относятся к НСВ.

Пары, которые обычно изучаются, — не грамматические, а **логические**, так как **все** глаголы относятся к НСВ. Надо знать 5 пар непереходных и 3 пары переходных глаголов. Это лексика на минимум. Спряжение (изменение) этих глаголов — это грамматика на минимум.

1. Непереходные глаголы

I НСВ	II НСВ		
идти	ходить	я иду́, ты идёшь… (шёл)	я хожу, ты хо́дишь…
ехать	ездить	я е́ду, ты е́дешь…	я езжу, ты ездишь…
бежать	бегать	я бегу, ты бежишь…	я бе́гаю, ты бе́гаешь…
лететь	летать	я лечу, ты летишь…	я летаю, ты летаешь…
плыть	плавать	я плыву, ты плывёшь…	я пла́ваю, ты пла́ваешь

2. Переходные глаголы

I НСВ	II НСВ		
нести	носить	я несу, ты несёшь… (нёс)	я ношу, ты но́сишь…
везти	возить	я везу, ты везёшь… (вёз)	я вожу, ты во́зишь…
вести	водить	я веду, ты ведёшь… (вёл)	я вожу, ты во́дишь…

Общее правило: глаголы первой группы обозначают движение в одну сторону (однонаправленное), глаголы второй группы — движение туда и обратно или в разных направлениях (разнонаправленное), например: *Я иду в университет. Я иду из университета домой. — Я каждый день хожу в университет. Я люблю ходить по городу пешком.*

Сначала повторим спряжение (изменение) этих глаголов и их значение.

Максимально важными (актуальными) будут формы: *я иду́, ты идёшь, вы идёте; я е́ду, ты е́дешь, вы е́дете; я несу, ты несёшь, вы несёте*. Выучите сначала их!

Упражнение 1. **Ответьте на вопросы.**

1. Ты идёшь в университет или домой? 2. Ты едешь в Петергоф или в Ломоносов? 3. Ты бежишь в парк? 4. Ты летишь в Москву? 5. Ты плывёшь в Швецию или в Финляндию? 6. Он идёт на концерт? 7. Она едет в Новгород или в Псков? 8. Они бегут на урок или с урока? 9. Вы летите в Киев? 10. Мы плывём на Валаам или в Кижи?

Упражнение 2. **Ответьте на вопросы, используя справочный материал в конце упражнения.**

1. Куда ты идёшь? 2. Откуда вы идёте сейчас? 3. Куда он бежит? 4. Откуда он бежит? 5. Куда вы едете? 6. Откуда вы едете? 7. К кому вы едете? 8. К кому вы идёте? 9. Куда летит самолёт? 10. Откуда летит самолёт? 11. Куда вы летите? 12. Куда плывёт корабль? 13. Откуда плывёт корабль? 14. Куда вы плывёте?

С п р а в о ч н ы й м а т е р и а л. В университет на урок, в магазин за хлебом, в банк за деньгами, в театр на балет, на оперу, на концерт, в гости, на экзамен, в центр тестирования, на свидание, на работу, в парк, на озеро, домой, на вечеринку, в спортзал, за город, в Пушкин, в Петродворец, на прогулку, на набережную, на море, на пляж, на стадион, в Новосибирск, в Волгоград, во Владивосток, в Псков, в Репино, в Норвегию, в Финляндию, во Францию, в Великобританию, на экскурсию по рекам и каналам.

К декану, к друзьям, к другу, к подруге, к родителям в другой город, к бабушке, к дяде, к профессору, к невесте, к жениху, к брату, к сестре, к двоюродному брату, к двоюродной сестре, к врачу, к родственникам.

Купаться, загорать, играть в футбол (волейбол, баскетбол), смотреть телевизор, сдавать экзамен, заниматься, купить что-нибудь, обедать.

Из университета, из поликлиники, из дома, из общежития, из театра, из Англии, из Чехии, из Австрии, из Австралии, из Китая, из Америки, с экзамена, с занятий, с работы, с вечеринки домой, с зачёта, с экскурсии, из гостей.

От декана, от друга, от подруги, от родителей, от родственников, от бабушки и дедушки, от дяди.

Упражнение 3. **Ответьте на вопросы. Обратите внимание на форму после глагола.**

1. Вы часто ходите в театр? 2. Ты часто ходишь на выставки? 3. Ты часто ходишь в кино? 4. Ты ходишь иногда в бассейн? 5. Ты не ходишь на стадион? 6. Ты каждый день ходишь в университет? 7. Ты ходишь не на все занятия? 8. Вы ходите вечером гулять? 9. Куда вы ходите гулять? 10. С кем вы ходите гулять? 11. К кому ты ходишь в гости? 12. К кому вы ходили вчера в гости? 13. Вы ходили вчера на концерт? 14. Почему вы не ходите на вечеринки? 15. Почему он так часто ходит в поликлинику? 16. Почему он всё время ходит пешком? 17. Почему он без конца ходит по комнате? 18. Почему он ходит с палкой? 19. Почему он ходит без куртки? 20. Почему она каждый день ходит с зонтиком? 21. Он ходит в очках? 22. Он всегда ходит в джинсах? 23. Почему мы так редко ходим в театр? 24. Вы куда-нибудь ходили на прошлой неделе?

Упражнение 4. **Ответьте на вопросы. Обратите внимание на форму после глагола.**

1. Вы часто ездите за город? 2. Ты часто ездишь в Петергоф? 3. Ты часто ездишь на велосипеде? 4. Он часто ездит на своей машине? 5. Вы часто ездите на такси? 6. Почему он никогда не ездит на автобусе? 7. Почему он всегда ездит на маршрутке? 8. Ты хорошо ездишь на лошади? 9. Почему ты не ездишь на своём мотоцикле? 10. Почему он не ездит в отпуск вместе с женой? 11. Почему он всегда ездит за город на электричке? 12. Она часто

ездит на дачу? 13. С кем она ездит на дачу? 14. Куда вы вчера ездили? 15. Почему вы не ездите за город? 16. С кем ты ездил в Новгород? 17. Ты каждое лето ездишь отдыхать? 18. Ты часто ездишь за границу? 19. Куда вы ездили прошлым летом? 20. На чём вы ездите в университет?

> Для употребления важны три формы времени: прошедшее, настоящее и будущее. **Запомните:**
> вчера: *ходил* (НСВ), **сейчас, сегодня:** *иду* (НСВ), завтра: *пойду* (СВ) или *схожу*;
> *ездил* (НСВ), *еду* (НСВ), *поеду* (СВ) или *съезжу*.
> Логически это объясняется нетрудно: вчера ходил, ездил куда-либо = был где-либо (НСВ); сейчас иду, еду (НСВ); завтра хочу пойти, поехать, сходить, съездить (СВ), т. е. хочу получить результат.

Упражнение 5. **Составьте предложения по модели.**

М о д е л ь: Я иду в университет.
— Вчера я ходил(а) в университет. Завтра я пойду в университет.

1. Я иду на занятия. 2. Я иду на концерт. 3. Я иду на почту за посылкой. 4. Я иду в гости к подруге. 5. Я иду на вечеринку. 6. Я иду в библиотеку. 7. Он идёт в читальный зал. 8. Он идёт к зубному врачу. 9. Она идёт на экзамен в центр тестирования. 10. Они идут в деканат. 11. Она идёт к секретарю за паспортом. 12. Мы идём на консультацию. 13. Мой друг идёт на футбол. 14. Я иду в спортзал. 15. Я иду в магазин. 16. Она идёт в Мариинский театр.

Упражнение 6. **Составьте диалоги по модели.**

М о д е л ь: — Вы часто ходите в кино?
— Да, часто: вчера ходил(а) и завтра тоже пойду.

1. Вы часто ходите на стадион? 2. Вы часто ходите в гости? 3. Вы часто ходите в бассейн? 4. Ты часто ходишь на концерты? 5. Ты часто ходишь на выставки? 6. Ты часто ходишь на почту? 7. Он часто ходит на рынок? 8. Он часто ходит гулять? 9. Она часто ходит в Эрмитаж? 10. Она часто ходит в Ленэкспо? 11. Ты часто ходишь в ресторан? 12. Ты часто ходишь на дискотеку?

Упражнение 7. **Выполните упражнение по модели.**

М о д е л ь: Я еду за город. — Вчера я ездил за город. Завтра я поеду за город.

1. Я еду в Павловск. 2. Я еду в Репино на электричке. 3. Я еду в Зеленогорск на машине. 4. Я еду в Москву. 5. Я еду в Гатчину на маршрутке. 6. Я еду на дачу. 7. Мы едем в Сестрорецк. 8. Они едут к бабушке. 9. Внуки едут к дедушке. 10. Он едет за грибами. 11. Она едет в гости. 12. Он едет на рыбалку. 13. Он едет на охоту. 14. Я еду к родственникам. 15. Мы едем на природу. 16. Я еду в Ломоносов.

Упражнение 8. **Составьте диалоги по модели.**

М о д е л ь: — Вы часто ездите за город?
 — Да, часто: вчера ездил и завтра поеду.

1. Вы часто ездите к бабушке? 2. Вы часто ездите к дедушке? 3. Вы часто ездите к родственникам? 4. Ты часто ездишь на рыбалку? 5. Ты часто ездишь за грибами? 6. Ты часто ездишь в Петергоф? 7. Ты часто ездишь в Ломоносов? 8. Ты часто ездишь в Пушкин? 9. Ты часто ездишь в Царское Село? 10. Ты часто ездишь в Павловск? 11. Ты часто ездишь в Гатчину? 12. Ты часто ездишь в Приозерск? 13. Ты часто ездишь на своей машине? 14. Ты часто ездишь купаться? 15. Он часто ездит на соревнования? 16. Она часто ездит на электричке?

> ❗ Обратите внимание на следующие особенности **употребления глаголов движения:**
>
> **1. Если действие происходит в одном** городе, то обычно употребляется глагол *идти (ходить)*: *Вчера мы ходили в гости. Завтра мы пойдём в театр.*
>
> Но при указании на транспорт используется глагол *ездить (ехать)*: *Сначала поедем на метро, потом на автобусе.*
>
> **2. Если это действие должно произойти в недалёком** будущем, то часто используется не будущее время, а настоящее: *Вечером я иду в театр. Завтра я еду в Москву.*
>
> **3. Запомните устойчивые сочетания:** *Хожу (езжу) на охоту; хожу (езжу) на рыбалку.*

Упражнение 9. **Вместо пропусков вставьте подходящие по смыслу глаголы движения в настоящем времени:** *идти, ехать, бежать, лететь, плыть.*

1. — Ты куда … ? — Я … на урок. 2. — Куда ты так … ? — Опаздываю, … на занятия. 3. — Куда … этот велосипедист? — Он сам не знает, куда … . 4. — Куда … эти птицы? — Осенью все птицы … на юг. 5. — Куда … этот корабль? — Наверно, корабль … в Финляндию. 6. — Куда … этот автобус? — Автобус … в парк. 7. — Откуда … спортсмены? — Наверно, они … со стадиона. 8. — Откуда … это судно? — Судно … из Испании. 9. — Откуда вы …? — Я … из Японии. 10. — Куда вы … ? — Я … на Сахалин.

Упражнение 10. **Обратите внимание на употребление глаголов движения.**

1. Ребёнку только восемь месяцев, и он ещё не умеет ходить. 2. Я не умею плавать. 3. Птенец ещё не умеет летать. 4. Я не умею ездить на велосипеде. 5. Вы умеете ездить верхом на лошади? 6. Я не умею ходить по канату. 7. Он не умеет плавать с аквалангом. 8. Хочу научиться ездить верхом. 9. Хочу научиться плавать под водой с открытыми глазами. 10. Хорошо бы научиться летать на дельтаплане! 11. Я не умею быстро ходить. 12. Ты умеешь плавать на спине? 13. Он здорово бегает на коньках! 14. Он здорово ходит на лыжах!

> ❗ Русские говорят: ходить (кататься) на лыжах, ездить (кататься) на лошади, на велосипеде, бегать (кататься) на коньках, заниматься фигурным катанием, плавать различными стилями (кролем, брассом и т. д.), прыгать с парашютом, управлять самолётом, мотоциклом, водить машину, мотоцикл и т. д.

Упражнение 11. **Выполните упражнение по модели.**

Модель: Он идёт в университет.
— Он каждый день (каждую неделю) ходит в университет.

1. Он идёт на футбол. 2. Спортсмен бежит в парк. 3. Она летит в Москву. 4. Корабль плывёт в Финляндию. 5. Мы летим в Польшу. 6. Я еду в Германию. 7. Они едут на конференцию. 8. Я иду в театр. 9. Он едет за город. 10. Я бегу в магазин. 11. Она летит на море. 12. Я плыву на лодке.

> Как вы уже заметили, после глаголов **первой группы** обычно употребляется винительный падеж, например: *Я лечу (еду) в Москву*. Обозначается направление движения, конечный пункт его.
>
> При глаголах **второй группы** возможны другие падежи, например: *Я люблю плавать в бассейне. Люблю ходить пешком по городу. Птицы летают в небе. По небу плывут облака*. Таким образом, логически эти глаголы соотносятся с глаголом *находиться где-либо*.

Упражнение 12. **Прочитайте предложения. Определите различия в значении глаголов прошедшего времени.**

1. Вчера мы ходили в кино. Когда мы шли из кино, мы говорили о фильме. 2. Когда мы шли в кино, мы увидели афишу. 3. Вчера я ходил в театр. Когда я шёл в театр, я встретил своего друга. 4. Вчера я ходил в театр. Когда я шёл из театра, я встретил своего друга. 5. Вчера мы ходили в магазин. Когда мы шли в магазин, по дороге мы купили в киоске газеты. 6. Вчера мы ходили на выставку. Когда мы шли с выставки, мы много разговаривали. 7. Вчера мы ходили на выставку. На выставку мы ехали на автобусе, а обратно шли пешком. 8. Недавно мы ездили в Новгород. В Новгород мы ехали на автобусе, а обратно (ехали) — на электричке.

Упражнение 13. **Прочитайте предложения. Определите значение глаголов** *нести, вести, везти*.

1. Он несёт портфель. 2. Она несёт цветы. 3. Он несёт большую сумку. 4. Он ведёт друга к врачу. 5. Он ведёт слона в зоопарк. 6. Он ведёт лошадь в конюшню. 7. Она ведёт большую собаку. 8. Он везёт друга на велосипеде. 9. Он везёт друзей на новой машине. 10. Мама везёт ребёнка в коляске. 11. Мама ведёт ребёнка за руку. 12. Папа несёт ребёнка на руках.

Упражнение 14. **Выберите правильный вариант.**

1. Она идёт и … (несёт — ведёт) цветы. 2. Он едет на велосипеде и … (ведёт — везёт) книги. 3. Она идёт и … (ведёт — несёт) большую собаку. 4. Она … (ведёт — несёт) собаку на руках. 5. Он едет на машине и … (несёт — везёт) своих друзей. 6. Он идёт и … (везёт — несёт) хлеб. 7. Они идут и … (несут — ведут) подарки. 8. Родители идут и … (несут — ведут) первоклассников в школу. 9. Папа … (ведёт — везёт) сына в школу на машине. 10. Гид … (ведёт — несёт) туристов к памятнику. 11. Сестра … (ведёт — везёт)

маленького брата в коляске. 12. Он ... (несёт — ведёт) тяжёлый рюкзак. 13. Девушка ... (несёт — везёт) на мотоцикле корзину цветов. 14. Мужчина ... (ведёт — несёт) медведя в цирк. 15. Дети ... (везут — ведут) куклу на санках. 16. Туристы всегда ... (везут — ведут) из-за границы много сувениров.

Упражнение 15. **Ответьте на вопросы.**

1. Кому он несёт цветы? 2. Куда он несёт паспорт? 3. Куда он везёт телевизор на такси? 4. Куда экскурсовод ведёт туристов? 5. Куда родители ведут детей? 6. Куда вы несёте эти документы? 7. Куда ты несёшь мои вещи? 8. Куда ты ведёшь меня? 9. Куда ты везёшь меня на своей машине? 10. Зачем ты ведёшь собаку на улицу? 11. Почему он несёт её на руках? 12. Куда он ведёт медведя?

Упражнение 16. **Выполните упражнение по модели.**

М о д е л ь: Она несёт ребёнка на руках. — Она часто носит ребёнка на руках.

1. Она несёт часы в ремонт. 2. Он несёт костюм в химчистку. 3. Рабочие несут коробки в магазин. 4. Отец ведёт ребёнка в школу. 5. Она ведёт друзей в Эрмитаж. 6. Он ведёт гостей в гостиную. 7. Учитель ведёт детей в спортзал. 8. Он везёт меня за город. 9. Мы везём бабушку на дачу. 10. Шофер везёт лошадей на машине. 11. Спортсмены ведут лошадей в поле. 12. Официант несёт нам кофе. 13. Гид ведёт туристов по дворцу. 14. Птицы несут птенцам еду. 15. Мой друг везёт меня на мотоцикле в университет. 16. Отец везёт детей в школу на машине.

Упражнение 17. **Прочитайте предложения. Определите, где глаголы движения использованы в прямом значении, а где — в переносном (фигурально).**

1. Он идёт в университет. 2. Идёт дождь. 3. Тебе идёт этот цвет. 4. Автобус идёт в парк. 5. Идёт урок. 6. Как быстро бежит время! 7. Да, время летит быстро! 8. Часы не ходят. 9. Метро уже закрыто, троллейбусы не ходят. 10. Ты не очень хорошо играешь в шахматы, ходи конём! 11. Что модно, что сейчас носят? 12. Он носит очки? 13. Да, он ходит в очках. 14. Он не ходит на лекции. 15. Ребёнок плохо себя ведёт. 16. Экскурсовод ведёт туристов к памятнику. 17. Учитель ведёт урок. 18. Ты хорошо водишь машину. 19. Я везу друзей к себе на дачу. 20. Мне часто везёт. 21. Он не подготовился и на экзамене плавал. 22. По небу плывут облака.

Упражнение 18. **Выполните упражнение по модели.**

М о д е л ь: Мой друг ведёт меня в музей. — Вчера мой друг водил меня в музей. Завтра мой друг поведёт меня в музей.

1. Моя подруга ведёт меня в Кунсткамеру. 2. Мой отец ведёт меня в кабинет поговорить. 3. Мой дядя ведёт меня на экскурсию по Петропавловской крепости. 4. Мой дядя везёт меня за город. 5. Мой друг везёт меня на мо-

> Запомните, какие формы обычно употребляются в прошедшем, настоящем и будущем времени. **Вчера**: *носил, водил, возил* — НСВ; **сейчас**: *несу, веду, везу* — НСВ; **завтра**: *понесу, поведу, повезу (снесу, сведу, свезу)* — СВ.

тоцикле в университет. 6. Мой друг везёт меня на велосипеде в университет. 7. Мой друг везёт меня в университет на своей новой машине. 8. Отец несёт ребёнка в поликлинику. 9. Секретарь несёт документы на подпись декану. 10. Он несёт кошку к ветеринару. 11. Он везёт кошку к ветеринару на такси. 12. Она ведёт собаку к ветеринару.

Упражнение 19. (На контроль.) **Выберите правильный вариант.**

1. Птица … (несёт — везёт) еду птенцам. 2. Мой друг … (ведёт — везёт) меня на мотоцикле. 3. Мама … (ведёт — везёт) ребёнка в коляске. 4. Отец … (ведёт — везёт) сына в кабинет поговорить. 5. Мальчик … (ведёт — несёт) игрушки. 6. Девочка … (везёт — ведёт) сестрёнку за руку. 7. Девочка … (везёт — несёт) сестрёнку на руках. 8. Завтра наш знакомый … (поведёт — повезёт) нас за город. 9. Мой дядя … (водил — носил) меня в Этнографический музей. 10. Вчера моя подруга … (водила — возила) гостей в Эрмитаж. 11. Недавно он уже … (водил — носил) костюм в химчистку. 12. Рабочие … (носили — водили) коробки в магазин. 13. Один приятель завтра … (поведёт — повезёт) нас на своей машине в Новгород. 14. Утром я … (поведу — понесу) вас на экскурсию по городу. 15. Я сам … (поведу — повезу) машину. 16. Завтра мы … (понесём — поведём) ребёнка в зоопарк.

Упражнение 20. (На контроль.) **Образуйте правильную форму.**

1. Он идёт и … (вести — везти) собаку. 2. Она … (нести — вести) книги в пакете. 3. Она … (нести — везти) книги в библиотеку на велосипеде. 4. Гид … (вести — везти) туристов по музею. 5. Вчера я … (водить — возить) друзей за город. 6. Недавно она … (носить — водить) костюм в химчистку. 7. В этом месяце мы уже … (водить — возить) детей на дачу. 8. Он … (понести — повезти) лошадь на машине. 9. Он медленно … (понести — повезти) лошадь по дороге. 10. Я … (понести — повезти) ребёнка за руку. 11. Мать вчера уже … (водить — возить) ребёнка к врачу. 12. Кто … (повести — повезти) машину?

Упражнение 21. **Прочитайте предложения. Запомните, как употребляются глаголы движения в прошедшем времени** (значение — «движение в одну сторону»).

1. Он шёл по улице и нёс ребёнка на руках. 2. Он шёл к метро и вёл ребёнка за руку. 3. Отец вёл ребёнка из школы домой. 4. Она ехала на велосипеде и везла две сумки. 5. Она несла книги в библиотеку. 6. Она вела медведей в цирк. 7. Они везли медведей в цирк на машине. 8. У моего друга заболела нога, и я вёз его домой на такси.

ГЛАГОЛЫ ДВИЖЕНИЯ С ПРЕФИКСАМИ (ПРИСТАВКАМИ) 접두사가 있는 운동동사

> **Общее правило.** Обычно при присоединении префикса глаголы **первой группы** становятся глаголами СВ, получают значение «результат»: *идти* (НСВ) — *прийти* (СВ).
>
> Глаголы **второй группы** остаются глаголами НСВ: *ходить* (НСВ) — *приходить* (НСВ), однако префиксальный глагол *приходить* образует грамматическую пару с глаголом *прийти*: *приходить* (НСВ) — *прийти* (СВ).

Упражнение 22. Прочитайте грамматические пары глаголов движения с префиксом *при-*. Найдите различия между парными глаголами (включая фонетические изменения). Сколько их?

ПРИХОДИТЬ — ПРИЙТИ
ПРИЕЗЖАТЬ — ПРИЕХАТЬ
ПРИБЕГАТЬ — ПРИБЕЖАТЬ
ПРИЛЕТАТЬ — ПРИЛЕТЕТЬ
ПРИПЛЫВАТЬ — ПРИПЛЫТЬ

ПРИНОСИТЬ — ПРИНЕСТИ
ПРИВОЗИТЬ — ПРИВЕЗТИ
ПРИВОДИТЬ — ПРИВЕСТИ

Дополнительное задание. Рассмотрите формы глаголов НСВ в прошедшем, настоящем и будущем времени и формы глаголов СВ — в прошедшем и будущем времени.

Упражнение 23. Образуйте грамматические пары от восьми изученных нами глаголов при помощи префикса *у-*. Запишите эти пары, посмотрите, как изменяются эти глаголы.

Упражнение 24. Прочитайте предложения, определите вид глагола.

1. Он всегда приходит к нам по субботам. 2. Он всегда приносит мне цветы. 3. Сегодня он придёт к нам в гости. 4. Как всегда, он принесёт цветы. 5. Он никогда не приносил мне цветов. 6. Дядя привёз мне из Америки много подарков. 7. Скоро приедет моя тётя и тоже привезёт много подарков. 8. Мама привела ребёнка в детский сад. 9. Он пришёл к нам в гости и привёл свою подругу. 10. Прилетела птица. 11. Эта птица часто прилетает ко мне на окно. 12. Наверно, эта птица будет прилетать часто. 13. Прилетит она и завтра. 14. Поезд пришёл. 15. Когда приходит поезд? 16. Самолёт прилетел? 17. Когда прилетает самолёт? 18. Почему самолёт не улетел? 19. Проводник принёс нам чай. 20. Проводник в поезде всегда приносит чай. 21. Кто принесёт нам чай в поезде? 22. Уведи, пожалуйста, отсюда собаку, она всем мешает. 23. Унеси отсюда грязную посуду. 24. Увези меня отсюда! 25. Она увезла сына из города на всё лето. 26. Она привезла сына на дачу. 27. Она каждое лето привозит сюда сына. 28. Он уже давно ко мне не приходит. 29. Он часто прибегает ко мне. 30. Прибежит ли он завтра? 31. Лебедь уплыл от нас. 32. Лебедь всегда уплывает от нас, как только мы приближаемся. 33. Приплыла к старику золотая рыбка.

Упражнение 25. Помните ли вы значения глаголов движения: *пришёл* — «он здесь»; *ушёл* — «его здесь нет». Это СВ. Выберите наиболее подходящий по контексту вариант.

1. Его нет дома, он ... (пришёл — ушёл) в институт. 2. Он ... (ушёл — уехал) в Москву. 3. Он ... (ушёл — уехал — улетел) в Швецию. 4. Проводник ... (принёс — привёз) нам чай. 5. Официантка ... (принесла — привезла) обед. 6. ... (Прилетела — Приплыла) бабочка. 7. ... (Приехали — Приплыли — Прилетели) два лебедя. 8. ... (Пришли — Приехали — Приплыли — Прилетели) две утки. 9. ... (Прибежала — Приехала) маленькая девочка. 10. Он ... (ушёл — улетел) домой во Владивосток. 11. Собака ... (уехала — убежала) от меня. 12. Он по ошибке ... (унёс — увёл) мою тетрадь. 13. Мать на лето ... (унесла — увезла) сына из города. 14. Он ... (пришёл — привёл) свою подругу на вечеринку. 15. Он ... (пришёл — приехал) на машине. 16. Он ... (привёл — привёз) друзей на машине.

Упражнение 26. (На контроль.) **Выберите правильный вариант.**

1. Обычно он ... (приходит — уходит) домой поздно. 2. Жаль, что уже завтра она ... (уезжает — увозит). 3. Жаль, что она уже завтра ... (уезжает — увозит) детей из города. 4. Каждую весну лебеди ... (приезжают — приплывают) на это озеро. 5. Каждый раз она ... (убегает — уносит), не попрощавшись. 6. Каждый раз папа ... (приносит — привозит) мне что-нибудь интересное из Англии. 7. Когда он ... (приходил — приводил) к нам, то каждый раз ... (приводил — приносил) что-то вкусное. 8. ... (Приноси — Приводи) к нам своего друга! 9. ... (Приходи — Приводи) к нам! 10. ... (Приходи — Приезжай) к нам в Австралию! 11. ... (Уходи — Уводи) скорее! 12. ... (Уходи — Уводи) скорее из ресторана своего друга! 13. Завтра ... (прилетает — приходит) из Германии мой друг. 14. Каждую осень птицы ... (уплывают — улетают) на юг.

Упражнение 27. **Определите различие в значении глаголов движения СВ и НСВ.**

1. Ко мне пришёл друг. — Ко мне приходил друг. 2. Месяц назад ко мне приехали родители. — Месяц назад ко мне приезжали родители. 3. Два дня назад птицы прилетели на озеро. — Два дня назад птицы прилетали на озеро. 4. В мае приплыл красивый корабль. — В мае приплывал красивый корабль. 5. Неделю назад пришло торговое судно. — Неделю назад приходило торговое судно. 6. К старику приплыла золотая рыбка. — К старику приплывала золотая рыбка. 7. Он прибежал домой обедать. — Он прибегал домой обедать, но уже ушёл. 8. На лето она увозила сына в деревню. — На лето она увезла сына в деревню. 9. Он привёл к нам свою подругу. — Он приводил к нам свою подругу. 10. Он приносил книгу. — Он принёс книгу.

Упражнение 28. **Прочитайте грамматические пары глаголов движения с префиксом *в-*. Отметьте случаи, когда первоначальный глагол движения изменяется. Сколько таких случаев изменения (в том числе и фонетического) вы нашли? Сравните полученный результат с количеством глаголов, образованных при помощи префиксов *при-* и *у-* (см. упр. 22, 23).**

ВХОДИТЬ — ВОЙТИ   ВНОСИТЬ — ВНЕСТИ
ВЪЕЗЖАТЬ — ВЪЕХАТЬ   ВВОЗИТЬ — ВВЕЗТИ
ВБЕГАТЬ — ВБЕЖАТЬ   ВВОДИТЬ — ВВЕСТИ
ВЛЕТАТЬ — ВЛЕТЕТЬ
ВПЛЫВАТЬ — ВПЛЫТЬ

Упражнение 29. **Образуйте грамматические пары от восьми изученных нами пар глаголов при помощи префикса *вы-*, запишите их. Просклоняйте полученные глаголы в изъявительном наклонении.**

Упражнение 30. **Прочитайте предложения, акцентируйте внимание на употреблении глаголов движения.**

1. Он вошёл в комнату. 2. Птица влетела в открытое окно. 3. Он вышел из дома в девять утра. 4. Когда ты обычно выходишь из дома? 5. Самолёт вылетает в десять тридцать. 6. Машина скорой помощи уже выехала. 7. Машина въехала в гараж. 8. Мебель выносят из комнаты. 9. Мебель уже вынесли из комнаты. 10. Он вывез за границу все свои картины. 11. Больного вывели на улицу. 12. Он внёс компьютер в комнату.

Упражнение 31. **Прочитайте предложения, определите значение глаголов с префиксом *по-*. Какого вида все эти глаголы?**

1. Он стоял долго, а потом пошёл вперёд. 2. Почему мы остановились? Поехали! 3. Завтра он поедет в Москву. 4. Завтра мой друг поведёт меня на экскурсию. 5. Птица немного посидела на ветке, а потом полетела дальше. 6. Пойдём гулять! 7. Поедем в Пушкин! 8. Поплывём вдоль берега. 9. Он поплыл на лодке на другой берег. 10. Он понёс пальто в химчистку. 11. Завтра он повезёт нас за город на своей новой машине. 12. Где телевизор? Папа повёз его в ремонт.

> Как вы уже видели, глаголы **первой группы** с префиксом *по-* употребляются **только** в СВ, имеют значение начала, то есть «старта», и не образуют грамматическую видовую пару. Например: *Он пошёл в магазин.*

Упражнение 32. **Прослушайте или прочитайте текст, перескажите его, обращая внимание на глаголы движения. Проверьте, знаете ли вы следующую лексику:** *невод, волшебный, корыто, дворянин (дворянка), боярин (боярыня), слуга, царица, буря.*

Сказка о рыбаке и рыбке

Жил старик со своею старухой у самого синего моря. Они жили в очень старой и бедной избе уже тридцать лет и три года. Старик ловил неводом рыбу, а старуха всё делала по дому и пряла пряжу.

Один раз старик тоже ловил рыбу. Первый раз он в море закинул невод — ничего не поймал. Второй раз закинул невод — тоже ничего не поймал, только была там трава морская и тина. Третий раз закинул старик невод — и поймал только одну рыбку, но не простую рыбку, а золотую. Рыбка была волшебная, она умела говорить.

— Отпусти, старик, меня в море, — просит рыбка. — Я тебя отблагодарю, сделаю всё, что ты пожелаешь.

Старик удивился, даже испугался. Он рыбачил тридцать лет и три года, но ни разу не видел говорящей рыбы. Он был добрый, поэтому отпустил золотую рыбку и сказал ей:

— Бог с тобою, золотая рыбка! Ничего мне от тебя не надо, плыви себе в синее море!

И рыбка уплыла.

Старик вернулся домой к своей старухе. Рассказал ей всё, что с ним случилось: поймал он золотую рыбку, не простую, а волшебную, которая говорила человечьим голосом, обещала ему сделать всё, что он пожелает. Что отпустил он золотую рыбку, ничего у неё не попросил.

Старуха старика отругала:

— Ну и глуп же ты! Не сумел взять ничего от рыбки, взял бы хоть новое корыто, наше-то совсем уж старое!

Вот пошёл старик опять к синему морю, видит — море слегка разыгралось. Стал он звать золотую рыбку. Приплыла к нему рыбка, спросила:

— Чего тебе надобно, старче?

Ей с поклоном старик отвечает:

— Не сердись, золотая рыбка! Совсем меня моя старуха изругала, не даёт мне покоя, требует новое корыто, наше-то совсем уже никуда не годится.

— Не печалься, старик, не волнуйся! Иди спокойно домой, будет тебе новое корыто.

И рыбка уплыла.

Вот пошёл старик домой. Когда он пришёл домой, увидел новое корыто, перед ним сидит его старуха. Но всё равно старуха недовольна. Ещё хуже старуха ругается, говорит она старику:

— Ну какой же ты дурак! Попросил всего лишь корыто! Что хорошего в этом корыте? Пойди ещё раз к рыбке, поклонись ей, попроси у неё новую избу!

Вот пошёл старик к синему морю, стал он звать золотую рыбку. Приплыла к нему рыбка, спросила:

— Чего тебе надобно, старче?

Ей старик с поклоном отвечает:

— Пожалей меня, дорогая рыбка! Ещё больше старуха меня ругает, не даёт совсем мне покоя, хочет старуха новую избу.

Отвечает золотая рыбка:

— Не печалься, старик, не волнуйся! Иди домой, будет вам новая изба.

Пришёл старик домой, а старого дома уже нет, на его месте стоит новая изба, с кирпичною белой трубой, с дубовыми воротами. Старуха сидит под окошком, всё равно старика ругает:

— Ну какой же ты дурачина! Попросил только новую избу! Пойди поклонись рыбке, скажи, что я хочу быть дворянкой!

Пошёл старик снова на берег моря. Приплыла опять золотая рыбка и пообещала сделать всё, что старик просит.

Вот вернулся старик и видит: высокий дом стоит, в нём на крыльце стоит его старуха в дорогой собольей одежде, украшенной жемчугом и драгоценными камнями, на руках золотые перстни, на ногах красные сапожки. Перед нею стоят её слуги, она бьёт их, за волосы таскает. Говорит старик своей старухе:

— Ну, теперь-то ты уже довольна!

На него прикрикнула старуха, на конюшню служить его послала.

Вот неделя проходит, другая. Ещё больше старуха бранится, опять старика к рыбке посылает:

— Иди, поклонись рыбке, не хочу быть простою дворянкой, хочу быть настоящею царицей!

— Что ты, старуха, ты в своём ли уме? Ничего же ты не умеешь, насмешишь ведь целое царство!

Рассердилась старуха, взбесилась, по щеке ударила мужа:

— Как ты смеешь спорить со мною? Иди к морю! Не пойдёшь — поведут тебя силой.

Вот старик отправился к морю. Почернело синее море. Стал он звать золотую рыбку. Приплыла к нему рыбка, спросила:

— Чего ты хочешь, старик? Отвечай мне!

— Пожалей меня, государыня рыбка! Не даёт мне старуха покоя, хочет она быть настоящей царицей!

— Не печалься, иди себе с богом! Будет твоя старуха царицей!

Вот пришёл старик домой, а перед ним — царские палаты. В палатах видит он свою старуху, за столом сидит она царицей, служат ей бояре да дворяне, наливают ей заморские вина. А вокруг стоит её стража.

Как увидел старик всё это, испугался. В ноги старухе поклонился:

— Здравствуй, грозная царица! Ну, теперь твоя душенька довольна?

На него старуха даже не взглянула, прогнать его велела.

Вот неделя проходит, другая. Ещё больше старуха бранится, старика к рыбке посылает:

— Пойди скажи, старик, рыбке, что я хочу быть царицей морскою, хочу жить в океане-море и чтоб рыбка золотая мне служила!

Старик не осмелился ничего ответить и пошёл снова к синему морю.

Вот подходит он к самому морю, а на море чёрная буря, поднимаются огромные волны, всё море ревёт и воет. Стал старик звать золотую рыбку. Приплыла к нему рыбка, спросила:

— Чего тебе надобно, старче?

— Смилуйся, государыня рыбка! Что мне делать с проклятою бабой? Уже хочет быть она царицей морскою и чтоб ты сама ей служила.

Ничего не сказала рыбка, лишь хвостом взмахнула и уплыла в глубокое море.

Долго старик ждал ответа, не дождался, к старухе воротился. Видит: перед ним опять старая изба, на пороге сидит его старуха, а перед нею разбитое корыто.

По А.С. Пушкину

Упражнение 33. Проверьте свою память: сколько информации вы запомнили? Ответьте на вопросы по «Сказке о рыбаке и рыбке».

1. Где жили и чем занимались старик и старуха?
2. Куда старик ходил ловить рыбу?
3. Сколько раз старик забрасывал невод?
4. Кого/что вытащил старик?
5. Почему старик ничего не попросил у рыбки и пошёл домой?
6. Сколько раз после этого старик ходил на берег моря?
7. Сколько раз приплывала к старику золотая рыбка?

8. Что сказала старику старуха, когда узнала о золотой рыбке?

9. Что попросила старуха в первый раз?

10. Что попросила старуха во второй раз?

11. Что попросила старуха в третий раз?

12. Что попросила старуха в четвёртый раз?

13. Что попросила старуха в пятый раз?

14. Почему в последний раз рыбка ничего не ответила и уплыла?

Упражнение 34. **Прочитайте грамматические пары глаголов движения с префиксом** *под-*. **Их образование уже не представляет трудности для вас, не правда ли? Каково значение префикса** *под-* **в данном случае?**

ПОДХОДИТЬ — ПОДОЙТИ
ПОДЪЕЗЖАТЬ — ПОДЪЕХАТЬ
ПОДБЕГАТЬ — ПОДБЕЖАТЬ
ПОДЛЕТАТЬ — ПОДЛЕТЕТЬ
ПОДПЛЫВАТЬ — ПОДПЛЫТЬ

ПОДНОСИТЬ — ПОДНЕСТИ
ПОДВОЗИТЬ — ПОДВЕЗТИ
ПОДВОДИТЬ — ПОДВЕСТИ

Упражнение 35. **Образуйте грамматические пары от изученных нами восьми глаголов с префиксом** *от-*. **Запишите их в тетрадь.**

Упражнение 36. **Прочитайте предложения, обратите внимание на значение префиксов** *под-* **и** *от-*.

1. Подойди, пожалуйста, ко мне! 2. Отойди от меня, я не хочу с тобой разговаривать! 3. Машина немного отъехала от дома и остановилась. 4. Подъезжайте ближе к дому! 5. Дети подбежали к отцу. 6. Кошка отбежала от меня метра на два и остановилась. 7. Когда отходит поезд? 8. Мы уже подлетаем к Москве. 9. Корабль отплыл от берега. 10. Он подвёз меня на машине к самому дому. 11. Она подвела меня к карте. 12. Он отвёл меня в сторону и сказал: «Это секрет». 13. Она поднесла руки к лицу. 14. Она отошла от меня.

Упражнение 37. **Прочитайте предложения. Обратите внимание на значение префикса** *от-*.

1. Отнеси чашки на кухню. 2. Отведи ребёнка в детский сад. 3. Надо отвести его к врачу. 4. Завтра отнесу книги в библиотеку. 5. Он всегда сам относит посуду на кухню и сам моет её. 6. — Где старый телевизор? — Я отвёз его на дачу. 7. Отнеси отцу чай. 8. Она сама отводит сына в детский сад. 9. Отнеси пальто в химчистку. 10. Отвези ей в Австрию этот сувенир. 11. Отнеси книги на место. 12. Завтра я отвезу вас в гостиницу.

Упражнение 38. **Прочитайте предложения. Определите, где глаголы движения употреблены в прямом, а где — в переносном значении (фигурально). Выберите 10 вариантов, которые вам нравятся и которые вы будете использовать в разговоре.**

1. Такие брюки ещё не вышли из моды? 2. Такие брюки снова вошли в моду. 3. Сколько литров входит в эту бутылку? 4. Он хотел сдать экзамен досрочно, но у него ничего не вышло. 5. Этот спортсмен вышел из игры. 6. Компьютер вышел из строя. 7. Знаешь, что мне пришло в голову: давай съездим в Новгород! 8. Эта идея не выходит у меня из головы. 9. Отец очень рассердился на нас, просто вышел из себя. 10. — Она упала в обморок? — Да, но уже приходит в себя. 11. Смотри: суп убегает! Всё убежало. 12. На экзамене у меня всё вылетело из головы. 13. На собрании он внёс интересное предложение. 14. Надо эту информацию внести в компьютер. 15. Суд вынес правильное решение. 16. Как это тяжело, я этого не переживу, я не вынесу! 17. Как ты относишься к этому человеку? 18. Ветром унесло мою шляпу. 19. Поезд пошёл. 20. Время пошло. 21. Поехали! 22. Пришло время замечательных научных открытий. 23. Пошёл к чёрту! 24. Она вышла за него замуж. 25. Я не выношу этого человека. 26. Это новый человек у нас, введи его в курс дела. 27. После публикации в прессе этот политик надолго выведен из игры. 28. Болезнь вывела его из строя. 29. Ты не знаешь, как вывести тараканов? 30. Я хочу вывести веснушки. 31. Как мне приятно с тобой поговорить, можно отвести душу! 32. Надо привести в порядок свои нервы. 33. Приведите, пожалуйста, конкретные примеры! 34. Я на него надеялся, а он так меня подвёл! 35. Ему не повезло на экзамене, вопросы были слишком трудные. 36. Это не для меня, это мне не подходит.

Упражнение 39. **Прочитайте предложения. Определите значение префикса *пере-*.**

1. Он перешёл дорогу. 2. Он перешёл через дорогу. 3. Он перешёл на другую сторону дороги. 4. Они переплыли через реку. 5. Тебе не переплыть эту реку! 6. Давай переплывём на другую сторону реки! 7. Нельзя перебегать улицу перед близко идущим транспортом. 8. Мы переезжаем на другую квартиру. 9. Помоги мне перевезти вещи на новую квартиру. 10. Мяч перелетел через ворота. 11. Отец перенёс ребёнка через реку на руках. 12. Мы перешли через мост. 13. Мы перешли по мосту на другой берег. 14. Я перевезу тебя на лошади через речку.

Упражнение 40. (На контроль.) **Выберите наиболее подходящий вариант, который вам нравится.**

1. Я всегда … (перехожу — перейду) улицу по пешеходному переходу. 2. Не надо … (переплывать — переплыть) через Неву, это опасно! 3. Неву можно … (переходить — перейти) зимой по льду. 4. Кто первым … (перелетал — перелетел) Атлантический океан? 5. Скоро я … (переезжаю — перееду) на новую квартиру. 6. Девочка … (перебегала — перебежала) по мостику на другой берег реки. 7. Я … (буду переносить — перенесу) свои вещи в новую комнату в общежитии. 8. Скоро я … (буду переезжать — перееду) на новую квартиру и … (буду перевозить — перевезу) все свои вещи. 9. Надо помочь старушке и … (переводить — перевести) её через улицу. 10. Птица поминутно … (перелетала — переле-

тела) с ветки на ветку. 11. Птица … (перелетала — перелетела) на другое дерево. 12. Мне хотелось бы … (переплывать — переплыть) Атлантический океан.

Упражнение 41. **Прочитайте предложения. Определите значения префикса** *за-*.

1. Надо зайти в магазин за хлебом. 2. По дороге домой зайду в аптеку. 3. Утром заходи за мной, вместе пойдём в университет. 4. Заходи (забегай) в гости! 5. Заходите, раздевайтесь. 6. Надо заехать в аптеку. 7. Машина заехала за угол (дома) и остановилась. 8. Зашло солнце. 9. Солнце зашло за тучу. 10. Он заплыл за буйки, а за буйки заплывать не разрешается. 11. Куда ты завёл нас? 12. В комнату залетела муха. 13. В комнату забежала собака. 14. Куда это мы заехали, я совсем не знаю этот район!

Упражнение 42. (На контроль.) **Выберите правильный вариант. Возможен ли второй из предложенных вариантов? Почему?**

1. Я пойду домой и по дороге … (зайду — заеду) в аптеку. 2. Я поеду домой и по дороге … (забегу — заеду) в аптеку. 3. Я поеду домой на автобусе и по дороге … (забегу — заеду) в аптеку. 4. Я поеду домой на машине и по дороге … (забегу — заеду) в аптеку. 5. … (Заходи — Заводи) в комнату! 6. … (Заходи — Заводи) собаку в комнату! 7. … (Заноси — Заводи) вещи в комнату! 8. … (Заноси — Завози) ковёр в комнату! 9. … (Зайди — Забеги) ко мне на минутку! 10. Не … (забегай — заплывай) за буйки! 11. Солнце … (зашло — залетело) за тучу. 12. Ребёнок … (зашёл — забежал) за дерево. 13. Машина … (зашла — заехала) за угол. 14. Пожалуйста, … (занеси — заведи) все вещи с балкона в комнату! 15. Если поедешь на дачу, … (заведи — завези) деньги бабушке. 16. … (Занеси — Заведи) лошадь в конюшню.

Упражнение 43. **Прочитайте предложения. Определите значения префикса** *про-*.

1. Он прошёл мимо меня и не поздоровался. 2. Мы прошли через площадь. 3. Демонстранты проходят по площади. 4. Сколько автобусов уже прошло? 5. Машина проехала мимо и не остановилась. 6. По небу проплывали облака. 7. Проходите, раздевайтесь. 8. Проходите в комнату. 9. Пройдите вперёд, пожалуйста! 10. Проходите вперёд, пожалуйста! 11. Прошло два года. 12. Мы весело провели время. 13. Она провела меня в зал. 14. Как он провёз через границу так много денег? 15. Пролетела птица. 16. За время матча мяч несколько раз пролетал над воротами. 17. Всё время мимо меня проезжают машины. 18. Как пройти в иностранный отдел?

Упражнение 44. **Составьте вопросы по модели.**

М о д е л ь: Кафедра русского языка. — Как пройти на кафедру русского языка?

1. Кафедра русской литературы. 2. Кафедра зарубежной литературы. 3. Кафедра информатики. 4. Кафедра славянских языков. 5. Кафедра русского языка для иностранцев. 6. Администрация. 7. Главное здание. 8. Филологический факультет. 9. Бухгалтерия. 10. Центр тестирования. 11. Кинозал. 12. Актовый зал. 13. Столовая. 14. Поликлиника. 15. Спортзал. 16. Бассейн. 17. Библиотека. 18. Деканат.

Как мы уже говорили, можно *заходить — зайти в гости* (синоним *прийти*), *в комнату* (синоним *войти, пройти*), *заходить — зайти в аптеку* (по пути, ненадолго), *заходить — зайти за угол* (за предмет); можно *проходить — пройти в комнату* (синоним *войти, зайти*), *проходить — пройти вперёд* (дальше), *проходить — пройти* (мимо).

Но с префиксами в значении времени употребляются только глаголы **второй группы**, причём всегда образуется глагол СВ! Таких префиксов со значением времени три: *по-, про-, за-*. Обратите внимание на то, что основа первоначального глагола при присоединении префикса **не изменяется**: *ездить — поездить, проездить, заездить*.

1. Префикс *по-* имеет значение «немного, недолго, чуть-чуть», с глаголами движения (правая колонка) используется часто, например: *Мы немного походили по городу, а потом пообедали в ресторане*. Образуется глагол только СВ! Здесь действует обычное грамматическое правило: глагол НСВ + префикс *по-* в значении «немного» = глагол СВ: *полежать, почитать* и т. п.

2. Префикс *про-* имеет значение «долго, много времени», с глаголами движения (правая колонка) используется достаточно часто, например: *Мы проходили по городу весь день*. Образуется глагол только СВ! И в этом случае действует общеграмматическое правило: *мы прогуляли* (*протанцевали, проговорили* и т. п.) *всю ночь*.

3. Префикс *за-* имеет значение «начало действия», с глаголами движения (правая колонка) используется нечасто, например: *Он долго сидел неподвижно, потом вдруг встал и нервно заходил по комнате*. Образуется глагол только СВ! В данном случае также действует общеграмматическое правило: *Он закурил* (*запел, заговорил* и т. п.).

Упражнение 45. Прочитайте предложения. Определите значение глаголов движения. Помните: с данными префиксами, в данных значениях возможен лишь СВ!

1. Он встал и заходил по комнате. 2. Дождь прекратился, и муравьи снова забегали по лесным дорожкам. 3. У меня мало практики, я хочу на этой неделе побольше поездить на машине. 4. Можно поплавать на твоей лодке? 5. Лебеди полетали над озером и спустились на землю. 6. Я хочу хоть полчасика поплавать в бассейне. 7. Завтра обязательно поплаваю хоть чуть-чуть. 8. Хочу побегать в парке. 9. Надо поводить его на выставки, а то он совершенно необразованный. 10. Надо повозить его по городу. 11. Мы проходили по городу весь день. 12. Она проплавала в бассейне полдня. 13. Мы проездили по магазинам все выходные. 14. Надо поездить по пригородам Петербурга, они очень красивые.

Упражнение 46. Вставьте подходящий по смыслу глагол СВ с префиксом *по-* или префиксом *про-* в значении времени.

1. Мы немного … (поплавали — проплавали) в бассейне и вышли на берег. 2. Вода была как парное молоко, и мы … (поплавали — проплавали) в море больше часа. 3. Он … (поездил — проездил) на машине целых три дня. 4. Она … (походит — проходит) по лесу весь день. 5. Можно мне … (полетать — пролетать) на твоём дельтаплане? 6. Можно … (поездить — проездить) на твоей машине? 7. Давай … (поездим — проездим) по парку! 8. Надо … (поводить — проводить) его по музеям. 9. Птицы … (полетали — пролетали) весь день. 10. Утки … (полетали — пролетали) немного над озером и с шумом сели на

воду. 11. Паспорт мне не понадобился, и я зря … (поносил — проносил) его весь день в сумке. 12. Он немного … (повозил — провозил) меня на своей новой машине. 13. Он … (поездил — проездил) на этой машине уже десять лет! 14. Если ребёнок плачет, надо … (поносить — проносить) его на руках.

> ❗ Префикс *с-* также употребляется с глаголами **второй группы**, непереходный глагол также не изменяется, также образуется новый глагол только СВ: *сходить, съездить, сбегать, слетать, сплавать*. Является синонимом префиксу *по-* в значении «старта»: *хочу съездить туда — хочу поехать туда*.
> У переходных глаголов грамматическая пара есть: *сносить — снести ребёнка к врачу, сводить — свести, свозить — свезти*. Префикс *с-* синонимичен префиксу *от-* в значении «направление к цели»: *надо сводить его к врачу — надо отвести его к врачу*.

Упражнение 47. **Прочитайте предложения. Обратите внимание на употребление глаголов движения с префиксом *с-*.**

1. Хочу съездить в Суздаль. 2. Надо бы сходить в Этнографический музей. 3. Сбегай за вином! 4. Он уже успел слетать в Москву. 5. Хозяин бросил палку в реку, и собака сплавала за ней. 6. Надо свозить его за грибами, у него нет машины. 7. Своди его в поликлинику! 8. Свези все книги на дачу. 9. Своди его наконец в парикмахерскую. 10. Давай сходим в театр! 11. Давай съездим в Мурманск! 12. Свози меня на Соловки!

Упражнение 48. **Выполните упражнение по модели. Изменяется ли что-нибудь при замене одного глагола движения другим?**

М о д е л ь: Давай пойдём в Летний сад! — Давай сходим в Летний сад!

1. Давай пойдём в Музей политической истории! 2. Давай пойдём погуляем на Финский залив! 3. Давай пойдём в Кунсткамеру! 4. Давайте пойдём на Марсово поле! 5. Давайте пойдём в баню! 6. Давайте пойдём в ресторан на канале Грибоедова! 7. Давай пойдём на экскурсию по городу! 8. Давай поедем за грибами! 9. Давай поедем за подснежниками! 10. Давайте поедем за ландышами! 11. Давайте поедем подышим свежим воздухом! 12. Давай пойдём на футбол! 13. Давай поедем на Байкал! 14. Давай поедем в Европу! 15. Давай полетим в Германию! 16. Давай полетим в Японию! 17. Давай поплывём на тот остров! 18. Давай поведём Ивана в музей!

Упражнение 49. **Предложите своему другу (своей подруге) отправиться куда-либо. Используйте один из возможных вариантов: *(Давай) пойдём…* или *(Давай) сходим… (Давай поедем…* или *Давай съездим…)*.**

1. Театр — балет «Лебединое озеро». 2. Театр — опера «Пиковая дама». 3. Эрмитаж — выставка. 4. В гости — друзья. 5. Деканат — декан. 6. Петропавловская крепость — экскурсия. 7. В гости — преподаватель. 8. Ресторан — поужинать. 9. За город — отдохнуть. 10. Родной город — родители. 11. Америка — дядя. 12. Новгород — мой одноклассник. 13. Иркутск — Байкал. 14. Сибирь — Иркутск. 15. Волга — Ярославль. 16. Украина — Киев. 17. Лес — грибы. 18. Зеленогорск — рыбалка.

Упражнение 50. **Проследите за употреблением глаголов** *доезжать — доехать*.

1. Я доехал до университета за двадцать минут. 2. Обычно я доезжаю до университета за полчаса. 3. Мой друг дошёл до университета пешком за пятьдесят минут. 4. Обычно он доходит до университета пешком за сорок минут. 5. Как доехать до Эрмитажа? 6. На чём доехать до Эрмитажа? 7. Мне не доплыть до этого острова. 8. Была такая метель, что мы с трудом дошли до дома. 9. Спортсмен не смог добежать до финиша и упал. 10. Помоги мне донести сумку! 11. Довези меня до дома! 12. Один спортсмен не доплыл до финиша. 13. Мяч не долетел до ворот. 14. Я не донесу такой тяжёлый чемодан!

Упражнение 51. **Прочитайте предложения. Определите, где глаголы движения употреблены в прямом, а где — в переносном значении (фигурально). Выберите и запомните 10 вариантов, которые вам нравятся и которые вы будете использовать в разговоре.**

1. Это переходит все границы! 2. Пора переходить от слов к делу! 3. Улицу лучше всего переходить по подземному переходу. 4. Он хочет перейти на другой факультет. 5. Мы переезжаем на другую квартиру, ты знаешь наш новый адрес? 6. Это железнодорожный переезд, через рельсы надо переезжать осторожно. 7. Я этого не перенесу! 8. Насекомые часто переносят инфекции. 9. Он переводит тексты с русского на английский. 10. Дети неплохо переносят холод. 11. Я так долго бежал, надо перевести дух. 12. Кто-нибудь из мужчин мне поможет? Рыцари ещё не перевелись? 13. Мы перешли на «ты». 14. Мальчик перешёл в следующий класс. 15. Его перевели на второй курс. 16. Он перевёлся в другой вуз. 17. Зашло солнце. 18. Наши отношения зашли слишком далеко. 19. Сейчас заеду тебе в нос! 20. Залечу на почту, а потом — на работу. 21. Ты, конечно, большой начальник, но, пожалуйста, не слишком заносись! 22. Все ваши данные будут занесены в компьютер. 23. Заведи машину. 24. Машина не заводится. 25. Они хотят завести второго ребёнка. 26. Она хочет завести собаку. 27. В общежитии завелись тараканы. 28. Заведи себе любовника! 29. Эти часы надо заводить? 30. Ну что ты кричишь, что ты завёлся? 31. У тебя совсем зашёл ум за разум! 32. Домик совсем занесло снегом. 33. Машину занесло влево. 34. Мое выступление прошу занести в протокол. 35. Похоже, у нас завелась моль. 36. Смотри: солнце садится! Люблю смотреть, как солнце заходит. 37. Прошёл год. 38. Боль прошла. 39. Голова прошла. 40. Не буду тебе больше ничего объяснять. Всё, проехали! 41. Он здорово пролетел с этим делом, потерял кучу денег. 42. По небу проплывают облака. 43. Он пронёс свою любовь через всю жизнь. 44. Как это он сумел так ловко провести меня? 45. Где ты хочешь провести сегодняшний вечер? 46. Опасность миновала, слава богу, пронесло! 47. Ты наконец понял, дошло до тебя? 48. До меня не доходит. 49. Откуда доносятся эти звуки? 50. Бульон довести до кипения и варить час. 51. Он довёл меня до белого каления (до бешенства). 52. Не доводи меня! 53. Он до всего доходит своим умом. 54. Ты дошла до точки с этими диетами, посмотри на себя: кожа да кости! 55. Курица снесла яйцо.

Упражнение 52. **Прослушайте или прочитайте текст, обращая внимание на глаголы движения.**

Курочка Ряба
(сказка)

Жили-были дед да баба, и была у них курочка Ряба. Вот один раз снесла курочка яичко, да не простое, а золотое. Дед бил — не разбил, баба била — не разбила. А мышка бежала, хвостиком махнула — яичко упало и разбилось. Дед плачет, баба плачет, а курочка их утешает:

— Не плачьте, дед и баба, я снесу вам ещё яичко, не золотое, а простое!

Упражнение 53. **Прослушайте или прочитайте текст, обращая внимание на глаголы движения. Проверьте, знаете ли вы следующую лексику:** *шакал, верблюд, сахарный тростник, утонуть, палка, нырять.*

Шакал и верблюд
(арабская сказка)

Жили-были Шакал и Верблюд.

Один раз Шакал пришёл к Верблюду и сказал:

— Послушай, Верблюд, давай переплывём с тобой на другой берег реки, там растёт сладкий сахарный тростник и водится много рыбы.

— Но ведь ты же не умеешь плавать, ты можешь утонуть, — сказал Верблюд.

— Ничего, — сказал Шакал, — я сяду тебе на спину, и ты перевезёшь меня.

— Ну что ж, давай, — сказал Верблюд.

Так они и сделали. Шакал сел Верблюду на спину, и они поплыли на другой берег.

Когда они переплыли реку, Верблюд пошёл на поле сахарного тростника, а Шакал пошёл ловить рыбу. Через некоторое время Шакал наелся. Он забегал по берегу и стал громко кричать. Люди, которые жили неподалёку, услышали крик Шакала и прибежали на поле сахарного тростника. Они увидели верблюда, подбежали к нему и стали бить его палками. Верблюд еле унёс ноги.

Через некоторое время Шакал и Верблюд встретились на берегу реки.

— Послушай, Шакал! — сказал Верблюд. — Почему ты так громко кричал? Ведь ты же знал, что люди прибегут и будут бить меня палками!

— Просто у меня такая привычка, — сказал Шакал. — Когда я наемся, я люблю бегать и кричать.

Верблюд ничего не ответил.

И они поплыли обратно. И опять Шакал сел верблюду на спину, и верблюд повёз его. Когда они немного отплыли от берега, верблюд сказал:

— Послушай, Шакал, мне хочется нырять!

— Не делай этого! — закричал Шакал. — Ведь ты же знаешь, что я не умею плавать!

— Просто у меня такая привычка, — сказал Верблюд. — Когда меня побьют палками, я люблю плавать и нырять.

И он нырнул. А когда вынырнул, Шакала у него на спине уже не было.

Дополнительное задание. **Ответьте на вопросы, а затем перескажите сказку, используя изученные глаголы движения.**

1. Кто к кому пришёл в начале сказки?
2. Что предложил Шакал?
3. Что ответил Верблюд на это предложение?
4. Как предполагал Шакал, не умея плавать, перебраться через реку?
5. Что стали делать Шакал и Верблюд, когда переплыли реку?
6. Что стал делать Шакал, когда наелся?
7. Куда побежали люди, услышав крик Шакала?
8. Что стали делать люди, увидев Верблюда?
9. Куда прибежал Верблюд, после того как его побили?
10. Как Шакал объяснил своё поведение?
11. Куда поплыли Шакал и верблюд после этого разговора?
12. Когда Верблюд сказал, что ему хочется нырять?
13. Что произошло, когда Верблюд вынырнул?
14. Почему Верблюд решил нырнуть?

Упражнение 54. **Прочитайте предложения, прокомментируйте употребление глаголов движения.**

1. Он обошёл вокруг дома. 2. Он обошёл вокруг памятника. 3. Он обошёл памятник (вокруг). 4. Он объехал на машине вокруг дома. 5. Она обежала вокруг памятника. 6. В Пасху иконы выносят на улицу и обносят вокруг церкви. 7. Сторож обходит здание. 8. Он объехал всю Европу. 9. Я обошёл весь город. 10. Во время венчания в церкви священник обводит жениха и невесту вокруг аналоя.

Упражнение 55. **Прочитайте предложения, прокомментируйте употребление глаголов движения.**

1. Самолёт взлетает. 2. Самолёт взлетел. 3. Птица взлетела на дерево. 4. Аквалангист всплывает на поверхность. 5. Солнце восходит. 6. Взошло солнце. 7. Спортсмен взбегает по лестнице и зажигает олимпийский огонь. 8. Птица слетела с дерева. 9. Последние листья слетают с деревьев. 10. Дети с весёлым смехом съезжают с горы. 11. Дети съехали с горы на санках. 12. Он сбегает вниз по лестнице. 13. Он сбежал вниз по лестнице. 14. Царь торжественно сходит с трона. 15. Царь восходит на трон. 16. Я хочу съехать с этой горки на лыжах!

Упражнение 56. **Прочитайте предложения, проанализируйте употребление глаголов движения, в том числе и в плане частотности.**

1. Они встретились, но потом пути их разошлись. 2. Гости разъехались. 3. Мосты в Петербурге разводят. 4. Мосты разводятся. 5. Супруги разводятся. 6. Эти документы надо разнести по всем кафедрам. 7. Мальчик развозит пиццу на велосипеде. 8. Дети испугались и разбежались в разные стороны. 9. На конференцию съехались участники из разных стран. 10. Люди сходятся и расходятся. 11. Их мнения сходятся. 12. Мосты сводят ночью на некоторое время, чтобы машины могли по ним проехать.

Упражнение 57. **Прочитайте предложения. Определите, где глаголы движения употреблены в прямом, а где — в переносном значении. Выберите и запомните те варианты, которые вам пригодятся.**

1. Всё-таки он меня обошёл в этом деле! 2. Он обвёл меня вокруг пальца. 3. Надо сначала написать слово карандашом, а потом обвести ручкой. 4. Взошло солнце. 5. Всплыли многие подробности этого дела. 6. Он взвёл курок и выстрелил. 7. Семена уже всходят. 8. Снег уже сошёл. 9. Крышу снесло ветром. 10. Шляпа слетела с головы. 11. Она хочет свести татуировку. 12. Они разошлись. 13. Они разводятся. 14. Мосты разводятся. 15. Фермер разводит свиней. 16. Много развелось разных политиков! 17. Хорошенько прибери на кухне, не разводи тараканов! 18. Не шуми, что ты разошёлся! 19. Он выпил больше нормы, и его развезло. 20. Осенью дорогу развезло, проехать было невозможно. 21. Какая красота, просто глаза разбегаются! 22. Скользко, ноги разъезжаются! 23. Насекомые часто разносят инфекции. 24. Спирт он развёл водой. 25. Болит зуб, щека распухла, её сильно разнесло. 26. Мы разъезжаемся, меняем квартиру. 27. Он разбежался и прыгнул. 28. Тарелка разбилась, и осколки разлетелись по всей кухне.

Упражнение 58. (Расширенная лексика.) **Прочитайте предложения. Определите, где глаголы употреблены в прямом, а где — в переносном значении.**

1. Он исходил всё это поле. 2. Он исходил пешком все пригороды. 3. Он изъездил полмира. 4. За лето он износил две пары кроссовок. 5. Она очень переживает, прямо вся извелась. 6. Кончай всех изводить, прекрати плакаться! 7. Ребёнок весь извозился в песке. 8. Котёнок извозился в краске. 9. Из какой гипотезы вы исходили? 10. Он избегает меня. 11. Спортсмен с трудом избежал падения. 12. Ошибки не избежать! 13. Собака просто исходит лаем. 14. Надо избегать конфликтов.

Упражнение 59. (Расширенная лексика.) **Прочитайте предложения. Определите, в каком значении употреблены глаголы: в прямом, переносном?**

1. Я нашёл монету. 2. Где мне найти своё счастье? 3. Где находится Санкт-Петербург? 4. Сегодня холодно, ты не находишь? 5. Волны набегают на берег. 6. Что это вдруг на тебя нашло? 7. Онегин наводит пистолет на Ленского. 8. Это меня навело на мысль. 9. На него нашла тоска. 10. Противник наносит решающий удар! 11. Этот крем наносится на сухую кожу. 12. Надо учиться наносить краски на холст. 13. Налетел ветер. 14. Что ты на меня налетел, как коршун? 15. С разбегу он налетел на дерево. 16. Бандиты наезжают друг на друга. 17. Водитель наехал на пешехода и сбил его.

Если вы хотите пройти тему «Глаголы движения» дальше, вам необходимо выучить ещё несколько глаголов НСВ (3 пары непереходных и 3 пары переходных):

I НСВ		II НСВ	
БРЕСТИ	я бреду, ты бредёшь…	БРОДИТЬ	я брожу, ты бродишь…
ЛЕЗТЬ	я лезу, ты лезешь…	ЛАЗАТЬ	я лазаю, ты лазаешь…
		*(ЛАЗИТЬ)	я лажу, ты лазишь…
ПОЛЗТИ	я ползу, ты ползёшь…	ПОЛЗАТЬ	я ползаю, ты ползаешь…
ТАЩИТЬ	я тащу, ты тащишь…	ТАСКАТЬ	я таскаю, ты таскаешь…
ГНАТЬ	я гоню, ты гонишь…	ГОНЯТЬ	я гоняю, ты гоняешь…
КАТИТЬ	я качу, ты катишь…	КАТАТЬ	я катаю, ты катаешь…

Упражнение 60. Прочитайте предложения, определите значение непереходных глаголов движения.

1. Он бредёт по дороге. 2. Он медленно брёл по лесу. 3. Я люблю бродить по городу. 4. Мальчик лезет на дерево. 5. Он лезет под стол. 6. Я лезу на шкаф. 7. Кошки хорошо лазают (лазят) по деревьям. 8. Он живёт на первом этаже и летом лазает (лазит) в окно. 9. Мальчик видел, как вор лез через забор. 10. Лезь на чердак! 11. Не лазай на чердак! 12. Паук ползёт по стене. 13. Муравьи ползают по дорожкам. 14. Ребёнок ползает по комнате. 15. Человек медленно полз по песку. 16. Маленькие морские черепахи всегда ползут к морю. 17. Команда собаке: «Ползи!» 18. Малыш, не ползай по земле, испачкаешься!

Упражнение 61. Прочитайте предложения, определите значение переходных глаголов движения.

1. Куда ты тащишь эти сумки? 2. Он шёл на вокзал и тащил огромный рюкзак. 3. Не люблю таскать тяжёлые вещи. 4. Вчера мы переезжали и весь день таскали мебель. 5. Тащи сюда собаку, будем давать ей лекарство. 6. Он гонит корову домой. 7. Он каждый день гоняет корову в поле. 8. Фермер гонит овец в поле. 9. Гони сюда овец! 10. Не гоняй овец туда-сюда! 11. Он катит колесо от машины. 12. Кольцо катится по столу. 13. В сказке надо катать яблочко по блюдечку. 14. Куда он катит бочку с пивом? 15. Кати бочку сюда! 16. В боулинге надо катать шары.

Упражнение 62. Ответьте на вопросы.

1. Куда можно лезть (лазать, лазить)? (вверх, наверх, вниз, по лестнице на чердак, на дерево, в окно, на столб, на крышу, под стол, в нору, в берлогу, под кровать) 2. Куда (где, как) он бредёт (бродит)? (по городу, по парку, по лужам, по песку, по берегу моря, медленно, грустно, по дорожке) 3. Куда (где, как) можно ползти (ползать)? (по земле, по песку, по траве, по дереву, по крыше, по полу, по квартире, быстро, медленно, без остановки, вперёд, к морю, назад) 4. Что можно тащить (таскать)? (чемодан, сумку, телевизор, ящики, мебель, пианино, ребёнка, ковёр) 5. Кого можно гнать (гонять)? (корову в поле, корову домой, гусей и уток домой, лошадь, овец, коз) 6. Что можно катить (катать)? (колесо, обруч, кольцо, шар, шары, велосипед, неисправный мотоцикл, бочку).

Упражнение 63. (На контроль.) **Выберите правильный вариант.**

1. Он … (лезет — ползёт) на дерево. 2. Змея … (ползёт — бредёт) по ветке дерева. 3. Он … (бредёт — лезет) по парку. 4. Он … (полз — лез) по траве к реке. 5. Змеи быстро … (бродят — ползают). 6. В этом лесу по ночам … (бродят — ползают) волки. 7. Медведь … (лезет — бредёт) на сосну. 8. Бурые медведи хорошо … (бродят — лазают) по деревьям. 9. Зачем ты … (лезешь — ползёшь) в подвал? 10. … (Лезь — Бреди) под стол! 11. … (Лезь — Ползи) на животе! 12. По листьям дерева … (лазают — ползают) гусеницы и различные насекомые. 13. Медведь … (лезет — ползёт) в свою берлогу. 14. Я вчера весь вечер … (бродил — ползал) по городу. 15. Человек … (брёл — полз) на четвереньках. 16. Черепаха … (лезла — ползла) по земле.

Упражнение 64. (На контроль.) **Выберите правильный вариант.**

1. Куда ты … (гонишь — катишь) лошадь? 2. Он … (гонит — катит) мотоцикл в ремонт. 3. Каждый день пастух … (таскает — гоняет) коров в поле. 4. Я видел, как рано утром пастух … (тащил — гнал) коров в поле. 5. Собака … (тащит — гонит) кость. 6. Собака … (тащила — гнала) большую кость. 7. Котёнок … (таскает — гоняет) мяч по полу. 8. Зачем ты … (таскаешь — гоняешь) такие тяжёлые сумки? 9. Я видел, как он … (гнал — катил) бочку в подвал. 10. Я видел, как она … (тащила — гнала) вещи на чердак. 11. Я видел, как фермер … (гнал — катил) корову в сарай. 12. Куда он … (тащил — катил) коробки? 13. Куда он вчера весь день … (таскал — катал) коробки и ящики? 14. В боулинге … (таскают — катают) шары.

Упражнение 65. **Прочитайте предложения. Определите, где глаголы движения употреблены в переносном значении. Выберите и выучите не менее пяти вариантов.**

1. Вино бродит. 2. Плохие мысли лезут в голову. 3. Не лезь в мои дела! 4. Вор лезет мне в карман. 5. У собаки шерсть лезет. 6. Много вещей, книги не лезут в сумку! 7. Время ползёт очень медленно. 8. Поезд ползёт, просто тащится. 9. Жена тащит мужа в театр. 10. Дети весь день гоняют мяч. 11. Они весь день гоняют в футбол. 12. Не гони машину, поезжай помедленнее! 13. Он любит гонять на мотоцикле. 14. Этот дед гонит самогонку. 15. Собака гонится за зайцем. 16. Не надо гнаться за большими деньгами. 17. Гони деньги! 18. Ты любишь кататься на велосипеде? 19. Я весь день катаю тебя на велосипеде. 20. Я не очень хорошо умею кататься на коньках. 21. Катись отсюда! 22. Слёзы катятся из глаз.

Упражнение 66. **Прочитайте предложения. Определите, основа какого из двенадцати изучаемых нами глаголов движения изменяется с присоединением префикса. Посмотрите ещё раз таблицу шести пар глаголов и обозначьте те случаи, когда меняется глагольная основа.**

1. Он забрёл далеко в лес. 2. Раньше он так далеко никогда не забредал. 3. Он залез на дерево. 4. Он иногда залезал на это дерево. 5. В дом заползла змея. 6. Змеи никогда не заползали к нам раньше. 7. Он занёс сумки в дом. 8. Такие большие и тяжёлые сумки трудно заносить. 9. Пастух загнал коров в коровник. 10. Вечером он всегда загоняет лошадей в конюшню. 11. Он закатил бочку в подвал. 12. Они закатывают бочки в подвал.

173

Упражнение 67. **Вспомните значения префиксов, которые присоединяются к глаголам движения. Обратите внимание на присоединение префиксов к данным глаголам движения: они употребляются не со всеми префиксами.**

1. Старик посмотрел на нас и побрёл дальше. 2. Хочется побродить по городу. 3. Он влез на дерево. 4. Он слез с дерева. 5. Он перелезает через забор. 6. Кошка пролезла в приоткрытую дверь. 7. Медведь вылез из берлоги. 8. Жук заполз в стакан. 9. Надо проползти на животе десять метров. 10. Змея переползает с места на место. 11. Черепаха подползла ко мне. 12. Черепаха медленно отползает от меня. 13. Черепаха сползает со стула. 14. Черепаха не выползет из-под кровати. 15. Зачем ты притащил котёнка в квартиру? 16. Вытащи котёнка из-под кровати! 17. Зачем ты затащил все книги на чердак? 18. Не надо вытаскивать вещи из чемодана! 19. Загони корову в сарай! 20. Пригони корову домой! 21. Полиция разогнала толпу. 22. Надо согнать всех овец вместе. 23. Не могу никак выгнать собаку из дома! 24. Перегоняй корову на другое место! 25. Прикати сюда бочку. 26. Откати бочку подальше. 27. Подкатывай бочку поближе. 28. Скатывай бочку вниз медленно и осторожно, там хорошее вино. 29. Перекати бочку на другое место. 30. Выкатывай все бочки из подвала!

Дополнительное задание. **Прокомментируйте частотность употребления глаголов движения в приведённых выше примерах. Обратите внимание на стилистическую окраску глагола** *тащить.*

Упражнение 68. **Прослушайте или прочитайте текст. Прокомментируйте употребление глаголов движения. Проверьте, знаете ли вы эти слова:** *колобок* **(круглый пирожок),** *остужать, прыгать, катиться.*

Колобок
(сказка)

Жили-были дед да баба. Один раз испекла баба колобок и поставила его на подоконник остужать. Колобок сидел, сидел на окне, и стало ему скучно. Вот он выпрыгнул в окно и покатился по дорожке. Катится, катится, а навстречу ему заяц:

— Колобок, колобок, я тебя съем!

— Не ешь меня, заяц! Я тебе песенку спою, — говорит колобок.

И запел:

— Я от дедушки ушёл, я от бабушки ушёл и от тебя, заяц, тоже уйду!

И покатился дальше. Катится, катится, а навстречу ему волк:

— Колобок, колобок, я тебя съем!

— Не ешь меня, волк! Я тебе песенку спою: я от дедушки ушёл, я от бабушки ушёл, я от зайца ушёл и от тебя, волк, тоже уйду!

И покатился дальше. Катится, катится, а навстречу ему медведь:

— Колобок, колобок, я тебя съем!

— Не ешь меня, медведь, я тебе песенку спою: я от дедушки ушёл, я от бабушки ушёл, я от зайца ушёл, я от волка ушёл и от тебя, медведь, тоже уйду!

И покатился дальше по дорожке. Катится, катится, а навстречу ему лиса:

— Колобок, колобок, я тебя съем!

— Не ешь меня, лиса, я тебе песенку спою: я от дедушки ушёл, я от бабушки ушёл, я от зайца ушёл, я от волка ушёл, от медведя ушёл и от тебя, лиса, тоже уйду!

А лиса была очень хитрая. Она сказала:

— Я плохо слышу, что ты поёшь. Сядь ко мне на нос и спой ещё раз!

Колобок и сел ей на нос, а лиса открыла рот и съела колобка.

Дополнительное задание. Перескажите текст, употребляя необходимые глаголы движения.

Упражнение 69. Прослушайте или прочитайте текст. Перескажите его, используя глаголы движения. Проверьте, знаете ли вы следующие слова: *репа, мышь, тащить*.

Репка
(сказка)

Посадил дед репку. Выросла репка большая-пребольшая. Стал дед репку тащить. Тащит, тащит — вытащить не может.

Позвал дед бабку. Пришла бабка. Стали они вместе репку тащить. Тащат, тащат — вытащить не могут.

Позвали они внучку. Прибежала внучка. Стали вместе репку тащить: внучка за бабку, бабка за дедку, дедка за репку. Тащат, тащат — вытащить не могут.

Позвали они собаку Жучку. Прибежала Жучка. Стали вместе репку тащить: Жучка за внучку, внучка за бабку, бабка за дедку, дедка за репку. Тащат, тащат — вытащить не могут.

Позвали они кошку. Прибежала кошка. Стали вместе репку тащить. Тащат, тащат — вытащить не могут. Что делать?

Позвали они мышку. Прибежала мышка. Стали они вместе репку тащить. Тащат, тащат — вытащили репку!

Все были очень рады, приготовили репку и съели её.

Дополнительное задание. Назовите героев сказки. Сколько их?

Упражнение 70. (Расширенная лексика.) Прочитайте предложения. Укажите, где глаголы движения употреблены в переносном значении. Прокомментируйте частотность употребления этих глаголов. Выберите и запомните десять вариантов, которые вы будете активно использовать. Не забывайте о возможной стилистической маркированности глаголов!

1. Что это тебе взбрело в голову? 2. Тесто бродит. 3. Вино забродило. 4. Столько вещей в эту сумку не влезет! 5. Голова не пролезает в воротник. 6. У старого медведя шерсть вся вылезла. 7. Кожа слезает после ожога. 8. Я начинаю сползать с верхней полки в поезде. 9. Мы с трудом дотащились до дома. 10. Жена тащит мужа на балет. 11. Вытащи у меня из пальца занозу! 12. Собака стащила с меня одеяло. 13. Зачем ты затащил меня на эту вечеринку? 14. Мою машину угнали. 15. Новые машины угоняют чаще. 16. Надо перегнать эту машину в другой город. 17. Пожалуйста, отгони машину в гараж! 18. Подгони машину к дому! 19. Ты меня не догонишь! 20. Догоняй! 21. Догоню и даже перегоню

тебя! 22. Сгоняй в магазин! 23. Хочется погонять на мотоцикле! 24. Ветер нагнал тучи. 25. Ветер разогнал тучи. 26. Он погнался за модой. 27. Волк гонится за зайцем. 28. Ты меня загнал в тупик. 29. Этот костюм тебе велик, его ещё надо подгонять по фигуре. 30. Поезжай не очень быстро, сильно не разгоняйся! 31. Его выгнали из университета за неуспеваемость. 32. Ну вот, докатился, выгнали! 33. Сначала он хорошо учился, а потом скатился на двойки и тройки. 34. Он укатил за границу. 35. Он прикатил на своей машине. 36. Он выкатил глаза от ужаса. 37. Он закатил глаза в восторге. 38. Волны накатывались на берег. 39. По его щеке скатилась слеза. 40. Фигуристы неплохо откатали свою программу. 41. Этого кандидата не любят и на выборах обязательно прокатят. 42. Хочу покататься на лошади. 43. Хочу прокатиться на яхте. 44. Хочу прокатиться в Москву. 45. Зачем ты катишь на него бочку? 46. Для приготовления пирожков тесто сначала раскатывается. 47. Она всегда закатывает компоты на зиму. 48. Не смотри в мою тетрадь, не скатывай с меня! 49. Скатай ковёр, так его легче нести. 50. Сильная тоска вдруг накатила на него. 51. Накатим! Наливай ещё по рюмке.

 Когда вы встречаете глагол движения в новом для вас значении, которое вы ещё не изучали, вам следует проконсультироваться, часто ли употребляется этот вариант. Вас должны интересовать случаи наиболее частотного употребления!

Часть 4. ПРИЧАСТИЯ И ДЕЕПРИЧАСТИЯ 형동사와 부동사

Изучая причастия и деепричастия, следует помнить, что они практически не употребляются в обиходно-бытовой сфере, т. е. в разговорной речи. Причастия и деепричастия используются в официальном общении (чаще — письменном, реже — устном), а также в художественной литературе. Отметим при этом, что, обращаясь к изучению этих форм глагола, вы должны иметь значительный запас русской лексики (в том числе лексики научного и официально-делового стилей). Таким образом, приготовьтесь к трудностям, но не грамматическим, а лексическим. Приготовьтесь к восприятию предложений, написанных не разговорным, а «тяжёлым» книжным языком.

ОБРАЗОВАНИЕ И УПОТРЕБЛЕНИЕ ПРИЧАСТИЙ
형동사를 만드는 방법과 사용

С точки зрения грамматики особых трудностей причастия не представляют: они, как и деепричастия, являются формой глагола. Причастия обладают признаками и глагола, и прилагательного. Например: *думающий* человек = человек, который думает. Причастия изменяются по родам, числам и падежам (как прилагательные): *Хорошо, когда в правительстве есть много думающих людей.*

Причастия с зависимыми словами (причастный оборот) обособляются (выделяются запятыми) лишь в том случае, если стоят после определяемого слова (т. е. слова, к которому относятся). Например: *Тема, изученная нами, очень интересна.* Но: *Изученная нами тема очень интересна.*

Причастия имеют **четыре** формы: две активные (= действительные причастия) и две пассивные (= страдательные причастия).

Активные (действительные) причастия		Пассивные (страдательные) причастия	
Прошедшее время (от глаголов НСВ и СВ)	Настоящее время (только от глаголов НСВ)	Прошедшее время (только от переходных глаголов СВ)	Настоящее время (только от переходных глаголов НСВ)
-ВШ-: читавший, прочитавший; -Ш-: шедший, прошедший.	-УЩ-: бегущий (-ЮЩ-): читающий -АЩ-: спешащий (-ЯЩ-): сидящий	-ЕНН-: изученный -аНН-: сыгранный -яНН-: осмеянный -ёНН-: решённый -Т-: открытый	-ЕМ-: изучаемый -ОМ-: искомый -ИМ-: приводимый

Выполним тренировочные упражнения, комментируя и выучивая таблицу по частям. Итак, сначала активные причастия.

Активные (действительные) причастия могут быть настоящего и прошедшего времени.

АКТИВНЫЕ ПРИЧАСТИЯ НАСТОЯЩЕГО ВРЕМЕНИ
능동형동사의 현재시제

> Активные причастия настоящего времени образуются от глаголов несовершенного вида при помощи суффиксов *-ущ- (-ющ-), -ащ- (-ящ-)*. Например: *Он обратил внимание на девушку, сидящую в первом ряду.*
>
> Механизм образования причастия следующий: *сидеть — они сид**ят** — сид**ящ**ий; слышать — они слыш**ат** — слыш**ащ**ий; идти — они ид**ут** — ид**ущ**ий; изучать — они изуча**ют** — изуча**ющ**ий.*

Упражнение 1. (Минимальная лексика.) **Прочитайте предложения, определите суффиксы причастий. Выучите суффиксы активных причастий настоящего времени.**

1. Люди, хорошо знающие иностранные языки, могут получить хорошую работу. 2. Грустно улыбающаяся девушка смотрит на меня. 3. Этот человек работает в фирме, организующей автобусные экскурсии в Европу. 4. Покажите на карте моря, омывающие Россию. 5. Стажёры, проходящие практику, должны зайти в деканат. 6. Все входящие звонки со всех мобильных — бесплатные! 7. Утром в метро можно увидеть множество спешащих на работу людей. 8. Однолетние растения — это растения, живущие один год. 9. Все уже давно обратили внимание на его математические способности, порой граничащие с гениальностью. 10. Эгоист — это человек, думающий только о себе.

Упражнение 2. (Минимальная лексика.) **Определите, от каких глаголов образованы данные причастия. Закончите предложения. Полученные предложения запишите в тетрадь, обращая внимание на запятые.**

М о д е л ь: Профессор, **читающий** нам лекции, работает… .
— Профессор, читающий нам лекции, работает в Академии наук.

1. Всё преподаватели, **работающие** в нашем университете, знают … . 2. Все студенты, **занимающиеся** в читальном зале, могут … . 3. Люди, **знающие** два иностранных языка, могут… . 4. Студенты, **сдающие** всё экзамены на «отлично», получают … . 5. Родители, хорошо **понимающие** своих детей, всегда помогают … . 6. Бакалаврам, **готовящимся** к поступлению в аспирантуру, надо … . 7. Студентам, часто **опаздывающим** на занятия, можно посоветовать … . 8. Студентам, **начинающим** изучать русский язык, я бы посоветовал(а) … . 9. Плохо **видящим** людям нужно … . 10. Плохо **слышащим** людям надо … . 11. Люди, **умывающиеся** холодной водой, знают, что … . 12. Студенты, **целующиеся** в метро, не понимают, что … .

Упражнение 3. (Минимальная лексика.) **Используя материал упражнения 2, замените причастные обороты (причастия с зависимыми словами) придаточными определительными предложениями.**

М о д е л ь: Профессор, читающий нам лекции, работает в Академии наук.
— Профессор, **который читает** нам лекции, работает в Академии наук.

Упражнение 4. **От приведённых ниже глаголов НСВ образуйте действительные (активные) причастия настоящего времени, вспомните механизм их образования. Какие 4 суффикса должны быть использованы?**

проводить —
организовать —
исследовать —
начинать —
заканчивать —
анализировать —
проводиться —
содержаться —

обладать —
останавливаться —
указывать —
обращаться —
использовать —
требовать —
следовать —
доказывать —

Упражнение 5. **Проверьте, быстро ли вы образуете активные причастия настоящего времени. Время на обдумывание каждого варианта — не более двух секунд. Закончите предложения.**

М о д е л ь: Люди, которые живут в центре, … . — Люди, **живущие** в центре, … (могут быстрее добраться до университета).

1. Учёные, которые исследуют данную проблему, … . 2. Учёные, которые обращаются к данной проблеме, … . 3. Данные, которые содержатся в работе, … . 4. Учёные, которые не останавливаются на достигнутом, … . 5. Роман, который заканчивается смертью героини, … . 6. Исследования, которые проводятся в нашем университете, … . 7. Все, кто свободно владеет компьютером, … . 8. Все, кто пользуется Интернетом, … . 9. Пассажиры, которые вылетают рейсом 6234, … . 10. Водители, которые не соблюдают (нарушают) правила дорожного движения, … . 11. Вопросы, которые касаются политики, … . 12. Это новый метод, который позволяет … . 13. Это принципиально новый метод, который существенно отличается … . 14. Теории, которые существуют … . 15. Человек, который обладает организаторскими способностями, … . 16. Лекарство, которое значительно укрепляет иммунитет, … .

Упражнение 6. **Прочитайте предложения, найдите активные (действительные) причастия настоящего времени. Укажите, от каких глаголов они образованы. Обратите внимание на особенности их употребления.**

1. На шпиле Петропавловского собора находится фигура летящего ангела — одного из символов Петербурга. 2. Эрмитаж — знаменитый музей, насчитывающий более 2,5 млн. экспонатов. 3. Многочисленные туристы, приезжающие в наш город, в первую очередь хотят посетить Эрмитаж. 4. Возвышающаяся на Дворцовой площади колонна называется Александровской. 5. Поднимающийся на 72-метровую высоту шпиль Адмиралтейства с находящимся на нём золотым корабликом также является одним из символов Петербурга. 6. Перед нами памятник Медный всадник, поражающий всех редким сочетанием динамики и величавости. 7. Это здание Малого Эрмитажа, считающееся образцом строгого классицизма конца XVIII века. 8. Это Исаакиевский собор, являющийся великолепным памятником стиля ампир.

Упражнение 7. **Прочитайте предложения. Раскройте скобки, обращая внимание на род и число причастий.**

1. Отец князя Андрея — старый князь Болконский, … в уединении вместе с дочерью Марьей в своём имении под Смоленском. (живущий) 2. Какое-то время Болконского занимает либеральный кружок, … вокруг Сперанского, но потом он разочаровывается в нём. (формирующийся) 3. К финалу романа сын князя Андрея — уже энергичный и тонко … молодой человек, … не уронить чести отца. (чувствующий), (стремящийся) 4. Пьер — это полный, неуклюжий молодой человек, … опыта светской жизни. (не имеющий) 5. Элен исключительно красива, у неё … положение в обществе. (блестящий) 6. События, … в стране, не дают возможности Безухову заняться личными делами. (происходящий) 7. Длинные рассуждения Толстого об истории вошли в … издания «Войны и мира». (последующий)

Упражнение 8. **Прочитайте предложения. Раскройте скобки, обращая внимание на род, число и падеж причастий.**

1. Левин делает предложение Кити в забавной форме: он пишет начальные буквы слов, … его признание в любви. (составляющий) 2. Левин в конце концов становится человеком … , хотя и не во всём … православие. (верующий), (принимающий) 3. В начале романа Каренина предстаёт перед нами … матерью. (любящий) 4. Конечно, мы далеки от того, чтобы утверждать, что общество, … Каренину, имеет на это полное право. (осуждающий) 5. Общество, … от Анны, порой ещё хуже, чем сама Анна. (отворачивающийся) 6. Вронский отправляется добровольцем в сербскую армию, … против турок. (воюющий) 7. Авторов, … изображать различные сцены российской жизни так же талантливо, как это сделал Лев Толстой, можно пересчитать по пальцам. (умеющий) 8. Сцены эти достаточно лаконичны, однако они дают … картину русского общества 70-х годов позапрошлого столетия. (исчерпывающий) 9. Читатель чувствует себя … не среди персонажей художественного произведения, а в реальной, настоящей жизни. (находящийся)

Упражнение 9. (На контроль.) **Замените придаточные определительные предложения причастными оборотами. Обратите внимание на пунктуацию.**

Модель: Компания, которая производит эти приборы, появилась на рынке два года назад. — Компания, **производящая** эти приборы, появилась на рынке два года назад.

1. На вопросы корреспондента отвечал г-н Иванов, который возглавляет эту фирму. 2. Увеличение объёмов производства связано с запуском нового завода, который производит 24 тыс. приборов в год. 3. Сокращение объёма торгов объясняется реструктуризацией, которая проходит в компании. 4. Проект, который предусматривает создание нового микрорайона, обсуждался вчера на заседании комитета по градостроительству. 5. В НИИ гриппа имеется база данных, которая еженедельно обновляется. 6. Компания ориентируется на круг клиентов, которые уже у неё имеются. 7. Кредиторы в числе проблем, которые возникают при работе с малым бизнесом, называют непрозрачность многих предприятий. 8. С 2003 г. 60–80 % ноутбуков, которые продаются в Санкт-Петербурге, поддерживают Wi-Fi (вай-фай) технологию.

Упражнение 10. **Прочитайте предложения. Определите, где причастия выступают в роли прилагательных, а где — в роли существительных.**

1. Следующая остановка — «Гостиный двор». 2. Граждане провожающие, выйдите, пожалуйста, из вагона! 3. Верующих людей стало больше. 4. Он простой служащий. 5. Это наш новый заведующий кафедрой. 6. Он нисколько не обращает внимания на окружающих. 7. В церкви много молящихся. 8. Он военнослужащий. 9. Это говорящий попугай. 10. Если есть температура, надо принять жаропонижающее. 11. Это потрясающий фильм! 12. П.И. Чайковский — выдающийся композитор. 13. На экскурсию приглашаются все желающие! 14. С наступающим тебя!

АКТИВНЫЕ ПРИЧАСТИЯ ПРОШЕДШЕГО ВРЕМЕНИ
능동형동사의 과거시제

Активные причастия прошедшего времени образуются от глаголов несовершенного и совершенного вида при помощи суффиксов *-вш-* и *-ш-*. Например: *Он обратил внимание на девушку, читавшую какую-то книгу.*

Механизм образования причастий следующий: *(про)читать — (про)читал — (про)читавший; (по)смотреть — (по)смотрел — (по)смотревший); сесть — сел — севший; привыкнуть — привык — привыкший; (у)нести — (у)нёс — (у)нёсший; (вы)расти — (вы)рос — (вы)росший.*

Некоторые исключения составляют глаголы, оканчивающиеся в инфинитиве на *-сти* и имеющие чередования: *(от)цвести — (от)цветут — (от)цветший; (при)вести — (при)ведут — (при)ведший, приобрести — приобретут — приобретший.*

Причастие от глагола *идти — шедший* (от старой формы).

Упражнение 11. (Минимальная лексика.) **Прочитайте предложения, определите суффиксы причастий. Выучите суффиксы активных причастий прошедшего времени.**

1. Студенты, не получившие студенческие билеты, должны зайти в деканат. 2. Студенты, окончившие наш университет, будут с любовью вспоминать о нём. 3. Студенты, не сдавшие экзамен, должны зайти в деканат. 4. Студенты, не прошедшие тестирование, к занятиям не допускаются. 5. Преподаватель, тестировавший нас, был очень строгий. 6. Эгоист — это человек, привыкший думать только о себе. 7. Композитор Людвиг Ван Бетховен, написавший 9 симфоний и множество других произведений, известен во всём мире. 8. В Первой мировой войне 1914–1918 гг., унёсшей 10 миллионов человеческих жизней, принимало участие 38 стран.

Упражнение 12. (Минимальная лексика.) **Определите, от каких глаголов НСВ и СВ образованы данные причастия. Закончите предложения. Полученные предложения запишите в тетрадь, обращая внимание на запятые.**

М о д е л ь: Студенты, **приехавшие из Москвы, живут … .**
— **Студенты, приехавшие из Москвы, живут в нашем общежитии.**

1. Писатель, написавший эту книгу, очень … . 2. Все люди, получившие диплом, могут … . 3. А.С. Пушкин, живший в XIX веке, написал … . 4. А.С. Пушкин, много лет

проживший в Петербурге, любил ... . 5. Пушкин, родившийся в 1799 г. и умерший в 1837 г., прожил ... . 6. Человек, только что поздоровавшийся с нами, работает ... . 7. Мой друг, всегда мечтавший стать артистом, поступил ... . 8. Вышедший на сцену артист начал ... . 9. Студенты, вовремя не сдавшие книги в библиотеку, должны ... . 10. Мой друг, не поступивший в этом году в университет, будет ... . 11. На поле вышел футболист под номером девять, заменивший ... . 12. Люди, хоть раз побывавшие в нашем городе, говорят, что ... .

Упражнение 13. **(Минимальная лексика.) Используя материал упражнения 12, замените причастные обороты (причастия с зависимыми словами) придаточными определительными предложениями.**

М о д е л ь: Студенты, приехавшие из Москвы, живут в нашем общежитии.
— Студенты, **которые приехали** из Москвы, живут в нашем общежитии.

Упражнение 14. **От приведённых ниже глаголов образуйте активные (действительные) причастия прошедшего времени. Какие два суффикса должны быть использованы?**

начинать —
начать —
заканчивать —
закончить —
обращаться —
обратиться —
останавливаться —
остановиться —

изучать —
изучить —
получать —
получить —
проводить —
провести —
проходить —
пройти —

Упражнение 15. **Проверьте, быстро ли Вы сможете образовать активные причастия прошедшего времени. Время на обдумывание каждого варианта — две секунды. Закончите предложения.**

М о д е л ь: Многие учёные, которые начинали работать в этой области, ...
— Многие учёные, **начинавшие** работать в этой области, ... (приходили к такому же выводу).

1. Учёные, которые начали работать над этой проблемой, ... 2. Учёные, которые неоднократно обращались к этой проблеме, ... 3. Учёные, которые обратились к этой проблеме, ... 4. Учёные, которые проводили это исследование, ... 5. Учёные, которые провели это исследование, ... 6. Эксперименты, которые не закончились положительным результатом, ... 7. Студенты, которые проходили стажировку за рубежом, ... 8. Студенты, которые прошли стажировку за рубежом, ... 9. Данные, которые не представляли никакого интереса, ... 10. Человек, который защищал диссертацию, ... 11. Человек, который защитил диссертацию, ... 12. Реклама на телевидении, которая стала такой навязчивой, ...

Упражнение 16. **Прочитайте предложения, найдите активные (действительные) причастия прошедшего времени. Укажите, от каких глаголов они образованы. Обратите внимание на особенности их употребления.**

1. В мае 1703 года Пётр Первый в дельте реки Невы основал крепость Санкт-Питер-Бурх, положившую начало великому городу Санкт-Петербургу. 2. Возникший как город — идея Петра Великого, соединивший русские традиции и европейскую культуру, Петербург зримо воплотил особый художественный стиль. 3. По наброску Петра архитектор Коробов возвёл каменное здание Адмиралтейства, обозначившее центр знаменитого «трезубца» — Невского проспекта, Гороховой улицы и Вознесенского проспекта. 4. Первым памятником, воплотившим идеи Просвещения, стал Медный всадник — памятник Петру I. 5. Архитектор Захаров создал одно из самых ярких произведений Петербурга — Адмиралтейство, ставшее символом морского могущества страны. 6. Мариинский театр построили на месте сгоревшего в 1859 г. императорского цирка. 7. М.В. Ломоносов был создателем «Российской грамматики», заложившей основы нормативов русского языка. 8. Петербург известен также благодаря трём произошедшим здесь революциям, приведшим в конечном счёте к уничтожению самодержавия.

Упражнение 17. **Раскройте скобки, обращая внимание на род, число и падеж причастия.**

1. Семья считает князя Андрея … (погибший). 2. В конце романа двое … (оставшийся) детей Ростовых благополучно устраивают свою судьбу. 3. Действие романа «Война и мир» выходит за рамки России: Лев Толстой показывает, как конфликт, … (вовлекший) в себя множество сил, разрастается и шествует по континенту. 4. Кутузов был человеком, … (обладавший) чутьём использовать тот исторический шанс, который был ему дан. 5. Велика заслуга Толстого, … (сумевший) передать жизненные коллизии с большой достоверностью. 6. Вронский не заметил перемен, … (произошедший) в характере Анны. 7. Анна Каренина — женщина, … (попытавшийся) бросить вызов обществу. 8. Анна, многим … (пожертвовавший) ради Вронского, столь же многого требует и от него.

Упражнение 18. (На контроль.) **Замените придаточные определительные предложения причастными оборотами. Обратите внимание на пунктуацию.**

1. В этот период осени 1830 года, который получил название «болдинской осени», А.С. Пушкин в основном заканчивает «Евгения Онегина», пишет «Повести покойного Ивана Петровича Белкина», четыре «Маленькие трагедии» и цикл лирических стихов. 2. М. Цветаева и А. Ахматова были внимательнейшими читателями Пушкина, которые внесли значительный вклад в исследование его поэзии. 3. М.Ю. Лермонтов, который родился в Москве, после смерти матери воспитывался у своей бабушки в имении Тарханы Пензенской губернии. 4. Мы читали книгу о Сергее Прокофьеве — замечательном композиторе, который написал восемь опер, в том числе и оперу «Война и мир». 5. С. Прокофьев написал также балет «Ромео и Джульетта», который стал классикой российского балета. 6. Седьмая симфония Дмитрия Шостаковича — это знаменитая «Ленинградская» симфония, которая исполнялась в блокадном Ленинграде в августе 1942 года. 7. Многие русские писатели и композиторы, несмотря на трагические события личной жизни, которые буквально преследовали их, видели смысл своей жизни в служении искусству.

Упражнение 19. **Прочитайте предложения. Определите, где причастия выступают в роли прилагательных, а где — существительных.**

1. Нашедшего в аудитории 238 папку с документами просят сдать её в деканат. 2. На войне всегда бывает много погибших. 3. Спасатели оказывают помощь потерпевшим. 4. Ложись спать, а то опять пойдёшь на работу невыспавшийся. 5. Потерявшего кожаные чёрные перчатки просим позвонить по тел. 722-33-95. 6. Каменноостровский проспект — это бывший Кировский проспект. 7. Что ты такой сникший, постаревший? 8. Я чувствую себя таким уставшим!

ПАССИВНЫЕ ПРИЧАСТИЯ НАСТОЯЩЕГО ВРЕМЕНИ
피동형동사의 현재시제

> Пассивные причастия настоящего времени образуются от переходных глаголов несовершенного вида при помощи суффиксов *-ем-, -ом-, -им-*.
>
> Механизм образования причастий следующий: *изучать — изучаем — изучаемый; анализировать — анализируем — анализируемый; переводить — переводим — переводимый; любить — любим — любимый; вести — ведём — ведомый; нести — несём — несомый*. Исключения: *(пере)давать — (пере)даваемый; создавать — создаваемый*.
>
> Обратите внимание на то, что данные причастия могут встречаться в обычной речи (например: *Её желание было невыполнимо*)[1], но чаще всего они используются в сугубо официальном языке (например: *Приводимые нами примеры подтверждают данную гипотезу*).
>
> В первом случае пассивное причастие может иметь краткую форму и выступать в роли предиката. Во втором случае причастие имеет только полную форму.
>
> Отметим также, что данные причастия употребляются нечасто.

Упражнение 20. (Минимальная лексика.) **Прочитайте предложения, определите суффиксы причастий. Выучите суффиксы пассивных (страдательных) причастий настоящего времени.**

1. Изучаемые нами темы входят в программу экзамена. 2. Используемые нами термины известны в лингвистике давно. 3. Все произведения, исполняемые музыкантами, очень оригинальны. 4. Продукция, выпускаемая этой фабрикой, исключительно хорошего качества. 5. Все рассматриваемые в диссертации гипотезы, несомненно, представляют интерес. 6. Она всегда хотела быть любимой. 7. Он собрал все справки, необходимые для оформления загранпаспорта. 8. Решив задачу, мы нашли искомую величину. 9. Деепричастие — это неизменяемая форма глагола.

Упражнение 21. **Определите, от каких переходных глаголов НСВ образованы данные причастия.**

любимый —
непереводимый —
приводимый —

устанавливаемый —
сравниваемый —
сопоставляемый —

---
[1] Академическая грамматика 1980 г. рассматривает их как прилагательные.

проводимый —
изучаемый —
исследуемый —
организуемый —

искомый —
выдвигаемый —
расширяемый —
изменяемый —

Упражнение 22. **Прочитайте предложения, найдите пассивные (страдательные) причастия настоящего времени. Укажите, от каких глаголов они образованы. Обратите внимание на особенности их употребления.**

1. Для Анны Карениной её жизнь становится невыносимой. 2. Желание изменить свою жизнь к лучшему было непреодолимым. 3. А. Ахматова и М. Цветаева могли бы сказать о себе словами боготворимого ими поэта А. Блока: «Мы — дети страшных лет России…» 4. Предъявляемая на границе таможенная декларация содержит перечень вещей, провозимых через границу. 5. Все изучаемые нами грамматические конструкции относятся к официальному стилю речи. 6. Итак, мы получили искомую математическую величину.

Упражнение 23. **От приведённых ниже глаголов образуйте страдательные (пассивные) причастия настоящего времени. Какие три суффикса вы используете?**

приводить —
анализировать —
выдвигать —
рассматривать —
исследовать —
изучать —

устанавливать —
подвергать —
предполагать —
образовать[1] —
сопоставлять —
подтверждать —

Упражнение 24. **Прочитайте предложения. Раскройте скобки, обращая внимание на род, число и падеж причастий.**

1. … проблема представляется достаточно актуальной. (Изучаемый) 2. … нами примеры подтверждают выдвинутую гипотезу. (Приводимый) 3. Нас интересуют изменения, произошедшие за … период. (исследуемый) 4. … нами гипотеза позволяет лучше понять происходящее. (Выдвигаемый) 5. Тема дипломной работы, … вашему вниманию, — «Влияние творчества А.С. Пушкина на развитие поэзии Серебряного века». (предлагаемый) 6. … время отъезда — 8 часов утра. (Предполагаемый) 7. … вклад в науку о языке внёс известный лингвист В.В. Виноградов. (Весомый) 8. Мы достигли уже … результатов. (видимый)

---

[1] Формы настоящего времени — НСВ!

Упражнение 25. **Замените причастные обороты придаточными определительными предложениями. Обратите внимание на то, какими средствами будет выражена пассивность в первом и во втором случаях.**

Модель: **Проводимый** (нами) в настоящее время эксперимент позволит подтвердить нашу гипотезу.
— Эксперимент, который в настоящее время мы проводим, позволит подтвердить нашу гипотезу.
— Эксперимент, который **проводится** в настоящее время, позволит подтвердить нашу гипотезу.

1. Рецензируемая нами работа выполнена на высоком профессиональном уровне. 2. Диссертация, предлагаемая вашему вниманию, посвящена творчеству С.А. Есенина. 3. Устанавливаемая нами зависимость подтверждает правильность наших рассуждений. 4. В научном стиле речи велико число причастий, образуемых от частотных для научного стиля глаголов. 5. Приводимые нами примеры не случайны, они носят системный характер. 6. Примеры, рассматриваемые в диссертации, не всегда удачны.

Упражнение 26. **Прочитайте предложения. Определите, где причастия выступают в роли прилагательных, а где — в роли существительных.**

1. Здравствуй, мой любимый! 2. Уважаемые пассажиры! 3. Слово предоставляется подсудимому. 4. Это растворимый кофе? 5. Там дальше — непроходимые леса. 6. Задача трудновыполнима. 7. Его воля к победе непоколебима. 8. Величина «икс» — это искомое. 9. Она такая ранимая, её так легко обидеть! 10. На экзамене тестируемый выполняет как письменные, так и устные задания. 11. Это было просто невыносимо! 12. Он испытывал непреодолимое желание бросить всё и уехать. 13. Люди шли нескончаемым потоком.

ПАССИВНЫЕ (СТРАДАТЕЛЬНЫЕ) ПРИЧАСТИЯ ПРОШЕДШЕГО ВРЕМЕНИ 피동형동사의 과거시제

Пассивные (страдательные) причастия прошедшего времени — самая употребительная форма из всех причастий.

Частое употребление пассивных причастий прошедшего времени связано в первую очередь с тем, что они, как правило, имеют регулярные краткие формы, выступающие в роли предиката, что позволяет употреблять их и в разговорной речи (единственную из всех форм причастий!). Например: *Урок* **закончен**. *Окно* **открыто**.

Образуются от переходных (!) глаголов СВ при помощи суффиксов *-енн-, -нн-* и *-т-*. Например: ***Купленные*** *в магазине вещи обмену и возврату не подлежат*.

Механизм образования причастий следующий: *прочитать — прочитал — прочитанный; проанализировать — проанализировал — проанализированный; получить — получил — полученный; решить — решил — решённый; принести — принёс — принесённый; забыть — забыл — забытый; закрыть — закрыл — закрытый*. Обратите внимание на чередования: *подготовить — подготовленный; влюбиться — влюблённый; изумить — изумлённый; осветить — освещённый; простить — прощённый; встретить — встре-

ченный; утвердить — утвержд**ё**нный; унизить — уни**ж**енный; обидеть — оби**ж**енный; бро**с**ить — бро**ш**енный.

Обращаем внимание на трансформацию субъекта действия:

Именительный падеж в придаточном определительном становится творительным в причастном обороте. Например: *Фильм, который известн**ый** режиссёр поставил по рассказу Пушкина, публика приняла с восторгом. — Фильм, **поставленный** известн**ым** режиссёр**ом** по рассказу Пушкина, публика приняла с восторгом.*

В бессубъектных предложениях (неопределённо-личных) отсутствует творительный падеж в причастном обороте. Например: *Фильм, который поставил**и** по рассказу Пушкина, публика приняла с восторгом. — Фильм, **поставленный** по рассказу Пушкина, публика приняла с восторгом.*

Упражнение 27. (Минимальная лексика.) Прочитайте предложения, определите суффиксы причастий. Выучите суффиксы пассивных причастий прошедшего времени.

1. Петербург, построенный в начале XVIII века, — один из самых красивых городов России. 2. Экскурсия, организованная нашими спонсорами, была просто замечательной. 3. Все изученные нами темы будут на экзамене. 4. Оценки, полученные на экзамене, идут в диплом. 5. Это игрушки, сделанные из бумаги. 6. В школе изучаются три главных закона механики, открытых И. Ньютоном. 7. Этика — учение о морали, то есть о нормах поведения, принятых в каком-либо обществе.

Упражнение 28. (Минимальная лексика.) Определите, от каких переходных глаголов СВ образованы данные причастия. Запоминайте особенности ударения!

написанный —
прочитанный —
рассказанный —
напечатанный —
данный —
проданный —
посланный —
построенный —
полученный —

поставленный —
оставленный —
подготовленный —
проверенный —
решённый —
переведённый —
открытый —
забытый —
взятый —

Упражнение 29. (Минимальная лексика.) Определите, от каких глаголов образованы данные причастия. Закончите предложения. Полученные предложения запишите в тетрадь, обращая внимание на пунктуацию.

М о д е л ь: Это здание, **построенное** в XVIII веке, находится … .
— Это здание, построенное в XVIII веке, находится недалеко от университета.

1. Три закона механики, открытые И. Ньютоном, изучаются … . 2. Курс лекций, прочитанный этим профессором, был … . 3. Фильм, поставленный известным режиссёром по роману Л.Н. Толстого, очень … . 4. Романы Л.Н. Толстого, переведённые на многие языки, известны … . 5. Статья, напечатанная в сегодняшней газете, очень … . 6. Эта картина,

написанная знаменитым художником, … . 7. Новые технологии, разработанные нашими специалистами, … . 8. Доклад, подготовленный вами, можно … .

Упражнение 30. Используя материал упражнения 29, замените причастные обороты (причастия с зависимыми словами) придаточными определительными предложениями.

М о д е л ь: Это здание, построенное в XVIII веке, находится недалеко от университета. — Это здание, **которое построили** в XVIII веке, находится недалеко от университета.

Упражнение 31. Прочитайте предложения. Найдите страдательные причастия. Определите, от каких переходных глаголов СВ они образованы.

1. Построенное в 1766 году в стиле раннего русского классицизма здание Академии художеств отличается строгостью форм и линий. 2. Самым известным памятником Петру I стал воспетый А.С. Пушкиным Медный всадник, установленный в центре города. 3. Воздвигнутый на месте недолго просуществовавших храмов Исаакиевский собор поражал техническими характеристиками: высота 101,5 метра, каждая из 17-метровых колонн весит около 110 тонн, пролёт купола достигает 21,8 метра. 4. Дворцовые ансамбли пригородов Петербурга отличались насыщенным декоративным убранством фасадов. 5. На правом берегу Невы построили домик Петра из брёвен, раскрашенных «под кирпич». 6. Осенью 1703 года число работных людей, занятых на строительстве города, составляло около 20 тысяч человек. 7. На Стрелке Васильевского острова по проекту архитектора Д. Трезини построили здание Двенадцати коллегий, предназначенное для Сената и остальных государственных инстанций. 8. Экономические и политические потребности России Петровской эпохи диктовали динамичное развитие образования, культуры и науки, сосредоточенных прежде всего в новой столице. 9. Множество невиданных вещей поражало в новой России: по-новому обмундированные и вооружённые полки регулярной армии, корабли, библиотеки, театр, Кунсткамера, а затем и Академия наук, парки и парковая скульптура, «образцовые дома» и проспекты Петербурга, принятый стиль общения и развлечений.

Упражнение 32. (*Минимальная лексика.*) От приведённых ниже глаголов образуйте пассивные (страдательные) причастия прошедшего времени. Какие три суффикса должны быть использованы? Ещё раз обратите внимание на ударение в причастиях: как обычно оно изменяется?

написать —

рассказать —

показать —

прочитать —

нарисовать —

напечатать —

продать —

послать —

дать —

построить —

получить —

поставить —

оставить —

проверить —

решить —

взять —

открыть —

забыть —

Упражнение 33. **Проверьте, быстро ли вы образуете пассивные причастия прошедшего времени. Время на обдумывание каждого варианта — две секунды. Закончите предложения.**

М о д е л ь: Здание, которое построили рабочие, … .
— Здание, **построенное** рабочими, … (было просто великолепно).

1. Примеры, которые мы привели, … . 2. Таблицы, которые мы включили в нашу работу, … . 3. Факты, которые мы проанализировали, … . 4. Ошибки, которые мы обнаружили, … . 5. Литература, которую мы изучили, … . 6. Данные, которые мы получили, … . 7. Зависимость, которую мы установили, … . 8. Теория, которую мы рассмотрели, … . 9. Законы, которые мы открыли, … . 10. Противоречия, которые мы вскрыли, … .

Упражнение 34. **Прочитайте предложения. Раскройте скобки, обращая внимание на род и число причастий.**

1. В центре Дворцовой площади находится Александровская колонна, … в 1830–1834 гг. по проекту О. Монферрана. (созданный) 2. Нас восхищает здание Нового Эрмитажа, … фигурами десяти гранитных атлантов. (украшенный) 3. Самым крупным проектом архитектора А.К. Каваса был Мариинский театр, … в 1860 г. (построенный) 4. Важным государственным предприятием был … в 1724 г. из Москвы Монетный двор. (переведённый) 5. Летний сад украшают мраморные скульптуры и бюсты, … итальянскими мастерами. (выполненный) 6. … в Летнем саду в 70-х гг. XX века археологические исследования дали интересный материал для восстановления исторического облика сада. (проведённый) 7. Казанский собор, … в 1801–1811 гг. по проекту А.Н. Воронихина, является образцом синтеза искусств. (воздвигнутый) 8. Главное здание Русского музея, … от площади Искусств чугунной оградой, находится в глубине парадного двора. (отделённый)

Упражнение 35. **Прочитайте предложения. Раскройте скобки, обращая внимание на род, число и падеж причастий. Пусть вас не смущают большие и «тяжёлые» предложения официального стиля! Ищите существительное, к которому относится ваше причастие, и определяйте его род, число и падеж!**

1. При ООН функционирует ряд экономических комиссий, … (сформированный) по региональному принципу. 2. В последнее время появилось большое количество психологических исследований, … (направленный) не на поиск различий в психологических характеристиках и особенностях поведения мужчин и женщин, а на поиск их психологического сходства. 3. Министр транспорта РФ примет участие в рабочем совещании, … (посвящённый) формированию открытой интеллектуальной транспортной системы России. 4. Председатель комиссии проведёт пресс-конференцию, … (посвящённый) вопросам организации Всероссийского энергетического форума. 5. Миолифтинг — эффективная процедура, … (направленный) на профилактику старения кожи. Метод состоит в использовании слабых низкочастотных … (смодулированный) токов. 6. Наука этология изучает естественное поведение животных, исследует их … (врождённый) программы, … (полученный) путём отбора и … (зафиксированный) «генетическим клише». 7. Точки, … (расположенный) в двух сантиметрах позади верхнего края уха, иглоукалыватели считают ответственными за кровообращение головы. Массируя эту точку, можно добиться большей

ясности мышления. При этом ускоряется отток… (отработанный) венозной крови, свежая, … (обогащённый) кислородом кровь активнее приливает к мозгу. 8. Средний заработок рассчитывается по правилам, … (установленный) в Положении об особенностях порядка исчисления заработной платы, … (утверждённый) Постановлением Правительства РФ от 11 апреля 2003 г.

Упражнение 36. (На контроль.) **Замените придаточные определительные предложения причастными оборотами. Обратите внимание на пунктуацию.**

1. Обратимся к аналитическому докладу, который подготовил Институт комплексных социальных исследований РАН. 2. Участники конгресса выступят с докладами, которые посвятили оценке потребительского спроса населения и росту потребительского кредитования. 3. Результаты исследований, которые провели в Британии в 2000 г., подтверждают, что мобильные телефоны не влияют на здоровье пользователей. 4. Закончился срок действия водительских удостоверений, которые выдали в 1994 г. 5. Результаты исследований, которые провели французские учёные, ещё раз подтверждают: плач — это не проявление слабости, а всего лишь реакция организма на соответствующую ситуацию. 6. Четвёртого июня 1783 г. состоялась публичная демонстрация воздушного шара братьев Монгольфье, который сделали из полотна и бумаги. Шар диаметром 11 м поднялся на высоту 1830 м и пролетел более 1,6 км. 7. Тысячи «мелодий» с голосами животных, которые записали в природных условиях, хранятся в базе данных архива британской библиотеки и будут предоставлены владельцам мобильных телефонов.

Упражнение 37. **Прочитайте предложения. Определите, где причастия выступают в роли прилагательных, а где — существительных.**

1. Данные примеры подтверждают нашу гипотезу. 2. Эти данные подтверждают нашу гипотезу. 3. По характеру он очень сдержанный. 4. Произошли определённые изменения. 5. Это заслуженный тренер. 6. Начальник и его подчинённые. 7. Король и его подданные. 8. Он военнообязанный. 9. Новорождённый ребёнок весит 3,5 кг. 10. Это наш новорождённый!

Упражнение 38. (Минимальная лексика.) **От исходной полной формы пассивного причастия прошедшего времени образуйте краткую форму.**

М о д е л ь: написанный — написан (роман), написан**а** (статья), написан**о** (письмо), написан**ы** (рассказы).

рассказанный —
показанный —
прочитанный —
нарисованный —
напечатанный —
проданный —
построенный —
полученный —

поставленный —
подготовленный —
проверенный —
решённый —
переведённый —
открытый —
забытый —
взятый —

Упражнение 39. (**Минимальная лексика.**) **Обратите внимание на то, что краткая форма пассивного причастия + существительное — это уже фраза, которая может изменяться по временам. Выполните упражнение по модели.**

М о д е л ь: Статья написана. — Статья **была** написана. — Статья **будет** написана.

1. Фильм показан. 2. Картина нарисована. 3. Всё продано. 4. Тексты напечатаны. 5. Здание построено. 6. Посылка получена. 7. Доклад подготовлен. 8. Проблема решена. 9. Статья переведена. 10. Дверь открыта. 11. Книги взяты. 12. Всё сказано.

Упражнение 40. **Допишите недостающие формы. С некоторыми из них придумайте предложения.**

М о д е л ь: предназначен — предназначена, предназначено, предназначены
Книга предназначена для аспирантов.

рассмотрен —
создан —
принят —
установлен —
посвящён —
представлен —
использован —
приведён —
сохранён —

указан —
дан —
расширен —
определён —
размещён —
зарегистрирован —
рассчитан —
изложен —
адресован —

Упражнение 41. **Проследите особенности употребления кратких страдательных причастий прошедшего времени.**

1. В основу пособия положен оригинальный материал, взятый из научной прозы. 2. Пособие предназначено для аспирантов-иностранцев. 3. Пособие может быть использовано в качестве справочника. 4. Работа была апробирована на кафедре русского языка. 5. Старый Эрмитаж был построен архитектором Фельтеном. 6. На сайте www.infoservices.com размещены справочники-путеводители на русском и английском языках по Москве, Петербургу, Выборгу, Новгороду, виртуальный тур по Пушкину. 7. Информация организована по рубрикам, которые расположены в алфавитном порядке и снабжены переводом на английский. 8. В пределах рубрики фирмы размещены по алфавиту, причём первыми приведены компании с названиями на иностранных языках.

Упражнение 42. (**На контроль.**) **От данных в скобках глаголов образуйте краткие страдательные причастия. Раскройте скобки, обращая внимание на род и число причастий.**

Эрмитаж

Возникновение Эрмитажа относится к периоду, когда в ряде европейских стран началось создание публичных музеев.

В 1764 году в Петербург была … и … в уплату долга берлинским негоциантом Гоцковским коллекция из 225 картин западноевропейских мастеров. (привезти; передать)

С этого времени началось систематическое приобретение произведений искусства. Были … большие и замечательные по составу коллекции. (купить) Но публичный музей открылся только в 1852 году, после того как был … Новый Эрмитаж. (возвести) Десять гранитных фигур атлантов, украшающих его, были … по проекту скульптора А.И. Теребенёва. (создать)

Здание Нового Эрмитажа использовалось для размещения коллекции. Здесь, в галереях рядом с Висячим садом, как и в Зимнем дворце, в XVIII веке были … сокровища закрытого императорского собрания. (сосредоточить)

Строительство Малого Эрмитажа заняло более десяти лет. Его Южный павильон, созданный по проекту Ю.М. Фельтена, … над помещением бывших каретных сараев и конюшен. (расположить) Северный павильон … по проекту профессора Академии художеств Ж.Б.М. Валлен-Деламота. (построить)

Упражнение 43. (На контроль.) От данных в скобках глаголов образуйте причастия настоящего времени: либо активные, либо пассивные. Следите за падежами!

1. Голландские учёные установили, что горожане подвержены психическим заболеваниям и нервным расстройствам чаще, чем люди, … в деревне. (жить) 2. Апельсин — одно из прекрасных природных средств, … давление. (понижать) 3. Иммуномодуляторы являются препаратами, … иммунную систему. (взбадривать) 4. В университете Сорбонна введён курс эпистолярного письма, так как, по мнению педагогов, современная молодёжь, … лишь на электронную почту и мобильные телефоны, совсем разучилась писать обыкновенные человеческие письма. (полагаться) 5. Глюкоза, традиционно … лучшим средством для улучшения памяти, на самом деле уступает ячменю и картофелю. (считаться) 6. Британская биотехнологическая компания приступила к испытаниям вакцины против курения, которая вводится уколом в мышцу и вызывает выработку антител, … поступлению никотина в мозг. (препятствовать) 7. Как выяснили французские учёные, плакать — полезно, так как слёзная жидкость удаляет из организма значительное количество токсичных веществ, … при нервном перенапряжении. (*образоваться) 8. Американские рыболовы считают, что рыба любит не тишину, а музыку, особенно рок-н-ролл: в списке «рыбьих» хитов, … возвращаться домой с хорошим уловом, лидирует группа «Роллинг стоунз». (позволять)

Упражнение 44. (На контроль.) От данных в скобках глаголов образуйте причастия прошедшего времени: либо активные, либо пассивные. Следите за падежами!

1. Спортсмен … до финиша первым, получает золотую медаль. (добежать) 2. Пожар, … в библиотеке, уничтожил много ценных книг. (возникнуть) 3. Пожары, не раз … в этой библиотеке, уничтожили часть ценного книжного собрания. (возникать) 4. Люди, … с … в Тихом океане корабля, прожили на необитаемом острове несколько лет. (спастись, затонуть) 5. Сумма … в январе осадков не превысит норму. (выпасть) 6. При … головокружении лучше лечь, чтобы избежать возможного падения, так как головокружение часто сопровождается потерей равновесия. (развиться) 7. Это великолепное лекарство для

людей, … инфаркт. (перенести) 8. По мнению голландских учёных, людям, … в деревне, гораздо легче сохранить своё физическое и психическое здоровье, нежели горожанам. (поселиться) 9. По мнению американских учёных, более трети детей, … на экране курящих актёров, начинает курить. (увидеть) 10. На Васильевском острове начато строительство целого квартала жилых и общественных зданий по проекту, … название «У Ростральных колонн». (получить)

Упражнение 45. *(На контроль.)* **От данных в скобках глаголов образуйте причастия настоящего времени: либо активные, либо пассивные. Следите за падежами!**

1. Свежая информация, … ежедневными газетами, представляет большой интерес. (публиковать) 2. Журналистам необходимо серьёзнее относиться к данным, … в газетах. (публиковать) 3. Этот остров является … . (обитать) 4. … нами примеры взяты из научно-популярных статей. (приводить) 5. Все … в газете товары подлежат обязательной сертификации. (рекламировать) 6. На ежегодно … в США церемонии вручения «Оскара» присутствует огромное количество ведущих режиссёров разных стран. (проводить) 7. Австралийская фармакологическая компания Biota обнаружила в ходе исследований, что одно из лекарств, … ею, отлично подходит для лечения страшного заболевания — птичьего гриппа. (производить) 8. Замечательные лечебные свойства … корпорацией лекарственных препаратов уже многим довелось испробовать на себе. (выпускать) 9. В этой клинике проводится уникальная косметическая операция по коррекции длины коронковой части зуба, … на дёснах. (выполнять)

Упражнение 46. *(На контроль.)* **От данных в скобках глаголов образуйте причастия прошедшего времени: либо активные, либо пассивные. Следите за падежами!**

1. Наиболее полезен зелёный чай, … традиционным способом, а не чай в пакетиках. (заварить) 2. Обратимся к исследованиям, … в Германии: доказано, что дети, ежедневно проводящие у телевизора более 3 часов, становятся нервными и раздражительными. (провести) 3. В Японии появились в продаже принципиально новые ботинки для путешествий: в них удобно ходить, они очень лёгкие (по 108 г каждый), а также их можно носить с собой, они очень гибкие: … пополам или … в трубочку, они помещаются в любую сумку. (согнуть, свернуть) 4. Проблемы детского здоровья волнуют всех родителей, недаром существует множество изданий, … этой теме. (посвятить) 5. По мнению американских учёных, отрицательные последствия курения можно «заедать» белокочанной капустой, капустой брокколи или рыбой, так как кислота, … в этих продуктах, препятствует повреждению тканей лёгких компонентами табачного дыма. (обнаружить) 6. Мобильные телефоны со … цифровыми фотокамерами должны быть оснащены звуковыми сигналами. (встроить) 7. Самыми ранними образцами письменности на Руси являются берестяные грамоты XI в., … во время раскопок в Новгороде, Пскове, Смоленске, Витебске и Старой Руссе. (найти)

193

Упражнение 47. *(На контроль.)* От данных в скобках глаголов образуйте пассивные причастия: либо полные, либо краткие. Следите за падежами!

1. В Пекине … держать собак крупнее 35 сантиметров в холке. (запретить) Все домашние животные должны быть … . (зарегистрировать) 2. В Южной Корее правительство приняло закон, по которому все мобильные телефоны со … цифровыми фотокамерами должны быть … звуковыми сигналами. (встроить, оснастить) Таким образом будут … права людей на частную жизнь: в последнее время в стране участились случаи … съёмок при помощи телефонов. (защитить, не санкционировать) 3. Древние образцы письменности, которые относятся к 4 или даже 5 тысячелетию до н. э., были … на фрагментах керамики, … поблизости от города Сиань китайской провинции Шэньел. (обнаружить, найти) 4. В испанском городе Севилья открылся первый бассейн, в котором нельзя утонуть: дно бассейна … тонкой стальной сеткой, … сенсорами. (затянуть, снабдить) Если человек идёт ко дну, сенсоры дают сигнал, сеть автоматически поднимается на поверхность и блокируется — человек … . (спасти) 5. В январе пройдут гастроли японской балетной труппы. Зрителям будет … балет «Татьяна», … по мотивам романа А. С. Пушкина. (представить, поставить) 6. Салат: … от кожицы и сердцевины и … мелкими кубиками яблоки смешать с … варёной курицей и варёной картошкой, добавить чеснок, орехи и зелень, заправить майонезом. (освободить, нарезать, измельчить)

ОБРАЗОВАНИЕ И УПОТРЕБЛЕНИЕ ДЕЕПРИЧАСТИЙ
부동사를 만드는 방법과 사용

Деепричастия, как и причастия, являются формой глагола. Деепричастие обладает признаками глагола и наречия. Деепричастия не изменяются.

Поскольку деепричастие обозначает второстепенный признак по отношению к глаголу, оно относится к тому же субъекту действия, что и глагол. Например: *Он слушал меня, **не говоря** ни слова.* = *Он слушал меня **и не говорил** ни слова.*

Деепричастия не имеют категории времени. Деепричастия приобретают определённое **временное** значение только в предложении, например: *Он слушает меня, **не говоря** ни слова. — Он слушал меня, **не говоря** ни слова. — Он **будет слушать** меня, **не говоря** ни слова.*

Деепричастия имеют две формы — НСВ и СВ.

Суффиксы деепричастий НСВ (от глаголов НСВ)	Суффиксы деепричастий СВ (от глаголов СВ)
-А: крича, дыша **(-Я)**: думая, неся (*-УЧИ: будучи, едучи) (*-ЮЧИ: играючи, умеючи)[1] (*-В: не быв, не знав) (*-ВШИ: знавши, не евши)	**-В**: разыграв, помыв **-ВШИ**: разыгравшись, умывшись (*-ШИ: замёрзши, испёкши)

Выполним тренировочные упражнения, комментируя и заучивая таблицу.

---
[1] Формы с суффиксами *-учи, -ючи* просторечные и малоупотребительные. Исторически это деепричастия, в настоящее время обычно употребляются как наречия.

ДЕЕПРИЧАСТИЯ НСВ 부동사의 불완료상

Упражнение 48. (Минимальная лексика.) **Прочитайте предложения, определите суффиксы деепричастий. Выучите суффиксы деепричастий НСВ.**

1. Играя, ребёнок может научиться читать и считать. 2. Гуляя, он встретил приятеля. 3. Читая текст, мы подчёркиваем незнакомые слова. 4. Студенты разговаривали на уроке, думая, что преподаватель не видит этого. 5. Студенты разговаривают на уроке, думая, что преподаватель не видит этого. 6. Они шли по улице, громко разговаривая. 7. Они идут по улице, громко разговаривая. 8. Они пойдут по улице, громко разговаривая. 9. Он шёл по улице, никуда не спеша. 10. Я всегда радуюсь, встречаясь со старыми друзьями. 11. Показывая мне фотографии, он рассказывал о своём путешествии. 12. Ничего не слыша и не видя, он шёл по улице.

Упражнение 49. (Минимальная лексика.) **Определите, от каких глаголов образованы данные деепричастия НСВ. Закончите предложения и запишите их в тетрадь, обращая внимание на запятые.**

М о д е л ь: Никуда **не торопясь**, он … .
— **Никуда не торопясь, он шёл по улице** (он идёт по улице; он пойдёт по улице).

1. Не думая ни о чём, он … . 2. Завтракая, она … . 3. Готовя ужин, он … . 4. Слушая радио, мы … . 5. Читая книгу, он … . 6. Переводя текст, она … . 7. Уходя в университет, я … . 8. Приходя домой, я … . 9. Отвечая на наши вопросы, преподаватель … . 10. Гуляя каждый день по городу, мы … .

Упражнение 50. (Минимальная лексика.) **Используя материал упражнения 49, замените деепричастия глаголами.**

М о д е л ь: Читая книгу, она плакала.
1. **Она читала книгу и** плакала.
2. **Когда она читала книгу**, она плакала. (Она плакала, когда читала книгу.)

Упражнение 51. (Минимальная лексика.) **От приведённых ниже глаголов образуйте деепричастия. Какие два суффикса должны быть использованы?**

читать —
думать —
знакомиться —
покупать —
знать —
танцевать —
рисовать —
открывать —
закрывать —
давать —

готовиться —
заниматься —
спрашивать —
начинать —
кончать —
изучать —
брать —
отдыхать —
улыбаться —
здороваться —

Упражнение 52. Проверьте, быстро ли вы образуете деепричастия НСВ. Время на обдумывание каждого варианта — две секунды. Закончите предложения.

М о д е л ь: Когда (я) бываю в новых для меня городах, я … . — **Бывая** в новых для меня городах, я всегда стара**юсь посмотреть всё самое интересное.**
Когда я бывал в новых для меня городах, я … . — **Бывая** в новых для меня городах, я всегда стара**лся** посмотреть всё самое интересное.

1. Он улыбается и … . 2. Он улыбался и … . 3. Он глядел в окно и … . 4. Она переодевалась и … . 5. Когда мой друг приезжает в Петербург, он … . 6. Когда мой друг приезжал в Петербург, он … . 7. Когда я советую тебе посмотреть Эрмитаж, я … . 8. Когда мы планировали поехать в Новгород, мы … . 9. Так как он стареет, он … . 10. Поскольку они обманывали родителей, они … . 11. Если она готовится к экзамену, она … . 12. Если вы будете ложиться в одиннадцать вечера, вы … . 13. Если вы будете вставать с восходом солнца, вы … . 14. Если мы будем анализировать данные примеры, мы сможем … . 15. Ввиду того что вы отказываетесь выполнять мои поручения, вы … . 16. Из-за того что они нарушают установленные правила, они … . 17. Если организуешь новое предприятие, надо … . 18. Когда рассчитывают налоги, следует … . 19. Когда отчитываешься перед начальством, нужно … . 20. Несмотря на то что ты знал обо всех нарушениях, ты всё-таки … .

Упражнение 53. От данных ниже глаголов образуйте деепричастия. Составьте с ними предложения.

находиться —	летать —
граничить —	бегать —
принадлежать —	переезжать —
не противоречить —	объезжать —
рассматривать —	не переносить —
анализировать —	проводить (эксперименты) —
следовать —	выстраивать (схему) —
существовать —	не доживать —
предчувствовать —	останавливаться —
распоряжаться —	обвинять —
угрожать —	защищать —
не стесняться —	не предполагать —
приветствовать —	не разбираться —
сочувствовать —	не упрекать —
интересоваться —	не прощаться —

Упражнение 54. *(На контроль.)* Раскройте скобки, образуя от глаголов деепричастия. Обратите внимание на пунктуацию!

1. Сон даёт отдых, … человеку расслабиться. (помогать) Сегодня редко кто умеет расслабляться, … к помощи алкоголя, табака и других наркотиков. (не прибегать) 2. Тибетские целители ещё много веков назад считали, что на кончике носа находится точка, … на которую можно быстро восстановить работу сердца. (воздействовать) 3. Можно

возместить дефицит полезных веществ, … в рацион биологически активные добавки. (вводить) 4. Американские диетологи утверждают, что шоколад благотворно действует на работу сердца, … кровообращение и … образованию тромбов в сосудах. (улучшать, препятствовать) 5. Английские учёные пришли к выводу, что, если, … на диете, съедать каждый день немного сахара или таблетку глюкозы, можно похудеть быстрее. (сидеть) Причина заключается в том, что глюкоза, мгновенно … в кровь, быстро удовлетворяет чувство голода. (попадать) 6. Английский профессор-математик Д. Мюррей утверждает, что может предсказать судьбу семьи с точностью до 94%. … формулы семейного счастья, учёный в течение 10 лет исследовал 700 пар новобрачных. (разрабатывать) Во время работы ему ассистировал психолог. С каждой из пар они провели 15-минутную беседу, … одни и те же вопросы. (задавать) В ходе расчётов определяли совпадения между мужем и женой, … также мимику, жесты, движения глаз. (исследовать) Результаты высчитывали по специальной шкале, … их в формулу и в конечном итоге … , быть ли браку счастливым. (заносить, определять)

Упражнение 55. (Грамматика на максимум.) **Прочитайте предложения, определите суффиксы деепричастий. Обратите внимание на то, что эти суффиксы обычно имеют просторечную окраску (либо архаичны), поэтому употреблять их мы не рекомендуем, особенно в официальном общении.**

1. Он шёл, напеваючи. 2. Это ты-то несчастна? На тебя глядючи, этого не скажешь. 3. Едучи домой, он думал о ней. 4. Она сказала так, тебя жалеючи. 5. Эти лекарства, будучи сильными, быстро понижают температуру тела больного. 6. Сидит лиса, на солнышке греючись. 7. Ни о чём не знав, она приехала в город. 8. Пошёл на работу не евши. 9. Пошёл на работу, ничего не ев. 10. Ехавши на лошади, не устанешь.

Упражнение 56. **Прочитайте предложения. Найдите деепричастия, которые перешли в разряд наречий, предлогов или союзов. Придумайте с ними аналогичные предложения.**

1. Не стоит читать лёжа. 2. Лёжа хлеба не добудешь. 3. Не ешь стоя! 4. Он молча смотрел на меня. 5. Он шутя обнял её. 6. Ты думал, я не смогу? Долго ли умеючи! 7. Она живёт припеваючи. 8. Они шли по тропинке крадучись. 9. Благодаря вам он добился таких успехов. 10. Судя по вашему виду, вы не очень устали. 11. Несмотря на дождь, они поехали за город. 12. Невзирая на критику, он всё же издал книгу. 13. Надо искупаться, хотя вода совсем холодная. 14. Несмотря на то что мы все очень устали, будем продолжать заниматься. 15. Мы сделаем это играючи!

ДЕЕПРИЧАСТИЯ СВ 부동사의 완료상

Упражнение 57. (Минимальная лексика.) **Прочитайте предложения, определите суффиксы деепричастий. Выучите суффиксы деепричастий СВ!**

1. Прочитав одну книгу, он взял другую. 2. Прочитав одну книгу, он сразу же берёт другую. 3. Прочитав одну книгу, он возьмёт другую. 4. Закончив работу, мы пошли домой. 5. Закончив работу, мы пойдём домой. 6. Увидев меня, он вежливо поздоровался. 7. Выучив грамматику, мы сможем быстро написать тест. 8. Ничего не поняв, он попросил

повторить вопрос. 9. Съев бутерброд и выпив стакан сока, он успокоился. 10. Пообедав, мы пойдём в библиотеку. 11. Нарисовав мой портрет, она не показала его мне. 12. Он ушёл, даже не поцеловав меня. 13. Он ушёл не попрощавшись. 14. Умывшись, он стал одеваться. 15. Гости разошлись по домам, так и не познакомившись. 16. Они шли, взявшись за руки. 17. Поднявшись на лифте на шестой этаж, мы звоним в квартиру № 21. 18. Немного позанимавшись в библиотеке, он пойдёт домой. 19. Хорошо подготовившись к экзамену, студенты прекрасно сдали его.

Упражнение 58. (*Минимальная лексика.*) **Определите, от каких глаголов образованы данные деепричастия СВ. Закончите предложения, запишите их в тетрадь, обращая внимание на пунктуацию.**

М о д е л ь: **Написав** письмо, он … .
— Написав письмо, он пошёл на почту (идёт на почту; пойдёт на почту).

1. Напечатав статью, она … . 2. Ничего нам не сказав, она … . 3. Посмотрев на меня, он … . 4. Ничего не сделав, он … . 5. Не узнав новое расписание, ты не сможешь … . 6. Купив новый компьютер, мы можем … . 7. Купив компьютер, мы были … . 8. Купив современный компьютер, мы будем … . 9. Начав серьёзно заниматься, вы увидите, что … . 10. Открыв книгу, он стал … . 11. Забыв дома учебник, она … . 12. Сфотографировавшись всей группой, мы … . 13. Не подготовившись к экзамену, она … . 14. Созвонившись, они … . 15. Тепло одевшись, он … . 16. Заинтересовавшись историей, он стал … .

Упражнение 59. (*Минимальная лексика.*) **Используя материал упражнения 58, замените деепричастия глаголами.**

М о д е л ь: 1. Написав письмо, он пошёл на почту. — **Когда он** написал письмо, он пошёл на почту.
2. Ничего не сказав, он ушёл. — Он ушёл **и ничего не сказал**.
3. Не посмотрев телевизор, мы не будем знать новости. — **Если мы не посмотрим** телевизор, мы не будем знать новости.

Упражнение 60. (*Минимальная лексика.*) **От приведённых ниже глаголов образуйте деепричастия СВ. Какие два суффикса должны быть использованы?**

прочитать —
написать —
напечатать —
нарисовать —
посоветовать —
подумать —
позвонить —
не постучать —
не подождать —
открыть —
забыть —
начать —

отдохнуть —
сказать —
спросить —
попросить —
дать —
взять —
улыбнуться —
засмеяться —
одеться —
переодеться —
умыться —
причесаться —

кончить —
выучить —

побриться —
подготовиться —

Упражнение 61. **Проверьте, быстро ли вы образуете деепричастия СВ. Время на обдумывание каждого варианта — две секунды. Закончите предложения.**

М о д е л ь: 1. Когда я побывал в разных странах, я … . — **Побывав** в разных странах, я узнал(**а**) много нового и интересного.
2. Если ты сдал экзамены, можешь отдохнуть. — **Сдав** экзамены, **можешь** отдохнуть.

1. Когда (если) мы рассмотрели данные примеры, мы … . 2. Когда (если) мы проанализировали факты, можно … . 3. Когда (после того как) мы установили данную зависимость, … . 4. После того как (когда) мы сопоставили все факты, … . 5. Так как мы специально остановились на этом вопросе, … . 6. Поскольку мы обратились к этой проблеме, … . 7. Так как профессор не остановился на достигнутом, он … . 8. Поскольку он ни разу не ошибся, … . 9. Несмотря на то что учёный ни на шаг не приблизился к решению этой проблемы, всё же он … .

Упражнение 62. **(Минимальная лексика.) Обратите внимание на то, что от некоторых глаголов движения СВ деепричастия образуются не с суффиксом -*в*, а с суффиксом -*я*. Из них наиболее употребительны приставочные глаголы от глагола *идти*; другие используются редко.**

1. Придя в университет, он вспомнил, что забыл дома тетрадь. 2. Войдя в метро, она сняла шапку. 3. Перейдя на другой факультет, он понял, что ошибся. 4. Не найдя в сумочке свой проездной, она должна была купить билет. 5. Зайдя в библиотеку, всегда можешь взять интересную книгу. 6. Эту картину надо рассматривать, отойдя на несколько шагов. 7. Отведя детей в школу, мать начала готовить обед. 8. Принеся им кофе, официант тихо удалился.

Упражнение 63. **От данных ниже глаголов образуйте деепричастия СВ. С некоторыми из них составьте предложения.**

полюбить —
постесняться —
прожевать —
проглотить —
зевнуть —
махнуть —
сесть —
съесть —
полюбить —
заболеть —
простудиться —
запланировать —

состариться —
промокнуть —
проголосовать —
поймать —
поссориться —
отклониться —
уронить —
ощутить —
завязать —
подойти —
пройти —
перейти —

зарегистрировать —
зарегистрироваться —
оформить —
оформиться —
не подчиниться —
ослепнуть —
оглохнуть —

переехать —
выздороветь —
поправиться —
взойти —
не произнести —
не найти —
загореться —

Упражнение 64. *(На контроль.)* **Раскройте скобки, образуя от глаголов деепричастия. Обратите внимание на пунктуацию!**

1. Делать коррекцию зрения можно, лишь предварительно … со специалистами. (проконсультироваться) 2. … колледж и … на работу в банк, эта американка столкнулась с тем, что у неё не остаётся времени на домашние дела. (окончить, поступить) … собственный опыт, она пришла к выводу, что занятым людям могут вполне помочь нанимаемые консьержи, … на себя часть хозяйственных дел. (вспомнить, взять) 3. … многочисленные опыты, немецкие психологи установили, что за каникулы школьники глупеют: три недели каникул приводят к снижению коэффициента интеллекта на 20 единиц. (провести) Противодействовать этому можно, … в каждый каникулярный день полчаса для занятия головоломками или шахматами. (отвести) 4. … и … около 10 тысяч британцев, психологи пришли к выводу, что в жизни человека бывают два «возраста счастья»: 15 лет и 70! (опросить, обследовать) 15 лет — это возраст первой любви. А в 70 лет немало людей, … от меркантильных расчётов, женятся или выходят замуж по любви, отправляются в путешествие или осуществляют свою заветную мечту. (отрешиться)

Упражнение 65. *(Грамматика на максимум.)* **Прочитайте предложения, определите суффиксы деепричастий СВ. Обратите внимание на то, что эти суффиксы обычно имеют просторечную окраску (либо архаичны), поэтому использовать их мы не рекомендуем, особенно в официальном общении.**

1. Полюбя науки, Ломоносов пешком пошёл в Москву учиться. 2. Подметя пол, она принялась мыть посуду. 3. Заметя ошибку, он не стал её исправлять. 4. Что ж ты, милая, смотришь искоса, низко голову наклоня? 5. Поевши, он пошёл на работу. 6. Стоит он, простёрши руки, словно крылья. 7. Заперши дверь, она легла спать. 8. Снявши голову, по волосам не плачут.

Упражнение 66. Прочитайте предложения. Найдите деепричастия, которые перешли в разряд наречий, предлогов или союзов. Придумайте с ними аналогичные предложения.

1. Он работает засучив рукава. 2. Работает спустя рукава. 3. Несётся сломя голову. 4. Ушёл несолоно хлебавши. 5. Я приду немного погодя.

Упражнение 67. *(На контроль. Минимальная лексика.)* **От данных в скобках глаголов образуйте деепричастия либо НСВ, либо СВ.**

М.И. Глинка

Михаил Иванович Глинка — замечательный русский композитор, автор известной оперы «Жизнь за царя».

Он родился в 1804 г., … впоследствии гордостью русской музыки. (стать) Долгие годы … в имении отца в Смоленской губернии, он всем сердцем полюбил народные песни. (провести)

… от нашествия наполеоновской армии, семья Глинки покинула имение. (спасаться) … рассказы о героизме партизан, мальчик проникся любовью и уважением к русскому народу, его могучей силе и душевной красоте. (слушать)

В домашнем быту у родных Глинки часто звучала музыка. У дяди был хороший оркестр. Впоследствии, … свои детские впечатления, Глинка писал, что народной музыкой он заинтересовался уже тогда. (вспоминать) … в Петербурге обучение в Благородном пансионе, Глинка поступил на службу. (окончить)

М. Глинка становится довольно известным, к тому времени … большое количество фортепианных пьес и романсов. (написать) В 1830 г. композитор уехал в Италию, … , как он говорил, «усовершенствоваться в искусстве». (стремиться) … в Италии около четырёх лет, Глинка поехал в Германию. (прожить) Вдали от родины возникла идея создания отечественной оперы. … в Россию, Глинка стал сочинять оперу о патриотическом подвиге Ивана Сусанина. (вернуться) Позднее опера была исполнена в Петербурге.

М.И. Глинка написал также оперу «Руслан и Людмила», симфонические пьесы, фортепианные пьесы и многие другие произведения.

Умер Глинка в 1857 г., … всего 53 года. (прожить) Он похоронен на кладбище Александро-Невской лавры.

ЗАКЛЮЧИТЕЛЬНЫЕ УПРАЖНЕНИЯ ПО ТЕМАМ «ПРИЧАСТИЯ» И «ДЕЕПРИЧАСТИЯ»
형동사와 부동사 총정리 연습문제

Предупреждаем: упражнения будут немного необычными! Желаем удачи!

Упражнение 68. От данных в скобках глаголов образуйте либо причастия, либо деепричастия.

После телесеанса надо… умыться

Экологи считают: каждый раз, … телевизор, надо сразу тщательно умыть лицо. (посмотреть) Зачем?

Мы как-то не задумываемся о том, что, когда горит «голубой экран», идёт … процесс взаимодействия телеизлучения с воздухом квартиры. (определить) Если объяснить совсем просто, то электроны, непрерывным потоком … на экран телевизора, приводят к образованию и накапливанию статического электричества, … пыль. (поступать, притягивать) Следовательно, работает телевизор — активно движется пыль. Естественно, что она оседает не только на поверхности телевизора, но и на коже ... у экрана людей, ... чёрные точки. (сидеть, *образовать) Но ведь микрочастицы пыли содержат огромное количество микробов! Представляете, сколько этой гадости «ловит» человек, часами ... время у телевизора? (проводить) Так что неплохо взять за правило: выключил телевизор — бегом в ванную!

Упражнение 69. **От данных в скобках глаголов образуйте либо причастия, либо деепричастия.**

Дом XXI века

Главу «империи» «Майкрософт» Билла Гейтса представлять никому не надо. А его дом, ... на берегу озера Вашингтон, стоит того, чтобы рассказать о нём. (расположить)

Дом строился семь лет. В здании ... самые современные информационные технологии, что позволяет дому «приспособиться» к любому гостю, ... туда. (реализовать, попасть) Так, каждый ... сюда получает личный электронный идентификационный номер. (входить) В каждой комнате имеются ... сенсорные устройства, ... гостя. (встроить, обслуживать) Сенсоры также контролируют освещение апартаментов и работу электроприборов, автоматически ... их, когда человек выходит из комнаты. (выключать) Это жильё XXI века.

Упражнение 70. **От данных в скобках глаголов образуйте либо причастия, либо деепричастия.**

Ум и память лучше станут

Предлагаем некоторые упражнения, ... сохранить ум и память крепкими и полноценными, причём в любом возрасте. (позволять)

считайте от 1 до 50, а потом от 50 до 1. Перечислите в ... порядке числа от 1 до 100, которые содержат, к примеру, цифру 7 или которые делятся на 2, 3 или 4. (возрастать)

В быстром темпе произнесите все буквы алфавита, ... на каждую из них слово. (придумывать) Например: а — астрология, б — белка, в — ворота...

Как можно быстрее произнесите 20 мужских (женских) имён или 20 видов пищи, ... каждое слово. (нумеровать) Например: 1 — Александр, 2 — Тимофей, 3 — Сергей... Или: 1 — компот, 2 — чипсы, 3 — конфета...

Быстро назовите 20 слов на любую букву алфавита, также ... каждое из них. (нумеровать) Например: 1 — калач, 2 — корабль, 3 — квартира...

В течение 5 минут постарайтесь придумать как можно больше фраз, ... какое-нибудь ... вами слово. (содержать, выбрать) Делайте это в быстром темпе, без остановок, особенно ... о том, чтобы фразы были «умными». (заботиться) Для удобства счёта можно загибать пальцы на руках.

Упражнение 71. (Расширенная лексика.) **От данных в скобках глаголов образуйте либо причастия, либо деепричастия.**

Лебединое озеро

Парк перед замком. Гости, … (прийти) в замок, поздравляют принца Зигфрида с совершеннолетием. Мать принца напоминает ему, что завтра на балу он должен выбрать себе невесту. Принц … (озадачить).

Вечереет. Высоко в небе пролетает стая лебедей. Принц с друзьями решает пойти на охоту.

Лунная ночь. Развалины часовни. По озеру плывёт стая лебедей, впереди — лебедь с короной на голове. Зигфрид с охотниками, … (увидеть) лебедей, приготовились стрелять в них, но лебеди уплывают. Развалины озаряются волшебным светом. Лебеди, … (превратиться) в юных девушек, окружают Зигфрида, … (умолять) не убивать их. Зигфрид останавливается, … (поразить) красотой королевы лебедей. Она рассказывает печальную историю: и она, и … (окружать) её девушки — несчастные жертвы злого волшебника, … (заколдовать) их. Все они … (осудить) превращаться днём в лебедей и лишь ночью у этих развалин принимают облик девушек. Страшные чары будут продолжаться, пока кто-нибудь не полюбит её, Одетту, на всю жизнь. Зигфрид, … (очаровать) красотой Одетты, клянётся ей в вечной любви.

Занимается заря. Одетта прощается с возлюбленным и скрывается в развалинах. По озеру проплывает стая лебедей, а над ними, зловеще … (взмахивать) чёрными крыльями, летит большой коршун.

Бал в замке. Одна за другой проходят мимо Зигфрида и его матери молодые девушки. Но ни одна не трогает сердца юноши, все мысли которого … (устремить) к … (заколдовать) девушке. Гремят трубы, … (извещать) о прибытии новых гостей. В зале появляется могучая фигура рыцаря Ротбарда. Это колдун, … (принять) облик Ротбарда. С ним — его дочь Одиллия. Зигфрид, … (растеряться), смотрит на Одиллию: дочь Ротбарда чрезвычайно похожа на Одетту, но что-то злое, резкое нарушает это сходство. Одиллия улыбается Зигфриду, сомнения его рассеиваются, и он протягивает ей руку. Выбор … (сделать). Отныне она его невеста. Они танцуют вальс, а затем принц сообщает матери о своём решении жениться. Ротбард соединяет руку дочери и Зигфрида. … (произнести) клятву любви, принц замечает, что в окно бьётся лебедь. … (понять) всё, весь обман, жертвой которого он стал, Зигфрид в отчаянье выбегает из зала. Общее смятение.

Снова берег озера. Девушки с тревогой ожидают возвращения своей подруги, от судьбы которой зависит и их участь. Возвращается Одетта и взволнованно рассказывает об измене Зигфрида. Ужас охватывает девушек. Теперь ничто не в силах избавить их от злых чар чёрного коршуна. Появляется Зигфрид, … (умолять) Одетту простить ему невольную измену. Любимая и … (любить) девушка верит каждому его слову, но ничто не отвратит их судьбы: она должна погибнуть.

Зигфрид не может расстаться с Одеттой, их связывает любовь, ради которой он готов пожертвовать жизнью. … (ненавидеть) самое сильное из всех человеческих чувств — любовь, злой волшебник стремится запугать Зигфрида бурей. Яростные порывы ветра устремляются на Зигфрида и Одетту, но их не могут напугать ни молнии, одна за другой … (прорезать) небо, ни волны, грозно … (подступать) к ногам девушки и юноши. Все усилия Ротбарда разлучить их напрасны. С высокого утёса они бросаются в озеро. Злой волшебник, … (потрясти) силой их любви, падает и умирает. Подводное царство озаряется волшебным светом. Зигфрид и Одетта, … (окружить) нимфами, уносятся в храм вечного счастья.

Упражнение 72. *(Расширенная лексика.)* **От данных в скобках глаголов образуйте либо причастия, либо деепричастия.**

Щелкунчик

Небольшой немецкий городок. В доме Зильбергауса праздник. Множество гостей … (пригласить) на ёлку. Роскошно … (украсить), она вызывает восторг детей. Детвора резвится, … (любоваться) … (получить) подарками.

Появляются гости. Часы бьют полночь. Приходит старый чудак Дроссельмейер — крёстный маленькой Маши. Он преподносит детям четыре большие механические куклы. … (завести) куклы танцуют. Дети в восторге, но взрослые, … (опасаться), что игрушки сломаются, приказывают унести их. Дети … (огорчать).

… (желать) утешить детей, Дроссельмейер вынимает из чемодана новую смешную куклу — Щелкунчика. Она умеет раскалывать орехи. Маленький озорной Фриц хватает Щелкунчика и вкладывает ему в рот самый большой орех. У Щелкунчика ломаются зубы. Мальчик бросает игрушку. Маша поднимает … (изуродовать) Щелкунчика и уносит его. Гости танцуют последний танец.

Бал … (окончить). Все расходятся. Детям пора спать.

Маленькой Маше не спится. Она встаёт с постели и подходит к Щелкунчику, … (остаться) в тёмном зале. Но вдруг появляется множество … (блестеть) огоньков. Это глаза мышей. Как страшно! Комната наполняется мышами. … (испугаться), девочка бежит к Щелкунчику искать защиты.

Зал … (осветить) волшебным светом луны. Куклы и игрушки оживают. Появляется отряд солдатиков. Мышиное войско наступает, … (одерживать) победу. Мышиный царь вступает в единоборство с Щелкунчиком. Маша, … (снять) с ноги туфельку, бросает её в мышиного царя. Щелкунчик ранит своего врага, и тот спасается бегством вместе со своим войском. Вдруг Щелкунчик превращается в красивого юношу. … (встать) на колени перед Машей, он умоляет её следовать за ним. Они скрываются за ёлкой.

Зал превращается в зимний лес. Поднимается метель, ветер подгоняет … (танцевать) снежинки. Образуется снежный сугроб из живых фигур … (искриться) снежинок. Постепенно метель утихает.

Фея Драже живёт в сахарном дворце, … (украсить) сладостями. Появляются феи мелодий, картин, цветов, фруктов и другие.

В лодке, медленно … (плыть) по реке, сидят Маша и Щелкунчик. Вот они выходят на берег.

От лучей … (палить) солнца дворец на розовой реке постепенно тает. Фея Драже с принцессами, сёстрами Щелкунчика, встречают … (прибыть). Щелкунчик берёт Машу за руку и говорит, что ей одной он обязан своим спасением.

Начинается праздник. Все танцуют различные танцы. Маша и принц Щелкунчик сияют от радости.

Часть 5. ПРЕФИКСАЛЬНЫЕ ГЛАГОЛЫ 접두사가 있는 동사

Русские префиксальные (= приставочные) глаголы всегда представляют большую трудность для иностранцев. Почему? Во-первых, потому, что в русском языке — по сравнению с другими языками — очень много префиксов. Во-вторых, почти все глаголы соединяются с теми или иными префиксами и получают таким образом самые разные значения.

ПРЕФИКСЫ, УПОТРЕБЛЯЮЩИЕСЯ С ГЛАГОЛАМИ
동사와 함께 사용되는 접두사

В русском слово- и формообразовании существительных, прилагательных и глаголов используется большое количество префиксов иностранного происхождения, которые, как правило, больших трудностей для иностранцев не представляют: *а-, анти-, вице-, де-, дис-, контр-, обер-, ре-, суб-, ультра-, экстра-* (у существительных), *а-, гипер-, интер-, пост-, суб-, супер-, транс-, ультра-, экстра-* (у прилагательных), *де-/дез-, дис-, ре-* (у глаголов) и т. д. Префиксов русского происхождения также много: *без-, не-, после-, пра-, сверх-* (у существительных), *вне-, внутри-, меж-/между-, наи-, не-, около-, после-, через-* и др. (у прилагательных), *в-, вз-, воз-, вы-, до-, за-, из-, на-, над-, недо-, низ-, о-, об-, от-, пере-, по-, под-, пре-, пред-, при-, про-, раз-, с-, со-, у-* (у глаголов).

На начальном этапе вы должны знать, какие префиксы чаще употребляются в русском языке. Это глагольно-именные префиксы: *в-, вз-, воз-, вы-, до-, за-, из-, на-, над-, недо-, низ-, о-, об-, от-, пере-, по-, под-, пре-, пред-, при-, про-, раз-, с-, со-, у-*. Их надо различать на слух и при чтении, уметь отделять от глагола, например: *по*холодало, *раз*бить, *вз*лететь, *рас*писание, *на*елся. Некоторые наиболее частотные значения глагольно-именных префиксов также следует знать уже на начальном этапе, например: *при*шёл (= он здесь), *у*шёл (= его нет), *пере*писать (= ещё раз), *по*лежать (= немного), *вы*писать (= откуда-либо), *об*ойти (= вокруг) и т. д.

На продвинутом этапе вы должны уже хорошо знать все (!) основные значения этих двадцати пяти глагольно-именных префиксов. Желаем вам приятной работы над этой «энциклопедической» темой!

ОСНОВНЫЕ ЗНАЧЕНИЯ 25 РУССКИХ ГЛАГОЛЬНО-ИМЕННЫХ ПРЕФИКСОВ
동사와 함께 사용되는 25개의 주요 접두사의 의미

Следует отметить, что мы рассматриваем именно **основные**, наиболее употребительные значения (в словарях и «Академической грамматике» их значительно больше). Не пугайтесь, что значений много: постепенно вы их запомните.

Обратите внимание на два момента: а) иногда в комментарии оговаривается возможность наличия у глагола постфикса *-ся*; б) обозначение «СВ» указывает на совершенный вид глагола, т. е. иногда префикс не вносит нового значения, а просто обозначает ограничение действия пределом.

В- (ВО-)	движение внутрь чего-либо, например: *войти, всмотреться* (возможно + -СЯ)
ВЗ- (ВЗО-, ВС-)	1) движение снизу вверх, например: *взлететь* 2) внезапное, интенсивное начало действия: *вскрикнуть, взмокнуть* 3) СВ: *вскормить, вскипеть, вспотеть*
ВОЗ- (ВОЗО-, ВОС-)	1) (книжное) начало действия: *возлюбить, возликовать, возненавидеть* 2) СВ: *возмужать, воспрепятствовать*
ВЫ-	1) движение изнутри наружу (прямое и переносное значение): *выйти, вывезти, вычитать* 2) интенсивное или тщательное действие: *выговорить, вылизать, вымокнуть* 3) СВ: *вылечить, выкопать, высушить*
ДО-	1) указание на достижение предела: *дочитать, доесть, добросить* 2) действие, производящееся в дополнение к уже сделанному (= добавить): *доплатить, докупить, долить* 3) возможно + -СЯ — негативный результат: *догуляться, добаловаться, долечить*
ЗА-	1) начало действия: *закричать, забегать, зашевелиться* 2) направление движения (за предмет): *машина заехала за угол, солнце зашло за тучу* 3) заполнение чего-либо: *залить стол, заасфальтировать улицу, заправить машину* 4) возможно + -СЯ — чрезмерность: *захвалить, зацеловать, заработаться* 5) СВ: *заплатить, зарегистрировать*
ИЗ- (ИЗО-, ИС-)	1) (книжное) действие, направленное откуда-либо: *изгнать, излить* 2) действие, распространяющееся на большое пространство или несколько объектов: *искусать, изъездить* 3) СВ: *израсходовать, истратить, испачкать, измерить*
НА-	1) направление действия на что-либо: *набросить, наехать, наклеить*

НА-	2) действие, имеющее значение «произвести большое количество чего-либо»: *наварить, насолить, накупить* 3) беглое совершение действия: *напеть, насвистывать* 4) + -СЯ — исчерпанность: *нагуляться, наговориться* 5) СВ: *написать, напоить, намочить*
НАД- (НАДО-)	1) добавление, дополнение, увеличение: *надстроить, надвязать свитер* 2) неполнота действия: *надкусить, надпилить, надорвать*
НЕДО-	неполнота действия по сравнению с нормой: *недовыполнить, недодать, недоделать, недооценить*
НИЗ- (НИЗО-, НИС-)	(книжное) действие по направлению сверху вниз (прямое и переносное значение: *низложить, низойти, низвести*
О- (ОБ-)	1) действие, производящееся вокруг чего-либо или во все стороны (прямое и переносное): *оклеить, окопать, обыскать, обступить, обмозговать* 2) действие, распространяющееся на множество объектов: *опросить, обе́гать* 3) СВ: *очистить, озябнуть, оглохнуть, опубликовать, оштрафовать*
ОБ- (ОБО-)	1) действие, производящееся со всех сторон: *обжарить, обрасти, облизнуть* 2) действие, направленное мимо чего-либо: *объехать, обойти* 3) СВ: *обменять, обучить, обветшать, обмелеть*
ОТ- (ОТО-)	1) удаление: *отойти, откатить, оттолкнуть* 2) действие, направленное к цели: *отнести, отвезти* 3) отделение части от целого: *отрезать, отпилить* 4) тщательное действие: *отстирать, отгладить* 5) СВ: *отработать, отомстить, отремонтировать, отвести*
ПЕРЕ-	1) перемещение через что-либо или в другое место: *перелететь, переплыть, переложить* 2) действие, производящееся повторно: *перечитать, переизбрать, перезарядить* 3) действие, направленное поочерёдно на множество объектов: *перепробовать, перебудить, перезабыть*

ПЕРЕ-	4) превышение нормы: *переесть, перекормить, переплатить* 5) СВ: *переночевать, перезимовать, перекурить, перебродить*
ПО-	1) действие, производящееся с незначительной интенсивностью, непродолжительное время: *поотстать, поотвыкнуть, полежать, поохотиться* 2) начало движения: *пойти, побежать* 3) СВ: *поблагодарить, позавтракать, построить, погибнуть, посеять*
ПОД- (ПОДО-)	1) приближение: *подойти, подъехать* 2) действие, направленное подо что-либо: *подложить, подлезть, подставить* 3) действие, направленное снизу вверх: *подбросить, подпрыгнуть* 4) незначительная степень действия: *подзабыть, подремонтировать, подпеть* 5) действие, производимое тайно: *подговорить, подсмотреть* 6) СВ: *подмести, подготовить, подсчитать*
ПРЕ-	возможно + -СЯ (книжное) — интенсивность действия: *преувеличить, преуменьшить, преисполниться*
ПРЕД- (ПРЕДО-)	действие, производящееся заранее: *предвидеть, предохранить, предотвратить, предугадать*
ПРИ-	1) достигнуть какого-либо места: *приехать, принести* 2) присоединение: *приклеить, пришить* 3) действие, производящееся не полностью или с незначительной интенсивностью: *приоткрыть, привстать* 4) СВ: *приготовить, примерить, приласкать*
ПРО-	1) действие, направленное через предмет или пространство: *пройти, пролезть, пробить* 2) действие, направленное мимо чего-либо: *проехать, пробежать* 3) перемещение вперёд: *проехать 5 км, прошагать* 4) интенсивное действие: *продумать, прожарить* 5) действие, означающее «не сделать по ошибке, пропустить»: *проглядеть, пропустить, прогулять* 6) длительное действие: *проездить, прогулять всю ночь* 7) СВ: *прочитать, проконсультировать*

РАЗ- (РАЗО-)	1) деление на части: *разбить, разрезать, разорвать* 2) возможно + -СЯ — действие, направленное в разные стороны: *разложить, разойтись* 3) возможно + -СЯ — интенсивное действие: *разобидеть, растолстеть, расплакаться* 4) аннулировать результат: *разморозить, разгримировать, расколдовать* 5) СВ: *рассердить, разбить, растаять*
С- (СО-)	1) соединение: *сшить, склеить, созвать* 2) действие, направленное сверху вниз: *слететь, съехать (с горы)* 3) удаление с поверхности: *счистить, смыть, смести* 4) действие, производящееся один раз: *сглупить, сходить, съездить, схитрить* 5) СВ: *сделать, скиснуть, съесть*
СО-	совместное действие: *сосуществовать, сочувствовать, сопереживать*
У-	1) удаление откуда-нибудь, от чего-либо: *уехать, увезти, унести* 2) убавление: *уменьшить, ушить, усохнуть, увариться* 3) помещение в какие-либо рамки: *уложить вещи, уписа́ть* 4) покрытие со всех сторон: *усы́пать, укутать, уставить, устлать* 5) СВ: *узнать, урегулировать, ужалить, убаюкать*

Не вошедшие в этот перечень три префикса иностранного происхождения *де-/дез-, дис-* и *ре-* не вызывают трудностей у иностранцев, используются в словах иностранного происхождения. Префиксы *де-* и *дис-* обозначают действие, противоположное действию мотивирующего глагола, например: *демобилизовать, дестабилизировать, дезориентировать, дисгармонировать, дисквалифицировать*. Префикс *ре-* имеет значение действия, совершаемого повторно: *реорганизовать, ремилитаризировать*.

ГЛАГОЛЫ С ПРЕФИКСАМИ[1] 접두사가 있는 동사들

Переходим к рассмотрению глаголов, которые соединяются с рекордно большим количеством префиксов и получают самые различные значения. Кроме того, эти префиксальные глаголы имеют собственное, только им присущее значение и специфические особенности употребления. Изучается этот материал уже на продвинутом этапе, что означает: необходимо следить не только за грамматикой, но и за лексикой — она должна быть расширенной. Если у вас небольшой лексический запас, поработайте над

---

[1] Для изучения этой темы вы должны обладать знаниями в объёме ТРКИ-1.

лексикой с помощью наших упражнений, которые даны ниже. Обратите внимание на стилистический аспект: к какой сфере употребления относится данный глагол — официальной, разговорной или просторечной. Особый интерес, на наш взгляд, представляет разговорный синтаксис: предложения со специфическим синтаксическим построением иностранцы обычно неплохо понимают, но практически никогда не могут воспроизвести, т. е. использовать активно. Итак, вывод: обращаем внимание на четыре аспекта: 1) особенности значения и управления, 2) стиль, 3) структура фразы, 4) частотность употребления.

Мы рассмотрим следующие глаголы: **писать, читать, говорить, сказать, смотреть, глядеть, видеть, слушать, слышать, думать, работать, делать, готовить, жить**.

Посмотрим на каждый из этих глаголов в сочетании с префиксами (а также и с возможным постфиксом **-ся**) и будем наблюдать, появится ли что-нибудь новое в значениях.

Повторяем: очень важны ещё два момента: а) ЧАСТО ЛИ используется наш глагол с этим префиксом в этом значении, б) КАКОВ СТИЛЬ — официальный или разговорный.

Наберитесь терпения! Работа вам предстоит достаточно монотонная и механическая. Помните, что ваша главная цель — увидеть новое и оригинальное в значениях обычных глаголов с обычными префиксами.

Новые значения, которые получают глаголы, выделены знаком * («звёздочками»). Вперёд!

В скобках даны те варианты, которые встречаются не очень часто.

ГЛАГОЛЫ, МОТИВИРОВАННЫЕ ГЛАГОЛОМ *ПИСАТЬ*
писать에서 파생된 동사

Как мы уже говорили, нас будут интересовать 25 префиксов. Все ли они соединяются с глаголом «писать»? (Не забываем также о постфиксе **-ся**!)

Вписать, вписаться, выписать, выписаться, дописать, (дописаться), записать, записаться, исписать, исписаться, написать, писаться, надписать, описать, (описаться), (отписать), (отписаться), переписать, переписываться, (пописать), подписать, подписаться, предписать, приписать, прописать, прописаться, расписать, расписаться, списать, (списаться), (уписать).

вписывать — вписать	что-либо куда-либо: написать, внести что-либо куда-либо (в математике: начертить одну фигуру внутри другой)
вписываться — вписаться	(1 и 2 лицо не употребляются) гармонично сочетаться с окружающей обстановкой
выписывать — выписать	1) что-либо откуда-либо, например: *цитату из книги* 2) *написать для выдачи кому-либо: счёт* *3) *заказать доставку чего-либо: газету*

*выписываться — выписаться	выбыть из списка: *из больницы*
дописывать — дописать	закончить писать что-либо
(дописаться (СВ))	негативный результат: дойти до неприятных последствий
записывать — записать	1) написать для памяти: *номер телефона* * 2) на магнитофон или видео: *песню, фильм* *3) внести в список*
записываться — записаться	записать себя в список: *на приём к врачу*
исписывать — исписать	заполнить знаками письма до конца: *лист бумаги*
исписаться (обычно СВ)	1) израсходоваться (например, о карандаше) (2) *(перен.): утратить свежесть, талант (например, о писателе)*
писать — написать	1) оставлять какие-либо графические знаки: *по-русски* 2) сочинять: *роман* * 3) *(у художников) рисовать: картину*
писаться (НСВ)	(1 и 2 лицо не употребляются) 1) изображаться: *в газетах* * 2) *(безл.) о желании писать: Мне не пишется*
надписывать — надписать	написать что-либо сверху или на внешней стороне чего-либо: *книгу, посылку*
описывать — описать	1) изображать что-либо в письменной или устной речи: *события* 2) *(офиц.)* сделать письменный перечень: *имущество* *3) в математике: начертить одну фигуру внутри другой: *окружность* * 4) *совершить какое-либо криволинейное движение: дугу*
(*описа́ться)	сделать описку, т. е. случайную ошибку
(отписывать — отписаться)	1) *(устар.)* то же, что написать 2) передать или назначить кому-либо: *дом в наследство*
(отписаться — обычно СВ)	отделаться от кого- или чего-либо отпиской

переписывать — переписать	1) ещё раз или скопировать: *текст* 2) *сделать список, опись: присутствующих*
переписываться (НСВ)	обмениваться письмами, писать друг другу
(пописать)	немного, недолго
(пописывать)	время от времени
подписывать — подписать	1) подтвердить, поставив подпись: *контракт* *2) включить в число подписчиков: *кого-либо на газету*
подписываться — подписаться	1) поставить свою подпись: *под чем-либо* *2) стать подписчиком чего-либо: *на газету*
предписывать — предписать	* *(офиц.)* приказать, назначить: *диету*
приписывать — приписать	1) написать в добавление к чему-либо: *несколько слов* *2) посчитать исходящим от кого- или чего-либо: *стихотворение Пушкину* 3) причислить к чему-либо: *к призывному участку*
прописывать — прописать	*1) официально оформить проживание: *по этому адресу* (2) долго писать: *всю ночь*) * 3) назначить больному: *лекарство* (4) *(разг.)* устроить что-либо неприятное)
***прописываться — прописаться**	официально оформить своё проживание: *в Москве*
расписывать — расписать	1) распределить: *все дни* *2) *(перен.)* приукрасить, рассказывая: *свои подвиги* *3) *(у художников)* разрисовать, покрыть рисунками: *потолок*
***расписываться — расписаться**	*1) *(прям. и перен.)* подписаться в подтверждение чего-либо: *в ведомости; в своей беспомощности* *2) *(разг.)* оформить брак: *с кем-либо*
списывать — списать	1) скопировать: *расписание* (2) *(у художников)* скопировать, срисовать: *копию*) (3) *(в литературе)* скопировать образ героя: *характер*) *4) скопировать и выдать за своё: *контрольную у товарища* (5) *(у моряков)* уволить с корабля: *на берег*)

(списываться — списаться)	1) установить связь путём переписки: *с родными* 2) *(у моряков)* уволиться с корабля: *на берег*
(уписать — обычно СВ)	1) *(разг.)* уместить в каком-либо пространстве: *весь текст на одной странице* 2) *(прост.)* съесть быстро и без остатка: *весь пирог*
(*уписывать)	*(прост.)* есть быстро, с аппетитом: *пирог*

Упражнение 1. Прочитайте предложения. Проследите употребление префиксальных глаголов, мотивированных глаголом *писать*. Все ли варианты вы знаете? Незнакомые варианты подчеркните, придумайте с ними свои примеры.

1. Надо выписать из текста все незнакомые слова. 2. Я пропустил в тексте одно слово и аккуратно вписал его сверху. 3. Машина плавно вписалась в поворот. 4. Он недавно выписался из больницы. 5. Врач выписал больному рецепт. 6. Врач выписал мне лекарство. 7. Надо выписать «Известия» на следующий месяц. 8. Выпишите мне квитанцию, пожалуйста! 9. Он, к сожалению, не успел дописать контрольную работу. 10. Я запишу ваш телефон. 11. Я не успеваю записывать лекции. 12. Хочу записать эту песню на магнитофон. 13. Надо записаться на приём к ректору. 14. Он записывает все лекции, он уже исписал две тетради! 15. Карандаш весь исписался, надо купить новый. 16. Напиши мне письмо. 17. Надо писать диссертацию, но что-то мне не пишется. 18. Эта картина написана замечательным художником И.Е. Репиным. 19. Пожалуйста, надпиши мне твою новую книгу! 20. Писатель замечательно описывает картины природы. 21. Работу надо переписать. 22. Мы с тобой будем переписываться! 23. Директор подписал документ. 24. Подпишитесь, пожалуйста! 25. Он подписался на журнал «Эксперт» на полгода. 26. В конце письма она приписала ещё несколько строк. 27. Это стихотворение приписывают Пушкину. 28. Что вам прописал врач? 29. По какому адресу он прописан? 30. Он купил квартиру, но ещё не прописался в ней. 31. У меня совершенно нет времени, все дни буквально расписаны по минутам! 32. Этот художник замечательно расписал купол собора. 33. Распишитесь в квитанции. 34. Они живут вместе, но ещё не расписались. 35. В школе ученики часто списывают друг у друга. 36. Новое расписание уже есть? Надо его списать.

Упражнение 2. Обратите внимание на возможные случаи синонимии. Замените выделенный глагол глаголом, близким по значению. Обратите внимание на синтаксис: как может измениться предложение?

1. Диктуй, я **записываю**. (пишу) 2. В этом предложении пропущено два слова: **впишите** их, пожалуйста. (напишите) 3. Что тебе **прописал** врач? (выписал) 4. Я хочу подписаться на газету «24 часа». (выписать) 5. Новое расписание уже висит? Надо **списать** его! (переписать) 6. Твоя книга уже вышла? **Надпиши** мне её! (подпиши) 7. Карандаш весь **исписался**! (не пишет) 8. Он недавно вернулся из путешествия и изумительно **описывает** свои приключения. (расписывает) 9. **Подпишитесь**, пожалуйста, здесь! (распишитесь) 10. Уже написав письмо, он подумал и **приписал** ещё несколько строк. (дописал)

Упражнение 3. (На контроль.) **Выберите правильный вариант.**

1. Я хочу … на экскурсию в Павловск. (записаться — прописаться) 2. Пожалуйста, … эту песню на магнитофон! (запиши — пропиши) 3. По какому адресу вы … ? (записаны — прописаны) 4. Ты пропустил одну букву, … её сверху! (впиши — выпиши) 5. На контрольной, пожалуйста, не … у меня! (прописывай — списывай) 6. Ваша лабораторная работа выполнена плохо, следует её … . (записать — переписать) 7. Господин директор, …, пожалуйста, этот договор! (подпишите — распишите) 8. Этот писатель замечательно … характеры героев. (переписывает — описывает) 9. Врач … рецепт. (выписал — прописал) 10. Доктор … сильнодействующее лекарство. (выписал — подписал) 11. Какое лекарство тебе … ? (прописали — подписали) 12. Какую газету ты хочешь … ? (выписать — написать)

Упражнение 4. (На контроль.) **Выберите правильный вариант.**

1. Давай … на «Комсомолку»! (выпишем — подпишемся) 2. Я не хочу … «Комсомолку». (выписывать — подписывать) 3. Обязательно … на экскурсию в Эрмитаж! (запишись — подпишись) 4. Сочинение не закончено, … его! (выпишите — допишите) 5. Хочу … из текста абсолютно все новые слова. (выписать — вписать) 6. Этот новый шкаф совершенно не … в интерьер моей комнаты! (вписывается — записывается) 7. Он уже совсем поправился и скоро … из больницы. (выписывается — записывается) 8. Официант, пожалуйста, … нам счёт! (выпишите — запишите) 9. Эти пирожные тоже … нам в счёт! (выпишите — запишите) 10. Пожалуйста, … этот контракт. (подпишите — подпишитесь) 11. … в этой квитанции! (подпишитесь — распишитесь) 12. — Завтра регистрация брака? — Да, завтра они … . (прописываются — расписываются)

Упражнение 5. **Составьте микродиалоги, используя предложенные словосочетания.**

М о д е л ь: **дописать реферат** — Ты уже дописал(а) реферат? — Сегодня допишу.

1. **Выписать** глаголы — … . 2. **Выписать** журнал «Деньги» — … . 3. **Подписаться** на журнал «Власть» — … . 4. **Прописаться** в общежитии — … . 5. **Списывать** у соседа — … . 6. **Описывать** исторические события — … . 7. **Записаться** на приём к ректору — … . 8. **Подписать** контракт — … . 9. **Записать** мой новый адрес — … . 10. **Выписаться** из общежития — … .

Упражнение 6. (Расширенная лексика.) **Прочитайте предложения. Проследите употребление глаголов, мотивированных глаголом *писать*.**

1. Этот человек — графоман, он целыми днями пишет что-нибудь, уже дописался до того, что потерял работу. 2. Об этом обычно не пишется в газетах. 3. Эта статья так и осталась недописанной. 4. Извините, это описка в тексте. 5. Это треугольник, вокруг него мы описываем окружность, это будет описанная окружность. 6. Мальчик бросил камень. Камень описал широкую дугу и упал в воду. 7. Эта фирма обанкротилась, и всё её имущество уже описали. 8. Старый граф отписал сыну в наследство своё большое имение. 9. Это не письмо, а просто отписка. 10. Поеду в деревню: хоть там попишу немного! 11. К какой районной поликлинике вы приписаны? 12. Закон предписывает соблюдать конституцию. 13. Ты опять хулиганишь? Вот придёт отец, он тебе пропишет! 14. Они прописали шпаргалки всю ночь.

15. А ты знаешь, что Чехов часто списывал своих героев со своих соседей и домочадцев? 16. Этот матрос в чём-то провинился, и его списали на берег. 17. Нет, это он сам списался с корабля на берег. 18. Наверное, он проголодался: посмотри, как он кашу уписывает!

ГЛАГОЛЫ, МОТИВИРОВАННЫЕ ГЛАГОЛОМ *ЧИТАТЬ*
читать에서 파생된 동사

Вчитаться, вычитать, дочитать, зачитать, зачитаться, начитаться, отчитать, отчитаться, перечитать, почитать, (почитывать), (подчитать), прочитать, читаться.

вчитываться — вчитаться	читая, вникнуть во что-либо: *в текст*
вычитывать — вычитать	1) узнать, читая: *новость из газеты* 2) *выверить, читая: рукопись*
дочитывать — дочитать	до конца
зачитывать — зачитать	1) *(офиц.)* огласить: *доклад* *2) взяв для прочтения, не возвратить: книгу*
зачитываться — зачитаться	увлечься чтением: *романами*
начитаться (СВ)	прочесть много: *детективов*
*отчитывать — отчитать	сделать строгое замечание, отругать: *за провинность*
*отчитываться — отчитаться	устно или письменно доложить о своих действиях: *перед начальником*
перечитывать — перечитать	1) ещё раз: *роман* 2) много: *все романы Толстого*
почитать (СВ)	немного, недолго или что-либо, из произведений кого-либо: *Пушкина, классику*
(почитывать (НСВ))	время от времени
(подчитать (СВ))	*(разг.)* дополнительно к чему-либо прочитать
читать — прочитать	1) воспринимать написанное: *книгу, ноты* 2) произносить, декламировать (какой-либо текст): *стихи* *3) произносить с целью поучения: *нотации* 4) излагать устно перед аудиторией: *лекцию* 5) (СВ) долго: *всю ночь*
читаться (НСВ)	(1 и 2 лицо не употребляются) 1) быть таким, что можно читать: *надпись* 2) *(безл.) (разг.)* о желании читать: *мне не читается сегодня*

Упражнение 7. Прочитайте предложения. Проследите употребление глаголов, мотивированных глаголом *читать*.

1. Это такой замечательный роман, что надо вчитываться буквально в каждое слово! 2. Ты всё читаешь? Много умного вычитал из своих книг? 3. Редактор внимательно вычитывает рукопись. 4. Дочитывай быстрее книгу, её надо уже сдавать! 5. Судья зачитал приговор. 6. В детстве все зачитывались приключенческими романами. 7. Он начитался детективов, теперь всего боится. 8. Не надо меня отчитывать! 9. Вам следует отчитаться о проделанной за год работе. 10. Он перечитал все книги в отцовской библиотеке. 11. Надо перечитать роман «Тихий Дон». 12. Он почитал с полчаса и лёг спать. 13. Он прочитал всю ночь. 14. Я уже практически всё прочитал, только к экзамену надо кое-что подчитать. 15. Она может прочитать наизусть всего «Евгения Онегина». 16. Кто вам читает курс древнерусской литературы? 17. Пожалуйста, не читай мне мораль! 18. Эта дискета почему-то не читается. 19. Надо заниматься, но в такую жару не очень-то читается! 20. У меня был Булгаков, но кто-то зачитал мою книгу. Жаль!

Упражнение 8. (На контроль.) **Выберите правильный вариант.**

1. Перед сном всегда люблю немного … . (зачитать — почитать) 2. Это такое глубокое произведение, что надо … в каждую строчку. (вчитываться — зачитываться) 3. Я уже заканчиваю, мне надо сегодня … эту книгу. (дочитать — зачитать) 4. Преподаватель … список студентов, получающих зачёт «автоматом». (зачитал — отчитал) 5. Какая интересная книга! Он … и проехал свою остановку. (зачитался — начитался) 6. Она влюблена в Тургенева, она всегда … его произведениями. (вчитывалась — зачитывалась) 7. Ты знаешь, она … разных научно-популярных статей и теперь считает, что разбирается в медицине. (зачиталась — начиталась) 8. Он опять забыл помыть руки перед едой, надо его хорошенько … за это! (зачитать — отчитать) 9. Она очень любит … свои стихи со сцены. (отчитывать — читать) 10. Когда напечатаешь статью, хорошенько её … , а потом уже отдавай профессору. (вчитайся — вычитай)

Упражнение 9. (На контроль.) **Выберите правильный вариант.**

1. Довольно уже меня … ! (отчитывать — почитывать) 2. Как много документов! Каждый месяц нужно письменно … за каждый рубль. (зачитываться — отчитываться) 3. К экзамену надо … очень много научной литературы. (отчитать — перечитать) 4. Дайте мне … что-нибудь из Ахматовой. (зачитаться — почитать) 5. Он … немного и уснул. (почитал — зачитался) 6. Он … всю ночь напролёт. (почитал — прочитал) 7. Мы тоже … иногда философские статьи. (отчитываемся — почитываем) 8. Этот роман очень легко…! (зачитывается — читается) 9. Я уже готов к лекции, осталось только кое-что … . (почитать — подчитать) 10. Не помню сюжет «Евгения Онегина» — наверно, придётся … роман. (вычитать — перечитать)

Упражнение 10. **Укажите, возможны ли варианты. Изменится ли смысл фразы? Изменится ли структура предложения?**

1. Он любит **почитать** Пушкина. (перечитывать, читать) 2. Интересная статья? Много нового **вычитал**? (прочитал) 3. Перед защитой диссертации надо кое-что **подчитать**. (перечитать, прочитать, почитать) 4. Директор **зачитывает** приказ. (читает, перечитывает) 5. Попробуйте **вчитаться** в этот текст, постарайтесь понять его смысл! (прочитать, перечитать) 6. Язык этой статьи сложный, она достаточно трудно **читается**. (трудно читать) 7. Она **начиталась** разных бульварных романов и думает, что всё это правда. (читала, читала много) 8. Интереснейшая книга — **зачитаешься** ею! (будешь читать) 9. Надо, наконец, **дочитать** эту книгу! (прочитать, почитать, перечитать) 10. На досуге я **почитываю** энциклопедию. (читаю, перечитываю) 11. Надо как следует **вычитать** только что напечатанный текст. (прочитать) 12. Иди **отчитайся** перед шефом! (зачитайся, вчитайся)

Упражнение 11. **Составьте микродиалоги, используя предложенные словосочетания.**

1. **Отчитаться** перед шефом о проделанной работе — … . 2. **Вычитать** из газет — … . 3. Можно ли **зачитываться** Достоевским — … . 4. **Начитаться** всякой ерунды — … . 5. **Дочитать** «Войну и мир». 6. **Отчитать** кого-либо за что-либо — … . 7. Что можно **перечитывать** по нескольку раз — … . 8. Что можно взять в библиотеке **почитать** — … . 9. **Зачитать** какой-либо список — … . 10. Какая книга легко **читается** — … .

ГЛАГОЛЫ, МОТИВИРОВАННЫЕ ГЛАГОЛОМ *ГОВОРИТЬ*
говорить에서 파생된 동사

Выговорить, выговориться, договорить, договориться, заговорить, заговориться, наговорить, наговориться, оговорить, оговориться, обговорить, отговорить, (отговориться), переговорить, поговорить, подговорить, приговорить, проговорить, проговориться, (разговорить), разговориться, (сговориться), уговорить, (уговориться).

выговаривать — выговорить	1) (НСВ) ругать кого-либо: *за опоздание* 2) произнести: *трудное слово* *3) (разг.) в договоре, соглашении условиться о чём-либо: *себе право отсрочки*
выговориться (СВ)	(разг.) высказать всё: *до конца*
договариваться — договориться	до конца
договариваться — договориться	1) прийти к соглашению: *о встрече* 2) (негативный результат) дойти до какой-либо крайности: *до нелепостей*
заговаривать — заговорить	1) (СВ) начать говорить 2) (СВ) (перен.) (1 и 2 лицо не употребляются) начать проявляться: *совесть* 3) (обычно СВ) утомить многословными разговорами: *собеседника* *4) воздействовать на что- или кого-либо заговором: *боль*

217

заговариваться — заговориться	1) (НСВ) говорить бессмыслицу 2) увлечься разговором
наговаривать — наговорить	1) (СВ) произнести много чего-либо: *чепухи* 2) ложно обвинить кого-либо: *на соседа* 3) произвести звуковую запись своего голоса: *на диктофон*
наговориться (СВ)	поговорить вдоволь
оговаривать — оговорить	1) возвести на кого-либо ложное обвинение: *соседа* 2) (офиц.) заранее условиться о чём-либо, обсудить: *сроки*
оговариваться — оговориться	1) (офиц.) обсуждается заранее, дополнительно отмечается: *срок поставки* *2) (обычно СВ) говоря, сделать случайную ошибку
обговаривать — обговорить	(прост.) обсудить: *это дело*
отговаривать — отговорить	убедить не делать чего-либо: *от поездки*
(отговариваться — отговориться)	уклониться от чего-либо: *своей занятостью*
переговорить (СВ)	1) обменяться мнениями, коротко поговорить: *с другом* 2) говорить больше других, заставить замолчать других: *своих оппонентов*
говорить — поговорить	1) (СВ) немного, недолго: *минуты две* 2) обсудить: *о делах*
говориться (НСВ)	о словах, речи: быть произносимым, произнесённым
подговаривать — подговорить	склонить тайно к какому-либо поступку: *на преступление*
приговаривать (НСВ)	говорить, в то же время делая что-либо
*приговаривать — приговорить	вынести обвинительный приговор: *к тюремному заключению*
проговаривать — проговорить	1) произнести: *что-то неслышно* 2) (СВ) долго: *весь вечер*
проговариваться — во-проговориться	(обычно СВ) сказать то, что не следовало бы говорить: *о своих намерениях*
разговаривать (НСВ)	беседовать: *о музыке*

(разговорить (СВ))	вызвать в ком-либо желание говорить: *попутчика*
разговориться (СВ)	завязать беседу, увлечься разговором: *с соседями*
(сговариваться — сговориться (обычно СВ))	*(разг.)* условиться, договориться
уговаривать — уговорить	убеждая, склонить к чему-либо: *поехать за город*
(уговариваться — уговориться (обычно СВ))	*(разг.)* прийти к соглашению: *пойти в театр*

Упражнение 12. **Прочитайте предложения. Проследите особенности употребления глаголов, мотивированных глаголом *говорить*. Придумайте свои примеры.**

1. Мы поговорили немного и разошлись. 2. Мы проговорили весь вечер. 3. Мы говорили и не могли наговориться. 4. Мой сосед по купе заговорил первым. 5. Не успел я договорить фразу, как он перебил меня. 6. Мне хотелось бы с тобой поговорить. 7. Мы договорились встретиться на вокзале. 8. Мы заговорились и не заметили, что уже поздно и пора идти домой. 9. Друзья уговорили меня поехать за город. 10. Мой сосед отговорил меня ехать на эту экскурсию, так как она совершенно неинтересная. 11. Извини, я много говорю, я совсем заговорил тебя! 12. Давай обговорим все детали! 13. Пусть говорит, не мешай, ей надо выговориться!

Упражнение 13. **Прочитайте предложения. Проследите особенности употребления глаголов, мотивированных глаголом *говорить*. Придумайте свои примеры.**

1. Надо переговорить! 2. Вчера ты наговорил много лишнего. 3. Она проговорила еле слышно: «Здравствуйте…» 4. Они долго сидели молча, но потом разговорились. 5. Не могу выговорить это длинное слово. 6. Директор выговорил мне за опоздание. 7. При заключении сделки они выговорили себе право повышать цены на товар. 8. Наконец-то ему стало стыдно, в нём заговорила совесть. 9. Эта старушка умеет заговаривать зубную боль. 10. Надо зайти в лингафонный класс и наговорить текст на магнитофон. 11. Суд приговорил преступника к пожизненному заключению. 12. При заключении контракта следует оговорить все условия. 13. Штрафные санкции оговариваются особо.

Упражнение 14. (Расширенная лексика.) **Прочитайте предложения. Проследите употребление глаголов, мотивированных глаголом *говорить*. Придумайте свои примеры.**

1. Все должны задержаться после работы, но Иванов всё-таки ушёл, он каждый раз отговаривается тем, что у него болен отец. 2. Не спорь со мной: ты меня всё равно не переговоришь! 3. Отец порол сына и приговаривал: «Не пропускай занятия! Не пропускай занятия!» 4. Мой сосед по комнате такой необщительный, такой замкнутый, никак не могу его разговорить! 5. Я просил её никому об этом не рассказывать, но она всё-таки проговорилась маме о наших делах. 6. Старший брат подговорил младшего пойти на

кухню и украсть конфеты. 7. Старушка уже совсем старенькая и часто заговаривается. 8. Я сказал, что Колумбия находится в Африке? Конечно, я оговорился. 9. Почему сегодня все спрашивают меня об экзамене — вы что, сговорились? 10. Они уговорились никому ничего не рассказывать. 11. Зачем ты на неё наговариваешь? Это неправда! Она никогда не берёт чужие вещи. 12. Она не воровка, её просто оговорили.

Упражнение 15. (На контроль.) **Выберите правильный вариант.**

1. О чём … в этой статье? (говорит — говорится) 2. Жаль, что нет времени: мы … совсем чуть-чуть! (поговорили — проговорили) 3. Они наконец встретились и … до самого утра. (поговорили — проговорили) 4. Он долго молчал, но вдруг … . (заговорил — наговорил) 5. Попутчики вскоре … . (отговорились — разговорились) 6. Они так долго не виделись, что сейчас всё говорят, говорят и не могут … . (заговориться — наговориться) 7. Они … и даже не заметили, что подошёл их автобус. (заговорились — наговорились) 8. У тебя такая труднопроизносимая фамилия, я никак не могу её … ! (выговорить — разговорить) 9. Давай поедем за город, там свежий воздух! Ну как мне тебя … ? (отговорить — уговорить) 10. Была плохая погода, и друг … меня ехать за город, мы остались дома. (отговорил — уговорил)

Упражнение 16. (На контроль.) **Выберите правильный вариант.**

1. Как мы … : где встречаемся завтра? (договоримся — заговоримся) 2. Надо … это длинное слово по слогам: «со-ко-вы-жи-мал-ка»! (обговорить — проговорить) 3. Пожалуйста, оставь свою глупую затею и не … меня на эту авантюру! (заговаривай — подговаривай) 4. Не перебивайте меня, дайте … ! (договорить — наговорить) 5. Это наш секрет: смотри, не … никому! (договорись — проговорись) 6. Условиями контракта … все условия поставки. (оговариваются — проговариваются) 7. Извини, я вчера … всяких глупостей! (наговорил — поговорил) 8. Давай … с тобой об этом деле! (наговоримся — переговорим) 9. Когда у человека тяжело на душе, надо его выслушать, надо ему дать возможность … . (выговориться — заговориться) 10. Суд … преступника к смертной казни. (заговорил — приговорил)

Упражнение 17. (На контроль.) **Выберите правильный вариант.**

1. Вы так долго болтаете, вы всё ещё не … ? (заговорились — наговорились) 2. Сосед … меня покупать эту модель компьютера, поскольку она неудачная. (уговорил — отговорил) 3. Всё равно последнее слово останется за мной, всё равно ты меня не … ! (обговоришь — переговоришь) 4. Какая она болтушка, я от неё устала, она меня совсем … ! (договорила — заговорила) 5. Почему он такой необщительный? Пусть расскажет о себе, надо его … ! (подговорить — разговорить) 6. Мы не видели, кто взял твой кошелёк, поэтому не надо ни о ком из соседей думать плохо, не надо ни на кого … ! (наговаривать — приговаривать) 7. Она дрожит от страха и не может … ни слова. (договорить — выговорить) 8. Я сказал, что Вена — столица Австралии? Конечно, Австрии! Извини, я … ! (оговорился — проговорился)

220

Упражнение 18. (Расширенная лексика.) **Выберите правильный вариант.**

1. Директор … мне сегодня за опоздание. (выговаривал — заговаривал) 2. Эта женщина — колдунья, она умеет … кровь. (заговаривать — уговаривать) 3. Это не так, не надо мне зубы … ! (выговаривать — заговаривать) 4. Он пилил дерево и что-то при этом … . (приговаривал — разговаривал) 5. Не верьте, если вам будут говорить, что он предатель! Его … ! (наговорили — оговорили) 6. В нём … чувство стыда. (заговорило — разговорилось) 7. Он попал в автокатастрофу, чудом уцелел, но ещё не вполне здоров и часто … . (заговаривается — уговаривается) 8. Ну, поехали с нами! Ты ведь совсем не занят! Не … , пожалуйста! (отговаривайся — проговаривайся)

Упражнение 19. **Укажите, возможны ли варианты. Изменится ли смысл фразы? Изменится ли структура предложения? Изменится ли стиль?**

1. Наконец-то мы **переговорили**! (поговорили) 2. Ну, вот мы и **наговорились**! (договорились) 3. Мы **переговорили** обо всём. (поговорили, обговорили) 4. Мальчики **договорились** ночью бежать из дома. (уговорились, сговорились) 5. Она хочет рассказать обо всех своих проблемах, ей надо **выговориться**. (поговорить) 6. Смотри никому об этом не рассказывай, пожалуйста, **не проговорись**. (не говори) 7. Он совсем уж не такой плохой человек, это его просто **оговорили**. (наговорили) 8. Он помолчал немного, но потом **заговорил**. (разговорился) 9. Таким образом, мы **оговорили** все условия контракта. (обговорили) 10. Отец бил сына и **приговаривал**: «А это тебе за враньё!» (говорил)

Упражнение 20. **Составьте микродиалоги, используя предложенные словосочетания.**

1. **Договориться** о встрече — … . 2. **Наговориться** обо всём — … . 3. **Поговорить** с соседом — … . 4. Могу **выговорить** слово «распространённый» — … . 5. Надо **уговорить** его поступать в аспирантуру — … . 6. Нужно **отговорить** его бросать работу — … . 7. Нельзя **проговориться** об этом отцу — … . 8. Каждый может **оговориться** — … . 9. **Проговорить** какое-нибудь слово по слогам — … . 10. В контракте **оговорены** все условия — … .

ГЛАГОЛЫ, МОТИВИРОВАННЫЕ ГЛАГОЛОМ *СКАЗАТЬ*
сказать에서 파생된 동사

Таких глаголов не так много, но используются они достаточно часто, поэтому мы их рассмотрим.

Высказать, высказаться, (досказать), сказаться, пересказать, подсказать, предсказать, рассказать, рассказываться.

высказывать — высказать	выразить словами: *мысль*
высказываться — высказаться	высказать своё мнение о чём-либо: *по докладу*
(**досказывать — досказать** (обычно СВ))	(*разг.*) закончить рассказывать, излагать что-либо: *сказку*

сказываться — сказаться	(1) (обычно СВ) назваться кем-либо: *больным*) *2) (1 и 2 лицо не употребляются) оказать влияние на что-либо: *на здоровье*
пересказывать — пересказать	1) рассказать своими словами что-либо: *текст* 2) *(разг.)* подробно рассказать о многом: *новости*
подсказывать — подсказать	1) тайно сказать: *на экзамене другу* 2) *(перен.)* навести на мысль: *как поступить*
предсказывать — предсказать	сказать заранее: *судьбу*
рассказывать — рассказать	словесно сообщить что-либо: *обо всём*
рассказываться (НСВ)	(1 и 2 лицо не употребляются) идёт речь о чём-либо: *о любви*

Упражнение 21. Прочитайте предложения. Проследите особенности употребления глаголов, мотивированных глаголом *сказать*.

1. Кто хочет высказаться по докладу? 2. Кто хочет что-либо дополнить или просто высказать свои мысли? 3. Сказку я тебе потом доскажу! 4. Он сказался больным и не пошёл на работу. 5. Плохая дисциплина отрицательно сказывается на результатах работы. 6. Прочитайте и перескажите текст. 7. Пока мы с ним ехали в метро, он пересказал мне все новости. 8. Нельзя подсказывать на экзамене. 9. Опыт подсказал нам единственно правильное решение. 10. Синоптики до сих пор не могут точно предсказывать погоду. 11. Ты расскажешь мне, где ты вчера был? 12. О чём рассказывается в книге?

Упражнение 22. *(На контроль.)* Выберите правильный вариант.

1. Сейчас я вам ... , как всё это было. (выскажу — расскажу) 2. Мне бы хотелось ... свои мысли. (высказать — рассказать) 3. Он прочитал текст, понял его, но ... не смог. (высказать — пересказать) 4. Если я буду отвечать и что-нибудь забуду — ... мне потихоньку, ладно? (перескажи — подскажи) 5. Гадалка ... ему несчастную любовь. (подсказала — предсказала) 6. Разрешите? Мне бы хотелось ... . (высказаться — сказаться) 7. Она ... мне все события, которые произошли за последнее время в нашем городке. (высказала — пересказала) 8. Сама жизнь ... мне выход из, казалось бы, безвыходного положения. (рассказала — подсказала) 9. Долгие годы работы на Севере ... на его здоровье. (высказались — сказались) 10. В романе ... о судьбе русской женщины. (сказывается — рассказывается)

Упражнение 23. Составьте микродиалоги, используя предложенные ниже сочетания.

1. **Рассказать** о чём-нибудь — ... . 2. О чём **рассказывается** в романе — ... . 3. Можно ли **предсказать** судьбу — ... . 4. Что можно **подсказать** и кому — ... . 5. Какой текст нужно **пересказать** — ... . 6. Кто хочет **высказаться** — ... . 7. Что может отрицательно **сказаться** на здоровье — ... . 8. Кому и когда можно всё **высказать** — ... .

ГЛАГОЛЫ, МОТИВИРОВАННЫЕ ГЛАГОЛОМ *СМОТРЕТЬ*
смотреть에서 파생된 동사

Всмотреться, высмотреть, досмотреть, засмотреться, насмотреться, (надсматривать), недосмотреть, осмотреть, осмотреться, пересмотреть, посмотреть, смотреться, подсмотреть, *предусмотреть, присмотреть, присмотреться, просмотреть, рассмотреть, *рассматривать, усмотреть.

всматриваться — всмотреться	пристально смотреть в кого-либо/что-либо: *в глаза*
высматривать — высмотреть	1) *(разг.)* старательно рассмотреть: *все детали* 2) *стараться увидеть: знакомого*
досматривать — досмотреть	1) до конца: *фильм* (2) *(офиц.)* произвести досмотр: *товары на границе*)
засматриваться — засмотреться	любоваться, увлечься, рассматривая кого-либо/что-либо: *на девушку*
насмотреться (СВ)	посмотреть вдоволь, достаточно: *разных фильмов*
(надсматривать (НСВ))	*(разг.)* надзирать за кем-либо/чем-либо: *за рабочими*
недосмотреть (СВ)	проявить недостаточное внимание, оплошность при наблюдении: *за сыном*
осматривать — осмотреть	1) посмотреть на кого-либо/что-либо со всех сторон: *выставку* 2) обследовать, изучить: *больного*
осматриваться — осмотреться	1) посмотреть вокруг себя: *в комнате* 2) привыкнуть к окружающим людям и обстановке: *в новом коллективе*
пересматривать — пересмотреть	1) заново, многое: *все фильмы* *2) *(перен.)* рассмотреть заново: *проект*
смотреть — посмотреть	1) направлять взгляд: *в окно, на улицу* 2) знакомиться с чем-либо: *выставку* 3) обследовать: *больного* 4) заботиться: *за больным* 5) брать пример: *на старших*
смотреться — посмотреться	1) смотреть на себя: *в зеркало* 2) (СВ) (1 и 2 лицо не употребляются) о фильме, спектакле, о вещах: хорошо восприниматься, иметь вид
подсматривать — подсмотреть	тайно рассматривая, увидеть: *в щель*

*предусматривать — предусмотреть	предвидя, приготовиться к чему-либо: *все возможные последствия*
присматривать — присмотреть	1) последить за кем-либо/чем-либо: *за ребёнком* 2) *(разг.)* выбрать, наметить для приобретения, использования: *новое пальто*
присматриваться — присмотреться	освоиться, привыкнуть: *к людям*
просматривать — просмотреть	1) ознакомиться с чем-либо: *фильм* 2) бегло, с пропусками прочитать: *статью* *3) пропустить: *ошибку*
просматриваться (НСВ)	о пространстве: быть хорошо видимым: *дорога*
рассматривать — рассмотреть	1) всматриваясь, увидеть детали: *надпись* *2) вникнув, разобрать, обсудить: *вопрос*
*рассматривать (НСВ)	давать оценку, воспринимать: *эти слова как оскорбление*
усматривать — усмотреть	1) *(разг.)* уследить: *за детьми* (2) *(книжн.)* установить, обнаружить, увидеть: *в этом неуважение*)

Упражнение 24. **Прочитайте предложения. Проследите особенности употребления глаголов, мотивированных глаголом** *смотреть*. **Придумайте свои примеры.**

1. Он всматривался в темноту, но ничего не мог увидеть. 2. Как давно я тебя не видел! Смотрю на тебя и не могу насмотреться. 3. Ребёнок чуть не устроил пожар — за детьми надо смотреть! 4. Родители недосмотрели за ребёнком. 5. Врач осмотрел больного. 6. Невозможно всё предусмотреть! 7. Родители ушли в театр, а бабушка присматривает за ребёнком. 8. Мы рассматриваем фотографии в альбоме. 9. Посмотри на меня! 10. Посмотри мне в глаза! 11. Он зашёл в зал и осмотрелся. 12. Этот фильм мы уже смотрели! 13. Смотри не упади! 14. Мы ушли из театра, так и не досмотрев спектакль. 15. Отец всегда просматривает по утрам газеты. 16. Нехорошо подсматривать за соседями. 17. Сегодня на семинаре мы рассмотрим только два вопроса. 18. Врач посмотрел моё горло и выписал микстуру от кашля.

Упражнение 25. **Прочитайте предложения. Проследите особенности употребления глаголов, мотивированных глаголом** *смотреть*. **Придумайте свои примеры.**

1. Кого ты там высматриваешь в толпе? 2. Он насмотрелся всяких глупых фильмов и теперь всего боится. 3. На границе таможенники досматривают багаж. 4. Хозяин надсматривает за работниками. 5. — Как тебе новая группа? Привык? — Надо ещё осмотреться.

6. Сынок, посмотри на отца: он никогда не опаздывает! 7. Боюсь, вам придётся пересмотреть свою позицию. 8. В диссертации мы рассматриваем актуальные политические проблемы. 9. Она посмотрелась в зеркало. 10. Это платье на ней прекрасно смотрится! 11. Как вам наш новый сотрудник? Надо к нему получше присмотреться. 12. Молоко опять убежало! За всем не усмотришь! 13. Ты проверил напечатанный текст? Опять просмотрел несколько опечаток! 14. Как мы будем отсюда наблюдать за дорогой? Она отсюда почти не просматривается. 15. Вы были в новом магазине? Ты присмотрела себе что-нибудь из одежды? 16. Я нечаянно толкнул его, а он усмотрел в этом оскорбление. 17. Жюри кинофестиваля просматривает все фильмы. 18. Она очень красива, и все парни на неё засматриваются.

Упражнение 26. **Определите, возможны ли варианты. Изменится ли смысл? Изменится ли структура предложения? Изменится ли стиль?**

1. Он **всматривался** мне в лицо и что-то старался вспомнить. (рассматривал; смотрел) 2. Он новичок? Надо на него **посмотреть**. (присмотреться) 3. Она переодевается, **не смотри**! (не подсматривай) 4. Надо лучше **смотреть** за детьми! (присматривать) 5. Я так и **не посмотрел** фильм до конца! (не досмотрел) 6. Отец посмотрел газеты. (просмотрел) 7. Мы **не предусматриваем** в контракте эти случаи. (не рассматриваем) 8. Таможенник **досматривает** наш багаж. (смотрит) 9. Дай мне **насмотреться** на тебя! (посмотреть) 10. Что ты хочешь купить на распродаже? Уже **насмотрел** себе что-нибудь? (присмотрел) 11. **Рассмотрим** эту проблему с другой точки зрения. (посмотрим) 12. Суп убежал? Извини, я **недосмотрел**. (плохо смотрел) 13. Врач **осматривает** больного. (смотрит; рассматривает) 14. Мы **рассматриваем** фотографии в альбоме. (смотрим; осматриваем) 15. Реставратор **осматривает** картину. (рассматривает; смотрит) 16. Она **посмотрелась** в зеркало. (посмотрела; всмотрелась) 17. Мы **просмотрели** все фильмы. (пересмотрели) 18. Надо **осмотреться** в новом коллективе. (присмотреться) 19. Этот вопрос на собрании мы **рассмотрим**. (пересмотрим; осмотрим) 20. Узнал меня? Ну-ка, **посмотри** повнимательнее! (присмотрись)

Упражнение 27. (На контроль.) **Выберите правильный вариант.**

1. … на меня! (Посмотри — Всмотрись) 2. Там такие красивые места, что невольно залюбуешься, … ! (засмотришься — насмотришься) 3. Этот костюм на тебе неплохо … ! (смотрит — смотрится) 4. Не смей за мной … ! (подсматривать — рассматривать) 5. На новом месте ты сначала … , а уже потом перевози туда всю семью. (насмотрись — осмотрись) 6. Он бегло … все газеты, но не нашёл ничего интересного. (просмотрел — рассмотрел) 7. Врач … пациента. (просматривает — осматривает) 8. Суп кипит, … за ним, пока я приму душ. (подсмотри — присмотри) 9. Господа судьи! … в это лицо: это лицо честного человека, а не преступника! (Всмотритесь — Присмотритесь) 10. Он новичок, ещё только … к работе. (предусматривает — присматривается)

225

Упражнение 28. (На контроль.) **Выберите правильный вариант.**

1. Сегодня мы … новую тему. (досматриваем — рассматриваем) 2. Мать смотрит на сына и не … . (засмотрится — насмотрится) 3. Какие вопросы вы … в вашей статье? (рассматриваете — усматриваете) 4. В магазине я … себе новую шляпу, завтра куплю. (присмотрел — просмотрел) 5. Он всегда … за девушками. (засматривается — подсматривает) 6. Опять ребёнок убежал! Опять ты … за ребёнком! (высмотрел — недосмотрел) 7. Эта вещь хорошо … ! (высматривает — смотрится) 8. Учись себя вести, всегда … на родителей! (всматривайся — смотри) 9. Ты меня не узнаёшь? … повнимательней! (Осмотрись — Присмотрись) 10. Мы приняли неправильное решение, следует … этот вопрос на следующем заседании. (осмотреть — пересмотреть)

Упражнение 29. **Составьте микродиалоги, используя предложенные сочетания.**

1. **Смотреть** куда-либо — … . 2. **Смотреть (присматривать)** за кем-либо — … . 3. **Предусмотреть** что-либо при заключении контракта — … . 4. **Рассматривать** какие-либо проблемы в реферате — … . 5. **Насмотреться** каких-либо глупостей — … . 6. **Насмотреться** не могу на кого- или что-либо — … . 7. **Рассмотреть** мельчайшие детали чего-либо — … . 8. Специалист **осмотрел** кого- или что-либо — … . 9. **Присмотреться** к чему- или кому-либо — … . 10. Увлечься, **засмотреться** куда-либо, на кого- или что-либо — … . 11. Нехорошо **подсматривать** куда-либо, за кем- или чем-либо — … . 12. **Осмотреться** вокруг — … .

ГЛАГОЛЫ, МОТИВИРОВАННЫЕ ГЛАГОЛОМ *ГЛЯДЕТЬ*
глядеть에서 파생된 동사

Следует сказать, что глаголы, мотивированные глаголом *глядеть*, совпадают по значению практически со всеми префиксальными глаголами, мотивированными глаголом *смотреть*. Глаголы, мотивированные глаголом *глядеть*, обычно используются в разговорном языке, например: *посмотри на меня — погляди на меня; рассматривать картину — разглядывать картину* и т. п. Естественно, в официальном стиле возможно только употребление глаголов, мотивированных глаголом *смотреть*, замена там невозможна: *досмотреть багаж; рассмотреть проблему*.

Однако некоторые глаголы, мотивированные глаголом *глядеть*, имеют свои, особенные значения (иногда присоединяя суффикс *-ну*). Интересны следующие глаголы: **взглянуть, выглядеть, выглянуть, оглянуться, переглянуться, приглянуться, проглянуть, глянуть.**

взглянуть	1) (возможен НСВ: **взглядывать**) посмотреть куда- или на кого-либо: *в окно*
	*2) оценить: *на дело просто*
*выглядеть (СВ)	иметь вид: *усталым*
выглядывать — выглянуть	посмотреть или появиться откуда-либо: *из окна*
заглядывать — заглянуть	1) быстро посмотреть куда-либо: *в словарь*
	*2) зайти куда-либо ненадолго: *в гости*

оглядываться — оглянуться	(*прямое и перен.*) посмотреть назад: *на своё прошлое*
переглядываться — переглянуться	обменяться быстрым взглядом: *с соседом*
*приглянуться (СВ)	понравиться с виду: *кому-либо*
*проглядывать — проглянуться	показаться, обнаружиться (например, о луне)
глянуть (СВ)	посмотреть один раз: *в окно*

Упражнение 30. Прочитайте предложения. Проследите употребление глаголов, мотивированных глаголом *глядеть*. Придумайте свои примеры.

1. Ты прекрасно выглядишь! 2. Мальчишка глянул на меня исподлобья. 3. Выгляни в окно, посмотри, не идёт ли дождик. 4. Из-за туч выглянуло солнце. 5. Из-под пиджака у него выглядывает безукоризненно белая рубашка. 6. Заглядывай ко мне в гости! 7. Не надо лениться лишний раз заглянуть в словарь! 8. Он оглянулся и увидел, что его догоняют трое. 9. Иногда надо оглянуться на свою прошлую жизнь и задуматься о будущем. 10. На уроке девочки всё время переглядываются и перебрасываются записочками. 11. Эта вещь мне приглянулась, и я решил её купить. 12. Проглянула луна. 13. Он взглянул на девушку.

Упражнение 31. (*На контроль.*) Выберите правильный вариант. Прокомментируйте стилистические особенности употребления.

1. Иди и не … назад! (заглядывайся — оглядывайся) 2. Этот парень всегда … на красивых девушек. (вглядывается — заглядывается) 3. Вчера он … больным. (выглядел — глядел) 4. Пожалуйста, без меня … за детьми! (заглядывай — приглядывай) 5. Ну что ты меня так пристально … ? (выглядываешь — разглядываешь) 6. Надо получше … к этому человеку, чтобы понять, что он за тип! (разглядеть — приглядеться) 7. Я сейчас пойду спрячусь, а ты не … ! (подглядывай — разглядывай) 8. Давно не видел его, надо как-нибудь к нему … . (заглянуть — приглянуть) 9. Редакторы, … в тексте много опечаток! (выглядели — проглядели) 10. Симпатичная девушка! Моему другу она явно … ! (загляделась — приглянулась) 11. Она была вся закутана в тёплый платок, из-под платка … только глаза. (выглядели — выглядывали) 12. В её взгляде … беспокойство. (выглядывало — проглядывало) 13. Такая темень — ничего не … ! (оглядишь — разглядишь) 14. Ты … на меня хоть один только раз! (взгляни — загляни) 15. Хоть раз … ко мне — посмотришь, как я живу. (взгляни — загляни) 16. Отвечайте: кто съел все конфеты? Ну, что друг с другом … ? (вглядываетесь — переглядываетесь)

Упражнение 32. Составьте микродиалоги, используя предложенные сочетания.

1. **Глянуть** куда-либо — … . 2. **Оглянуться** назад — … . 3. **Взглянуть** на что-либо — … . 4. **Взглянуть** на эту проблему иначе — … . 5. Кто **выглядывает** из-под кровати — … .

6. Кто как сегодня выглядит — … . 7. Когда надо **заглянуть** в какой-либо справочник — … . 8. К кому можно **заглянуть** вечером — … . 9. Кто с кем **переглядывается** — … . 10. Кто кому **приглянулся** — … . 11. Какое чувство или какая черта характера **проглядывает** во взгляде этого человека — … . 12. Когда весной **проглянет** первая травка — … .

ГЛАГОЛЫ, МОТИВИРОВАННЫЕ ГЛАГОЛОМ *ВИДЕТЬ*
видеть에서 파생된 동사

Эти глаголы интересные. Проследите, чем они отличаются от глаголов, мотивированных глаголом *смотреть*. Глаголы, мотивированные глаголом *видеть*, включают в себя и разговорно-просторечную форму *видать*: (завидеть), перевидать, предвидеть, предвидеться, (провидеть), видеть — увидеть (увидать), увидеться — свидеться (привидеться).

(завидеть (СВ))	*(прост.)* увидеть издали: *дом*
перевидать (СВ)	*(разг.)* много, многое: *всего на своём веку*
предвидеть (НСВ)	заранее учитывать возможность появления чего-либо: *ход событий*
предвидеться (НСВ)	(1 и 2 лицо не употребляются) ожидаться, предполагаться: *изменения*
видеть	1) обладать способностью зрения: *хорошо* 2. (СВ: **увидеть**, возможно: **увидать**) воспринимать зрением: *лес, поле* 3. (СВ: **увидеть**, возможно: **увидать, повидать**) иметь встречу с кем-либо: *друга* 4. (СВ: **увидеть**, возможно: **увидать, повидать**) наблюдать, испытывать: *многое* 5. (СВ: **увидеть**, возможно: **увидать**) сознавать, усматривать: *свою ошибку*
видеться	1. (СВ: **увидеться**, возможно: **свидеться**) встретиться: *с другом* 2. (СВ: **привидеться**) представляться воображению: *во сне*
(провидеть (НСВ))	*(устар.)* мысленно представлять себе, предвидеть: *судьбу*

Упражнение 33. Проследите употребление глаголов, мотивированных глаголом *видеть*. Придумайте свои примеры.

1. Многое он перевидал на своём веку. 2. Предвижу некоторые осложнения. 3. Ничего неожиданного не предвидится. 3. Он стал хуже видеть. 4. Увидев меня, он очень обрадовался. 5. Вчера я его не видел. 6. Мы с ним не виделись очень давно. 7. Хочется наконец

повидаться со всеми. 8. Вижу, сознаю свою ошибку. 9. Привидится же во сне такое! Надо же! 10. Завидев хозяина, собака радостно залаяла.

Упражнение 34. *(На контроль.)* Выберите правильный вариант. Укажите случаи, когда возможны оба варианта.

1. Мы с тобой так давно не … ! (видели — виделись) 2. Как много лет он не … любви! (видел — виделся) 3. Он так много путешествовал, многое … в своей жизни. (видел — перевидал) 4. Ты знаешь, она может … , что произойдёт в ближайшем будущем. (предвидеть — предвидеться) 5. Ужина не … ! (предвидится — видится) 6. Зрение резко ухудшилось, он стал совсем плохо … . (видеть — видать) 7. Мы … с тобой каждый день. (видим — видимся) 8. Как … свою ненаглядную, так сразу бежит ей навстречу. (завидит — увидит) 9. Какие такие привидения? Тебе это померещилось, просто … . (увиделось — привиделось) 10. Прощай! Даст Бог, когда-нибудь … . (свидимся — увидимся)

Упражнение 35. Составьте микродиалоги, используя предложенные сочетания.

1. Можно ли **предвидеть** какие-либо неприятности — … . 2. Чего не **предвидится** в ближайшее время — … . 3. Вы хорошо **видите** — … . 4. Что или кого хочется **увидеть (повидать)** — … . 5. Что или кого вы боитесь **увидеть** — … . 6. С кем обязательно надо **увидеться (повидаться)** — … . 7. Что мы **видим**, проводя это исследование — … . 8. Почему он так кричит? Может, ему что-то **привиделось** в темноте … .

ГЛАГОЛЫ, МОТИВИРОВАННЫЕ ГЛАГОЛОМ *СЛУШАТЬ*
슬루샤츠에서 파생된 동사

Вслушаться, выслушать, дослушать, заслушать, заслушаться, наслушаться, *ослушаться, послушать, *слушаться, подслушать, прислушаться, прослушать.

вслушиваться — вслушаться	напрячь слух и внимание, чтобы услышать и понять: *в разговор*
выслушивать — выслушать	1) до конца: *посетителя* (2) *(спец.)* исследовать на слух: *лёгкие*)
дослушивать — дослушать	(обычно СВ) — до конца
заслушивать — заслушать	*(офиц.)* выслушать что-либо, публично оглашаемое: *докладчика*
заслушиваться — заслушаться	(обычно СВ) увлечься, слушая: *рассказом*
наслушаться (СВ)	много, в достаточной степени: *песен*
*ослушаться (СВ)	*(разг.)* не подчиниться чьему-либо требованию, распоряжению: *родителей*

слушать	1) направлять слух на что-либо: *музыку* 2) публично разбирать: *дело в суде* 3) (СВ: **прослушать**) изучать, посещая лекции: *курс высшей математики* *4) (СВ: **прослушать** или **послушать**) *(спец.)* исследовать на слух: *больного* *5) (СВ: **послушать**) следовать чьим-либо советам: *отца*
*слушаться — послушаться	поступать согласно чьим-либо советам, распоряжениям: *родителей*
подслушивать — подслушать	тайком слушая, услышать сказанное другому: *чей-то разговор*
прислушиваться — прислушаться	1) напрячь слух и внимание, чтобы услышать: *к разговору* *2) принять во внимание: *к мнению*
прослушивать — прослушать	1) от начала и до конца: *курс лекций* 2) *(спец.)* по звукам изучить: *лёгкие* *3) пропустить, не воспринять: *объяснение*

Упражнение 36. **Прочитайте предложения. Проследите употребление глаголов, мотивированных глаголом *слушать*. Придумайте свои примеры.**

1. Вслушайтесь в эти волшебные звуки музыки! 2. Выслушайте меня! 3. Врач старательно прослушивает лёгкие. 4. Он так и не дослушал оперу. 5. У неё такой красивый голос, она так поёт — заслушаешься! 6. На собрании был заслушан отчёт о проделанной работе. 7. Как ты смел ослушаться родителей! 8. Родителей надо слушаться. 9. Молодёжь редко слушает советы стариков. 10. Послушай, где моя тетрадь? 11. Мы прослушали курс лекций по стилистике. 12. В суде слушали дело об ограблении магазина. 13. Некрасиво подсматривать и подслушивать. 14. Он прислушался к разговору за стеной, но так ничего и не услышал. 15. Тебе неплохо бы прислушаться к мнению старших! 16. Доктор прослушал грудную клетку пациента. 17. Всех участников конкурса вокалистов прослушивало авторитетное жюри. 18. Что ты сказал? Извини, я прослушал!

Упражнение 37. (На контроль.) **Выберите правильный вариант.**

1. Была летняя ночь, мы невольно … пением соловья. (заслушались — прислушались) 2. Как красиво поёт: слушаю и не могу … ! (заслушаться — наслушаться) 3. Ребёнок совсем не … родителей. (прислушивается — слушается) 4. Он обожал эту симфонию, … в каждый её аккорд. (вслушивался — заслушивался) 5. Плохо, что ты не … к моим советам. (слушаешься — прислушиваешься) 6. Мы … всех желающих выступить на сегодняшнем заседании. (заслушаем — подслушаем) 7. Алло! Я … вас! (заслушаю — слушаю) 8. Он … и услышал чей-то негромкий голос. (заслушался — прислушался) 9. Как тебе не

стыдно… ! (заслушивать — подслушивать) 10. … звучащий текст и ответьте на вопросы теста. (Выслушайте — Прослушайте) 11. Извини, я задумался и … , что ты сказал. (дослушал — прослушал) 12. Он … родителей и не стал учиться. (ослушался — прислушался) 13. Я хочу, чтобы ты … всё, что я скажу! (вслушался — выслушал) 14. В университете она … курс лекций по русской истории. (выслушала — прослушала)

Упражнение 38. Определите, возможна ли замена. Изменится ли смысл? Изменится ли структура предложения? Изменится ли стиль?

1. Наконец, **выслушай** меня! (дослушай) 2. Я хочу, чтобы ты **выслушал** меня. (послушал, прослушал, послушался) 3. Надо **слушать** старших. (слушаться, прислушиваться) 4. Нельзя **слушать** чужие разговоры. (подслушивать) 5. Он **ослушался** родителей. (не послушал, не послушался) 6. **Вслушайтесь** в эти поэтические строки — какая красота в них! (Послушайте) 7. **Прислушайтесь**, молодые люди, к моему совету! (Послушайте) 8. **Послушайте** магнитофонную запись и ответьте на несколько вопросов. (Прослушайте) 9. Она начиталась любовных романов, **наслушалась** фантастических любовных историй — вот и живёт в иллюзорном мире. (слушала, прослушала) 10. Как хорошо поют — **заслушаешься**! (слушаешь и слушаешь, слушаешь и не наслушаешься, вслушаешься)

Упражнение 39. Составьте микродиалоги, используя предложенные сочетания.

1. **Прислушаться** к чему-либо — … . 2. Нехорошо **подслушивать** что-либо — … . 3. Кого не надо **слушать** — … . 4. Кого надо **слушаться** — … . 5. Почему вы **прослушали** вопрос — … . 6. Чем можно **заслушаться** — … . 7. Чего он, к сожалению, **наслушался** — … . 8. Кого всегда надо **выслушать** — … . 9. Почему парень **ослушался** отца — … . 10. Чей доклад был **заслушан** — … .

ГЛАГОЛЫ, МОТИВИРОВАННЫЕ ГЛАГОЛОМ *СЛЫШАТЬ*
слышать에서 파생된 동사

*Ослышаться, слышаться, послышаться, прослышать, расслышать, услышать.

*ослышаться (СВ)	услышать неправильно, неверно понять
слышаться — послышаться	быть слышным, звучать, восприниматься
послышаться (СВ)	*(безличн.)* показаться: *мне*
прослышать (СВ)	*(разг.)* узнать по слухам, рассказам: *о подвигах*
расслышать (СВ)	ясно воспринять слухом: *все слова*
услышать	1) (возможен СВ: **услыхать** — *разг.*) различить что-либо слухом: *звуки* 2) (возможен СВ: **услыхать** — *разг.*) узнать: *что он скоро приедет* 3) *(разг.) (перен.)* почувствовать: *запахи*

Упражнение 40. Прочитайте предложение. Проследите употребление глаголов, мотивированных глаголом *слышать*. Придумайте свои примеры.

1. Послышалась музыка. 2. Что вы сказали? Я не расслышал. 3. Я уже прослышал о твоих подвигах. 4. Дедушка совсем плохо слышит. 5. Мы услышали колокольный звон. 6. Я не ослышался? Ты действительно собираешься совершить кругосветное путешествие? 7. Я слышал, что она скоро приедет. 8. В лесу можно слышать много запахов.

Упражнение 41. Составьте микродиалоги, используя предложенные сочетания.

1. Кто стал хуже **слышать** — … . 2. Ты просто **ослышался** — … . 3. Почему не **расслышал** — … . 4. Что **слышится** вдали — … . 5. Кто-то что-то сказал или мне **послышалось** — … . 6. Откуда **слышится** песня — … . 7. Какие запахи можно **слышать** в лесу — … . 8. Почему он испугался? Он что-то **услышал** — … . 9. О чём **прослышал** отец — … . 10. Что он не **расслышал** — … .

ГЛАГОЛЫ, МОТИВИРОВАННЫЕ ГЛАГОЛОМ *ДУМАТЬ*
думать에서 파생된 동사

Вдуматься, вздумать, (вздуматься), выдумать, додуматься, задумать, задуматься, надумать, одуматься, обдумать, передумать, подумать, придумать, продумать, раздумать, (удумать).

вдумываться — вдуматься	интенсивно думать: *в смысл текста*
вздумать (СВ)	неожиданно вдруг захотеть или решить что-либо сделать: *прокатиться*
(вздуматься (СВ))	*(разг.) (безл.)* неожиданно прийти на ум: *вздумалось погулять*
выдумывать — выдумать	1) сказать то, чего не было 2) изобрести: *новую игру*
додумываться — додуматься	(чаще СВ) размышляя, прийти к какому-либо выводу, заключению: *до такого*
задумывать — задумать	1) мысленно решить сделать что-либо: *поездку* 2) мысленно выбрать: *число*
задумываться — задуматься	1) предаться размышлениям: *над проблемой* 2) (с отрицанием) *(разг.)*: обнаружить решительность: *не задумался сказать правду*
надумать (СВ)	*(разг.)* решить после раздумья: *уехать*
одумываться — одуматься	(чаще СВ) поняв свою ошибку, переменить решение

обдумывать — обдумать	вникнуть во что-либо, подготовиться к решению чего-либо: *свой ответ*
передумывать — передумать	1) (обычно СВ) о многом: *обо всём* *2) подумав, поменять решение
думать — подумать	1) размышлять: *о жизни* 2) (НСВ) иметь какое-либо мнение 3) (СВ) немного, недолго *4) (разг.) считать виновным в чём-либо, подозревать: *на соседа* 5) (разг.) намереваться: *Я думаю остаться дома.* *6) заботиться: *о детях*
придумывать — придумать	изобрести, найти, догадаться что-то сделать: *новое средство*
продумывать — продумать	1) то же, что обдумать: *план работ* 2) (СВ) долго: *весь день*
раздумывать — раздумать	1) (НСВ) думать, долго не приходя к решению *2) (обычно СВ) отказаться от задуманного: *идти в гости*
(удумать (СВ))	*(прост.)* решить: *бросить учёбу*

Упражнение 42. Прочитайте предложения. Проследите употребление глаголов, мотивированных глаголом *думать*. Придумайте свои примеры.

1. Я думаю, что это упражнение не такое трудное. 2. Я каждый день думаю о тебе. 3. Аспирант думает над диссертацией. 4. Он задумался над этой проблемой. 5. Он задумался и не услышал, как к нему подошёл преподаватель. 6. Отказаться от стипендии — я бы до такого никогда не додумался! 7. Что это тебе вздумалось отказываться от стипендии? 8. Кто придумал порох? 9. Это было не так, не выдумывай, пожалуйста! 10. Ты твёрдо решил ехать в горы? Не передумаешь? 11. Хватит раздумывать! Надо на что-то решаться! 12. Надо всё как следует обдумать, а потом уже ехать. 13. Она не брала эти деньги, но все соседи думают на неё. 14. Не мешайте! Я думаю!

Упражнение 43. Прочитайте предложения. Проследите употребление глаголов, мотивированных глаголом *думать*. Придумайте свои примеры.

1. Придумайте свои примеры. 2. Ты задумал отправиться в кругосветное путешествие? 3. Ну куда ты уезжаешь? Подумай о детях! 4. Он раздумал ехать с нами. 5. За время отпуска он передумал обо всём. 6. Вдумайтесь в смысл повести И.С. Тургенева «Ася». 7. Он вздумал на ночь глядя поехать в лес! 8. Задумайте какое-либо число, а я постараюсь его отгадать. 9. Какие глупости ты говоришь! Ну что ты удумал? 10. Он выдумал новую игру.

11. Я думаю, вы правы. 12. Он подумал с минуту и принял приглашение. 13. Над решением этой шахматной задачи он продумал всю ночь. 14. Сначала он хотел бросить всё и уехать, но потом одумался и остался.

Упражнение 44. **Определите, возможна ли замена. Изменится ли смысл? Изменится ли структура предложения? Изменится ли стиль? Какой вариант вам больше нравится?**

1. Есть ли жизнь на Марсе? Я как-то никогда **не думал** об этом. (не задумывался) 2. **Задумайся** над этой проблемой! (подумай) 3. Он не поедет, он **раздумал** ехать с нами. (передумал) 4. Мы едем на пикник! Что берём с собой? Надо всё **продумать**. (обдумать) 5. Хватит **думать**! Решайся на что-нибудь! (раздумывать) 6. Я хочу взвесить все «за» и «против», хочу **обдумать** ваше предложение. (подумать) 7. Он **надумал** жениться в восемнадцать лет! (удумал, вздумал) 8. Ему вздумалось ночью искупаться в озере. (вздумал, передумал) 9. Кто **выдумал** тетрис? (придумал) 10. Он так долго жил один, что **передумал** обо всём. (подумал, обдумал) 11. **Вдумайтесь** в эти слова! (Подумайте, задумайтесь) 12. Он **надумал** учиться. (раздумал)

Упражнение 45. (На контроль.) **Выберите правильный вариант.**

1. … об этом на досуге! (Вдумайтесь — Подумайте) 2. Надо … план дальнейших действий. (продумать — раздумать) 3. Я надеюсь, ты не откажешься от своего решения, не …? (продумаешь — передумаешь) 4. Зачем он … всякие небылицы? (выдумывает — продумывает) 5. Пора бы уже … над тем, как жить дальше. (вдуматься — задуматься) 6. Прежде чем отвечать на этот вопрос, … свой ответ. (задумайтесь — обдумайте) 7. Он всегда долго …, прежде чем принять решение. (продумывает — раздумывает) 8. Зачем здесь повесили эту бездарную картину? Кто мог … до этого! (выдумать — додуматься) 9. Не надо этого делать! …! (додумайся — одумайся) 10. Мы проводим викторину, надо … что-нибудь интересное. (надумать — придумать) 11. Повнимательнее вчитайтесь в текст, … в слова автора! (вдумайтесь — задумайтесь) 12. Нам надо … об учёбе. (думать — обдумать)

Упражнение 46. **Составьте микродиалоги, используя предложенные сочетания.**

1. **Вдуматься** в какие-либо строчки — … . 2. О чём надо **задуматься** — … . 3. Над какой проблемой стоит **задуматься** — … . 4. Кто что **выдумывает** — … . 5. Кто до чего **додумался** — … . 6. Кто хотел совершить какую-либо глупость, но потом **одумался** — … . 7. Что следует **обдумать** — … . 8. Кто хотел что-либо сделать, а потом **передумал (раздумал)** — … . 9. Что можно интересного **придумать** — … . 10. Что вы **думаете** по поводу этого упражнения — … .

ГЛАГОЛЫ, МОТИВИРОВАННЫЕ ГЛАГОЛОМ *РАБОТАТЬ*
работать에서 파생된 동사

Выработать, выработаться, доработать, (доработаться), заработать, заработаться, (наработать), наработаться, обработать, отработать, переработать, переработаться, поработать, работать, работаться, подработать, приработать, проработать, разработать, сработать, сработаться, (уработаться).

вырабатывать — выработать	1) произвести, сделать: *продукцию* 2) *(перен.)* обдумывая, создать: *программу*
вырабатываться — выработаться	(1 и 2 лицо не употребляются) установиться, появиться в результате опыта: *привычка*
дорабатывать — доработать	1) до какого-либо времени: *до пенсии* 2) доделать, закончить что-либо: *проект*
(доработаться (СВ))	*(разг.)* (негативное) довести себя, напряжённо работая, до какого-либо состояния: *до инфаркта*
зарабатывать — заработать	1) приобрести работой: *тысячу рублей* *2) *(разг.)* *(ирон.)* получить в результате чего-либо: *выговор* 3) начать работать: *машина*
заработаться (СВ)	увлечься работой или устать от работы: *до утра*
(наработать (СВ))	*(разг.)* много, большое количество: *много*
наработаться (СВ)	*(разг.)* достаточно, вдоволь: *за день*
обрабатывать — обработать	1) сделать готовым для чего-либо: *рану* *2) *(прост.)* *(перен.)* подготовить, сделать полезным для себя: *дельце*
отрабатывать — отработать	1) возместить: *занятые деньги* 2) какое-либо время: *три года на стройке* 3) (СВ) кончить работать 4) придать чему-либо окончательный вид: *проект* 5) получить навык, овладеть: *технику прыжка*
перерабатывать — переработать	1) превратить во что-либо другое: *сырьё* 2) переделать: *проект* 3) *(разг.)* работать больше нормы, устать: *несколько часов*
перерабатываться — переработаться	1) (1 и 2 лицо не употребляются) превратиться во что-либо: например, о пище 2) *(разг.)* переутомиться, устать

поработать (СВ)	работать недолго
работать (НСВ)	1) находиться в действии: *завод; сердце* 2) трудиться: *в поле* 3) иметь должность: *на заводе* 4) обслуживать кого-либо или что-либо: *на хозяина* 5) приводить в действие, управлять: *лопатой*
работаться (НСВ)	*(разг.) (безл.)* о желании работать, о том, как идёт работа: *хорошо на воздухе*
подрабатывать — подработать	*(разг.)* 1) немного, дополнительно заработать: *денег* 2) немного доделать: *вопрос*
прирабатывать — приработать	дополнительно к основному заработку: *сто рублей*
прорабатывать — проработать	1) (СВ) долго: *пять лет* 2) *(разг.)* глубоко изучить: *статью* *3) *(разг., шутл.)* подвергнуть критике: *кого-либо на собрании*
разрабатывать — разработать	1) сделать пригодным для чего-либо: *участок земли* 2) исследовать, подготовить: *вопрос*
срабатывать — сработать	*(прост.)* 1) сделать, изготовить: *хорошо* 2) произвести какое-либо действие: *инстинкт*
сработаться (СВ)	достигнуть согласованности в работе между её участниками: *с кем-либо*
(уработаться (СВ))	*(прост.)* устать

Упражнение 47. Прочитайте предложения. Проследите употребление глаголов, мотивированных глаголом *работать*. Придумайте свои примеры.

1. Кем работает твой отец? 2. Я хочу сначала поработать, а уже потом поступать в аспирантуру. 3. Телевизор не работает, надо ремонтировать. 4. Отец проработал на этом заводе десять лет. 5. Он уже доработал до пенсии. 6. Можно спросить: сколько ты зарабатываешь? 7. Этот писатель сейчас работает над новым романом. 8. Машина долго не заводилась, но наконец мотор заработал. 9. Мы прекрасно отработали на практике. 10. Мой друг учится в университете и подрабатывает в газете.

Упражнение 48. Прочитайте предложения. Проследите употребление глаголов, мотивированных глаголом *работать*. Придумайте свои примеры.

1. Это важные научные статьи, вам следует их серьёзно проработать. 2. Этот учёный выдвинул и разработал принципиально новую систему исследования. 3. Следует вырабо-

тать план действий. 4. План не совсем удачный, его надо переработать. 5. Что вырабатывают из нефти? 6. У меня уже выработалась привычка рано вставать. 7. В желудке пища перерабатывается. 8. Он уже ушёл домой? Да, он не переработает! 9. Ух, мы сегодня за день наработались! 10. Отдохни, а то ты совсем заработался! 11. Надо обработать рану спиртом. 12. Вы пропустили занятие, вам нужно его отработать.

Упражнение 49. **Прочитайте предложения. Проследите употребление глаголов, мотивированных глаголом *работать*. При желании придумайте свои примеры.**

1. Что-то мне не работается сегодня! 2. Пересядь подальше от окна, а то заработаешь бронхит! 3. Твою статью надо лишь немного подработать — и можно печатать. 4. Отлично сработано! 5. Вы прекрасный специалист. Думаю, мы с вами сработаемся. 6. Крестьянин разрабатывает свой участок. 7. Помоги мне сделать грядку. На! Поработай лопатой! 8. Он часто опаздывает, вот его сегодня и прорабатывали на собрании. 9. Заработок маленький, и надо где-то ещё прирабатывать. 10. Ну что, много наработал сегодня? 11. Всё! Отдыхаем! Совсем уработались! 12. Так и до инфаркта можно доработаться!

Упражнение 50. (На контроль.) **Выберите правильный вариант.**

1. Мой дедушка … до пенсии. (выработал — доработал) 2. Он уже … положенные для пенсии двадцать лет. (заработал — отработал) 3. Он всегда много … . (зарабатывал — прорабатывал) 4. Ты будешь … пропущенные семинарские занятия? (зарабатывать — отрабатывать) 5. Я хочу … эту тему. (выработать — разработать) 6. Рабочий … детали на станке. (обрабатывает — перерабатывает) 7. Ему сегодня хорошо … . (работает — работается) 8. Он … всю ночь. (переработал — проработал) 9. Он … до утра. (заработался — переработался) 10. Надо знать меру: работай, но не … ! (перерабатывай — разрабатывай)

Упражнение 51. (На контроль). **Выберите правильный вариант.**

1. Он закаляет волю, … характер. (вырабатывает — разрабатывает) 2. Мы сегодня так устали, так … ! (доработались — наработались) 3. Для написания диссертации необходимо … массу специальной литературы. (подработать — переработать) 4. На тренировке спортсмен … труднейший прыжок (обрабатывал — отрабатывал) 5. Не опаздывай, а то … выговор от начальника! (заработаешь — отработаешь) 6. На этом заводе … макулатуру. (вырабатывают — перерабатывают) 7. Ты порезался! Надо чем-то … рану! (обработать — разработать) 8. Статья сырая, её надо … . (переработать — разработать) 9. Лучше не занимать деньги: придётся … долги! (зарабатывать — отрабатывать) 10. Уже пора домой: мы и так … несколько часов! (заработались — переработали)

Упражнение 52. **Определите, возможна ли замена. Изменится ли смысл? Изменится ли структура предложения? Изменится ли стиль?**

1. Он **работал** всю ночь. (проработал, заработался) 2. На этом заводе он **отработал** три года. (проработал) 3. Надо **разработать** план. (выработать, переработать) 4. Следует **подработать** статью. (доработать, переработать) 5. Ух, мы сегодня **переработали**! (пере-

работались, уработались, наработались) 6. В институте он **поработал** три месяца. (проработал, отработал) 7. Он хорошо **поработал**. (заработал) 8. Он **прирабатывает** в соседнем институте. (подрабатывает) 9. Он **заработался** до утра. (проработал) 10. Крестьянин **обрабатывает** свой участок земли. (разрабатывает) 11. Он работает и **подрабатывает**. (зарабатывает) 12. Мы **отработали** на славу! (поработали, сработали)

Упражнение 53. **Составьте микродиалоги, используя предложенные сочетания.**

1. Над какой темой вы **работаете** — … . 2. Сколько надо **зарабатывать** — … . 3. Какую привычку необходимо **выработать** — … . 4. Что **вырабатывают** из нефти — … . 5. Сколько лет нужно **отработать**, чтобы стать хорошим специалистом — … . 6. Когда растения активно **вырабатывают** кислород — … . 7. Кто часто **подрабатывает** — … . 8. Когда вам лучше **работается**: утром или вечером — … . 9. Кто советует **переработать** статью — … . 10. Кто может **заработаться** до утра — … . 11. Кто из родственников **доработал** до пенсии — … . 12. Кто должен **обработать** собранный для статьи материал — … .

ГЛАГОЛЫ, МОТИВИРОВАННЫЕ ГЛАГОЛОМ *ДЕЛАТЬ*
делать에서 파생된 동사

Вделать, возделать, выделать, доделать, заделать, заделаться, наделать, обделать, отделать, отделаться, переделать, поделать, сделать, сделаться, *подделать, приделать, проделать, разделать, разделаться.

вделывать — вделать	(чаще СВ) — вставить внутрь, закрепив: *камень в кольцо*
возделывать — возделать	(чаще НСВ) — обрабатывать (землю): *землю*
выделывать — выделать	1) обработать, изготовить: *кожу* 2) (НСВ) *(перен.)* делать что-либо странное: *что-либо ногами*
доделывать — доделать	(чаще СВ) закончить
заделывать — заделать	забив, заровняв, закрыть наглухо: *щели*
(заделываться — заделаться)	(обычно СВ) *(прост.)* стать: *механиком*
наделать (СВ)	произвести много: *игрушек; хлопот*
обделывать — обделать	(1) *(разг.)* обработать: *драгоценный камень*) 2) *(прост.)* решить, устроить: *свои дела*
отделывать — отделать	1) обработать или отремонтировать: *квартиру* 2) украсить: *платье кружевами* *3) (СВ) *(прост.)* выругать или избить: *кого-либо за что-либо*

отделываться — отделаться	1) (разг.) избавиться: *от уроков* 2) уклоняясь от чего-либо, ограничиться чем-либо несущественным: *обещанием* 3) испытать что-либо незначительное: *царапиной*
переделывать — переделать	1) заново или по-иному: *работу* 2) много: *дела*
поделать (СВ)	немного, недолго
сделать	1) заниматься чем-либо, поступать как-либо: *по-своему* 2) производить, совершать, работая: *сто оборотов в минуту* 3) заказывать, поручать: *себе костюм* 4) совершать: *попытку* 5) превращать: *добро; несчастным*
сделаться	1) становиться: *весёлым* 2) (1 и 2 лицо не употребляются) происходить: *что там делается*
*подделывать — подделать	изготовить что-либо фальшивое: *подпись*
(подделываться — подделаться)	сделать что-либо в подражание кому-либо или чему-либо: *под ребяческий тон*
приделывать — приделать	прикрепив, прочно присоединить: *ручку*
проделывать — проделать	1) сделать отверстие в чём-либо: *дыру в заборе* 2) сделать, выполнить: *работу*
разделывать — разделать	1) привести что-либо в какое-либо состояние: *шкаф под дуб* *2) (прост.) избить
разделываться — разделаться	1) (разг.) покончить с чем-либо: *с поручениями* *2) наказать: *с обидчиком*

Упражнение 54. **Прочитайте предложения. Проследите употребление глаголов, мотивированных глаголом** *делать***. Придумайте свои примеры.**

1. Мальчик с полчаса поделал уроки и побежал гулять. 2. Мы проделали большую и трудную работу. 3. Что ты наделал! 4. Эту работу надо переделать. 5. Ничего не поделаешь, надо идти на работу! 6. Пойду спать, а реферат завтра доделаю. 7. Завтра выходной! Ничего не буду делать! 8. Он сделал большую ошибку, когда бросил университет. 9. Надо вызвать мастера: пусть заделает щель в двери или поменяет дверь. 10. Не говори глупости!

Не надо делать из меня идиота! 11. Всех дел не переделаешь! 12. Ребята проделали дыру в заборе.

Упражнение 55. Прочитайте предложения. Проследите употребление глаголов, мотивированных глаголом *делать*. Придумайте свои примеры на некоторые случаи употребления.

1. Эта статья в газете наделала много шума. 2. У корзинки оторвалась ручка, но ребята её приделали. 3. Она сделала его несчастным на всю жизнь! 4. Этот портфель служит мне много лет — и всё как новенький! Ему ничего не делается! 5. Зачем ты подделал подпись директора? 6. Была авария, но с нами всё в порядке, мы отделались лишь лёгким испугом. 7. Я отделался лишь одной царапиной! 8. Посмотри, как быстро он разделался с обедом! 9. Что за глупые шутки?! Ну, я с тобой сейчас за это разделаюсь! 10. Что за шум? Что там у вас делается? 11. От выпитого вина ему сделалось плохо. 12. Вы знаете, как он отделал свою новую квартиру? Это просто сказка!

Упражнение 56. Прочитайте предложения. Проследите употребление глаголов, мотивированных глаголом *делать*. При желании придумайте свои примеры.

1. Она шьёт ночную рубашку и хочет отделать её кружевами. 2. Мясник разделывает туши. 3. Он умеет прыгать на батуте. Посмотри, какие фигуры он проделывает в воздухе! 4. Крестьянин возделывает свою землю и мечтает получить хороший урожай. 5. Шкуры животных нужно долго выделывать. 6. Как он мне надоел! Не знаю, как от него отделаться. 7. В кольцо вделан великолепный драгоценный камень. 8. На него напали хулиганы, но он парень крепкий, и он их так отделал, что они еле ноги унесли! 9. Кто сказал, что наша команда проиграет вашей? Да мы вас так разделаем, что плохо будет! 10. Он заделался завсегдатаем этого клуба. 11. Не знаю, чем он занят. Наверно, обделывает там какие-то делишки. 12. Только не надо подделываться под интеллигента!

Упражнение 57. *(На контроль.)* **Выберите правильный вариант.**

1. Реферат не закончен, его надо … (выделать — доделать) 2. Она … его несчастным. (наделала — сделала) 3. У нас будут гости, и мы … всяких разных салатов. (наделали — проделали) 4. Пожалуйста, … мне одолжение: реши за меня эти две задачи! (проделай — сделай) 5. Новая квартира готова, теперь надо её … . (заделать — отделать) 6. Мы мастерим куклу: вот туловище, сейчас … ручки и ножки — и кукла готова. (приделаем — разделаем) 7. Зачем здесь … отверстие? (приделали — проделали) 8. Отверстие надо срочно … . (выделать — заделать)

Упражнение 58. *(На контроль.)* **Выберите правильный вариант.**

1. Мне … дурно, как только подумаю об экзаменах. (делает — делается) 2. Зачем бандиты … паспорта? (подделывают — проделывают) 3. Это целина, её никто ещё не … . (возделывал — разделывал) 4. Не стоит … из мухи слона! (выделывать — делать) 5. Наконец-то мы … все домашние дела! (переделали — разделались) 6. Ты обещал помочь мне. Нет, не завтра, а сегодня! Ты от меня так просто не … ! (отделаешься — разделаешься) 7. У тебя новое кожаное пальто? Кожа хорошо … . (выделана — сделана) 8. Ну, вот мы и … с экзаменами! Каникулы! (переделали — разделались)

Упражнение 59. **Прочитайте предложения. Определите, возможна ли замена. Изменится ли смысл? Изменится ли структура предложения? Изменится ли стиль?**

1. Разве так можно?! Что ты **делаешь**! (наделал) 2. Мы **проделали** большую работу. (сделали) 3. Статья плохая, её надо **переделать**. (доделать) 4. Конечно, он совершил ошибку, но уже ничего не **поделаешь**! (сделаешь) 5. Ребята **проделали** дыру в заборе. (заделали) 6. Зачем вы **подделали** подпись начальника? (переделали, приделали) 7. Он здорово **проделывает** этот фокус! (делает, разделывает) 8. Ваше платье уже сшили, только надо чем-то его украсить, чем-то **отделать**. (доделать, приделать)

Упражнение 60. **Составьте микродиалоги, используя предложенные сочетания.**

1. Кто что **делает** сегодня вечером — … . 2. Какие дела необходимо **переделать** завтра — … . 3. Кто **наделал** ошибок в контрольной работе — … . 4. Где и какие щели и дыры надо заделать — … . 5. Кто **проделал** огромную работу — … . 6. От кого вы никак не можете **отделаться** — … . 7. С кем или с чем можно быстро **разделаться** — … . 8. Кто и зачем **подделывает** документы — … . 9. Кто и какие фокусы **проделывает** на экзаменах — … . 10. Что **делается** в общежитии — … .

ГЛАГОЛЫ, МОТИВИРОВАННЫЕ ГЛАГОЛОМ *ГОТОВИТЬ*
готовить에서 파생된 동사

Заготовить, изготовить, наготовить, (наготовиться), подготовить, готовиться, приготовить, приготовиться, сготовить, (уготовить).

заготавливать *(реже:* **заготовлять**) — **заготовить**	заранее, впрок: *справки; дрова на зиму*
изготавливать *(реже:* **изготовлять**) — **изготовить**	сделать, выработать: *макет корабля*
наготавливать — **наготовить**	(обычно СВ) большое количество: *еды*
(**наготовиться** (СВ))	*(разг.)* напастись: *не наготовишься на вас еды*
подготавливать *(реже:* **подготовлять**) — **подготовить**	1) сделать что-либо для организации работы: *доклад* 2) обучить: *друга к экзаменам* 3) предварительно известить, сообщить: *друга к неприятному известию*
готовить (НСВ)	1) (СВ: **подготовить**, возможно: **приготовить**) делать годным, готовым для использования: *машину* 2) (СВ: **подготовить**, возможно: **приготовить**) работать над выполнением чего-либо: *уроки*

	3) (СВ: **подготовить**, возможно: **приготовить**) собираться сделать что-либо: *встречу*
	4) (СВ: **сготовить**, возможно: **приготовить**) стряпать: *обед*
готовиться (НСВ)	1) (СВ: **подготовиться**, возможно: **приготовиться**) делать приготовления к чему-либо: *к лекции*
	2) (только НСВ) (1 и 2 лицо не употребляются) назревать, предстоять: *важные события*
(**уготовить** (СВ))	*(устар.)* то же, что приготовить, подготовить: *печальную участь*

Как мы видим, каких-то абсолютно новых, неизвестных значений здесь нет.

Трудность обычно в другом: где видовая пара? Вы заметили, что параллельно можно использовать такие варианты: *готовить* (НСВ) *доклад* или *ученика к контрольной*, *подготовить* (СВ) *доклад* или *ученика к контрольной* (а также и *подготавливать* — СВ), *приготовить* (СВ) *доклад* или *ученика к контрольной*. Обратите внимание, как обычно говорят русские. И так, и так. (На наш взгляд, префикс *под-* немного более официальный, чем префикс *при-*.)

Очень важна лексическая сочетаемость: *готовить/подготовить* или *приготовить* — что конкретно: *суп* или *доклад*, *ученика* или *сюрприз* и т. д. Проверьте, как русские говорят: *суп* — *готовить*, *приготовить* (это самый универсальный глагол!), *сготовить* (но нельзя *подготовить суп* — это неправильно, странно). Итак, будьте внимательны в упражнениях: ваше внимание с грамматики постепенно переключается на лексику (т. е. на лексическую сочетаемость).

Упражнение 61. Прочитайте предложения. Проследите употребление глаголов, мотивированных глаголом *готовить*. Придумайте свои примеры.

1. В деревне летом заготавливают сено на зиму. 2. Что изготавливают на этой фабрике? 3. Что тебе приготовить на ужин? 4. Он приготовил мне сюрприз. 5. Иди готовь уроки! 6. Надо как следует подготовиться к экзамену. 7. Господин Иванов, подготовьте, пожалуйста, все необходимые документы! 8. Мама сготовила борщ. 9. Зачем вы столько наготовили всего?! Мы так много не съедим! 10. Уже всё съели? На вас не наготовишься! 11. В стране готовятся важные события. 12. Судьба уготовила ему печальную участь.

Упражнение 62. *(На контроль.)* Выберите правильный вариант.

1. Вам следует хорошо ... к ответу. (подготовить — подготовиться) 2. У нас вечером гости? Надо ... что-нибудь вкусненькое! (заготовить — приготовить) 3. На этой фабрике ... мягкие игрушки. (изготавливают — приготовляют) 4. Как сообщить ему, что умер его дедушка? Надо его постепенно к этому ... . (наготовить — подготовить) 5. В стране ... революция. (готовилась — заготавливалась) 6. В стране на зиму было ... более 1000 млн. т

зерна. (заготовлено — приготовлено) 7. Спасибо! Всё было вкусно. Но зачем вы столько…! (подготовили — наготовили) 8. Мы … вам подарок! (заготовили — приготовили)

Упражнение 63. **Укажите, возможны ли варианты. Изменится ли значение? Изменится ли структура фразы? Изменится ли стиль?**

1. Бабушка **приготовила** уху. (сготовила, заготовила) 2. Он **подготовился** к экзамену. (подготовил, приготовился) 3. Мальчик **приготовился** к наказанию. (подготовился) 4. Фермер **заготовил** сено на зиму. (наготовил, подготовил) 5. Крестьянин **подготовился** к зиме. (наготовился) 6. На фабрике **изготовили** 100 тыс. кукол. (наготовили, приготовили, заготовили) 7. Всего не съедим! Зачем ты так много **наготовила**?! (приготовила, подготовила) 8. У нас в банке ревизор: **приготовьте** для него все необходимые документы! (подготовьте)

Упражнение 64. **Составьте микродиалоги, используя предложенные сочетания.**

1. Надо **сготовить** что-нибудь — … . 2. Надо **подготовить** проект закона — … . 3. Надо **подготовиться** к выступлению — … . 4. Зачем **наготовили** на три дня вперёд — … . 5. Кто должен **заготовить** корм для скота — … . 6. К чему надо его **подготовить** — … . 7. Что **готовится** в стране — … . 8. Что **изготавливают** на этой фабрике — … .

ГЛАГОЛЫ, МОТИВИРОВАННЫЕ ГЛАГОЛОМ *ЖИТЬ*
жить에서 파생된 동사

(Вжиться), выжить, дожить, зажить, зажиться, *изжить, *нажить, нажиться, *ожить, обжить, обжиться, отжить, пережить, пожить, жить, житься, *прижить, *прижиться, прожить, *(прожиться), *разжиться, сжить, сжиться, ужиться.

(вживаться — вжиться)	вникнув, хорошо освоиться с чем-либо: *в роль (об актёре)*
выживать — выжить	1) остаться в живых: *после ранения* 2) *(разг.)* заставить покинуть свой дом, удалиться откуда-либо: *со службы*
доживать — дожить	1) до чего-либо: *на даче до заморозков* 2) пробыть остаток какого-либо срока: *неделю в санатории*
заживать — зажить	1) (только СВ) начать вести какую-либо жизнь: *хорошо* *2) (1 и 2 лицо не употребляются) о ране: затянуться кожей, закрыться: *царапина*
заживаться — зажиться	(обычно СВ) прожить больше обычного: *на даче*
*изживать — изжить	избавиться от чего-либо неприятного: *недостатки*

*наживать — нажить	1) накопить, получить прибыль: *много денег* 2) *(перен.) (разг.)* получить, приобрести что-либо неприятное: *ревматизм*
наживаться — нажиться	*1) обогатиться: *на торговле оружием* 2) *(разг.)* в достаточной степени: *на даче*
*оживать — ожить	1) стать снова живым, воскреснуть (например, о мертвеце) **2)** *(перен.)* стать полным сил, в прежней силе (например, о природе весной)
обживать — обжить	*(разг.)* сделать жилым, приспособить для жилья: *новую квартиру*
обживаться — обжиться	*(разг.)* привыкнуть к новой обстановке, прожив в ней некоторое время: *в деревне*
отживать — отжить	1) кончить жить: *свой век* 2) (1 и 2 лицо не употребляются) устареть: *обычай*
переживать — пережить	1) прожить дольше кого-либо или чего-либо: *всех своих друзей* *2) испытать, перенести: *радость* *3) (только НСВ) *(разг.)* волноваться, тревожиться: *за родных*
пожить (СВ)	недолго: *за городом*
жить (НСВ)	1) *(прям. и перен.)* существовать, иметься, быть: *долго* (например, о легенде) 2) *(прям. и перен.)* поддерживать своё существование чем-либо: *своим трудом; на пенсию; наукой* *3) *(разг.)* находиться в любовной связи: *с любовницей*
житься (НСВ)	*(разг., безл.)*: *весело*
*приживать — прижить	*(прост.)* находясь в сожительстве, родить: *ребёнка*
*приживаться — прижиться	приспособиться к данным условиям: *на новом месте*
прожить (СВ)	1) долго: *сто лет* *2) истратить: *много денег*
проживать (НСВ)	*(офиц.)* жить: *по какому-либо адресу*
(*проживаться — прожиться)	издержать все свои деньги, остаться без средств: *в командировке*

*разживаться — разжиться	(прост.) разбогатеть или раздобыть, получить что-либо: *деньжатами*
сживать — сжить	(разг.) создать невыносимые условия для жизни: *с квартиры*
сживаться — сжиться	(прям. и перен.) привыкнуть: *со своим горем*
уживаться — ужиться	наладить согласную жизнь с кем-либо: *с соседями*

Упражнение 65. Прочитайте предложения. Проследите употребление глаголов, мотивированных глаголом *жить*. Придумайте свои примеры.

1. Где ты живёшь? 2. По какому адресу вы проживаете? 3. Этот человек прожил долгую интересную жизнь. 4. Мы прожили два месяца на даче. 5. Наконец-то мы заживём хорошо! 6. Трудно жить на пенсию. 7. Хочу пожить в деревне. 8. Как тебе живётся на новом месте? 9. Он дожил до ста двадцати лет. 10. Этот старик пережил своих детей. 11. Старик говорит, что он зажился на свете. 12. Это такой кошмар, я этого не переживу! 13. Он живёт с любовницей. 14. Не стоит из-за этого так переживать! 15. Рана быстро зажила. 16. У него такой ужасный характер, трудно с ним ужиться!

Упражнение 66. Прочитайте предложения. Проследите употребление глаголов, мотивированных глаголом *жить*. При желании придумайте свои примеры.

1. В таких трудных условиях человеку непросто выжить. 2. Жизнь прожить — не поле перейти. 3. Весной вся природа оживает. 4. Своим трудом он нажил значительное состояние. 5. Не спорь с начальством — наживёшь себе неприятностей! 6. Мы уже переселились на новую квартиру, теперь будем её обживать. 7. Надо обжиться на новом месте. 8. Мы посадили яблоню, и она уже прижилась, скоро даже зацветёт. 9. Эта турфирма наживается на своих клиентах. 10. Родственники выжили старика из дому. 11. Надо изживать недостатки! 12. Где бы разжиться табачком? 13. В командировке он прожился в пух и прах. 14. Она прижила ребёночка. 15. Он уже сжился со своим горем. 16. Актёр буквально вжился в роль.

Упражнение 67. Определите, возможна ли замена. Изменится ли смысл? Изменится ли структура фразы? Изменится ли стиль?

1. Он **жил** в деревне два месяца. (пожил, прожил, дожил) 2. С ним трудно **жить**. (ужиться, пережить) 3. Она не смогла **пережить** своё горе и вскоре умерла. (прожить, выжить) 4. Мы **обживаем** новую квартиру. (обживаемся, приживаемся) 5. Скоро он будет **жить** богато. (заживёт, наживёт) 6. Этот человек **нажил** целое состояние на торговле табаком. (разжился, нажился) 7. После операции врачи боялись, что больной **не выживет**. (не будет жить, не переживёт, не доживёт) 8. Мы думали, что дерево погибло, а оно **выжило**. (прижилось, ожило) 9. Он **дожил** до ста лет. (прожил) 10. Жизнь **пережить** — не поле перейти. (прожить)

Упражнение 68. (На контроль.) **Выберите правильный вариант.**

1. В своей жизни он много … . (выжил — пережил) 2. В этих условиях невозможно … . (выжить — пережить) 3. Это обычай уже … . (изжил — отжил) 4. Он … много врагов. (нажил — нажился) 5. Надо … предрассудки. (выживать — изживать) 6. Рана … медленно. (заживает — обживает) 7. Этот человек эгоист, с ним никто не … . (приживается — уживается) 8. Мы … на новом месте. (обживаемся — сживаемся) 9. Мы подумали было, что бабочка погибла, но она вдруг … , расправила крылья и улетела. (ожила — обжила) 10. Генерал тяжело … свою отставку. (изжил — пережил) 11. В дикой природе … сильнейший. (выживает — заживает) 12. Хочу … до ста лет! (дожить — пережить)

Упражнение 69. **Составьте микродиалоги, используя предложенные сочетания.**

1. Кто **дожил** до ста лет — … . 2. Кому сколько лет **жить** накуковала кукушка — … . 3. Когда мы **заживём** счастливо — … . 4. Почему порез или ожог долго не **заживает** — … . 5. Что трудно **пережить** — … . 6. С кем трудно **ужиться** — … . 7. По какому адресу вы **проживаете** — … . 8. Когда можно **нажить** неприятности — … . 9. В каких условиях трудно **выжить** — … . 10. Какой обычай уже **отжил** своё — … . 11. Как кому здесь **живётся** — … . 12. Сколько лет **прожил** А.С.Пушкин — … .

Уважаемые учащиеся! На этом мы заканчиваем наше путешествие по трудным темам русской грамматики. Надеемся, что вам было интересно!

Вы уже много знаете. Напоследок ещё раз повторим, что надо контролировать при изучении иностранного языка:

1. Грамматику (= формы и управление, например: *жить в городе; идти к другу*).

2. Лексику (= лексическую сочетаемость, например: *добиться **цели**; **подготовиться** к докладу[1]; **приготовить** суп*).

3. Стиль (= разговорное или официальное употребление, например: *забыть обо всём; на вас не **наготовишься***).

---

[1] Для префиксальных глаголов: обращаем внимание также на префикс!

ПОВТОРЕНИЕ И КОНТРОЛЬ 복습과 확인

ПАДЕЖИ 격변화

Упражнение 1. **Прослушайте или прочитайте анекдот, а затем перескажите его, обращая внимание на падежи. Запишите ваш пересказ.**

Полицейский остановил автомобиль. За рулём — молодая женщина.
— Вы что, не видели красный свет? — спрашивает полицейский.
— Красный свет я видела, — отвечает женщина, — но я не видела вас!

Дополнительное задание. **Какие падежи использованы в тексте? Это конструкции с предлогами или без предлогов? Сколько падежных или предложно-падежных конструкций использовано в тексте? Можете ли вы их повторить? Часто ли используются эти конструкции? Придумайте с ними свои примеры.**

Упражнение 2. **Прослушайте или прочитайте анекдот, а затем перескажите его, обращая внимание на падежи. Запишите ваш пересказ.**

— Дядюшка, — говорит один парень, — я влюбился в чудесную девушку. Как мне узнать, что она обо мне думает?
— Женись на ней, мой мальчик! И тогда ты всё узнаешь! — отвечает дядюшка.

Упражнение 3. **Прослушайте или прочитайте анекдот, а затем перескажите его, обращая внимание на падежи. Запишите ваш пересказ.**

Мать говорит дочери:
— Запомни, милая: если девушка будет повторять только четыре слова, она может выйти замуж за любого парня.
— Какие четыре слова?
— Надо всё время повторять парню: «Какой ты замечательный человек!»

Упражнение 4. **Прослушайте или прочитайте анекдот, а затем перескажите его, обращая внимание на падежи. Запишите ваш пересказ.**

Разговаривают два приятеля.
— Я снова мечтаю съездить в Париж! — говорит один.
— А ты там уже был? — спрашивает другой.
— Нет, но в прошлом году тоже мечтал!..

Упражнение 5. **Прослушайте или прочитайте анекдот, а затем перескажите его, обращая внимание на падежи. Запишите ваш пересказ.**

— Папа, дай двадцать рублей! — просит сын.
— Папа, дай пятьдесят рублей! — просит дочь.
— Дорогой, дай тысячу рублей! — просит жена.
— А зачем вам деньги?
— Как?! Ты забыл? Завтра у тебя день рождения!

Упражнение 6. **Прослушайте или прочитайте анекдот, а затем перескажите его, обращая внимание на падежи. Запишите ваш пересказ.**

Разговаривают два друга.
— Не знаю, что купить жене на день рождения, — жалуется один.
— Спроси у неё.
— Что ты! У меня нет столько денег!

Упражнение 7. **Прослушайте или прочитайте анекдот, а затем перескажите его, обращая внимание на падежи. Запишите ваш пересказ.**

Муж:
— У тебя такое красивое новое платье! Дорогое?
Жена:
— Нет, только три твои зарплаты.

Упражнение 8. **Прослушайте или прочитайте анекдот, а затем перескажите его, обращая внимание на падежи. Запишите ваш пересказ.**

Жена мужу:
— Дорогой, ты обещал купить мне новое платье!
— Дорогая, когда ты со мной, я забываю обо всём на свете!

Упражнение 9. **Прослушайте или прочитайте анекдот, а затем перескажите его, обращая внимание на падежи. Запишите ваш пересказ.**

— Ты опять идёшь в театр? Ведь ты уже была на этой пьесе!
— Да, но не в этом платье!

Упражнение 10. **Прослушайте или прочитайте анекдот, а затем перескажите его, обращая внимание на падежи. Запишите ваш пересказ.**

Жена говорит мужу:
— Выбирай: или я, или пиво!
— А сколько пива? — спрашивает муж.

Упражнение 11. **Прослушайте или прочитайте анекдот, а затем перескажите его, обращая внимание на падежи. Запишите ваш пересказ.**

1917 год.
Старая графиня спрашивает внука:
— Что там за шум на улице?
— Это митинг большевиков, бабушка.
— А чего же они хотят?
— Они хотят, чтобы не было богатых.
— Странно! Мой дед, декабрист, хотел, чтобы не было бедных!

Упражнение 12. **Прослушайте или прочитайте анекдот, а затем перескажите его, обращая внимание на падежи. Запишите ваш пересказ.**

Диалог пессимиста и оптимиста.
Пессимист (грустно):
— Хуже уже не будет!
Оптимист (радостно):
— Будет! Будет!

Упражнение 13. **Прослушайте или прочитайте анекдот, а затем перескажите его, обращая внимание на падежи. Запишите ваш пересказ.**

Хочешь быть счастливым — научись радоваться мелочам. Я, например, всегда радуюсь, когда получаю зарплату: мелочь — а приятно!

Упражнение 14. **Прослушайте или прочитайте анекдот, а затем перескажите его, обращая внимание на падежи. Запишите ваш пересказ.**

Покупатель в магазине:
— Я хотел бы купить новую, красивую, прочную и дешёвую обувь.
Продавец:
— Я тоже!

Упражнение 15. **Прослушайте или прочитайте анекдот, а затем перескажите его, обращая внимание на падежи. Запишите ваш пересказ.**

— Кем лучше быть: дураком или лысым?
— Дураком: это не так заметно!

Упражнение 16. **Прослушайте или прочитайте анекдот, а затем перескажите его, обращая внимание на падежи. Запишите ваш пересказ.**

— У тебя было много проблем с твоим французским в Париже?
— У меня — нет, но у парижан — много!

Упражнение 17. **Прослушайте или прочитайте анекдот, а затем перескажите его, обращая внимание на падежи. Запишите ваш пересказ.**

Хозяйка нанимает новую служанку и спрашивает её:
— Скажите, милая, вы любите попугаев?
— Не беспокойтесь, мадам, я ем всё, — говорит служанка.

Упражнение 18. **Прослушайте или прочитайте анекдот, а затем перескажите его, обращая внимание на падежи. Запишите ваш пересказ.**

Пациент врачу:
— Доктор, а это не вредно — выпить перед едой рюмочку водки?
— Это зависит от того, сколько раз в день вы едите, — отвечает врач.

Упражнение 19. **Прослушайте или прочитайте анекдот, а затем перескажите его, обращая внимание на падежи. Запишите ваш пересказ.**

Один толстый человек решил похудеть и обратился по этому поводу к врачу.
— Всё очень просто, — сказал врач. — Нужно только делать небольшое движение головой: сначала слева направо, а затем справа налево.
— И когда? — спросил пациент.
— Каждый раз, когда вам предложат вкусную еду.

Упражнение 20. **Прослушайте или прочитайте анекдот, а затем перескажите его, обращая внимание на падежи. Запишите ваш пересказ.**

Старый человек пришёл к врачу и говорит:
— Доктор, у меня болит правая нога!
— Ну, ничего не поделаешь, это уже от старости.
— Левая нога тоже старая, но она же не болит!

Упражнение 21. **Прослушайте или прочитайте анекдот, а затем перескажите его, обращая внимание на падежи. Запишите ваш пересказ.**

Один студент идёт по набережной и видит, что в реке плавает какой-то человек, но плавает он в костюме и шляпе.
— Извините, — спрашивает студент, — почему вы плаваете в костюме и шляпе?
— Я не плаваю, — отвечает человек. — Я тону-у!

Упражнение 22. **Прослушайте или прочитайте анекдот, а затем перескажите его, обращая внимание на падежи. Запишите ваш пересказ.**

На уроке учитель спрашивает ученика:
— Как разделить пять картофелин на шесть человек?
Ученик отвечает:
— Надо сделать пюре!

Упражнение 23. **Прослушайте или прочитайте анекдот, а затем перескажите его, обращая внимание на падежи. Запишите ваш пересказ.**

На уроке учитель спрашивает ученика:
— Что ближе к нам: луна или Америка?
— Конечно, луна, — отвечает ученик.
— Почему ты так думаешь?
— Потому что мы видим луну, но не видим Америку.

Упражнение 24. **Прослушайте или прочитайте анекдот, а затем перескажите его, обращая внимание на падежи. Запишите ваш пересказ.**

Два незнакомых человека в автобусе:
— Вы пойдёте сегодня на лекцию профессора N?
— Да.
— Не ходите! Я слышал, что профессор N плохо читает лекции.
— Но я должен пойти, ведь это я — профессор N!

Упражнение 25. **Прослушайте или прочитайте анекдот, а затем перескажите его, обращая внимание на падежи. Запишите ваш пересказ.**

В автобусе молодой человек спрашивает женщину:
— Извините, у вас есть сын?
— Да, есть.
— А он курит?
— Нет.
— Он пьёт?
— Нет.
— Поздно приходит домой?
— Нет.
— Какой прекрасный молодой человек! Сколько ему лет?
— Ему только шесть месяцев, — отвечает женщина.

Упражнение 26. **Прослушайте или прочитайте анекдот, а затем перескажите его, обращая внимание на падежи. Запишите ваш пересказ.**

Гадалка предсказывает клиентке:
— До пятидесяти лет вы будете страдать от нехватки денег.
— А потом?
— А потом привыкнете!

Теперь повторим все падежи по отдельности. На каждый падеж предлагаются упражнения, соответствующие разным уровням сложности: от **ТРКИ-1** до **ТРКИ-4**. Успеха вам!

Упражнение 27. (**ТРКИ-1.**) **Прочитайте предложения. Определите, какой падеж повторяется.**

1. У него есть две сестры и два брата. 2. Сегодня не было горячей воды. 3. Сколько человек поедет на экскурсию? 4. Желаю вам счастья! 5. Это Консерватория имени Д.Д.Шостаковича. 6. Она нисколько не лучше меня! 7. Сегодня больше двадцати пяти градусов тепла. 8. Музей работает с десяти до шести. 9. Фёдор Иванович Тютчев родился пятого декабря тысяча восемьсот третьего года. 10. Это книга моего друга. 11. — Откуда ты? — Я из Японии. 12. Эти цветы для мамы. 13. Куда мы пойдём после урока? 14. От тебя до меня десять минут пешком.

Упражнение 28. (**ТРКИ-1.**) **Ответьте на вопросы.**

1. Из какой страны вы приехали? 2. Откуда вы идёте? 3. У вас есть зелёная ручка? 4. Чего много в Петербурге? 5. Чего и кого мало в Петербурге? 6. Сколько в вашем городе музеев? 7. Сколько в вашем городе театров оперы и балета? 8. Сколько сейчас времени? 9. Когда у вас день рождения? 10. Когда отмечается День России? 11. Чья это книга? 12. У кого из вас есть муж или жена? 13. У кого из вас есть дети? 14. Чего у вас нет? 15. Сколько стоит хорошая книга? 16. На какой улице находится общежитие? 17. Из чего можно сделать салат? 18. Без чего нельзя сварить суп?

Упражнение 29. (**ТРКИ-2, ТРКИ-3.**) **Прочитайте предложения. Определите, какой падеж повторяется.**

1. Ты слишком многого хочешь! 2. — Зачем вы так много наготовили? — Я люблю поесть, люблю, когда много вкусного! 3. Не дотрагивайся до меня! 4. Не будем касаться этой темы. 5. С точки зрения автора, его герой не совершает никаких героических поступков. 6. Почему он избегает меня? 7. Не требуйте этого от меня! 8. Из всего сказанного можно сделать только один вывод. 9. Книга состоит из трёх частей. 10. Это издание отличается от предыдущего. 11. Мы воздержимся от выводов. 12. Он говорит практически без акцента. 13. Они трудятся не покладая рук. 14. Родители всё делают ради детей. 15. Я хочу покоя. 16. У какого врача он лечится? 17. Из чего возникла жизнь? 18. Я буду голосовать против этого постановления.

Упражнение 30. (**ТРКИ-2, ТРКИ-3.**) **Ответьте на вопросы.**

1. Чего вы хотите добиться в жизни? 2. Чего или кого вы боитесь? 3. От чего или от кого зависит ваша карьера? 4. Чего вам не хватает в жизни? 5. Из-за чего не следует спорить? 6. Ради чего или ради кого стоит жить? 7. Из чего можно приготовить пюре? 8. Из чего нельзя приготовить хороший обед? 9. С кого нужно брать пример? 10. Сколько предложений вы можете написать за десять минут? 11. В честь чего часто устраивают праздники? 12. Какие российские праздники вы знаете? 13. Чего достоин человек, который честно проработал всю жизнь? 14. На чьё имя пишется заявление о каникулах? 15. Чего вы стесняетесь? 16. Можно у вас остановиться ненадолго? 17. Из чего состоит молекула воды?

Упражнение 31. **(ТРКИ-1 и выше.) Раскройте скобки.**

1. Вот, пожалуйста, это для … (ты): букет … (красные розы) и коробка … (конфеты).
2. Эти две … (девушка) и два … (парень) всегда разговаривают на уроке.
3. Где находится Театр … (комедия)? — Недалеко от … (Гостиный двор).
4. Петербург был основан … (27 мая 1703 года).
5. Он достал из … (внутренний карман) паспорт.
6. Занятия в школе начинаются … (первое сентября), этот праздник называется День … (знания).
7. Мне надо сдавать четыре … (экзамен) и восемь … (зачёт) и ещё написать два … (реферат).
8. Он не любит, когда кто-нибудь у … (он) выигрывает.
9. Не отбирайте у … (я) ребёнка, я всё буду делать для … (он).
10. Прошу … (внимание)!
11. Для … (мои дорогие гости) я наготовлю много … (всё вкусное): нажарю … (рыба и мясо), наделаю … (разные салаты), напеку … (пироги).
12. К сожалению, он рано лишился … (мать).
13. Не будем отвлекаться от … (тема нашего урока)!
14. Я ем всё без … (соль), а чай пью без … (сахар). — Зачем? — Я это делаю исключительно для … (здоровье): хочу избавиться от … (лишние килограммы).
15. Из … (эти маленькие пианисты) могут выйти замечательные музыканты.
16. Сколько это: … (0,5%)? — Это то же, что и пол(процент).
17. Население России составляет более … (150 млн. чел.).
18. Расстояние от Петербурга до Москвы составляет около … (650 км).
19. Колоннада Казанского собора состоит из … (девяносто шесть колонн).
20. Летний сад из-за … (обилие цветов) вначале так и назывался — Цветочный.
21. В таможенной декларации указывается наличие … (оружие, наркотики, художественно-исторические ценности).
22. Таможенная декларация остаётся у … (иностранный гражданин) и должна быть предъявлена при выезде из … (страна).

Упражнение 32. **(ТРКИ-3, ТРКИ-4.) Закончите предложения, вписывая подходящую по смыслу и употреблению лексику.**

1. Он уже достиг … , … , … . 2. Он всегда был лишён … , … . 3. Этот человек достоин … , … . 4. Как же мне избавиться от … , … ? 5. Я это делаю ради … , … , … . 6. Теперь всё зависит от … , … , … . 7. Я хочу коснуться … , … . 8. Разрешите пожелать вам … , … , … . 9. Не будем спорить из-за … , … . 10. Я придерживаюсь … , … . 11. Я требую … , … . 12. Я опоздал из-за … , … , … . 13. Фирма обанкротилась вследствие … , … , … . 14. Гарантийный ремонт не производится ввиду … , … , … .

Упражнение 33. **(ТРКИ-1.) Прочитайте предложения, определите, какой падеж повторяется.**

1. Позвоните мне завтра. 2. Помогите мне! 3. Мне нравится здесь. 4. Вам нехорошо? 5. Отдай ему книги. 6. Завтра экзамен по русскому языку. 7. Сколько тебе лет? 8. Летом я

поеду к родителям. 9. Это памятник Петру Первому. 10. Этот фильм можно посмотреть по телевизору. 11. Люблю гулять по Невскому! 12. Надо готовиться к уроку. 13. Мне почему-то грустно. 14. Тебе не жаль уезжать? 15. Тебе нельзя много курить. 16. Нам надо заниматься. 17. Мне всё это уже надоело. 18. Тебе идёт этот цвет!

Упражнение 34. (ТРКИ-1.) Ответьте на вопросы.

1. Вам хорошо здесь? 2. Сколько вам лет? 3. Что можно подарить матери? 4. Что можно подарить отцу? 5. Что нравится родителям? 6. Что нравится молодым? 7. Кому вы часто звоните? 8. К кому вы завтра пойдёте в гости? 9. К кому часто приходят гости? 10. По какой улице вы любите гулять? 11. По какому каналу можно посмотреть новости? 12. По какому предмету у вас будет экзамен? 13. С кем вы любите говорить по телефону? 14. Кому вы желаете счастья и здоровья?

Упражнение 35. (ТРКИ-2, ТРКИ-3.) Прочитайте предложения. Определите, какой падеж повторяется.

1. Не мешайте мне готовиться к экзамену. 2. Я ему не верю! 3. Ей так больно! 4. Тебе этого не понять. 5. Выпьем ещё по кружечке пива? 6. К чему ты это говоришь? 7. Он ушёл с работы по собственному желанию. 8. Он допустил ошибку по невнимательности. 9. Как я тебе завидую! 10. Мне это никогда не надоест. 11. Слава нашему великому народу! 12. Надо присмотреться к этому человеку. 13. Трудно привыкнуть к этой мысли. 14. По закону муж и жена имеют равные права на совместно нажитое имущество. 15. По моему мнению, это положение следует пересмотреть. 16. Не лги (ври) мне! 17. Ты ему проиграл? 18. Ты ему проспорил бутылку пива? 19. Как тебе не везёт! 20. Ну вот, опять мне готовить! 21. Отец дал каждому сыну по яблоку. 22. Он получает пособие по безработице.

Упражнение 36. (ТРКИ-2, ТРКИ-3.) Ответьте на вопросы.

1. Кому передать привет? 2. Вы никому не завидуете? 3. Кому всегда везёт? 4. Какой цвет вам идёт? 5. Кому аплодирует публика? 6. Вы знаете, по каким повестям Пушкина поставлены фильмы? 7. Как вам спектакль? 8. К кому вы хорошо относитесь? 9. К чему трудно привыкнуть? 10. Что обычно транслируют по телевидению? 11. Вы не скучаете по дому, когда надолго уезжаете куда-нибудь? 12. Электрички ходят по расписанию? 13. Как, по вашему мнению, следует учить язык? 14. Вы часто льстите? Кому? 15. Какой памятник называется «Медный всадник»? 16. Вы можете сказать несколько комплиментов своему другу? Попробуйте! 17. Вы к кому-нибудь уже обращались по этому вопросу? 18. Вы по какому вопросу?

Упражнение 37. (ТРКИ-1 и выше.) Раскройте скобки.

1. Передайте привет ... (Иван Иванович Иванов).
2. Как ... (она одна) скучно! Как ... (она) хочется подружиться с кем-нибудь!
3. Это надо сделать ко ... (вторник) или в крайнем случае к ... (среда или четверг).
4. Весь июль и август они путешествовали по ... (Центральная Африка).
5. Как ... (он) хочется поехать на экскурсию по ... (Волга)!

6. У нас был экзамен по ... (античная литература).

7. ... (Я) грустно потому, что я тебя люблю.

8. Подойди ко ... (я).

9. ... (Ты) не страшно гулять ночью ... (один) по ... (город)?

10. К ... (это) надо привыкнуть.

11. Давай к ... (кто-нибудь) пойдём в гости!

12. ... (Наш город) возвращено первоначальное название — Санкт-Петербург.

13. Садовая идёт перпендикулярно или параллельно ... (Невский)?

14. Где стоит памятник ... (Ломоносов — великий русский учёный)?

15. — ... (Кто) принадлежит этот дом? — ... (Я), это моя собственность.

16. Не обманывайте меня, не лгите ... (я)!

17. Я начальник, и все ... (я) должны подчиняться.

18. М. Горький в некоторых своих произведениях прямо призывал к ... (революция).

19. Пособие по ... (безработица) большое?

20. Это ателье по ... (ремонт и пошив одежды).

21. Её слова не противоречат ... (истина).

22. Твоя точка зрения противоположна ... (моя).

Упражнение 38. (ТРКИ-3, ТРКИ-4.) **Закончите предложения, вписывая подходящую по смыслу и употреблению лексику.**

1. Можно верить ... , ... , ... 2. Согласно ... , ... , у меня есть на это право. 3. Он призывает к ... , ... , ... 4. Его слова не соответствуют ... , ... 5. Его слова противоречат ... , ... 6. Можно позавидовать его ... , ... , ... 7. Не надо льстить ... , ... 8. Этот фильм поставлен по ... , ... 9. Сумма этих двух чисел равна ... , ... 10. Извини, это произошло по ... , ... 11. Не надо стучать (бить) по ... , ... 12. Теперь переходим к ... , ... 13. Нужно стараться быть снисходительным к ... , ... 14. У меня всегда был талант к ... , ... 15. Можно подражать ... , ... 16. Надо прислушиваться к ... , ... 17. Поеду путешествовать по ... , ... 18. Я всегда следую ... , ...

Упражнение 39. (ТРКИ-1.) **Прочитайте предложения. Определите, какой падеж повторяется.**

1. Я иду на концерт в филармонию. 2. Приходите в гости! 3. Он читал эту статью целую неделю, хотя её можно было прочитать за один день. 4. — Вы приехали на десять месяцев? — Нет, только на неделю. 5. — Положи пакеты на стол. — Сюда? На этот стол? — Нет, на другой. 6. Ты поступил в университет? На какой факультет? 7. Я люблю тебя! 8. Мать обняла и расцеловала своего любимого сына. 9. Он приедет через неделю. 10. Дай мне ручку, пожалуйста! 11. Он приехал неделю назад. 12. — Куда ты ведёшь собаку? — На улицу, гулять. 13. Я хочу купить матрёшку. 14. Что мы будем делать в субботу? 15. Ты так любишь футбол, потому что сам раньше играл в футбол? 16. Мы пойдём на футбол в воскресенье? 17. Пошли на улицу! 18. Поехали за город в выходные! 19. Посмотри на меня! 20. Посмотри в окно: кого ты там видишь? 21. Хочу бутерброд! 22. Люблю умных людей. 23. Извините за опоздание! 24. Спасибо за подарок! 25. Она вышла замуж за своего однокурсника. 26. — Пожалуйста, два билета в Мариинский на «Лебединое озеро». — На какое число?

Упражнение 40. (ТРКИ-1.) **Ответьте на вопросы.**

1. Что вы любите есть? 2. Что вы любите пить? 3. Что вы едите на завтрак? 4. Кого вы встретили вчера? 5. Кого вы давно не видели? 6. Кого вы любите больше: маму или папу? 7. Куда вы ходили вчера? 8. В какой театр можно сходить? 9. В какой музей можно сходить? 10. Что можно купить в супермаркете? 11. Что можно купить в магазине «Спорттовары»? 12. Куда можно повесить куртку? 13. Куда положить пакеты? 14. Куда убрать продукты? 15. Куда отнести чашки? 16. Куда поставить тарелки? 17. Вы играете в футбол или в теннис? 18. Вы любите смотреть телевизор? 19. Какую музыку вы любите больше: классическую или современную? 20. Кого вы пригласите на день рождения? 21. Что вы делали минуту назад? 22. Куда можно сесть? 23. Куда упала ручка? 24. На какой рейс и на какое число вы хотите заказать билет?

Упражнение 41. (ТРКИ-2, ТРКИ-3.) **Прочитайте предложения, определите, какой падеж повторяется. Дайте стилистическую характеристику предложения.**

1. Он в меня влюблён. 2. Он положил письмо на кровать, а потом спрятал его под подушку. 3. Я верю в любовь с первого взгляда. 4. Я хочу заказать столик на четверых. 5. За что ты сердишься на меня? 6. Я не могу работать под музыку. 7. Мы ездили за город, и там на нас набросилась большая собака. 8. Эти спортсмены будут прыгать в высоту или в длину? 9. Он сдал экзамен на тройку. 10. Он купил эту книгу на последние деньги. 11. Ручка закатилась за шкаф. 12. Ты отлично играешь в баскетбол, мы все будем за тебя болеть. 13. Не переживай за меня! 14. Про что фильм? 15. Меня знобит. 16. В транспорте следует оплатить проезд, а также провоз багажа. 17. Занятия проводятся с понедельника по пятницу. 18. Они идут под руку. 19. Он ударил руку об угол стола. 20. Я рассчитываю на твою поддержку. 21. Он носит бороду. 22. Он сбрил бороду. 23. Дай мне на минутку твою ручку. 24. Он сидит повесив нос. 25. Я делаю это скрепя сердце. 26. Скажи мне положа руку на сердце, это правда?

Упражнение 42. (ТРКИ-2, ТРКИ-3.) **Ответьте на вопросы.**

1. За сколько дней вы можете подготовиться к экзаменам? 2. В какие города и страны вы хотели бы поехать? 3. В какой театр, на какое число и на какой спектакль вы хотите купить билеты? 4. Во что вы играете? 5. Кого вы любите больше всех? 6. На сколько человек увеличится группа, если придёт ещё одна девушка? 7. Во сколько раз десять больше пяти? 8. На сколько надо разделить девять, чтобы получить три? 9. Куда можно спрятать деньги? 10. За кого ваша знакомая хочет выйти замуж? 11. Кого нужно похвалить? 12. Кого нужно поругать? 13. Кого нужно наказать? 14. Когда нужно вставать на колени? 15. За что нужно держаться на эскалаторе в метро? 16. На кого можно положиться? 17. Во что превращается вода при нагревании? 18. За какую партию вы проголосовали бы? 19. Что можно купить на тысячу? 20. За сколько вы купили эту книгу? 21. Куда он бежит сломя голову? 22. Как надо работать: засучив рукава или спустя рукава?

Упражнение 43. **(ТРКИ-1 и выше.) Раскройте скобки.**

1. Здесь можно переходить через … (дорога)? Я хочу перейти на … (другая сторона улицы).
2. Расскажи про … (этот человек)!
3. Мусор следует бросать в … (урна).
4. Заверни … (подарок) в … (красивая бумага).
5. Зачем он носит … (эта борода)?
6. Зачем он обманывает … (свои родители)?
7. Осторожно, не наступайте мне на … (ноги)!
8. Я поеду в … (Финляндия, Швеция, Норвегия) на … (каникулы).
9. Если я поеду в … (Европа), надо поменять … (рубли) на … (евро).
10. … (Он) тошнит в автобусе.
11. На … (самолёт) напали бандиты и захватили … (заложники).
12. Она положила в … (кошелёк) … (тысяча рублей) и повесила … (кошелёк) на … (шея).
13. Выходи за … (я) замуж! — А на … (что) мы будем жить? Только на … (стипендия)?
14. Женщины борются за … (равноправие с мужчинами).
15. Она очень любит … (художественные фильмы), потому что там она видит … (её любимые артисты).
16. Этот артист хорошо загримирован под … (Ленин).
17. Не садитесь на … (стол), это плохая примета. Сядьте лучше на … (диван или табуретка).
18. … (Я) всегда раздражает, когда люди ведут себя неделикатно.
19. Я не променяю … (моя подруга) … на … (никакая другая).
20. Возьми … (я) под … (рука).
21. Ты можешь рассчитывать на … (моя поддержка).
22. Вы можете обратиться за помощью на … (кафедра).
23. При нагревании лёд превращается в … (обычная вода), а затем в … (пар).
24. На таможне семье разрешается заполнить … (одна таможенная декларация) на … (все члены семьи).

Упражнение 44. **(ТРКИ-3, ТРКИ-4.) Закончите предложения, вписывая подходящую по смыслу и употреблению лексику.**

1. Надо повторить …, … . 2. Надо посадить …, …, … . 3. Не надо нападать на …, … . 4. Я хочу разделить …, … на …, … . 5. Я истратил …, … на …, … . 6. Я могу рассчитывать на …, … ? 7. Он болеет за …, … . 8. Садитесь за …, … . 9. Я верю в …, … . 10. Можно надеяться на …, … . 11. Он рассказывает про …, … . 12. На сколько …, … больше? 13. Во сколько … больше? 14. Вчера я наткнулся на … , … . 15. Его надо наказать за …, … . 16. Я не хочу поддерживать …, …, … . 17. Он ударился о (об) …, … . 18. Я буду жаловаться на …, … . 19. Нужно бороться за …, … . 20. Он бросил бумажку в …, … . 21. Он положил документы в …, … или под …, …, или на …, … ? 22. Я тебя уважаю за …, … . 23. Вы допустили …, … . 24. Объявляю вам …, … . 25. Самолёт терпит …, … . 26. Поезд потерпел …, … . 27. Корабль попал в …, … . 28. Машина попала в …, … .

257

29. Он приобретает ..., ... 30. Я могу оказать вам ..., ... 31. Представляется возможность совершить ..., ... 32. Они испытывают ..., ... 33. Его арестовали за ..., ... 34. Нельзя казнить человека за ..., ...

Упражнение 45. (ТРКИ-1.) **Прочитайте предложения, определите, какой падеж повторяется.**

1. Он стал отличным врачом. 2. Мы с другом идём гулять. 3. Скучно! Надо чем-нибудь заняться! 4. Ты пишешь ручкой или карандашом? 5. Самолёт летит над городом. 6. Собака лежит под столом. 7. Он интересуется политической историей. 8. Вы знакомы с моим другом? 9. Мы занимаемся спортом. 10. Пирожки с капустой очень вкусные. 11. Чай с сахаром? 12. Я хочу поговорить с тобой. 13. Перед домом большой сад. 14. За домом большой сад. 15. Раньше Петербург был столицей России. 16. Кем работает его отец? 17. Сходи за хлебом! 18. Я хочу с тобой посоветоваться.

Упражнение 46. (ТРКИ-1.) **Ответьте на вопросы.**

1. Кем вы хотели стать, когда вам было пять лет? 2. Кем вы хотели стать, когда вам было двенадцать лет? 3. Кем работают ваши родители? 4. С чем вы любите пирожки: с капустой или с мясом? 5. С чем бутерброд: с колбасой или с сыром? 6. Вы любите блины с икрой или со сметаной? 7. Чем удобнее писать: ручкой или карандашом? 8. Чем можно рисовать? 9. С кем вы поехали бы в Новгород? 10. Чем вы интересуетесь? 11. Чем вы занимаетесь? 12. Вы познакомились со всеми соседями? 13. Чем едят рис? 14. С чем едят рис? 15. Чем едят бифштекс? 16. С чем едят бифштекс?

Упражнение 47. (ТРКИ-2, ТРКИ-3.) **Прочитайте предложения, определите, какой падеж повторяется.**

1. Человек дышит лёгкими. 2. Не надо махать руками! 3. Он болен гриппом. 4. Он страдает диабетом. 5. Я тобой просто восхищаюсь! 6. Генерал командует армией. 7. Не будем из-за этого рисковать своей жизнью. 8. Как ты думаешь, как он распорядится своим наследством? 9. Я горжусь своей страной. 10. Мы целых два часа наслаждались её прекрасной игрой на фортепиано. 11. Он живёт своей работой. 12. — Чем питается лошадь? — Травой и овсом. 13. — Чем кормят попугаев? — Специальным кормом. 14. Не считай меня таким наивным человеком! 15. Я хочу сразиться с тобой в шахматы. 16. Хочу извиниться перед тобой, я очень-очень виноват перед тобой. 17. За ужином мы почти не разговаривали. 18. Повернись ко мне боком. 19. Водку лучше всего запивать минеральной водой. 20. Надо следить за своим здоровьем. 21. Он работает над диссертацией. 22. Он выступает под своей фамилией или под псевдонимом? 23. Лёд трещит под ногами. 24. Не бегай за ним! 25. Ничего с тобой не поделаешь! 26. Этот факт не является доказательством. 27. Шляпу унесло ветром. 28. Дом построен рабочими. 29. Санкт-Петербург был основан Петром Первым. 30. Пётр Первый был ростом два метра четыре сантиметра.

Упражнение 48. (ТРКИ-2, ТРКИ-3.) Ответьте на вопросы.

1. Чем вы обычно угощаете гостей? 2. Вы умеете управлять лошадью? 3. Вы умеете управлять мотоциклом? 4. Каким человеком вы себя считаете? 5. Чем известен ваш город? 6. За чем надо следить? 7. Перед кем выступает президент? 8. Над чем работает режиссёр? 9. Над чем вы смеётесь? 10. Как вы считаете, по сравнению с вашим соседом вы лучше или хуже говорите по-русски? 11. Вы часто сидите за компьютером? 12. Знаете ли вы журнал «За рулём»? 13. Вам повезло с друзьями? 14. Чем открывают вино? 15. Чем вы дорожите в жизни? 16. Чем известен Петербург? 17. Чем вы себя радуете, когда вам грустно? 18. Вы умеете ухаживать за волосами? 19. Ссоритесь ли вы с кем-нибудь? 20. С кем он вчера подрался? 21. Что у него с рукой? 22. «Как рукой сняло» — что под этим подразумевается?

Упражнение 49. Проверьте свой прогресс по лексике и грамматике. (ТРКИ-1 и выше.) Раскройте скобки.

1. Он пошёл за … (пиво).
2. Он болен, но не говорит … (что).
3. Он очень виноват передо … (я).
4. Что у тебя висит над … (кровать)?
5. У него плохо с … (французский).
6. Кто выиграл? С … (какой счёт)?
7. Он … (что-то) похож на одного киноактёра.
8. Он день и ночь работает над … (его диссертация).
9. Это новое средство по уходу за … (кожа лица).
10. Он не умеет пользоваться … (салфетка, вилка и нож).
11. … (Что же) вас развлечь?
12. … (Я и ты) будем воевать на шахматном поле.
13. Сколько лет она уже замужем за … (этот человек)?
14. Он владеет … (два иностранных языка).
15. Здесь ремонт. Пахнет … (краска и ещё какая-то гадость).
16. Он так дрожит над … (свои оценки) и так унижается перед … (все преподаватели), что просто противно.
17. Он … (всё) пожертвовал ради науки.
18. Депутаты должны отчитываться перед … (избиратели).
19. Этот район богат … (золото и железная руда), а тот — … (каменный уголь).
20. … (Химия) называется наука о веществах и их превращениях.
21. Лёд можно колоть … (специальный нож).
22. Избушка, избушка, встань ко мне … (перед), а к лесу … (зад)!
23. Ты не помнишь, … (что) заканчивается роман «Анна Каренина»?
24. Операцию по коррекции зрения делают … (лазер).
25. К сожалению, твоя точка зрения не совпадает с … (общепринятая).
26. На минимальную зарплату, очевидно, можно обеспечить себя … (всё самое необходимое).
27. Я любуюсь … (посаженные тобою цветы).

28. Кто заведует ... (кафедра русского языка)?

29. Казанский собор украшен ... (скульптуры), выполненными ... (известные скульпторы).

30. Интерьер Казанского собора — это зал ... (высота шестьдесят два метра).

Упражнение 50. **(ТРКИ-3, ТРКИ-4.) Закончите предложения, вписывая подходящую по смыслу и употреблению лексику.**

1. Поздравляю тебя с ..., ..., ...! 2. Не надо смеяться над ..., ..., ...! 3. Пахнет ..., ..., ... 4. Можно закусить ..., ..., ... 5. Он в состоянии управлять ..., ..., ... 6. Ради этого можно пожертвовать и ..., ... 7. То, что я сказал, я могу подтвердить ..., ... 8. Я преклоняюсь перед ..., ..., ... 9. Я могу руководить ..., ... 10. Я наслаждаюсь ..., ..., ... 11. Я любуюсь ..., ..., ... 12. Петербург считается ..., ... 13. Он сидит за ..., ..., ... 14. Я хочу покончить с ..., ..., ... 15. Я размышляю над ..., ..., ... 16. Надо ухаживать за ..., ..., ... 17. Завтра я буду выступать перед ..., ... 18. Мне надо отчитаться перед ..., ... 19. Я могу справиться с ..., ..., ... 20. Я не могу справиться с ..., ... 21. Не надо останавливаться перед ..., ... 22. Это связано с ..., ..., ... 23. Я не хочу оправдываться перед ..., ... 24. Можно расплатиться ..., ... 25. Она машет ..., ..., ... 26. Она хвастается ..., ..., ... 27. Он живёт ..., ... 28. Я умею обращаться с ..., ..., ... 29. Он умеет пользоваться ..., ... 30. Не надо злоупотреблять ..., ... 31. Он подавился ..., ... 32. Не надо рисковать ..., ... 33. Не надо считать меня ..., ... 34. Чтобы руководить людьми, надо обладать ..., ...

Упражнение 51. **(ТРКИ-1.) Прочитайте предложения, определите, какой падеж сейчас повторяется.**

1. Я думаю о тебе. 2. Он неплохо играет на флейте. 3. Вчера он был в Малом театре на опере «Пиковая дама». 4. В прошлом году мы были в Москве. 5. На прошлой неделе он был в Новгороде. 6. Я часто езжу на маршрутке. 7. В автобусе можно читать или делать домашнее задание. 8. Я сижу на табуретке. 9. Сегодня он пришёл в куртке. 10. В чём дело? 11. Он живёт где-то на Дальнем Востоке. 12. В аэропорту всегда много людей. 13. Мальчик учится в школе. 14. Дядя работает на заводе. 15. Этот фильм о любви. 16. Я мечтаю о свободе. 17. В октябре состоится конференция. 18. Лекция была на английском языке. 19. Он совсем забыл об этом. 20. Я живу на семнадцатом этаже.

Упражнение 52. **(ТРКИ-1.) Ответьте на вопросы.**

1. Много ли вы знаете о Петербурге? 2. О чём вы мечтаете? 3. На чём вы едете в университет? 4. Вы на чём-нибудь играете? 5. В чём вы пойдёте на вечеринку? 6. Уверены ли вы в себе? 7. Ваши родители уже на пенсии? 8. Кто служит в армии? 9. На каком языке вы говорите? 10. О чём вы думаете? 11. О чём вы говорите на уроке? 12. В чём состоит ваш главный недостаток? 13. На ком стоит жениться? 14. О чём вы жалеете? 15. В чём или в ком вы уверены? 16. Вы выходите на следующей (остановке)?

Упражнение 53. **(ТРКИ-2, ТРКИ-3.) Прочитайте предложения, определите, какой падеж повторяется. Если необходимо, дайте стилистическую характеристику.**

1. Я ни о чём не думаю, просто отдыхаю. 2. Я тебя об этом предупреждал. 3. Где ты носишь часы: на руке или в кармане? 4. В тысяча девятьсот девяносто первом году Петербургу вернули его первоначальное название. 5. Из класса вынесли все стулья, теперь не на чем сидеть! 6. Да, в чём-то я ошибся. 7. Ну, как мне убедить тебя в этом? 8. На экзамен лучше идти в строгом костюме. 9. Хрущёв говорил, что следующее поколение советских людей будет жить при коммунизме. 10. Это можно доказать на одном простом примере. 11. Я не хочу ни в чём оправдываться. 12. Он не разбирается в политике. 13. Названия газет и журналов пишутся в кавычках. 14. Он преуспел в бизнесе. 15. Я буду участвовать в соревнованиях. 16. Очень в этом сомневаюсь. 17. Вода обычно замерзает при температуре ноль градусов Цельсия. 18. При покупке телевизора необходимо проверить его исправность.

Упражнение 54. **(ТРКИ-2, ТРКИ-3.) Ответьте на вопросы.**

1. Где вы изучали русский язык? 2. В чём вы хорошо разбираетесь? 3. О чём роман «Преступление и наказание»? 4. В незнакомом городе лучше остановиться в гостинице или у знакомых? 5. Вы часто настаиваете на своём? 6. Где лучше хранить хлеб: в хлебнице или в целлофановом пакете? 7. Вы заботитесь о своих родителях? 8. Вы разбираетесь в живописи? 9. Что бы вы делали, если бы очутились на необитаемом острове? 10. Вы можете повторить это при всех? 11. В чём вы можете себя упрекнуть? 12. На каких языках вы говорите? 13. Принимаете ли вы участие в конференциях или симпозиумах? 14. При каком царе в Петербург были привезены сфинксы из Египта? 15. Ваше настроение отражается на окружающих? 16. Вы в чём-нибудь нуждаетесь?

Упражнение 55. **(ТРКИ-1 и выше.) Раскройте скобки.**

1. — Где находится киностудия? — На … (Каменноостровский проспект).

2. Его беда в … (то), что он всегда во … (всё) сомневается.

3. Он любит её и собирается на … (она) жениться.

4. В … (тысяча пятьсот сорок седьмой год) в … (Москва) был сильнейший пожар.

5. В … (девятнадцатый век) люди ещё не знали компьютеров.

6. Этот парень был в … (армия)? В … (какие войска) он служил?

7. — На … (какая страница) текст? — На … (сто пятьдесят вторая).

8. Где лучше плавать: в … (бассейн) или в … (открытое море)?

9. Лучше плавать на … (корабль или яхта)?

10. Хочешь прокатиться на … (ослик)?

11. Он говорит на … (семь языков).

12. В … (что же) я виноват? В … (что) моя вина, по-вашему?

13. Люди часто говорят о … (политика), хотя далеко не все в … (она) так хорошо разбираются.

14. Это возможно лишь в … (самый крайний случай).

15. Я абсолютно уверен в … (результаты нашей работы).

16. Мне бы не хотелось никого в … (ничто) обвинять.

17. Я не хочу ходить в … (синтетика), лучше в … (что-то натуральное).

18. Ошибиться в … (расчёты)? Это невозможно!

19. Он уже раскаялся во … (все свои грехи).

20. Это было ещё при … (царь Горох).

21. Мы заключим контракт на … (ваши условия).

22. Мы заключим контракт при … (условие, что вы предоставите нам скидку).

Упражнение 56. (ТРКИ-3, ТРКИ-4.) **Закончите предложения, вписывая подходящую по смыслу и употреблению лексику.**

1. В чём дело, в чём … , … ? 2. Он заботится о … , … , … . 3. Он играет на … , … , … . 4. Я не сомневаюсь в … , … , … . 5. Я могу признаться в … , … . 6. Он вдруг очутился в (на) … , … . 7. Моё лицо отражается в … , … . 8. Моё настроение отражается на … , … . 9. Он испачкался в … , … . 10. Я не могу его упрекнуть в … , … . 11. Этот памятник был поставлен ещё при … , … . 12. Он разбирается в … , … , … . 13. Он любит рассуждать о … , … , … . 14. Он раскаивается в … , … . 15. Я буду настаивать на … , … . 16. Я бываю в (на) … , … . 17. Надо учиться на … , … . 18. Он преуспел в … , … .

Упражнение 57. (ТРКИ-1.) **Прочитайте предложения, раскрывая скобки. Какой падеж здесь может представлять трудность?**

1. … (Я) люблю читать. 2. Мне нравится … (Петербург). 3. Ему больше нравится … (Москва). 4. В этом университете учатся … (его сёстры). 5. На конференцию приехали … (молодые преподаватели из Воронежа). 6. В августе был открыт … (памятник Пушкину). 7. … (Открытие памятника Пушкину) состоялось в августе. 8. Прошёл … (год). 9. … (Этот дом) строится уже пять лет. 10. … (Проблема эта) не решается за одну минуту. 11. С тобой … (все) хотят дружить. 12. Здесь уже много лет живут … (его родители). 13. Тебе нужен … (этот человек). 14. В 1964 году был создан … (пульт дистанционного управления телевизором).

Дополнительное задание. **Объясните, почему этот, казалось бы, совсем не трудный падеж может вызывать трудности на начальной стадии обучения русскому языку как иностранному.**

> **Предлагаем** вам небольшие **тесты.** В нашей книге они не были использованы, так как, по нашему мнению, обучаться активной грамматике по тестам нельзя. Сейчас тесты предлагаются для контроля изученного материала.
>
> Надеемся, эти тесты не вызовут у вас затруднений. Обратите внимание на время! Скорость выполнения — два-три задания в минуту.

Упражнение 58. **(ТРКИ-1.) Выполните тест за 10 минут.**

1. Ты бывал в … ?
   - А. Петербурге
   - Б. Петербург
   - В. Петербурга

2. Я много знаю … .
   - А. Россия
   - Б. Россию
   - В. о России

3. Ты уже ходил … ?
   - А. в Летний сад
   - Б. Летнего сада
   - В. в Летнем саду

4. В этом городе нет … ?
   - А. большому театру
   - Б. большого театра
   - В. большой театр

5. Я жду его уже десять … .
   - А. минуты
   - Б. минут
   - В. минутах

6. Я ходил в музей … .
   - А. мои друзья
   - Б. моим друзьям
   - В. с моими друзьями

7. Вчера мой друг был … .
   - А. врач
   - Б. у врача
   - В. врачу

8. Надо написать письмо … .
   - А. родителям
   - Б. родителях
   - В. от родителей

9. Книга стоит тысячу … .
   - А. рубля
   - Б. рубли
   - В. рублей

10. На Невском проспекте много … .
    - А. машин
    - Б. машины
    - В. машинах

11. Я буду пить чай … .
    - А. лимона
    - Б. с лимоном
    - В. лимону

12. Мы пойдём гулять … .

А. Невский проспект
Б. о Невском проспекте
В. по Невскому проспекту

13. Сколько … в этом городе?

А. музеев
Б. музеях
В. музеи

14. Это подарок … .

А. тебя
Б. для тебя
В. тобой

15. … здесь очень хорошо.

А. Нас
Б. Нам
В. Нами

16. Приходи … в гости!

А. от меня
Б. у меня
В. ко мне

17. Купи мне, пожалуйста, … !

А. эта тетрадь
Б. эту тетрадь
В. этой тетради

18. Хочу пригласить в гости … .

А. моя подруга
Б. моей подруги
В. мою подругу

19. Мне нравится …

А. этот человек
Б. этого человека
В. этому человеку

20. Я люблю писать … .

А. карандашом
Б. с карандашом
В. карандаша

21. Желаю … здоровья и счастья!

А. вам
Б. вас
В. вами

22. В … день рождения моей подруги.

А. сентября
Б. сентябрю
В. сентябре

23. Скоро приедет мой друг … .
    А. в Москве
    Б. от Москвы
    В. из Москвы

24. Я живу … .
    А. от этой улицы
    Б. на этой улице
    В. в этой улице

25. «Медный всадник» — это памятник … .
    А. Петра Первого
    Б. Петру Первому
    В. для Петра Первого

Упражнение 59. (ТРКИ-2, ТРКИ-3.) **Выполните тест за 12 минут.**

1. Мы рассчитываем … .
    А. за вашу поддержку
    Б. на вашу поддержку
    В. в вашей поддержке

2. У него всегда было неважно … .
    А. грамматика
    Б. о грамматике
    В. с грамматикой

3. Конкурирующая фирма не может предложить … .
    А. ничему существенному
    Б. ничего существенного
    В. ни о чём существенном

4. Благодарим вас за вашу поддержку, очень тронуты … .
    А. на ваше внимание
    Б. за ваше внимание
    В. вашим вниманием

5. Он поехал по незнакомой дороге и вдруг очутился … .
    А. в совсем незнакомом месте
    Б. совсем незнакомому месту
    В. по совсем незнакомому месту

6. Многие люди готовы погибнуть … .
    А. при своих идеалах
    Б. для своих идеалов
    В. за свои идеалы

7. Позвольте мне высказать точку зрения, противоположную … .
    А. вашей
    Б. вашему
    В. от вашей

8. Конференция не состоялась … организаторов.
    А. от вины
    Б. из-за вины
    В. по вине

9. Анкета для участия в конференции заполняется … .

А. сами участники
Б. самими участниками
В. самим участникам

10. … вы хотите получить консультацию?

А. По какому вопросу
Б. На какой вопрос
В. Для какого вопроса

11. Текст перенасыщен … .

А. цитат
Б. от цитат
В. цитатами

12. Он недостаточно подготовился, что отразилось… .

А. в результатах
Б. на результатах
В. при результатах

13. Он приехал в Москву ненадолго, только … .

А. неделю
Б. за неделю
В. на неделю

14. Туристы остановились отдохнуть … .

А. несколько минут
Б. за несколько минут
В. на несколько минут

15. До университета недалеко — … пешком!

А. полчаса
Б. за полчаса
В. на полчаса

16. Вопросы, обсуждаемые на конференции, касаются главным образом … .

А. экономики
Б. для экономики
В. по экономике

17. Каждый совершеннолетний гражданин … имеет право избирать и быть избранным.

А. по закону
Б. в законе
В. в связи с законом

18. Согласно законам физики, … тела расширяются.

А. с нагреванием
Б. от нагревания
В. при нагревании

19. Он такой застенчивый, всегда стесняется … .

А. незнакомые люди
Б. незнакомых людей
В. незнакомыми людьми

20. Я буду действовать согласно … .　　А. закона
　　　　　　　　　　　　　　　　　　Б. закону
　　　　　　　　　　　　　　　　　　В. по закону

21. Этот дом принадлежит … .　　　　А. известному артисту
　　　　　　　　　　　　　　　　　　Б. к известному артисту
　　　　　　　　　　　　　　　　　　В. для известного артиста

22. Это здание построено по проекту … .　А. известным архитектором
　　　　　　　　　　　　　　　　　　Б. от известного архитектора
　　　　　　　　　　　　　　　　　　В. известного архитектора

23. Мы прошли по коридору и оказались … .　А. на лестницу
　　　　　　　　　　　　　　　　　　Б. на лестнице
　　　　　　　　　　　　　　　　　　В. по лестнице

24. Он любит, когда … льстят.　　　　А. ему
　　　　　　　　　　　　　　　　　　Б. его
　　　　　　　　　　　　　　　　　　В. для него

25. Не обманывай, пожалуйста, ни в коем случае … !　А. своим друзьям
　　　　　　　　　　　　　　　　　　Б. своих друзей
　　　　　　　　　　　　　　　　　　В. от своих друзей

26. Он хотел скрыть правду … .　　　　А. своим друзьям
　　　　　　　　　　　　　　　　　　Б. своих друзей
　　　　　　　　　　　　　　　　　　В. от своих друзей

27. Вы могли бы оказать большое влияние … .　А. моему другу
　　　　　　　　　　　　　　　　　　Б. для моего друга
　　　　　　　　　　　　　　　　　　В. на моего друга

28. Он нуждается … .　　　　　　　　А. мою помощь
　　　　　　　　　　　　　　　　　　Б. на мою помощь
　　　　　　　　　　　　　　　　　　В. в моей помощи

29. Моя помощь тебе не нужна? … я не приеду.　А. На такой случай
　　　　　　　　　　　　　　　　　　Б. В таком случае
　　　　　　　　　　　　　　　　　　В. При таком случае

30. Я эту книгу ещё не читал, только просмотрел. …, она достаточно информативна.　А. На первый взгляд
　　　　　　　　　　　　　　　　　　Б. При первом взгляде
　　　　　　　　　　　　　　　　　　В. С первого взгляда

31. Мы можем подтвердить это ... .
   А. в конкретных примерах
   Б. с конкретными примерами
   В. конкретными примерами

32. В сборник по грамматике включены ... .
   А. различные упражнения
   Б. из различных упражнений
   В. с различными упражнениями

33. Этот университет считается ... .
   А. один из лучших
   Б. одному из лучших
   В. одним из лучших

34. Государство получает значительную прибыль ... .
   А. от рекламы
   Б. рекламы
   В. через рекламу

35. Наша фирма предполагает повысить цены ... .
   А. нашей продукции
   Б. для нашей продукции
   В. на нашу продукцию

36. Мы пользуемся ... этой турфирмы.
   А. услуги
   Б. услугами
   В. услуг

Упражнение 60. *(Дополнительное.)* Трудность этого упражнения заключается не в лексике и не в грамматике (она не поднимается выше ТРКИ-3), а в том, что автор намеренно опустил предлоги. Следовательно, при выполнении упражнения думайте: где предлоги не нужны, а где их надо поставить. Как видите, это задание труднее тестового, так как варианты, из которых можно было бы выбрать правильный ответ, отсутствуют.

1. Моя мама врач, она советует ... (я) не злоупотреблять ... (кока-кола). Я думаю, что надо слушаться ... (мама), так как она разбирается ... (этот вопрос).
2. Я хочу достигнуть ... (моя цель) и буду всеми силами стремиться ... (намеченная цель).
3. Мальчик, не стесняйся ... (этот человек), это врач.
4. — Вы хоть раз задумывались ... (эта проблема)? — Я думаю, что ... (эта проблема) не решить ... (ближайшее время).
5. Как вы относитесь ... (этот человек)? ... (Вы) он нравится?
6. — ... (Что) ты будешь открывать ... (эта бутылка)? — ... (Штопор).
7. ... (Кто) эти цветы? Это подарок?
8. — Мой жених ничего не понимает ... (женская мода). — Ты думаешь? Конечно, он не специалист ... (этот вопрос), но ... (кое-что) понимает.
9. ... (Кто) принадлежат слова: «Книга — ... (лучший подарок)»?
10. — ... (Что) равно дважды два? — ... (Четыре).

11. Библейские сюжеты часто используются … (живопись).

12. — Она мечтает … (очередной новый наряд). — Она модница, она только … (это) и беспокоится. — Да, только … (это) … (она) и волнует, пожалуй.

13. — Давай сегодня сходим … (дискотека) или … (гости). — Нет, … (гости) мы были вчера, а … (дискотека) — два дня назад. Давай лучше посмотрим … (что-нибудь) … (телевизор).

14. Надо подписать … (этот документ).

15. — Ты не знаешь, … (что) он руководит, … (какая фирма)? — Он сейчас большой человек, возглавляет … (русско-финская компания).

16. Его слова не соответствуют … (действительность).

17. Не отчаивайся, не расстраивайся, не надо разочаровываться … (люди).

18. — … (Я) надо отчитаться … (мой начальник) … (проделанная работа). — Напиши отчёт … (своя работа) и отнеси … (он) сам или передай … (секретарь).

19. — Расскажи … (твои успехи). — Ну какие успехи? Мне даже неловко … (ты), это обычная работа.

20. Не ругай ребёнка … (это), а ты, малыш, не обижайся … (твоя мама)!

21. — Моя сумка всегда набита … (книги). — Что правда, то правда: … (ты) всегда полно … (всякие книги).

22. Я преклоняюсь … (талантливые люди).

23. Улица Садовая идёт перпендикулярно … (Невский), а … (угол) … (Невский и Садовая) расположен универмаг «Гостиный двор».

24. Я … (восторг) … (этот спектакль), а также восхищаюсь … (декорации).

25. Может быть, он искренне раскаивается … (то, что он совершил)?

26. Если …(пять) прибавить …(три), полученную сумму умножить …(два) и разделить … (четыре), то сколько получится?

27. «Динамо» проиграло … («Спартак») … (счёт) 1:3.

28. Как ты можешь сравнивать … (я) … (этот человек)?

29. Боюсь, что молодёжь уже мало верит … (какие-либо идеалы).

30. Повернись … (я) … (лицо), пожалуйста!

ВИД ГЛАГОЛА 동사의 상

Упражнение 61. **(ТРКИ-1.) Прочитайте предложения, объясните употребление вида глагола.**

1. Николай читает текст, а Владимир уже прочитал его. 2. Он ест свой сэндвич, а я уже свой съел. 3. Анна готовит домашнее задание, а Наташа уже его приготовила. 4. Обычно я никому не показываю эту фотографию, но тебе покажу. 5. Обычно я не поздравляю дядю с днём рождения, но в этот раз поздравлю. 6. Обычно я не встаю очень рано, но завтра встану. 7. Летом я буду каждый день вставать очень рано. 8. Всю неделю он повторял грамматику. 9. Сейчас я положу книги на место. 10. Я поймаю такси. 11. Сейчас я буду играть на пианино. 12. Сейчас я вам сыграю что-нибудь. 13. Они ещё не поженились, скоро поженятся. 14. К сожалению, он не сдал экзамен. 15. Он ещё не оформил документы, не успел. 16. Он ещё не купил билеты на самолёт, не успел. 17. Она не поступила в университет, не сумела. 18. Писатель ещё не закончил роман.

Упражнение 62. **(ТРКИ-1, ТРКИ-2.) Прочитайте предложения, объясните употребление видов глагола.**

1. Я этого тебе никогда не скажу! 2. Он регулярно ходит на выставки. 3. Он регулярно ходил на выставки. 4. Он регулярно будет ходить на выставки. 5. Я никогда не опаздываю. 6. Он раньше никогда не обманывал. 7. Вчера он был занят: стирал, потом готовил ужин. 8. Вчера он сдавал экзамен, но не сдал его. 9. Мы не будем заниматься в лингафонном классе. 10. Вчера он ничего не делал. 11. На уроке мы не скучали. 12. На уроке мы скучаем. 13. На уроке мы не будем скучать. 14. Летом он не отдыхал, всё лето работал. 15. Он смотрел в окно и курил. 16. Она разговаривала со мной и улыбалась. 17. Ты без куртки? Зачем ты снял куртку? 18. Он вчера ходил в куртке, но снимал её, когда становилось слишком жарко. 19. Два дня назад ко мне приехала подруга, теперь мы вместе ходим по музеям. 20. Два дня назад ко мне приезжала подруга. Сейчас она уже в Москве. 21. Я не брал твои книги! 22. Это не он! Он не трогал твои вещи! 23. Это не мы! Мы даже не подходили к твоему компьютеру! 24. Я не буду есть, я на диете. 25. Что вы! Я так много не съем, это для меня слишком много! 26. Я не буду искать твою дискету, сам ищи! 27. Я никак не найду свою дискету! Где же она?

Упражнение 63. **(ТРКИ-2, ТРКИ-3.) Прочитайте предложения, прокомментируйте употребление вида глагола.**

1. — Ты будешь учиться печь блины? — Я уже научился. 2. Ты научишься, наконец, печь блины? Эти совсем невозможно есть! 3. — Мы будем переводить статью? — Я уже всё перевёл ещё вчера. 4. — Ты будешь заваривать чай? — Нет, потом заварю. 5. — Ты заваришь чай? — Хорошо, заварю. 6. Обычно я не переодеваюсь перед театром, но сегодня переоденусь. 7. Сейчас я тебе всё расскажу по порядку. 8. Сейчас я буду ремонтировать компьютер. 9. Сейчас я тебя ударю. 10. По-моему, он никогда не притворяется. 11. Я никогда не буду красить волосы, это вредно. 12. Он никогда не смирится с этим. 13. Я ни-

когда никому ничего не скажу, не беспокойся! 14. Я побегаю вокруг дома минут десять, чтобы размяться, и будем ужинать. 15. Туристы пробе́гали по магазинам весь день. 16. Он проскучал всё лето в деревне. 17. Это хорошее кафе, здесь всегда можно пообедать. 18. Когда я болею, она всегда навестит меня и принесёт что-нибудь вкусное. 19. Он постучал в дверь три раза. 20. Я никогда не забуду его слова! 21. Вы, конечно, читали «Анну Каренину»? 22. Вчера мы пели и танцевали. 23. Возникали и исчезали различные теории. 24. Он обвинял во всём себя. 25. Тебя не обманешь! 26. Ему уже ничем не поможешь!

Упражнение 64. (ТРКИ-1, ТРКИ-2.) **Выберите правильный вариант.**

1. Он сидел в кресле и … (просматривал — просмотрел) газеты. 2. Он лежал на диване и … (ел — съел) бутерброд. 3. Она … (вставала — встала) и помахала мне рукой. 4. Он … (будет работать — поработает) на компьютере весь день. 5. По утрам он … (будет делать — сделает) гимнастику. 6. Он не хочет работать, он сказал, что не … (будет переводить — переведёт) эти статьи. 7. Эти статьи слишком сложные для него, боюсь, что он не … (будет переводить — переведёт) их. 8. Ко мне … (подходила — подошла) моя приятельница, и мы разговорились. 9. — Кто это был? — Ко мне … (подходила — подошла) моя приятельница. 10. — Родители дома? — Нет, … (уезжали — уехали). 11. — Он здесь? — Да, но летом каждые выходные он … (уезжал — уехал) на дачу. 12. — Кто звонил в дверь? Соседи? — Нет, это … (приходил — пришёл) почтальон. 13. — Что это за малыш? — Это моя подруга … (приводила — привела) своего сына. 14. — Кто … (будет заканчивать — закончит) работу, тот может быть свободен. 15. Кто у нас … (отвечал — ответил) за эту работу? Она выполнена крайне плохо! 16. Я попробую, но думаю, что … (не буду поднимать — не подниму) такую тяжёлую сумку!

Упражнение 65. (ТРКИ-2, ТРКИ-3.) **Объясните, почему возможно употребление как НСВ, так и СВ. Какой из вариантов вам нравится больше?**

1. Вечером она … (гладила — погладила) бельё. 2. Завтра я … (буду стирать — постираю) бельё в стиральной машине. 3. Я … (не буду закрывать — не закрою) дверь на ключ. 4. Пока мы разговаривали, он … (набирал — набрал) текст статьи на компьютере. 5. На уроке мы … (будем смотреть — посмотрим) мультфильм. 6. Ты … (будешь выступать — выступишь) перед студентами? 7. Летом ты … (будешь отдыхать — отдохнёшь)? 8. Муж был на седьмом небе от счастья, когда … (узнавал — узнал), что жена родила. 9. Луна … (освещала — осветила) дорожки в саду. 10. Он … (приезжал — приехал) ко мне месяц назад. 11. К старику … (приплывала — приплыла) золотая рыбка. 12. Я … (не буду ловить — не поймаю) мяч. 13. Вчера по телевизору … (показывали — показали) новый фильм. 14. Вы уже … (покупали — купили) билеты на самолёт? 15. Сейчас он … (будет бриться — побреется). 16. Ты … (выступал — выступил) просто великолепно!

Упражнение 66. (ТРКИ-2, ТРКИ-3.) **Выберите правильный вариант. Определите, какая конструкция диктует употребление НСВ или СВ глагола.**

1. Пока ты … (спал — поспал), мы приготовили ужин. 2. Пока ты … (думал — подумал), как решить одну задачу, мы уже решили две. 3. Малыш, пока не … (ешь — съешь) кашу, не пойдёшь гулять. 4. Вы не можете поселиться в общежитии, пока не … (будете оформ-

лять — оформите) все документы. 5. С тех пор как он ... (устраивался — устроился) на работу, у него нет ни минуты свободного времени. 6. С тех пор как ты ... (уезжал — уехал), я не перестаю думать о тебе. 7. По мере того как вы ... (будете овладевать — овладеете) специальностью, вы будете всё лучше и лучше разбираться во всех тонкостях своей работы. 8. По мере того как ... (будет улучшаться — улучшится) экономическая ситуация в стране, уровень жизни населения будет повышаться. 9. Не ... (проходило — прошло) и двух дней, как он уехал. 10. Не ... (будет проходить — пройдёт) и полгода, и я возвращусь.

Упражнение 67. (ТРКИ-2, ТРКИ-3, ТРКИ-4.) Обратите внимание на употребление глаголов в сослагательном наклонении. (Напоминаем, что сослагательное наклонение имеет значение возможности, предположительности. Сослагательное наклонение не имеет форм времени, имеет только формы рода.)

1. Он приехал бы ещё вчера, но погода была нелётная. 2. Не сердись, она обязательно сказала бы тебе об этом позже. 3. Вы бы принесли мне кофе! 4. Я всё сделаю, только бы тебе было хорошо! 5. Уж лучше бы она училась в другом университете! 6. Лучше бы здесь был парк, а не магазины! 7. Если бы он учился лучше, он смог бы поступить в аспирантуру. 8. Он выиграл бы эти соревнования, если бы не получил травму. 9. Учился бы он получше, смог бы получить красный диплом. 10. Учился бы ты получше! 11. Чтоб ты больше здесь не появлялся! 12. Шли бы вы домой!

Упражнение 68. (ТРКИ-2, ТРКИ-3, ТРКИ-4.) Выберите правильную форму.

1. Он ... (приносил — принёс) бы тебе эти книги ещё вчера, но ты его не попросил. 2. Вы бы ... (рассказывали — рассказали), как вы съездили! 3. Ты бы ... (ходил — сходил) по вторникам и четвергам на волейбол! 4. Ты бы не ... (сидел — посидел) за компьютером с утра до вечера! 5. Она ... (приобретала — приобрела) бы себе дачу и отдыхала бы там летом, чем в городе сидеть! 6. Он ... (победил — победит) бы на конкурсе молодых артистов, если бы туда ... (поехал — поедет). 7. Только бы отец не ... (узнал — узнает) об этом! 8. Лучше бы вы не ... (делали — делаете) этого! 9. Чем сидеть весь день за компьютером, лучше ... (ходила — сходила) бы в магазин и ... (покупала — купила) бы что-нибудь на ужин! 10. Наша фирма хотела бы заключить контракт, который ... (предусматривает — предусматривал) бы все возможные варианты.

Упражнение 69. (ТРКИ-1.) Выберите правильный вариант.

1. Он смотрел на меня и ... (улыбался — улыбнулся). 2. Он ... (стоял — постоял) и смотрел в окно. 3. Он ... (вставал — встал) и ушёл. 4. Она ... (ложилась — легла) спать и сразу заснула. 5. Эта книга мне очень нужна, завтра же ... (буду брать — возьму) её в библиотеке. 6. Я ... (буду печатать — напечатаю) текст, а потом буду смотреть фильм. 7. По воскресеньям они ... (ужинали — поужинали) в ресторане. 8. Два дня мы ... (будем сдавать — сдадим) экзамен в центре тестирования. 9. Я ... (буду собирать — соберу) вещи ровно две минуты. 10. Раньше ты всегда ... (заходил — зашёл) ко мне. 11. Она уже студентка, она ... (поступала — поступила) в университет. 12. Ты целых две недели ... (готовился — подготовился) к этому экзамену! 13. Это здание ... (будут строить — постро-

ят) долго. 14. Я забыл твой номер телефона, но потом … (вспоминал — вспомнил) его и записал в блокнот. 15. Когда он … (будет кончать — кончит) школу, он будет поступать в университет. 16. Вчера она … (встречала — встретила) друга в университете и отдала ему тетрадь.

Упражнение 70. (**ТРКИ-1.**) **Выберите правильный вариант.**

1. Когда он начал … (готовиться — подготовиться) к экзамену? 2. Завтра я начну … (переводить — перевести) эту статью. 3. Он продолжает … (рассказывать — рассказать) о своём путешествии. 4. Завтра мы продолжим … (изучать — изучить) виды глагола. 5. Он наконец закончил … (ужинать — поужинать). 6. Думаю, что завтра я не закончу … (переводить — перевести) этот текст. 7. По пятницам надо … (приходить — прийти) в университет на полчаса раньше. 8. Иногда надо … (посылать — послать) родителям письма. 9. Мы продолжаем … (выступать — выступить) на концертах. 10. Два дня назад мы начали … (заниматься — заняться) теннисом.

Упражнение 71. (**ТРКИ-2, ТРКИ-3.**) **Выберите правильный вариант.**

1. Почему ты не бросишь … (курить — покурить)? 2. Почему бы тебе не перестать … (упрекать — упрекнуть) себя в этом? 3. Где ты научился … (печь — испечь) пироги? 4. Наверно, я не поеду завтра утром с тобой, ведь я не привык … (вставать — встать) рано. 5. Он раздумал … (посылать — послать) книги почтой. 6. Ты ещё не разучился … (ездить — съездить) на велосипеде? 7. Я устал … (ремонтировать — отремонтировать) старый телевизор. 8. Тебе не надоело … (помогать — помочь) ему? 9. Мне расхотелось … (есть — съесть) этот суп. 10. Хватит … (завидовать — позавидовать) ему, постарайся сам чего-то … (добиваться — добиться) в жизни. 11. Прекрати … (смеяться — посмеяться) над ним! 12. Ты уже успел … (обедать — пообедать)? 13. Тебе удалось … (преподносить — преподнести) ей свой подарок? 14. Он думал, что ему удастся легко … (отказываться — отказаться) от этой работы. 15. Как он сумел … (покупать — купить) так много книг? 16. Ты знаешь, небезопасно … (проводить — провести) этот эксперимент.

Упражнение 72. (**ТРКИ-2, ТРКИ-3.**) **Выберите правильный вариант.**

1. Не следует … (отрекаться — отречься) от своих идеалов. 2. Не вздумай переплывать эту реку, здесь вообще запрещено … (купаться — искупаться). 3. По последним данным, не рекомендуется активно … (заниматься — позаниматься) спортом рано утром. 4. Незачем … (кипятить — прокипятить) бельё, так как существуют современные отбеливатели. 5. Ни к чему … (торопиться — поторопиться). 6. Мы уже успели … (озаглавливать — озаглавить) текст. 7. Мне посчастливилось … (знакомиться — познакомиться) с этим известным человеком два года назад. 8. Ты везучий человек, всегда сумеешь … (попадать — попасть) на премьеру! 9. Стоило тебе … (появляться — появиться) в нашей компании, как все девушки стали смотреть только на тебя. 10. Стоило мне … (приезжать — приехать) сюда, как на меня нахлынули воспоминания. 11. Вероятно, мне не удастся в течение года … (писать — написать) диссертацию. 12. Он не хочет дальше учиться, и, по всей видимости, ему незачем … (поступать — поступить) в аспирантуру. 13. Ему ни за что не …

(поступать — поступить) в аспирантуру. 14. Ей никогда не … (понимать — понять) меня! 15. Он слаб в математике, и, я думаю, ему не … (решать — решить) эту задачу. 16. Не ему … (решать — решить) этот вопрос, он не начальник! 17. Не тебе меня … (учить — научить)! 18. Дверь никак не … (открывать — открыть) этим ключом. 19. Без меня дверь не … (открывать — открыть), я запрещаю. 20. Мне никак не бросить … (курить — покурить). 21. Ты не забудешь … (отправлять — отправить) письмо? 22. Не стоит … (употреблять — употребить) в речи бранные слова.

Упражнение 73. **(ТРКИ-2, ТРКИ-3.) Объясните, почему возможно употребление как НСВ, так и СВ глагола. Какой вариант вам нравится больше?**

1. Я очень хочу с ним … (встречаться — встретиться). 2. Мне надо … (готовиться — подготовиться) к выступлению на конференции. 3. Тебе следовало бы … (помогать — помочь) отцу. 4. Не забудь … (приносить — принести) мне деньги. 5. Нельзя … (переезжать — переехать) через мост. 6. Можно … (начинать — начать) наш концерт. 7. Я думаю, что смогу … (влиять — повлиять) на эту ситуацию. 8. Придётся при стирке … (выворачивать — вывернуть) эту куртку наизнанку. 9. Пожалуй, на этот вопрос я могу и не … (отвечать — ответить). 10. Я не могу не … (выполнять — выполнить) распоряжения профессора. 11. Он должен … (подчиняться — подчиниться). 12. Нельзя … (растягивать — растянуть) эти джинсы.

Упражнение 74. **(ТРКИ-2, ТРКИ-3.) Выберите правильный вариант.**

1. У тебя такой плохой почерк, я читаю твою записку, но ничего нельзя … (разбирать — разобрать). 2. Мне тебя никогда не … (забывать — забыть). 3. Ни в понедельник, ни во вторник мне не удалось … (предупреждать — предупредить) его. 4. Сейчас не следует … (пренебрегать — пренебречь) своими обязанностями. 5. Когда я уеду и буду далеко, мне уже будет тебе не … (помогать — помочь). 6. Даже не знаю, как тебе … (говорить — сказать) об этом. 7. Я знаю эти грамматические формы, можешь не … (объяснять — объяснить). 8. Нельзя … (бросать — бросить) мусор на пол, есть урна. 9. Всё правильно, не могу с вами не … (соглашаться — согласиться). 10. Где же книга? Мне её никак не … (находить — найти). 11. Чемодан тяжёлый, вам его не … (поднимать — поднять)! 12. Тебе хорошо: ты будешь спать, а мне ещё … (писать — написать) сочинение! 13. Мы не пойдём в театр сегодня: малыша не … (оставлять — оставить) одного. 14. Нельзя … (заглядывать — заглянуть) в чужие письма, это неприлично. 15. Нельзя … (представлять — представить) себе ситуацию более романтическую! 16. Очень холодно! Можно … (включать — включить) обогреватель? 17. Мне необходимо позвонить, разрешите … (пользоваться — воспользоваться) вашим телефоном? 18. Нельзя … (переходить — перейти) улицу на красный свет. 19. Объявление в библиотеке: «В книгах никаких помет не … (делать — сделать)»! 20. Как бы не … (опаздывать — опоздать)!

Упражнение 75. **(ТРКИ-1.) Прочитайте предложения, обратите внимание на вид глагола.**

1. Пожалуйста, сходи в магазин и купи продукты. 2. Если вам не трудно, откройте окно! 3. Маша, дай мне свою тетрадь! 4. Серёжа, принеси завтра мою книгу! 5. Елена

Ивановна, скажите, пожалуйста, когда мы сдаём зачёт? 6. Сфотографируйте нас всех вместе! 7. Отрежьте мне кусочек торта! 8. Посмотри на меня! 9. Не смейся! 10. Не плачь, не переживай, не расстраивайся из-за тройки! 11. Садись сюда! 12. Сядь сюда! 13. Обязательно напиши мне! 14. Пиши регулярно!

Упражнение 76. (**ТРКИ-2, ТРКИ-3.**) **Выберите правильный вариант.**

1. Не ... (открывай — открой) окно, сегодня нежарко. 2. Не ... (дотрагивайся — дотронься) до меня! 3. Не ... (оглядывайся — оглянись) назад, пошли быстрее! 4. ... (Говорите — Скажите), пожалуйста, где здесь деканат? 5. Ты меня обманул, так что не ... (подходи — подойди) ко мне и даже не ... (заговаривай — заговори) со мной! 6. Совсем нечего читать! Пожалуйста, ... (бегай — сбегай) в киоск и ... (покупай — купи) что-нибудь почитать! 7. Быстрее ... (включай — включи) телевизор: там твой любимый футбол! 8. ... (Выходи — Выйди) ко мне на минутку — надо поговорить. 9. Дверь открыта: ... (заходите — зайдите), я вас жду! 10. Нравится тебе эта статуэтка? Смотри не ... (роняй — урони) её, ... (держи — подержи) крепче! 11. Ты поедешь на этой машине? Смотри не ... (попадай — попади) в аварию! 12. Если тебя пригласят в театр на премьеру, не ... (отказывайся — откажись) от приглашения! 13. Вечером ... (передвигай — передвинь) кровать на другое место, подальше от окна. 14. Кто-то пришёл? ... (Смотри — Посмотри) в глазок! 15. Вот так и ... (улыбайся — улыбнись) всё время! 16. Ну, ... (улыбайся — улыбнись) мне хоть раз! 17. Давайте ... (купаемся — искупаемся) в этом озере! 18. Тебя знобит? ... (Накрывайся — Накройся) одеялом!

Упражнение 77. (**ТРКИ-2, ТРКИ-3.**) **Объясните, почему возможно употребление как НСВ, так и СВ глагола. Какой вариант вам нравится больше?**

1. ... (Давай — Дай) мне руку! 2. ... (Иди — Сходи) в кино! 3. ... (Ходи — Сходи) в театр! 4. Пожалуйста, ... (слушайся — послушайся) его! 5. ... (Садись — Сядь) ко мне на колени! 6. ... (Ложись — Ляг) спать пораньше! 7. Врач: «... (Показывайте — Покажите), где у вас болит». 8. Иди ... (готовь — приготовь) ужин. 9. Если не можете уснуть, ... (считайте — сосчитайте) до ста. 10. ... (Глотай — Проглоти) таблетку быстрее и ... (ложись — ляг) в постель. 11. Это я! ... (Открывай — Открой)! 12. Вот тебе тапочки: ... (переобувайся — переобуйся)! 13. Привет! ... (Заходи — Зайди) ко мне! 14. Вы прекрасно ведёте машину. Теперь ... (поворачивайте — поверните) налево.

Упражнение 78. (**ТРКИ-1.**) **Выполните тест за семь минут.**

1. Пожалуйста, ... ваш паспорт!
    А. дать
    Б. дай
    В. дайте

2. Ты идёшь в кафе? Пожалуйста, ... мне кофе.
    А. брать
    Б. бери
    В. возьми

3. Не … здесь, пожалуйста!
А. курите
Б. покурите
В. курят

4. Уже семь часов. …, а то опоздаешь в университет!
А. Встать
Б. Вставал
В. Вставай

5. Мы будем … о Петербурге.
А. вспоминай
Б. вспоминать
В. вспомнить

6. Он уже начал … грамматику.
А. повторять
Б. повторить
В. повторил

7. Я ещё не кончил … по телефону.
А. говорить
Б. сказать
В. поговорить

8. Он опять забыл … сигареты.
А. покупать
Б. купить
В. купит

9. Не нужно … окно, потому что холодно.
А. открыл
Б. открывать
В. открыть

10. Обычно я … в восемь утра.
А. вставать
Б. встаю
В. встану

11. Мой друг всю неделю … мне о Москве.
А. рассказывал
Б. рассказал
В. расскажи

12. Я уже хорошо знаю город и сегодня буду тебе его … .
А. показал
Б. показывать
В. показать

13. Скоро мой друг … наконец экзамен, и мы поедем отдыхать на юг.
А. сдал
Б. сдаёт
В. сдаст

14. В прошлом году мы … два месяца.
   А. отдыхали
   Б. отдохнули
   В. отдохнём

15. Вечером я … письмо и лёг спать.
   А. пишу
   Б. писал
   В. написал

16. Раньше он всегда … мне.
   А. звонит
   Б. звонил
   В. позвонил

17. Через три дня мы сможем, наверное, … этот фильм.
   А. посмотрели
   Б. посмотрим
   В. посмотреть

18. Он, как и я, … эту книгу.
   А. купить
   Б. купил
   В. купи

19. Она мечтает … в этом университете.
   А. учиться
   Б. учится
   В. будет учиться

20. Надеюсь, что мы … на следующей неделе.
   А. увиделись
   Б. увидимся
   В. увидеться

21. Когда он стал … плаванием?
   А. занимается
   Б. занимался
   В. заниматься

Упражнение 79. (ТРКИ-2, ТРКИ-3.) **Выполните тест за десять минут.**

1. Мы совершенно с вами согласны и можем этот вопрос больше не … .
   А. обсуждаем
   Б. обсуждать
   В. обсудить

2. Хотелось бы к этому вопросу периодически … .
   А. возвращаться
   Б. возвращаться бы
   В. вернуться

3. Во время взлёта самолёта … с мест категорически запрещается.
   А. вставать
   Б. встать
   В. не вставайте

4. Возможно, тебе не следует сразу … на это предложение.
    А. не соглашайся
    Б. соглашаться
    В. согласиться

5. Мы завтра … вам этот документ.
    А. представлен
    Б. представим
    В. представляется

6. Можешь завтра эти книги не …, они уже не нужны.
    А. принеси
    Б. принести
    В. приносить

7. Как хорошо, что у нас есть студенческая столовая, там всегда можно … .
    А. обедать
    Б. пообедать
    В. обедаем

8. Не трогай этот тяжёлый чемодан, его тебе всё равно не … .
    А. поднимай
    Б. поднимать
    В. поднять

9. Приходи ко мне, без тебя мне эту проблему не … .
    А. решать
    Б. решить
    В. решаю

10. Если бы он мог, он … школу с хорошими оценками.
    А. закончил
    Б. не закончил
    В. закончил бы

11. Вот ваза для цветов: … её крепче, не урони!
    А. держи
    Б. подержи
    В. держал бы

12. Я переживаю, что его могут не … об экскурсии.
    А. предупредить
    Б. предупреждать
    В. предупреждали

13. Кто вчера … к концерту в нашем классе? Почему там такой беспорядок?
    А. готовился
    Б. подготовился
    В. готовиться

14. — Твой друг сейчас в городе?
    — Да, он только на неделю … на дачу.
    А. уехал
    Б. уезжал
    В. уедет

15. Прежде чем … ваше предложение, мне надо подумать.
А. приняла
Б. принимаю
В. принять

16. Не … он получить письмо, как сразу же сел писать ответ.
А. успевает
Б. успел
В. успеет

17. Стоило отцу … , как дети тут же обступили его.
А. появился
Б. появляться
В. появиться

18. Даже если бы мы готовились к экзамену два месяца, мы всё равно … его .
А. не сдали
Б. не сдали бы
В. сдавали

19. Пока вы мне всё не … , я не буду ничего делать.
А. объясняете
Б. объясните
В. объяснить

20. Боюсь, что тебе этого не … .
А. понимаешь
Б. понимать
В. понять

21. Утром мы … окно, но сейчас в комнате опять душно.
А. открывали
Б. открыли
В. откроем

22. Не … он в своё время от своей идеи, может быть, у нас было бы новое замечательное открытие.
А. отказывайся
Б. откажись
В. отказался

23. Можете мне это не … , мне это не нужно.
А. предлагать
Б. предложить
В. предложите

24. А не … ли нам новый фильм, который только что вышел на экраны кинотеатров?
А. посмотрим
Б. посмотреть
В. смотреть

ГЛАГОЛЫ ДВИЖЕНИЯ 운동동사

Как мы уже говорили, все глаголы движения без префиксов — НСВ, они составляют не грамматические, а логические пары.

Сначала контролируется абсолютный минимум лексики: глаголы *идти, ходить, ехать, ездить, бежать, бегать, лететь, летать, плыть, плавать; нести, носить, везти, возить, вести, водить*.

Далее — минимум грамматики и возможные грамматические пары: префиксы *при-, у-, по-* (в значении «начало, старт»), *с-* (с глаголами *сходить, съездить*), *за-, пере-, в-, вы-, под-, от-, до-, про-, об-*.

Далее — расширенная лексика и грамматика: глаголы *лезть, лазать (лазить), брести, бродить, ползти, ползать, тащить, таскать, гнать, гонять, катить, катать* с указанными выше префиксами в различных значениях, а также с префиксами: *вз-, воз-, из-, низ-, рас-, с-* и постфиксом *-ся*.

В конце — наиболее распространённые варианты переносного употребления рассмотренных приставочных и бесприставочных глаголов.

Упражнение 80. (ТРКИ-1.) **Выберите правильный вариант.**

1. Здравствуй, откуда ты сейчас … ? (идёшь — ходишь) 2. По четвергам он … на дополнительные занятия по языку. (идёт — ходит) 3. Мы часто … за город. (едем — ездим) 4. Иногда она … на велосипеде. (едет — ездит) 5. Я … домой. (бегу — бегаю) 6. Они весь день … по парку. (бегут — бегают) 7. Я вижу, как птицы … на юг. (летят — летают) 8. По комнате … бабочки. (летят — летают) 9. Мы регулярно … в бассейне. (плывём — плаваем) 10. Завтра я … на дачу. (еду — езжу) 11. Я не умею … . (плыть — плавать) 12. Ребёнок ещё не умел … . (идти — ходить) 13. К берегу … большой теплоход. (плывёт — плавает) 14. Завтра ты … в Финляндию? (плывёшь — плаваешь)

Упражнение 81. (ТРКИ-1.) **Выберите правильный вариант.**

1. … ко мне быстрее! (Иди — Ходи) 2. Завтра же … за город! (поезжай — езди) 3. Не … на этот фильм, он нам не понравился. (иди — ходи) 4. Не … на дачу, ещё холодно. (поезжайте — ездите) 5. Пожалуйста, не … всё время по комнате! (иди — ходи) 6. Ты в кино? … в куртке, сейчас похолодало. (Иди — Ходи) 7. Ты в кино? Не … без куртки, сейчас похолодало. (иди — ходи) 8. Птица, … быстрее из комнаты на улицу! (лети — летай) 9. Птицы, не … вокруг аэродрома! (летите — летайте) 10. Тебе не холодно в бассейне? … к берегу! (Плыви — Плавай) 11. … скорее сюда! (Беги — Бегай) 12. Дети, не … по комнате! (бегите — бегайте) 13. … самолётами только нашей авиакомпании! (Летите — летайте) 14. Не … больше на этой лодке, ладно? (плыви — плавай)

Упражнение 82. (**ТРКИ-1.**) **Выберите правильный вариант.**

1. Вчера они … в театр. (шли — ходили) 2. Когда мы … по Невскому до метро, мы встретили знакомых. (шли — ходили) 3. Она часто … на выставки. (шла — ходила) 4. Она иногда … за город. (ехала — ездила) 5. Сегодня к тебе мы … на такси. (ехали — ездили) 6. Вчера весь день … дождь. (шёл — ходил) 7. Это платье ей не … . (шло — ходило) 8. Автобус … в парк. (шёл — ходил) 9. Почему вчера она не … на экскурсию? (шла — ходила) 10. Мы быстро … к автобусу. (бежали — бегали) 11. — Вы откуда? — Мы … в парке. (бежали — бегали) 12. На прошлой неделе он … в Москву. (летел — летал) 13. Когда он … из Москвы, он смотрел в окно. (летел — летал) 14. Утка … к берегу. (плыла — плавала) 15. Мы … к берегу. (плыли — плавали) 16. Лебеди … по всему озеру. (плыли — плавали)

Упражнение 83. (**ТРКИ-1.**) **Выберите правильный вариант.**

1. Скоро ко мне … мой друг. (приедет — уедет) 2. Ко мне из Англии … моя подруга. (придёт — приедет) 3. Когда … наш самолёт? (вылетает — отлетает) 4. Когда … наш поезд? (отходит — выходит) 5. Она … из Японии. (пришла — приехала) 6. …, пожалуйста, к нам! (Подойди — Отойди) 7. Он собрался … на новую квартиру. (переходить — переезжать) 8. Она медленно … в комнату. (входила — выходила) 9. Я вижу, как он … на улицу и идёт к остановке. (входит — выходит) 10. Здесь нельзя … (выходить — переходить) улицу! 11. Где можно … через улицу? (выйти — перейти) 12. Она … из автобуса. (выходит — переходит) 13. Пожалуйста, … от компьютера! (выйди — отойди) 14. Когда мы ехали по лесу на машине, дорогу нам … заяц. (перелетел — перебежал) 15. Я не смогу … эту реку! (переплыть — приплыть) 16. — Его нет? — Да, он … . (приехал — уехал) 17. На озеро … лебеди. (прилетели — улетели) 18. Лебеди … к нам. (подплыли — отплыли)

Упражнение 84. (**ТРКИ-1.**) **Обратите внимание на возможную синонимию префиксов в некоторых ситуациях. Выберите вариант, который вам больше нравится.**

1. Здравствуй! …, мы рады тебя видеть! (Входи — Заходи — Проходи) 2. Давай … в кино! (пойдём — сходим) 3. — Его нет? — Да, он … . (вышел — ушёл) 4. … ко мне в гости! (Заходи — Приходи) 5. Он только недавно … из Америки. (приехал — прилетел) 6. Когда … поезд? (уходит — отходит) 7. Когда … самолёт? (улетает — вылетает) 8. Она … в комнату. (вошла — зашла) 9. Он … через площадь. (перешёл — прошёл) 10. Не … на улицу! (ходи — выходи) 11. Машина … в гараж. (въехала — заехала) 12. Он … вокруг гаража. (объехал — проехал)

Упражнение 85. (**ТРКИ-1.**) **Выберите правильный вариант.**

1. Он больше не студент, к сожалению, он … из университета. (перешёл — ушёл) 2. Она … на другую работу. (перешла — переехала) 3. По дороге домой хочу … в аптеку. (зайти — прийти) 4. Вы … на следующей остановке? (уходите — выходите) 5. … ко мне в гости! (Приходи — Переходи) 6. Я не буду … к телефону. (приходить — подходить) 7. Не надо … в комнату! (приходить — входить) 8. … два года. (пришло — прошло) 9. Его нет, он … . (заехал — уехал) 10. Мимо нас по реке … корабли. (проплывают — уплывают)

281

11. Каждую весну эти птицы … сюда. (прилетают — пролетают) 12. Он быстро … через дорогу. (перебежал — выбежал) 13. Собака … на дорогу. (вбежала — выбежала) 14. Собака … от меня и остановилась. (подбежала — отбежала) 15. …, пожалуйста, вперёд! (Входите — Проходите) 16. Наконец-то мы … до дома. (приехали — доехали) 17. Завтра я … в Петергоф. (пойду — поеду) 18. Надо … в театр. (проходить — сходить) 19. Что вы … по грамматике? (проходите — сходите) 20. Он … вокруг гаража. (выехал — объехал)

Упражнение 86. (**ТРКИ-1.**) **Выберите правильный вариант.**

1. Мать … ребёнка на руках. (несёт — ведёт) 2. Мать … ребёнка за руку. (несёт — ведёт) 3. Мать … ребёнка на машине. (ведёт — везёт) 4. Человек … лошадь. (несёт — ведёт) 5. Мой друг … на мотоцикле свою подругу. (ведёт — везёт) 6. Он прекрасно … мотоцикл. (водит — возит) 7. Она всегда … очки. (носит — водит) 8. Я не … часы. (ношу — вожу) 9. Ты … машину? (водишь — возишь) 10. Ты … своих друзей на новой машине? (водишь — возишь) 11. Ребёнок плохо себя … . (ведёт — везёт) 12. Она всегда … малыша за руку. (водит — возит) 13. Отец … малыша на руках. (носит — возит) 14. Гид каждый день … экскурсии. (водит — носит) 15. Ему почему-то не … на экзаменах. (ведёт — везёт) 16. Она … часы в ремонт. (несёт — ведёт)

Упражнение 87. (**ТРКИ-1.**) **Выберите правильный вариант.**

1. Зачем он … на вечеринку свою подругу? (принёс — привёл) 2. Он … её на машине. (привёл — привёз) 3. Когда я … (приду — приеду) из Германии, я … тебе много сувениров. (принесу — привезу) 4. Скоро он … (придёт — приведёт) из магазина и … (принесёт — приведёт) продукты. 5. Завтра он … нас на дачу на своей новой машине. (отведёт — отвезёт) 6. Надо … чашки и тарелки на кухню. (отнести — отвезти) 7. Она … (прилетит — приплывёт) на самолёте и … (принесёт — привезёт) много подарков. 8. Она … (полетит — поплывёт) на теплоходе и … (понесёт — повезёт) много подарков. 9. Надо … его в театр. (сносить — сводить) 10. Надо … мебель на другую квартиру. (перевести — перевезти) 11. Надо осторожно … посуду. (переносить — переводить) 12. Где вы … каникулы? (провели — провезли) 13. Он … собаку на прогулку на улицу. (повёл — повёз) 14. … мебель в комнату! (Заносите — Заводите) 15. Он … нас на дачу. (отнёс — отвёз) 16. Ты очень хорошо … этот текст на английский. (перевёл — перевёз)

Упражнение 88. (**ТРКИ-2, ТРКИ-3.**) **Выберите правильный вариант.**

1. Я думаю, что урок … хорошо. (пройдёт — проведёт) 2. Я думаю, что он хорошо … урок. (пройдёт — проведёт) 3. Тебе … этот костюм. (подойдёт — подведёт) 4. Почему ты всегда … в джинсах? (ходишь — носишь) 5. … месяца два, и я приеду. (Проходит — Пройдёт) 6. На этой машине он … почти десять лет. (проехал — проездил) 7. Я хочу немного … в бассейне. (поплыть — поплавать) 8. Не … за буйки. (переплывай — заплывай) 9. Он … весь лес. (переходил — исходил) 10. Лесник … на лошади свой участок леса. (проезжает — объезжает) 11. Самолёт … полчаса и приземлился. (пролетел — пролетал) 12. Самолёт … полчаса и приземлился. (полетел — полетал) 13. Вы … свою остановку. (переехали — проехали) 14. Думаю, твоё упрямство к добру не … . (придёт — приведёт)

15. Спортсмены должны ... пять километров. (добежать — пробежать) 16. ... солнце. (Взошло — Прошло) 17. Мосты в Петербурге ... . (расходятся — разводятся) 18. Птицы ... весь день в поисках пищи. (полетали — пролетали)

Упражнение 89. (**ТРКИ-2, ТРКИ-3.**) **Выберите правильный вариант.**

1. Задачка не ... с ответом. (выходит — сходится) 2. Давай ... от слов к делу. (перейдём — переведём) 3. Его, очевидно, очень скоро ... на другую работу. (перейдут — переведут) 4. Надеюсь, ты мне поможешь, ты меня не ... . (подведёшь — разведёшь) 5. У них пока нет детей, но они планируют ... ребёнка. (завести — завезти) 6. Ты сумасшедший, у тебя совсем ... ум за разум! (завёл — зашёл) 7. Почему-то машина не ... . (заводится — завозится) 8. Курица ... яйцо. (принесла — снесла) 9. ... солнце. (Вошло — Взошло) 10. Бульон надо ... до кипения и варить час. (довести — довезти) 11. Я плохо ... жару. (переношу — перевожу) 12. Солнце ... . (заходит — отходит) 13. Насекомые ... инфекцию. (переносят — перевозят) 14. Голова уже не болит, голова ... . (перешла — прошла) 15. Из чего вы ... в своей диссертации? (выходите — исходите) 16. Сначала напиши слово карандашом, а потом ... его фломастером. (обнеси — обведи) 17. Наши точки зрения противоположны, они ... . (сходятся — расходятся) 18. Волны ... на берег. (набегают — разбегаются)

Упражнение 90. (**ТРКИ-2, ТРКИ-3.**) **Выберите правильный вариант.**

1. В поднебесье ... орёл. (пробежал — пролетел) 2. Пастух ... стадо домой. (гонит — катит) 3. Он ... бочку по земле. (несёт — катит) 4. Змея ... мимо меня. (бредёт — ползёт) 5. Куда и зачем ты ... телевизор? (катишь — тащишь) 6. Он ... через забор. (пролез — перелез) 7. ... детей из воды, хватит купаться! (Вылезай — Выгоняй) 8. Обручальное кольцо ... под кровать. (закатилось — залезло) 9. Она с трудом ... вещи. (гонит — тащит) 10. Он кубарем ... с горы. (скатил — скатился) 11. Слёзы ... . (катятся — лезут) 12. Весь день он ... под дождём. (бродил — катал) 13. Поезд ... очень медленно. (бредёт — ползёт) 14. Он уже заявил в милицию, так как его машину ... . (выгнали — угнали) 15. Не надо ... за модой. (гнать — гнаться) 16. Собака ... с меня одеяло. (стащила — согнала) 17. Змея ... из укрытия. (выкатилась — выползла) 18. Солнце ... . (закатилось — забрело) 19. Что это вдруг тебе ... в голову? (прибрело — взбрело) 20. Грибники ... по лесу. (разбрелись — разлезлись)

Упражнение 91. (**ТРКИ-1.**) **Выполните тест за десять минут.**

1. — Ты был в бассейне?
— Да, я ... туда по субботам.

А. иду
Б. хожу
В. пойду

2. Раньше мы иногда ... за город.

А. ехали
Б. шли
В. ездили

3. Завтра она … в Новосибирск.	А. ездит
Б. поедет
В. ездила

4. Мы всегда … пешком в университет.	А. ходим
Б. ездим
В. пойдём

5. Я уже два раза … в Эрмитаж.	А. был
Б. пойду
В. ходил

6. … ко мне в гости!	А. Уходи
Б. Приходи
В. Выходи

7. Осторожно: здесь нельзя … через дорогу!	А. переходить
Б. приходить
В. выходить

8. Очень жаль, что мой друг … вчера из Петербурга.	А. уезжает
Б. уехал
В. уедет

9. Не люблю … на метро.	А. ездить
Б. поездить
В. поехать

10. Дома скучно. Давай … погуляем!	А. придём
Б. пойдём
В. пойди

11. Ты не любишь театр? Почему ты так редко … в театр?	А. ходить
Б. идти
В. ходишь

12. — Вы были в Москве?
— Да, месяц назад мы … в Москву.	А. были
Б. ездили
В. ехали

13. Саша идёт в гости и … букет цветов.	А. несёт
Б. ведёт
В. носит

14. Мать … ребёнка за руку.　　　　　　А. несёт
　　　　　　　　　　　　　　　　　　　Б. ведёт
　　　　　　　　　　　　　　　　　　　В. везёт

15. Отец … ребёнка к врачу на машине.　А. шёл
　　　　　　　　　　　　　　　　　　　Б. нёс
　　　　　　　　　　　　　　　　　　　В. вёз

16. Ты хорошо … машину. Где ты научился?　А. носишь
　　　　　　　　　　　　　　　　　　　Б. водишь
　　　　　　　　　　　　　　　　　　　В. возишь

17. Скоро папа … мне из Англии много　А. привезёт
сувениров.　　　　　　　　　　　　　Б. принесёт
　　　　　　　　　　　　　　　　　　　В. приведёт

18. — Он дома?　　　　　　　　　　　　А. пришёл
　　— Нет, он уже … .　　　　　　　　Б. ушёл
　　　　　　　　　　　　　　　　　　　В. зашёл

19. Она … на улицу и вспомнила, что забыла　А. вышла
зонтик.　　　　　　　　　　　　　　　Б. вошла
　　　　　　　　　　　　　　　　　　　В. выйдет

20. Мы … до университета за двадцать минут.　А. пришли
　　　　　　　　　　　　　　　　　　　Б. вышли
　　　　　　　　　　　　　　　　　　　В. дошли

21. Почему он … мимо и не поздоровался　А. ушёл
с нами?　　　　　　　　　　　　　　　Б. прошёл
　　　　　　　　　　　　　　　　　　　В. перешёл

22. Если можешь, … поближе!　　　　　А. подойти
　　　　　　　　　　　　　　　　　　　Б. отойти
　　　　　　　　　　　　　　　　　　　В. подойди

23. Машина остановилась, а потом … очень　А. поехала
быстро.　　　　　　　　　　　　　　　Б. заехала
　　　　　　　　　　　　　　　　　　　В. объехала

24. Он … вокруг дома на велосипеде.　　А. прошёл
　　　　　　　　　　　　　　　　　　　Б. обошёл
　　　　　　　　　　　　　　　　　　　В. объехал

25. Пожалуйста, … от меня!

А. отойти
Б. отойди
В. подойди

26. Я часто … в разные далекие страны.

А. лечу
Б. летаю
В. полечу

27. Надо … в магазин и купить продукты.

А. сходить
Б. переходить
В. уходить

28. Они недавно … на новую квартиру.

А. отъехали
Б. переехали
В. подъехали

Упражнение 92. (**ТРКИ-2, ТРКИ-3.**) Выполните тест за десять минут.

1. — Он плохо видит?
 — Да, поэтому он постоянно … в очках.

А. носит
Б. ходит
В. водит

2. — Он хороший водитель?
 — Да, у него большая практика, он часто … на машине.

А. ведёт
Б. водит
В. ездит

3. Она безумно любит путешествовать, хочет … всю Европу.

А. поехать
Б. объехать
В. съездить

4. Некоторое время он не двигался, затем вдруг встал и нервно … по комнате.

А. пошёл
Б. зашёл
В. заходил

5. — Кто к тебе … ?
 — Это был мой старинный школьный приятель.

А. пришёл
Б. приходил
В. ушёл

6. … в бассейне, но недолго — вода ещё не нагрелась.

А. Поплыви
Б. Поплавай
В. Проплавай

7. Все … на пляж, к озеру.

А. побежали
Б. побегали
В. подбежали

8. Туристы … по городу почти весь день до самого вечера.

А. прошли
Б. проходили
В. доходили

9. Не забудь: завтра ты, как обещал, … меня за город на новой машине!

А. поведёшь
Б. повезёшь
В. повозишь

10. По утрам в любую погоду он … собаку на улицу гулять.

А. вывел
Б. вывез
В. выводил

11. Это не электронные, а механические часы, и их надо … .

А. приводить
Б. заводить
В. проводить

12. Когда … наш самолёт на Москву?

А. вылетает
Б. отлетает
В. перелетает

13. Не следует … улицу перед близко идущим транспортом.

А. проходить
Б. переходить
В. проходить

14. На своей машине он … уже более восьми лет.

А. проехал
Б. наездил
В. проездил

15. Утки … немного над озером и с шумом сели на воду.

А. полетали
Б. полетели
В. залетали

16. У тебя есть лодка? … меня, пожалуйста, на этот остров!

А. Отведи
Б. Своди
В. Свози

17. Обычно я … до университета за сорок или пятьдесят минут.

А. доехал
Б. доеду
В. доезжаю

18. Его недавно … на второй курс университета.

А. провели
Б. перевели
В. перевезли

19. В Петербурге в белые ночи мосты … .

А. разводятся
Б. расходятся
В. переводятся

20. Надо … конфликтов и столкновений!

А. убегать
Б. избегать
В. уйти

21. За лето он … две пары кроссовок.

А. перенёс
Б. переносил
В. износил

22. Их мнения противоположны, они совершенно … .

А. сходятся
Б. отходят
В. расходятся

23. Боксёр … противнику решающий удар.

А. нанёс
Б. навёл
В. привёл

24. Он не спеша шёл на вокзал и … тележку.

А. вёл
Б. брёл
В. катил

25. Змеи достаточно быстро … по земле.

А. бродят
Б. ползают
В. гонят

26. Парнишка моментально … через двухметровый забор.

А. перелез
Б. переполз
В. перебрёл

27. Пчела … в банку с вареньем.

А. закатила
Б. заползла
В. затащила

28. Маленький ребёнок не умеет ходить, пока он ещё только … .

А. лезет
Б. бродит
В. ползает

29. … лошадь из сарая на улицу!

А. Выгони
Б. Вытащи
В. Выкати

30. Можно … на твоём мотоцикле?
А. прогнаться
Б. прокататься
В. прокатиться

31. В транспорте у него … кошелёк.
А. выгнали
Б. угнали
В. вытащили

32. Котёнок … в узкую щель.
А. пролез
Б. прогнал
В. протащился

ПРИЧАСТИЯ И ДЕЕПРИЧАСТИЯ 형동사와 부동사

При выполнении практических заданий обращайте внимание на смысл фразы: относится ли эта форма глагола к существительному или местоимению (тогда это причастие), к субъекту, заменяя глагол (тогда это краткое причастие), к субъекту с имеющимся глаголом-сказуемым, заменяя глагол (тогда это деепричастие).

Львиная доля (= основная масса) заданий экзаменационных тестов приходится на ТРКИ-2 и ТРКИ–3.

Упражнение 93. (**ТРКИ-1.**) **Прочитайте предложения, объясните употребление причастий. От каких глаголов образованы эти активные причастия?**

1. Студенты, изучающие экономику, в этом семестре сдают экзамен. 2. Студенты, успешно сдавшие экзамены, могут поступить в магистратуру. 3. Это профессор, преподающий в нашем университете. 4. Это был профессор, преподававший в нашем университете два года назад. 5. На конференции выступали учёные, приехавшие из разных стран мира. 6. Студенты, не получившие зачёт, к экзаменам не допускаются. 7. Люди, активно занимающиеся спортом, более сильные и крепкие. 8. Все люди, собравшиеся в этом зале, хотели выступить.

Упражнение 94. (**ТРКИ-1.**) **Раскройте скобки, обращая внимание на род, число и падеж причастия.**

1. Студенты, … (занимающийся) в читальном зале, не должны громко разговаривать. 2. Это кафе только для студентов, … (проживающий) в этом общежитии. 3. Надо обратиться в турфирму, … (организующий) такие экскурсии. 4. Студентам, не … (сдавший) экзамен, необходимо зайти в деканат. 5. Нужно написать статью о молодом художнике, только … (начинающий) свою карьеру. 6. Мы разговаривали с профессором, … (занимающийся) этой проблемой. 7. Он вышел из машины, … (остановившийся) около самого дома.

8. Он подошёл к машине, … (остановившийся) около него. 9. Это был человек, … (познакомивший) нас с этими артистами. 10. Здесь много людей, … (интересующийся) литературой.

Упражнение 95. **(ТРКИ-1.) Прочитайте предложения, объясните употребление причастий. От каких глаголов образованы эти пассивные причастия?**

1. Полученные нами результаты очень интересны. 2. Оценка, полученная на этом экзамене, идёт в диплом. 3. На сегодняшнем семинаре не успели заслушать подготовленный нами доклад. 4. Перед нами корабль, построенный ещё в прошлом веке. 5. Это студенческий билет, выданный первого сентября две тысячи четвёртого года. 6. Причастие — это изменяемая форма глагола. 7. Проблема, исследуемая в диссертации, очень важна. 8. Все изучаемые нами правила необходимы для сдачи экзамена по грамматике.

Упражнение 96. **(ТРКИ-1.) Раскройте скобки, обращая внимание на род, число и падеж причастий.**

1. Экскурсии, … (организуемый) этой фирмой, очень дорогие. 2. … (Проводимый) нами исследование имеет большое значение для науки. 3. В Петербурге много зданий, … (построенный) в XIX веке. 4. Мы приближаемся к зданию, … (построенный) ещё в XVIII веке. 5. Кунсткамера была первым музеем в России, … (основанный) ещё Петром Первым. 6. Эта газетная статья посвящена эксперименту, … (проведённый) нашим университетом. 7. В статье рассказывается об эксперименте, … (проведённый) нашим университетом. 8. На лекции профессор рассказывал о законах механики, … (открытый) И. Ньютоном. 9. Мы обсуждали статью, … (напечатанный) во вчерашней газете. 10. Это были часы, … (подаренный) ей отцом.

Упражнение 97. **(ТРКИ-1.) Выберите правильную форму.**

1. Это журналист, … (напечатавший, напечатанный) вчера интересную статью. 2. Мы все читали статью, … (напечатавшую, напечатанную) в газете «Известия». 3. Мы разговаривали с писателем, только что … (опубликовавшим, опубликованным) новую книгу. 4. Это его недавно … (опубликовавшие, опубликованные) стихи. 5. Вам следует обратиться в фирму, … (организующую, организуемую) такие экскурсии. 6. Студенты, … (изучающие, изучаемые) английский язык, через месяц поедут в Великобританию. 7. Студенты, не … (сдавшие, сданные) зачёты, к экзаменам не допускаются. 8. За книги, вовремя не … (сдавшие, сданные) в библиотеку, студенты платят штраф. 9. Результаты, … (получившие, полученные) в этой лаборатории, всегда очень точные. 10. На столе лежит кем-то … (забывшее, забытое) письмо.

Упражнение 98. **(ТРКИ-1.) Выберите правильную форму.**

1. Статья, … (напечатанная, напечатана) во вчерашней газете, очень интересная. 2. Во вчерашней газете была … (напечатанная, напечатана) очень интересная статья. 3. Это здание … (построенное, построено) ещё в VIII веке. 4. Это здание, … (построенное, построено) ещё в VII веке, является памятником архитектуры. 5. Нами … (полученные,

получены) интересные результаты. 6. Результаты, … (полученные, получены) нами, очень интересны. 7. … (Составленное, Составлено) деканатом расписание экзаменов очень неудобное. 8. Деканатом … (составленное, составлено) расписание экзаменов.

> Причастие с зависимыми словами выделяется запятыми лишь в том случае, если стоит после определяемого слова: *Проблема, изученная нами, очень важна.*
> Одиночное деепричастие или деепричастие с зависимыми словами практически всегда выделяются запятыми, независимо от их местонахождения: *Проводя этот эксперимент, следует быть предельно внимательным.*

Упражнение 99. (Грамматика на максимум.) **(ТРКИ-1, ТРКИ-2.)**
Расставьте, где нужно, запятые.

1. В Японии поступила в продажу программа для персонального компьютера превращающая устную речь в письменный текст. Новая программа уже поступившая в продажу в магазинах Японии позволяет диктовать «персоналке» любой текст для достаточно точной электронной записи и последующей распечатки. 2. Исследование проведённое английскими учёными показало, что человеку приятнее быть большим начальником, чем иметь высокую зарплату. Учёные проанализировали данные о 16 266 сотрудниках занимающих 886 различных должностей и провели два психологических эксперимента. 3. В Таиланде учёные создали специальную компьютерную программу являющуюся эффективным средством против комаров. Вместо того чтобы использовать различные приборы уничтожающие комаров вы можете добиться аналогичного результата с помощью вашего компьютера. 4. Эксперимент поддержанный индийским правительством был проведён в столице Индии Дели. В бедном районе Дели в стену одного из зданий был вмонтирован компьютер с доступом в Интернет. Дети живущие в этом районе заинтересовались яркими картинками на экране компьютера. Дети быстро научились обращаться с компьютером и были этим очень обрадованы. Они даже рисовали картинки. Более способные ребята обучали отстающих. Эксперимент был повторён в нескольких городах Индии и везде дал такие же результаты. 5. В Нидерландах сконструирован новый робот, который может разливать пиво. Робот способен по команде глаз бармена разливать пиво посетителям сидящим за столиками на расстоянии до четырёх метров от него. Действие робота основано на том, что возникающие в глазных нервах электрические импульсы поступают на компьютер управляющий процессом розлива.

Упражнение 100. **(ТРКИ-2, ТРКИ-3.) От данных в скобках глаголов образуйте причастия — активные, либо пассивные (полные, либо краткие формы). Следите за падежами!**

1. В Германии был … (провести) социологический опрос. Немецкие мужчины считают, что, оставаясь на уикенд дома, они испытывают большой стресс. Более 40 % мужчин, … (участвовать) в опросе, с нетерпением ожидают утра понедельника, чтобы вновь отправиться на работу. Четвёртая часть мужчин, … (иметь) жену и детей, чувствуют себя «полностью опустошёнными» … (взваливать) на них ответственностью. 2. Кофе обладает заметным антидепрессивным действием — к этому выводу пришли американские медики,

... (исследовать) влияние этого напитка на нервную систему. Было ... (выявить), что люди, ... (выпивать) по крайней мере две чашечки кофе в день, в три раза меньше страдают от депрессий, чем те, кто вообще не пьёт кофе. Люди, регулярно ... (пить) кофе, почти не используют различные ... (успокаивать) химические препараты. 3. Регулярные занятия футболом могут оказать целительное воздействие на людей, долгое время ... (страдать) серьёзными психическими заболеваниями. Пациенты бирмингемского Фонда психического здоровья почувствовали себя гораздо лучше, играя в ... (составить) из них команде. По данным ... (проводить) исследование экспертов, активные физические занятия способствуют выделению в организме эндорфинов, которые поднимают настроение ... (переживать) депрессию пациентов. Как считают учёные, по инициативе которых и была ... (создать) такая команда, наряду с традиционными препаратами, в том числе антидепрессантами, медикам следует рекомендовать больным и физические упражнения.

Упражнение 101. (ТРКИ-1.) **Прочитайте предложения. Объясните употребление деепричастий. От каких глаголов образованы эти деепричастия?**

1. Читая новый текст, студенты боятся незнакомых слов. 2. Прослушав текст, студенты начали отвечать на вопросы. 3. Он ушёл, так и не ответив на мой вопрос. 4. На эти вопросы можно ответить, прочитав конспект. 5. Занимаясь каждый день физическими упражнениями, можно добиться неплохих результатов. 6. Они шли по улице, не глядя друг на друга. 7. Отвечая на этот вопрос, обратите внимание на грамматику. 8. Быстро одевшись, он вышел на улицу. 9. Придя домой, он сразу же включил телевизор. 10. Каждый вечер, вернувшись домой, она шла на кухню готовить ужин.

Упражнение 102. (ТРКИ-2, ТРКИ-3.) **От данных в скобках глаголов образуйте деепричастия (НСВ или СВ).**

1. Во Франции выходит газета под названием «Соль и перец». Издаётся газета на двух листах из непромокаемой бумаги. Таким образом, ... (завтракать) или ... (ужинать), читатели могут не беспокоиться, что могут испачкать газету. 2. Тягу к воровству провоцирует жёлтый цвет — к такому выводу пришли британские учёные, ... (провести) ряд исследований по влиянию цвета на поведение людей. 3. Голубой цвет — самый «дисциплинирующий», за ним следуют зелёный, красный, чёрный. Жёлтый же пробуждает в человеке криминальные наклонности. К этим выводам исследователи пришли, ... (проводить) многочисленные наблюдения за группами добровольцев. 4. В Австралии появилось новое в свадебной церемонии: гости стали выпускать стаи бабочек перед новобрачными. ... (Вылетать) из специальных коробок, бабочки производят на всех присутствующих неизгладимое впечатление. 5. Организованная преступность пронизывает все сферы деятельности общества, ... (подвергать) угрозе фондовые рынки, безопасность в аэропортах, финансовые институты страны. 6. Учёные РАН, ... (изучить) и ... (проанализировать) большое количество данных, попытались представить, какими были экосистемы Восточной Европы в эпоху потепления, т. е. 6000 лет назад. 7. ... (Ознакомиться) с результатами наблюдений, учёные пришли к выводу, что 6000 лет назад в Восточной Европе зоны тундры не существовало вообще, в то время как зона лесов занимала всю северную и центральную части региона.

8. За XX век население России выросло почти вдвое: в 1901 г. в стране проживало 72,75 млн. человек, а к концу века — 145 млн. Эти данные приводит газета «24 часа», ... (ссылаться) на информацию Госкомстата.

Упражнение 103. *(Расширенная лексика.)* **(ТРКИ-2, ТРКИ-3.) От данных в скобках глаголов образуйте либо причастия, либо деепричастия.**

Олимпийские игры в Древней Греции

Культура, ... греческим народом, сыграла огромную роль в развитии человечества. (создать) Произведения литературы и искусства, ... на земле древней Эллады, являются образцом совершенства и в наши дни. (возникнуть) С высоким развитием физической культуры ... возникновение олимпиад. (связать)

Одна из греческих легенд о возникновении Олимпийских игр утверждает, будто бы первые соревнования по бегу проводились самим Зевсом, другая — что Олимпиады якобы организовал Геракл, после того как очистил Авгиевы конюшни. Историки считают, что Олимпийские игры появились в IX в. до н. э., когда царь Ифит, ... уберечь свой народ от войны, учредил атлетические Игры, которые должны были проходить в Олимпии. (желать) Олимпия в то время была небольшим городом, ... на берегу реки Алфей. (расположить) Это было место культа бога Зевса, здесь проходили ... ему празднества, которые стали называть Олимпийскими играми. (посвятить) Игры проводились каждые четыре года в период между жатвой и сбором винограда, лишь в 776 г. до н. э. ... общегреческое признание. (получить)

Олимпийский праздник, как правило, продолжался пять дней — на этот период прекращались войны. Участвовать в состязаниях могли только свободные греки — мужчины, юноши и мальчики. Рабы и женщины не могли быть даже зрителями. Для богатых и знатных людей были особые места — скамьи, ... мрамором. (покрыть)

Греческие атлеты, ... обнажёнными, состязались в беге, легкоатлетическом пятиборье, кулачном бою, скачках и других видах спорта. (выступать) В олимпийское пятиборье входили: простой бег, прыжок в длину, дискометание, метание копья и борьба. Победителей поощряли в каждом виде соревнований, ... перед храмом Зевса венком из ветвей оливкового дерева. (награждать) Впоследствии в честь победителей древнегреческих олимпиад были ... мраморные статуи и колонны, а изображения атлетов были ... на древних монетах. (возвести, отчеканить)

Упражнение 104. (ТРКИ-2, ТРКИ-3.) От данных в скобках глаголов образуйте либо причастия, либо деепричастия.

Европейское право и европейская интеграция

Европейское право — новое явление в мире. Оно возникло и сложилось во второй половине XX века буквально на глазах ... ныне людей и потому не может конкурировать не только с традиционными отраслями права, такими, как гражданское или конституционное право, известными ещё со времён Древнего Рима, но и с ... значительно позже. (жить, появиться) Европа и весь мир длительное время развивались, не ... потребности в праве, ... сегодня европейским. (испытывать, называть)

Возраст, безусловно, имеет для права немаловажное значение. Однако европейское право не нуждается в скидках на молодость. Уже сегодня оно отвечает самым строгим требованиям, ... к любому праву — старому или новому. (предъявлять) Европейское право характеризуется передовыми подходами к регулированию своего предмета, отработанностью институтов и отдельных норм, их взаимной согласованностью, при этом ... много нового и интересного в теорию и практику современной юриспруденции. (вносить)

Европейское право является одновременно как продуктом, так и инструментом интеграции, ... в Западной Европе. (развернуться) Сегодня интеграцию вообще, а экономическую интеграцию в особенности, называют велением времени, вновь ... законом истории. (открыть)

Интеграционные процессы развиваются ныне почти повсеместно, на многих континентах. Сравнительно недавно была ... Североамериканская зона свободной торговли, ранее возникла Латиноамериканская зона свободной торговли. (создать) На севере Южной Америки шесть стран образовали Андскую группировку. АСЕАН, ... прежде политическую организацию, трансформируется в значительной части в структуру экономического сотрудничества. (представлять собой) Развиваются интеграционные тенденции в Африке.

Упражнение 105. **(ТРКИ-1.) Выполните тест за 10 минут.**

1. Мы разговаривали с профессором, **читавшим нам лекции по философии**.	А. который читает нам лекции по философии Б. который читал нам лекции по философии В. который будет читать нам лекции по философии
2. **Часто улыбающиеся** люди меньше болеют.	А. которые часто улыбаются Б. которые часто улыбались В. если будут часто улыбаться
3. Занятия по специальности, **начинающиеся пятого апреля**, будут проходить в аудитории 309.	А. которые начинают пятого апреля Б. которые начинаются пятого апреля В. которые начались пятого апреля.
4. Рабочие, **строившие это здание**, сейчас работают в Москве.	А. которые строят это здание Б. которые будут строить это здание В. которые строили это здание
5. **Подготовленный им** доклад был очень интересным.	А. который он готовил Б. к которому он готовился В. который он подготовил

6. Используемые нами термины широко известны.

А. которые они используют
Б. которые мы используем
В. которыми мы пользуемся

7. Задания, … нами, не очень трудны.

А. выполняемые
Б. выполняющие
В. выполнявшие

8. Он посмотрел на картину, … на аукционе.

А. купленной
Б. купленную
В. купившую

9. Экскурсия, … нашими спонсорами, была очень интересной.

А. организованная
Б. организованную
В. организуемая

10. Это были серебряные часы, … ему ещё дедушкой.

А. подарившим
Б. подаренным
В. подаренные

11. Студентам, … в читальном зале, нельзя громко разговаривать.

А. занимающимся
Б. занимающиеся
В. занимающихся

12. Санкт-Петербургский государственный университет был … в 1724 году.

А. основал
Б. основанный
В. основан

13. Законы, … И. Ньютоном, изучаются в средней школе.

А. открыты
Б. открытые
В. открытым

14. Результаты, … в нашей лаборатории, будут опубликованы.

А. получены
Б. полученные
В. получившие

15. Петербург был … Петром Первым.

А. основан
Б. основанный
В. основанным

16. Он выступал на конференции, **которую организовал Союз писателей**.

А. организующий Союз писателей
Б. организованным Союзом писателей
В. организованной Союзом писателей

17. Стажёры, **которые проходят практику**, должны зайти в деканат.
    А. проходящие практику
    Б. проходившие практику
    В. прошедшие практику

18. На меня смотрит девушка, **которая грустно улыбается**.
    А. грустно улыбающаяся
    Б. грустно улыбавшаяся
    В. грустно улыбнувшаяся

19. Оценки, **которые он получил**, были ниже среднего уровня.
    А. получивший их
    Б. полученные им
    В. получив их

20. Учёные, **которые работали** над этой проблемой, получили Нобелевскую премию.
    А. работающие
    Б. работавшие
    В. разработавшие

21. Девушка, **которую мы встретили** в театре, работает в этой фирме.
    А. встреченная нами
    Б. встречавшая нас
    В. встретившая нас

22. Она лежала на диване **и читала книгу**.
    А. читавшая книгу
    Б. читая книгу
    В. прочитав книгу

23. **Когда он первый раз приехал в Москву**, он даже не знал, как доехать до общежития.
    А. первый раз приехав в Москву
    Б. первый раз приезжая в Москву
    В. первый раз приезжающий в Москву

24. ... фильм, мы вышли из кинотеатра.
    А. Посмотревший
    Б. Посмотрев
    В. Смотря

Упражнение 106. (ТРКИ-2, ТРКИ-3.) Выполните тест.

1. Туристические представительства различных стран, ... в крупных городах, не рассылают свои материалы по почте, вся информация о предоставляемых услугах размещена на их сайтах в Интернете.
    А. находящихся
    Б. находящиеся
    В. находящимся

2. Средняя температура воздуха этим летом ожидается на 1,5 градуса выше многолетнего климатического показателя, сумма ... осадков может превысить обычное для этого времени года количество.
    А. выпавших
    Б. выпавшая
    В. выпавшего

3. В настоящее время на земном шаре насчитывается около 5000 языков и диалектов; среди всех диалектов по числу ... на нём первое место занимает китайский мандаринский диалект: им пользуется 68 % населения Китая.

А. говорящему
Б. говорящим
В. говорящих

4. Согласно Трудовому кодексу работодатель вправе уволить работника, ... членом профсоюза, в случае его недостаточной квалификации.

А. являющийся
Б. являющегося
В. являющимся

5. Запрещается проведение забастовок во время чрезвычайного положения или в организациях, ... с обеспечением жизнедеятельности населения.

А. связанные
Б. связанного
В. связанных

6. В зависимости от ... в основу классификации признака различаются предложения: простые и сложные, утвердительные и отрицательные, односоставные и двусоставные и т. д.

А. положенного
Б. положенной
В. положенных

7. Масло лаванды является самым действенным средством, ... при различных тяжёлых состояниях человека, например, после инфаркта и инсульта.

А. применяющим
Б. применяемым
В. применямых

8. Учёные выявили у человека более 300 физиологических функций, которые, постоянно ... каждые 24 часа, имеют свои подъёмы и спады: так, наибольшая работоспособность у человека наблюдается с 10 до 12 и с 15 до 18 часов.

А. меняющиеся
Б. меняющихся
В. меняясь

9. ... специальное разрешение, можно вывезти картины за границу.

А. Получая
Б. Получив
В. Получившие
Г. Получавшие

10. Приобретая квартиру, ...

А. необходима консультация специалиста
Б. нужен совет юриста
В. следует обратиться к юристу
Г. решаются многие проблемы

11. …, используя новейшие методики.

А. Исследование проводят
Б. Исследование проводится
В. Исследование осуществляется
Г. Исследование проведено

12. Российская Федерация — социальное государство, политика которого направлена на создание условий, **обеспечивающих достойную жизнь и свободное развитие человека**.

А. которые обеспечивали достойную жизнь и свободное развитие человека
Б. которые обеспечили достойную жизнь и свободное развитие человека
В. которые обеспечивают достойную жизнь и свободное развитие человека
Г. которые будут обеспечивать достойную жизнь и свободное развитие человека

13. Работающему по трудовому договору гарантируются установленные федеральным законом продолжительность рабочего времени, выходные и праздничные дни, **оплачиваемый** ежегодный отпуск.

А. который оплачивают
Б. который оплачивали
В. который оплатили
Г. который оплатят

14. В случае приобретения потребителем продовольственных товаров с недостатками продавец обязан произвести их замену на товары надлежащего качества либо возвратить покупателю уплаченную им сумму, если указанные недостатки обнаружены в пределах срока годности.

А. которую он платил
Б. которую он платит
В. которую он уплатил
Г. которую он уплатит

15. Лицо, **привлекаемое к административной ответственности**, вправе знакомиться с материалами дела, давать объяснения, представлять доказательства, заявлять ходатайства.

А. которое привлекают к административной ответственности
Б. которого привлекают к административной ответственности
В. которое привлекли к административной ответственности
Г. которого привлекли к административной ответственности

16. Адвокат, **участвующий в рассмотрении дела**, вправе знакомиться со всеми материалами дела, заявлять ходатайства.

А. который участвовал в рассмотрении дела
Б. который участвует в рассмотрении дела
В. который будет участвовать в рассмотрении дела

17. Всеобщая декларация прав человека провозглашает право человека, **которого обвиняют в совершении преступления**, считаться невиновным, пока вина не доказана.

А. обвинявшего в совершении преступления
Б. обвиняющего в совершении преступления
В. обвинённого в совершении преступления
Г. обвиняемого в совершении преступления

18. При осуществлении своих прав и свобод каждый человек должен подвергаться лишь тем ограничениям, **которые устанавливает закон** исключительно с целью признания и уважения прав и свобод других граждан.

А. установленный закон
Б. установленные законом
В. устанавливаемые законом
Г. устанавливаемым законом

19. Все современные цивилизованные страны не могут существовать и развиваться без государственного сектора национального хозяйства — это обусловлено рядом серьёзных причин, **которые проявились** с особой силой на рубеже XX–XXI столетий.

А. проявлявшимся
Б. проявившиеся
В. проявившихся
Г. проявившимся

20. **Отремонтировав компьютер**, мастер выписал квитанцию.

А. До ремонта компьютера
Б. Во время ремонта компьютера
В. При ремонте компьютера
Г. После ремонта компьютера

21. **Проведя** ряд исследований, учёные установили, что у людей, ежедневно проводящих три часа у телевизора, в два раза повышается склонность к ожирению.

А. Когда проводили
Б. Когда провели
В. Если провели
Г. Хотя проводили

22. Учёные до сих пор гадают, как, **не имея** машин и даже железных инструментов, древние египтяне смогли воздвигнуть свои грандиозные пирамиды.

А. если не имели
Б. хотя не имеют
В. несмотря на то что не имели
Г. так как не имели

23. Когда врачи утверждают, что копировальная техника опасна для здоровья, они приводят ряд неоспоримых доказательств.

А. Утверждая
Б. Утвердив
В. Утверждающие
Г. Утверждавшие

24. Если знать данные статистики, можно с уверенностью утверждать, что профессии юриста и экономиста являются самыми популярными в настоящее время.

А. Зная данные статистики
Б. Узнав данные статистики
В. Знающие данные статистики
Г. Узнавшие данные статистики

25. После того как повторим причастия, будем изучать деепричастия.

А. Повторяя причастия
Б. Повторив причастия
В. Повторявшие причастия
Г. Повторившие причастия

26. Поскольку он не встретил меня на вокзале, он не смог передать мне сумку.

А. Не встретившись со мной на вокзале
Б. Не встречая меня на вокзале
В. Не встретив меня на вокзале
Г. Не встретивший меня на вокзале

ПРЕФИКСАЛЬНЫЕ ГЛАГОЛЫ 접두사가 있는 동사

Следует сказать, что при необходимости — следуя нашей системе — вы можете понять и прокомментировать практически любой префиксальный глагол. Например, глагол *строить* в прямом значении: *двухэтажный дом надстроить* (= третий этаж); *пристроить к дому веранду* (сбоку) и т.п.; в переносном значении: *он настроился на работу* (= рабочее настроение); *он расстроился из-за плохой оценки* (= плохое настроение) и т.д. Повторим: мы хотели дать вам инструмент для работы, этот инструмент — коллекция и универсальные значения префиксов! Повторяйте их! (Одновременно контролируйте синтаксическую сочетаемость!) Именно поэтому советуем вам не волноваться, если в наших тестах и тестах экзамена на ТРКИ-3 вам встретятся префиксальные глаголы, мотивированные глаголами, которые мы не рассматривали (например: *дать, бить, лить, брать, менять, ступить, строить, учить, спросить, менять, платить, помнить, бросить* и др.).

Упражнение 107. **(ТРКИ-2, 3.) Выберите правильный вариант. Объясните особенности значения и употребления глаголов, мотивированных глаголом *писать*.**

1. Он … (вписал — выписал) из этой книги две цитаты. 2. На приём к врачу надо заранее … (выписываться — записываться). 3. Преподаватель пишет на доске, а студенты … (выписывают — списывают) с доски. 4. Он хочет … (выписать — подписаться) на «Аргументы и факты». 5. Давай … (выпишем — подпишем) газету «Новости Петербурга»! 6. Ты знаешь мой новый номер телефона? … (Запиши — Опиши)! 7. Машина плавно … (вписалась — записалась) в поворот. 8. Врач … (выписал — расписал) рецепт. 9. Он … (подписал — расписался) контракт. 10. Посмотри, как красиво … (исписаны — расписаны) потолки в этом зале. 11. … (Подпишите — Распишитесь) в ведомости, пожалуйста! 12. Он живёт здесь уже давно, но ещё не … (прописан — расписан) по этому адресу.

Упражнение 108. **(ТРКИ-2, 3.) Выберите правильный вариант. Объясните особенности значения и употребления глаголов, мотивированных глаголом *читать*.**

1. В студенчестве он … (вчитывался — зачитывался) романами Ф.М. Достоевского. 2. Председательствующий … (зачитал — отчитался) список присутствующих. 3. Начальник … (вычитал — отчитал) подчинённого за плохую работу. 4. Она … (зачиталась — начиталась) сентиментальных романов. 5. … (Вчитайтесь — Зачитайтесь) в эти пушкинские строки: как это красиво! 6. После командировки следует … (отчитаться — перечитать) перед начальством. 7. Мы … (почитали — прочитали) всю ночь до утра. 8. Он так и не … (почитал — дочитал) до конца «Преступление и наказание». 9. Где ты эти глупости … (вычитал — начитался)? 10. Редактор должен хорошо … (вчитаться — вычитать) рукопись.

Упражнение 109. **(ТРКИ-2, 3.) Выберите правильный вариант. Объясните особенности значения и употребления глаголов, мотивированных глаголом *говорить*.**

1. Малыш не … (разговаривает — выговаривает) букву «эр». 2. Он долго молчал, но потом вдруг … (заговорил — заговорился) тихим голосом. 3. Они … (выговорили — наговорили) друг другу оскорблений и поссорились на всю жизнь. 4. Разве я так сказал? Извини, я … (оговорился — наговорился). 5. Всё-таки она выдала наш секрет, … (заговорилась — проговорилась)! 6. Пожалуйста, не … (отговаривай — уговаривай) меня, я всё равно поеду! 7. Он собирал грибы и … (приговаривал — разговаривал): «Вот славный будет сегодня ужин!» 8. Вора … (договорили — приговорили) к тюремному заключению. 9. Это не так. Ну, ты и … (наговоришь — обговоришь) всяких глупостей! 10. Штрафные санкции в контракте не … (говорятся — оговариваются). 11. Они … (заговорились — наговорились) и не заметили, как подошёл их автобус.

Упражнение 110. **(ТРКИ-2, 3.) Выберите правильный вариант. Объясните особенности значения и употребления глаголов, мотивированных глаголом *сказать*.**

1. Кто хочет … (высказать — высказаться) по докладу? 2. Пока мы шли от вокзала домой, он подробно … (высказал — пересказал) мне все новости. 3. Бабушка, … (вы-

скажи — расскажи) нам сказку! 4. Пожалуйста, ... (высказывайте — рассказывайте) на семинарских занятиях больше своих мыслей! 5. Я не верю в то, что можно ... (подсказать — предсказать) судьбу. 6. Прочитайте и ... (выскажите — перескажите) текст. 7. ... (Выскажи — Подскажи) мне, как поступить в такой ситуации. 8. Курение негативно ... (сказывается — высказывается) на здоровье.

Упражнение 111. (ТРКИ-2, 3.) Выберите правильный вариант. Объясните особенности значения и употребления глаголов, мотивированных глаголом *смотреть*.

1. Кого ты там ... (всматриваешься — высматриваешь)? 2. Надо ... (осмотреть — предусмотреть) все возможные последствия этой сделки. 3. Он всегда ... (высматривает — засматривается) на красивых девушек. 4. Ты не читай, ты просто ... (осмотри — просмотри) мою статью. 5. Надо ещё ... (всмотреться — осмотреться) на новом месте. 6. Ты повнимательнее ... (присмотрись — рассмотри) к этому человеку, ладно? 7. Таможенники ... (высматривают — осматривают) багаж. 8. Нехорошо ... (подсматривать — просматривать) в замочную скважину! 9. Они ... (осматривают — рассматривают) фотографии в альбоме и вспоминают школьные годы. 10. Я всё смотрю на тебя и не могу ... (всмотреться — насмотреться). 11. А теперь ... (досмотрим — рассмотрим) ещё одну гипотезу. 12. Посетители ... (осмотрели — рассмотрели) выставку.

Упражнение 112. (ТРКИ-2, 3.) Выберите правильный вариант. Объясните особенности значения и употребления глаголов, мотивированных глаголами *глядеть* и *видеть*.

1. Пожалуйста, хоть разочек ... (взгляни — загляни) на меня! 2. Если вы хотите получить более подробную информацию, ... (выгляните — загляните) на наш сайт. 3. На тёмном ночном небе ... (заглянула — проглянула) луна. 4. Перестань на них ... (оглядываться — переглядываться)! 5. Хватит с ними ... (оглядываться — переглядываться)! 6. Она ... (выглядит — выглядывает) из окна. 7. Ему ... (заглянула — приглянулась) эта девушка. 8. Как-нибудь вечерком ... ко мне! (взгляни — загляни) 9. Никаких неожиданностей не ... (видится — предвидится). 10. Этого не было, это тебе во сне ... (предвиделось — привиделось)! 11. Я хочу ... (повидать — повидаться) с другом. 12. Он, как ... (завидит — предвидит) её, так и остановится как вкопанный.

Упражнение 113. (ТРКИ-2, 3.) Выберите правильный вариант. Объясните особенности значения и употребления глаголов, мотивированных глаголами *слушать* и *слышать*.

1. Татьяна ... (вслушивается — прислушивается) в разговор. 2. Некрасиво ... (выслушивать — подслушивать)! 3. Мы невольно ... (вслушались — заслушались) её пением. 4. Он ... (выслушал — прослушал) курс лекций по культурологии. 5. Следует ... (выслушивать — прислушиваться) к мнению старших. 6. Какой он рассеянный! Опять ... (подслушал — прослушал), что я сказал! 7. Ты даже не хочешь его ... (выслушать — прислушаться)? 8. Почему ты ... (ослушался — прислушался) родителей? 9. Она говорит так тихо, что не всё можно ... (прослышать — расслышать). 10. Кто-то пришёл или мне ... (послышалось —

расслышал)? 11. Ты так не говорил? Извини, наверно, я … (ослышался — послышалось). 12. Отец … (прослышал — расслышал) о проступке сына.

Упражнение 114. (**ТРКИ-2, 3.**) **Выберите правильный вариант. Объясните особенности значения и употребления глаголов, мотивированных глаголом** *думать.*

1. Как он только … (додумался — задумался) до этого? 2. Не надо фантазий! Пожалуйста, ничего не … (выдумывай — раздумывай)! 3. … (Выдумайте — Задумайте) какое-нибудь число и умножьте его на три. 4. Почему люди так часто … (задумываются — одумываются) над смыслом жизни? 5. Мне надо … (задумать — продумать) своё завтрашнее выступление. 6. Сначала он решил выступить на конференции, но потом … (придумал — передумал). 7. Что у него на уме? Наверно, он что-то … (задумал — раздумал). 8. Она хотела покончить с собой, но потом … (додумалась — одумалась). 9. Прежде чем принять решение, надо всё … (вдуматься — обдумать). 10. … (Додумайся — Придумай) что-нибудь, чтобы развеселить гостей!

Упражнение 115. (**ТРКИ-2, 3.**) **Выберите правильный вариант. Объясните особенности значения и употребления глаголов, мотивированных глаголом** *работать.*

1. На занятиях по фонетике надо … (обрабатывать — отрабатывать) произношение. 2. На этом заводе … (вырабатывают — перерабатывают) нефть. 3. Вор хотел залезть в машину, но … (отработала — сработала) сигнализация. 4. Я не знаю, сколько он … (зарабатывает — разрабатывает). 5. Он студент, но ещё и … (вырабатывает — подрабатывает) в кафе. 6. У него давно … (выработалась — сработалась) привычка утром вставать рано и совершать небольшую пробежку. 7. Мы с вами поладим, … (выработаемся — сработаемся)! 8. Рану надо … (обработать — отработать) йодом. 9. Он так долго … (подработал — проработал) на этом заводе? 10. Спортсмен … (выработал — заработал) награду.

Упражнение 116. (**ТРКИ-2, 3.**) **Выберите правильный вариант. Объясните особенности значения и употребления глаголов, мотивированных глаголом** *делать.*

1. Да, … (доделал — наделал) он нам хлопот! 2. Любовь … (сделала — сделалась) его сентиментальным. 3. Крестьяне … (выделывают — возделывают) свои поля. 4. Надо … (доделать — заделать) все щели. 5. Это не моя подпись! Кто-то … (подделал — проделал) мою подпись! 6. Мясник … (отделывает — разделывает) мясную тушу. 7. Ручка у корзинки отломалась, надо её снова … (заделать — приделать)! 8. Скорее бы … (отделаться — разделаться) со всеми делами! 9. Не хочу выполнять это поручение, как бы от него … (отделаться — разделаться)! 10. Квартира построена, теперь надо её … (выделать — отделать).

Упражнение 117. (**ТРКИ-2, 3.**) **Выберите правильный вариант. Объясните особенности значения и употребления глаголов, мотивированных глаголами** *готовить* **и** *жить.*

1. Студенты прекрасно … (наготовились — подготовились) к экзамену. 2. В деревне … (заготовили — подготовили) на зиму дров. 3. На автозаводе … (заготовили — изготовили)

новую модель. 4. Вам следует … (изготовить — подготовить) доклад. 5. Надо что-нибудь … (приготовить — уготовить) на ужин. 6. Рана неглубокая, она быстро … (заживёт — переживёт). 7. На войне трудно уцелеть, трудно … (выжить — пережить). 8. Деревья весной … (оживают — переживают). 9. Следует … (изживать — наживать) недостатки. 10. Этот старик … (выжил — прожил) сто лет. 11. Нам здесь неплохо … (живётся — проживает). 12. Он … (нажил — обжил) большое состояние.

Упражнение 118. **(ТРКИ-2, 3.) Выполните тест за 10 минут.**

1. На следующем семинаре мы детально … этот вопрос.
   - А. осмотрим
   - Б. просмотрим
   - В. подсмотрим
   - Г. рассмотрим

2. Председательствующий … список выступающих.
   - А. вчитался
   - Б. зачитал
   - В. отчитал
   - Г. отчитался

3. Будьте любезны, … этот документ!
   - А. выпишите
   - Б. отпишите
   - В. подпишите
   - Г. распишитесь

4. Вы должны … о проделанной вами работе.
   - А. вчитаться
   - Б. зачитаться
   - В. начитаться
   - Г. отчитаться

5. В регистратуре поликлиники ему сказали, что на приём к хирургу надо … заранее.
   - А. вписаться
   - Б. записываться
   - В. прописаться
   - Г. написать

6. Эти девочки болтают весь урок, но всё никак не могут … .
   - А. наговориться
   - Б. оговориться
   - В. переговорить
   - Г. разговориться

7. Это замечательная повесть, надо … в каждую строку, в каждую фразу!
   - А. вчитываться
   - Б. вычитывать
   - В. отчитывать
   - Г. прочитывать

8. Учёные не могут … всех возможных последствий открытого ими явления.

А. высмотреть
Б. подсмотреть
В. предусмотреть
Г. усмотреть

9. Наш общий знакомый будет … на конференции, которая пройдёт с 5 по 10 августа.

А. выступать
Б. поступать
В. наступать
Г. приступать

10. Тебе не стоит … меня от поездки: я и сам не хочу ехать.

А. выговаривать
Б. приговаривать
В. отговаривать
Г. уговаривать

11. Ожог на его руке довольно быстро … .

А. выжил
Б. зажил
В. ожил
Г. пережил

12. Ты знаешь, японским студентам всегда трудно … звуки «р» и «л».

А. выговаривать
Б. говорить
В. разговаривать
Г. уговаривать

13. Врач быстро … больного и назначил лечение.

А. всмотрелся
Б. рассмотрел
В. осмотрел
Г. просмотрел

14. Посмотрите, какой рецепт … мне доктор!

А. выписал
Б. описал
В. прописал
Г. подписался

15. Учись себя вести, … на родителей!

А. смотри
Б. всматривайся
В. рассматривай
Г. присматривайся

16. Он так ничего и не услышал, хотя очень внимательно … к разговору за стеной.

А. слушал
Б. вслушивался
В. подслушивал
Г. прислушивался

17. Она бросила университет, но потом … и восстановилась.

А. вдумалась
Б. выдумала
В. одумалась
Г. придумала

18. Этот парень днём учится, а вечером … в кафе.

А. вырабатывает
Б. дорабатывает
В. подрабатывает
Г. прорабатывает

19. Всё будет хорошо! Пожалуйста, не … так сильно из-за экзамена!

А. настраивайся
Б. пристраивайся
В. расстраивайся
Г. подстраивайся

20. Школьные годы навсегда … нам.

А. помнятся
Б. вспомнятся
В. запомнятся
Г. припомнятся

21. В последние годы всё больше и больше стран … смертную казнь.

А. меняет
Б. изменяет
В. отменяет
Г. применяет

22. Наш сосед полностью … свой загородный дом, дом стал ещё красивее.

А. настроил
Б. подстроил
В. перестроил
Г. расстроил

23. В диссертации был … сопоставительный метод исследования.

А. отменён
Б. применён
В. подменён
Г. заменён

24. У нас будут гости, и мы … пельменей — будем варить!

А. делали
Б. выделали
В. наделали
Г. переделали

Упражнение 119. (ТРКИ-3, ТРКИ-4.) **Выполните тест за 10 минут.**

1. Надо наглухо … щель в двери.

А. сделать
Б. доделать
В. заделать
Г. проделать

2. Ты поранился? Надо … руку йодом или спиртом.

А. доработать
Б. проработать
В. выработать
Г. обработать

3. Пожалуйста, … это слово ещё раз по слогам!

А. выговори
Б. наговори
В. проговори
Г. переговори

4. Отвернись и не … , куда мы будем прятать игрушку!

А. всматривайся
Б. засматривайся
В. подсматривай
Г. рассматривай

5. У них была двухэтажная дача, сейчас они к ней … ещё веранду.

А. встроили
Б. надстроили
В. пристроили
Г. расстроили

6. Новую квартиру надо хорошенько … .

А. возделать
Б. отделать
В. проделать
Г. разделать

7. Пожалуйста, … к нашему новому сотруднику: мне кажется, он плохо работает.

А. посмотри
Б. всмотрись
В. рассмотри
Г. присмотрись

8. Неправда! Ты не бездарность, не … на себя!

А. выговаривай
Б. наговаривай
В. обговаривай
Г. оговаривай

307

9. Штрафные санкции условиями контракта не … .

А. выговариваются
Б. оговариваются
В. переговариваются
Г. проговариваются

10. Ты не знаешь, твой сосед уже … газеты и журналы на это полугодие?

А. выписал
Б. подписал
В. подписался
Г. записался

11. Ты знаешь, что этот собор … сам Андрей Рублёв?

А. писал
Б. выписал
В. прописал
Г. расписал

12. Мы … и не заметили, что уже поздно и пора идти домой.

А. проговорили
Б. выговорились
В. заговорились
Г. отговорились

13. Родители хотели, чтобы сын поступал на юридический факультет, но сын … родителей и стал артистом.

А. заслушался
Б. ослушался
В. прослушал
Г. послушался

14. С этого холма дорога хорошо … .

А. высматривается
Б. осматривается
В. просматривается
Г. рассматривается

15. Уважаемые студенты! В течение семестра вы … курс лекций по русской истории.

А. выслушали
Б. заслушали
В. переслушали
Г. прослушали

16. Почему ты спрашиваешь меня, где я был? Я не должен перед тобой … !

А. вычитывать
Б. зачитывать
В. зачитываться
Г. отчитываться

17. Ночью он вышел на улицу и … в темноте.

А. всмотрелся
Б. засмотрелся
В. осмотрелся
Г. насмотрелся

18. Эта девушка, несомненно, … нашему новому сотруднику.

А. нагляделась
Б. пригляделась
В. приглянулась
Г. загляделась

19. Что ты сказал? Извини, я ничего не могу … !

А. вслушаться
Б. ослышаться
В. прослышать
Г. расслышать

20. Мой друг … макеты парусных кораблей.

А. заготовил
Б. изготовил
В. приготовил
Г. наготовил

21. Это очень старая традиция, она уже … своё!

А. выжила
Б. отжила
В. пережила
Г. прожила

22. Зачем ты ушёл так далеко? В толпе людей мне к тебе не … !

А. пробраться
Б. собраться
В. разобраться
Г. прибраться

23. Это кольцо … по наследству: от бабушки — к матери, от матери — к дочери.

А. передаётся
Б. задаётся
В. отдаётся
Г. продаётся

24. Вы должны … доставку компьютера на дом.

А. выплатить
Б. доплатить
В. заплатить
Г. оплатить

КЛЮЧИ К ОСНОВНЫМ УПРАЖНЕНИЯМ 연습문제 정답

ПАДЕЖИ 격변화

РОДИТЕЛЬНЫЙ ПАДЕЖ

Упражнение 1. 1. Владимира. 2. Николая. 3. Наташи. 4. Бориса или Михаила. 5. Бори или Миши. 6. отца; папы. 7. матери; мамы. 8. его сестры или брата. 9. бабушки и дедушки или тёти и дяди.

Упражнение 2. 1. друга, стула, урока, паспорта, документа, телефона, телевизора, магнитофона, велосипеда, мотоцикла, экзамена, портфеля, рюкзака, стола, словаря, преподавателя, бутерброда, стакана, билета на концерт. 2. два (три, четыре) окна, яблока, озера, письма, зеркала, кольца, моря, поля, упражнения, задания, занятия, предложения, заявления, собрания. 3. две (три, четыре) подруги, сестры, тёти, конфеты, кошки, собаки, лошади, машины, тетради, лекции, чашки, ложки, вилки, кастрюли, сковородки, расчёски.

Упражнение 4. 1. риса, сыра, масла, рыбы, колбасы, ветчины. 2. молока, масла, сока, воды, кваса, пива. 3. коньяка, ликёра, вина, пива, водки, воды, лимонада. 4. сока, молока, чая, кофе, какао. 5. чая, печенья, масла, соли. 6. сахара, риса, молока.

Упражнение 6. 1. университета. 2. культуры. 3. математики и информатики. 4. комедии. 5. оперы и балета. 6. Труда. 7. Гоголя. 8. менеджмента. 9. России. 10. Пушкина. 11. «Парк Победы». 12. Просвещения. 13. психологии.

Упражнение 8. 1. из камня. 2. из картофеля (из картошки). 3. из мрамора. 4. из шерсти. 5. из шёлка. 6. из синтетики. 7. из хлопка. 8. из гранита. 9. из лисы (из лисицы). 10. из золота. 11. из серебра. 12. из бронзы. 13. из стекла. 14. из жемчуга. 15. из янтаря.

Упражнение 11. 1. сахару; сахара. 2. чаю; чая. 3. соку; сока. 4. коньяку; коньяка. 5. мёду; мёда. 6. изюму; изюма. 7. сыру; сыра. 8. супу; супа.

Упражнение 13. 1. неё. 2. нас. 3. тебя. 4. тебя. 5. вас. 6. него. 7. них. 8. меня. 9. неё.

Упражнение 14. 1. младшего брата. 2. простого карандаша. 3. чёрного фломастера. 4. англо-русского словаря. 5. синего костюма. 6. лишнего билета. 7. нового расписания. 8. маленького зеркала. 9. большого озера. 10. запасной ручки. 11. старшей или младшей сестры. 12. зимней одежды.

Упражнение 17. 1. седьмого января. 2. двадцать третьего февраля. 3. восьмого марта. 4. первого и второго мая. 5. девятого мая.

Упражнение 18. 1. тысяча восемьсот двадцать восьмого года. 2. тысяча восемьсот двадцать первого года. 3. тысяча восемьсот сорокового года. 4. тысяча семьсот третьего года.

Упражнение 19. 1. Достоевского. 2. Чайковского. 3. Римского-Корсакова. 4. Толстого. 5. Мусоргского. 6. Ахматовой и Цветаевой. 7. Достоевского.

Упражнение 23. музеев, театров, балетов, домов, вокзалов, каналов, проспектов, памятников, фонтанов, милиционеров, студентов, ресторанов, баров, магазинов, пенсионеров, стадионов, спектаклей, царей, преподавателей, приятелей, детей, родственников, автомобилей, мотоциклов, велосипедов, автобусов, троллейбусов, трамваев, жителей, голубей, товарищей, перекрёстков, светофоров, музыкантов, архитекторов, композиторов, писателей, мыслителей, людей;

улиц, рек, гор, библиотек, книг, подруг, бабушек и дедушек, девушек, приятельниц, родственниц, машин, опер, площадей, лошадей, собак, кошек, птиц, уток, чаек, старушек, газет, остановок, станций, аптек, экскурсий, киностудий, дискотек, школ, проблем;

озёр, зеркал, морей, полей, зданий, общежитий, кафе, казино, такси.

Упражнение 24. братьев. 2. словарей. 3. детей. 4. аудиторий. 5. кошек. 6. каналов. 7. рассказов. 8. лекций. 9. репетиций. 10. соревнований. 11. врачей. 12. нот.

Упражнение 26. 1. будильник. 2. дым. 3. газета. 4. капуста. (лук).

Упражнение 28. 1. с одиннадцати до девяти. 2. с десяти тридцати до пяти тридцати. 3. до семнадцати тридцати. 4. после одиннадцати. 5. после восьми. 6. нет даже двух минут. 7. с двух до трёх. 8. от одного до двадцати; от двадцати до ста; от ста до тысячи.

Упражнение 29. 1. семь сорок = без двадцати восемь. 2. восемь сорок пять = без пятнадцати (без четверти) девять. 3. девять пятьдесят = без десяти десять. 4. десять пятьдесят пять = без пяти одиннадцать. 5. восемнадцать (шесть) тридцать = половина седьмого (полседьмого). 6. девятнадцать (семь) тридцать пять = без двадцати пяти восемь. 7. девятнадцать (семь) десять = десять минут восьмого. 8. двадцать (восемь) ноль пять = пять минут девятого. 9. двадцать один (девять) пятнадцать = пятнадцать минут (четверть) десятого. 10. двадцать два (десять) двадцать = двадцать минут одиннадцатого. 11. одиннадцать тридцать = полдвенадцатого. 12. девять двадцать пять = двадцать пять минут десятого. 13. двенадцать тридцать = полпервого. 14. двенадцать ноль пять = пять минут первого. 15. двенадцать пятьдесят = без десяти час.

Упражнение 31. 1. шесть романов. 2. десять опер. 3. тридцать семь лет. 4. шестьсот пятьдесят километров. 5. четыре тысячи двести пятьдесят метров. 6. четыреста — шестьсот метров. 7. восемнадцать часов пятьдесят минут. 8. тысячу шестьсот тонн.

Упражнение 32. 1. моих часов. 2. никаких достопримечательностей. 3. интересных знакомых. 4. моих родственников. 5. всяких приятелей и приятельниц; настоящих друзей. 6. наших общих знакомых. 7. «Московских ворот». 8. сегодняшних газет. 9. всех моих проблем. 10. своих родителей и друзей.

Упражнение 35. 1. тридцать шесть целых (и) шесть десятых градуса. 2. три целых (и) две десятых — четыре целых (и) три десятых. 3. шестьдесят целых (и) одна десятая. 4. шесть целых (и) пять десятых. 5. девять целых (и) три десятых. 6. шестьдесят пять целых (и) семь десятых.

Упражнение 36. 1. моих друзей; маленьких детей. 2. своих родителей. 3. людей; народа (народу). 4. человек. 5. еды. 6. детей; братьев; сестёр. 7. сестры. 8. времени. 9. романа; Льва Николаевича Толстого. 10. ноль целых пять десятых процента. 11. тебя, самого дорогого человека. 12. депутата Иванова. 13. пяти лет. 14. девяти; восьми. 15. месяцев. 16. дней; недель. 17. счастья, здоровья, любви и всего самого хорошего. 18. Счастливого пути. 19. конфет; пачки печенья; вина; вина; шампанского. 20. водки; морской и речной рыбы. 21. коньячку; чайку; кофейку. 22. сигареты; сигарет. 23. этого месяца; следующего. 24. пятнадцати минут. 25. большой аварии; человек. 26. волнения; страха. 27. уважения к вам. 28. его невнимательности. 29. того, что; всего учебного года. 30. этого человека. 31. кошек, собак и лошадей; мышей, крыс, змей и крокодилов. 32. времени и денег. 33. тебя самого. 34. удовольствий и развлечений. 35. нашего маршрута; пути. 36. темы доклада; этого вопроса. 37. карманов. 38. яблони. 39. своей цели; хороших результатов. 40. уважения; внимания и заботы. 41. иной точки зрения. 42. абсолютной тишины. 43. чего-нибудь вкусного. 44. вкусного; всякой разной еды; всяких разных блюд. 45. лишнего. 46. всяких пустяков; всякой ерунды. 47. наследства. 48. щенка, колбасы. 49. «Спартака». 50. оперы и балета; Мусоргского. 51. улиц, рек, каналов, площадей; большой буквы. 52. пять миллионов человек; более пяти миллионов человек.

ВИНИТЕЛЬНЫЙ ПАДЕЖ

Упражнение 1. 1. мясо, рыбу, салат. 2. пиво, вино или водку. 3. апельсин, банан, мандарин, яблоко или грушу. 4. диктант, сочинение или контрольную работу. 5. реферат или диссертацию. 6. паспорт, визу. 7. бутылку вина, коробку конфет, печенье и чай. 8. розу, тюльпан, нарцисс, хризантему или лилию. 9. велосипед, мотоцикл или машину. 10. компьютер, машину, вертолёт, самолёт, яхту, магазин, фабрику, килограмм конфет. 11. литературу, историю, поэзию, живопись, архитектуру, политику, экономику.

Упражнение 4. 1. Москву. 2. Финляндию, Швецию, Францию, Германию или Китай. 3. рюкзак или сумку. 4. диван или кресло. 5. постель. 6. шкаф или стол. 7. забор. 8. кровать. 9. стол. 10. в туалет. 11. дом. 12. тучу. 13. бассейн. 14. лужу. 15. коврик. 16. уроки. 17. рукав, воротник, пуговицу.

Упражнение 5. На мокрое.

Упражнение 6. 1. нашего общего друга. 2. мою лучшую подругу. 3. своего школьного друга. 4. мою тётю и моего дядю. 5. вашу племянницу. 6. этого человека. 7. моего отца и мою мать; моего папу и мою маму. 8. их нового преподавателя. 9. мою лошадь, мою лошадку. 10. моего дедушку и мою бабушку. 11. моего сына и мою дочь; моего сыночка и мою дочку. 12. нашего приятеля. 13. маму и папу.

Упражнение 7. 1. маленького ребёнка. 2. красивую красную розу и коробку конфет. 3. маленькую белую собачку; маленького белого щенка. 4. волнистого попугайчика и рыжего хомячка. 5. кофе с молоком или чёрный кофе. 6. маленькую птичку. 7. огромного слона и симпатичного жирафа. 8. газету «Комсомольская правда» и журнал «Эксперт». 9. рыжую лошадь; рыжего коня. 10. мою тётю — мамину сестру. 11. моего дядю — маминого брата. 12. такого замечательного преподавателя. 13. мою сестру и моего брата.

Упражнение 9. 1. вашу заботу и внимание. 2. беспокойство. 3. дверь; комнату. 4. эту книгу; одну неделю. 5. любую погоду. 6. моего (своего) племянника. 7. своего сына; новый компьютер. 8. своего отца; летнюю сессию. 9. какую-нибудь собаку: или большого сенбернара, или овчарку, или спаниеля. 10. дом; пушистого котёнка. 11. любимого дедушку и любимую бабушку. 12. еду. 13. поздний визит. 14. своего друга. 15. ноутбук; тысячу долларов. 16. нового президента. 17. куртку; вешалку. 18. имя декана. 19. адрес нашей фирмы.

Упражнение 13. 1. бытовую технику: современный компьютер, цветной телевизор, небольшой пылесос, стиральную машину, магнитофон, видеокамеру, музыкальный центр. 2. глубокие и мелкие тарелки, шесть чашек, все блюдца, шесть вилок и ножей и одну большую ложку. 3. тюльпаны, нарциссы, лилии, гладиолусы, ромашки, колокольчики и одну большую розу. 4. свёклу, морковь, картошку, лук, чеснок, перец, помидор и, конечно, капусту. 5. рояль, скрипку, виолончель, барабан, арфу, а также духовые инструменты. 6. добрых, хороших, умных, талантливых, интеллектуальных. 7. злых, завистливых, недоброжелательных, глупых, бестолковых. 8. обезьян, крокодилов, орлов и других птиц, чёрных пантер, полосатых тигров, бурых и белых медведей. 9. молодых красивых девушек, солидных дам, дряхлых стариков и старух. 10. своих родителей, бабушку и дедушку, свою семью, свою девушку, родные места. 11. за известного артиста, за популярного певца, за бразильского футболиста, за своего друга, за своего любимого. 12. на дачу, в музей, в драматический театр, на прогулку на катере, на студенческую вечеринку. 13. в Новгород, в Псков, в Мурманск, в Новосибирск, во Владивосток, во Владимир, в Ярославль, в Суздаль, в Воронеж, в Иркутск. 14. всех моих (своих) самых лучших друзей. 15. различные памятники, нашу группу, нашего преподавателя и всё, что мне нравится.

Упражнение 15. 1. Льва Николаевича Толстого. 2. Фёдора Михайловича Достоевского. 3. всего Пушкина. 4. Петра Ильича Чайковского. 5. Шостаковича или Глинку. 6. этих певцов. 7. наших преподавателей. 8. Каждую субботу; ближайший стадион; футбол или городки. 9. магистратуру; аспирантуру. 10. интересную работу. 11. помощь друзей. 12. моих (своих) друзей. 13. интересную экскурсию. 14. различные выставки. 15. моих новых знакомых.

Упражнение 18. 1. руки; руку. 2. неё. 3. песни; гитару; магнитофон. 4. стол. мячик. 5. это лицо; эти слова. 6. Бога. 7. балет; театр; какой; Чайковского; «Лебединое озеро»; «Спящую красавицу»; «Щелкунчика»; эти балеты. 8. гости. 9. эту комнату; куртки; шкаф; вешалку; обувь; подставку; сумки. 10. книги; стол; пианино. 11. Москву или Суздаль; за границу. 12. глаза; глаза. 13. билет; самолёт; какое число; третье января. 14. большую дорогу. 15. козлика. 16. своё место. 17. твоё письмо. 18. всякую ерунду; жевачку; сигареты; дешёвую выпивку. 19. меня; это. 20. подарок. 21. внимание. 22. нас. 23. что; что; кого и что. 24. его; этот поступок. 25. нового президента. 26. них; друга. 27. что; угол. 28. сказку; белого бычка. 29. большое значение. 30. какую-то роль.

ДАТЕЛЬНЫЙ ПАДЕЖ

Упражнение 2. 1. маме. 2. матери и отцу. 3. дедушке и бабушке. 4. девочке. 5. мальчику. 6. к Наташе и Ивану. 7. декану университета. 8. преподавателю русского языка. 9. Александру. 10. Анне. 11. подруге. 12. Саше и Маше. 13. приятелю.

Упражнение 3. 1. ему. 2. ей. 3. им. 4. нам. 5. вам. 6. мне. 7. ему. 8. ей. 9. им.

Упражнение 4. 1. моей маме. 2. своему другу. 3. нашей первой учительнице. 4. своей любимой девушке. 5. синему морю. 6. этому старику. 7. ей; мне; моей старухе. 8. Невскому проспекту. 9. Мне; моему соседу по комнате. 10. этой преподавательнице. 11. Борису; его матери. 12. Новой студентке. 13. Несовершеннолетнему юноше. 14. нашему городу. 15. Балтийскому морю или Финскому заливу. 16. нашему общему другу. 17. Петру Первому; Николаю Первому; Екатерине Второй.

Упражнение 8. 1. известным. 2. майским. 3. по самым красивым. 4. к нашим преподавателям. 5. экзаменам в аспирантуру. 6. по выходным и праздничным. 7. ленивым студентам. 8. по северным. 9. ответственным и честным. 10. к точным или гуманитарным. 11. своим родителям. 12. всем моим преподавателям. 13. всем нашим ученикам. 14. не всем нашим студентам. 15. по всем моим знакомым и друзьям, моим родителям. 16. самым способным ученикам.

Упражнение 14. 1. этому человеку. 2. своему хорошему другу. 3. своей маме, своему папе, своим родителям. 4. моим (своим) соседям. 5. этой блондинке. 6. тебе. 7. моей сестрёнке, братику, всем моим друзьям. 8. Елене или Ивану. 9. отцу, папе, мне. 10. ему. 11. Мне, тебе, ему, ей, нам всем. 12. Мне. 13. нам всем. 14. иностранным языкам. 15. этому. 16. моим гостям. 17. тебе. 18. русскому языку и литературе. 19. Петербургу, его улицам и гранитным набережным. 20. всем аспектам. 21. компьютерной графике. 22. телевизору; телевидению. 23. роману Достоевского. 24. своим делам. 25. дому, своим родителям. 26. моей соседке. 27. тебе. 28. пяти. 29. чему, двенадцати. 30. чему, Садовой улице. 31. Большому проспекту и Малому проспекту. 32. этому человеку и его подруге. 33. высшему обществу. 34. кому. 35. советам своих родных. 36. мне. 37. труду и самостоятельности. 38. ей, ему. 39. кому-нибудь. 40. никому. 41. действительности. 42. твоему совету. 43. чужим недостаткам. 44. приезду родителей. 45. самому, тебе. 46. мячу. 47. сомнению. 48. нам, Мне, вам, Мне. 49. разным городам и разным странам. 50. совету отца и здравому смыслу. 51. нашей Конституции. 52. ему. 53. Интернету.

ПРЕДЛОЖНЫЙ ПАДЕЖ

Упражнение 2. 1. на стадионе — на футболе. 2. в театре — на балете. 3. в Мариинском театре — на опере «Евгений Онегин». 4. в университете — на уроке русского языка. 5. в фирме. 6. в гостинице. 7. на почте. 8. в общежитии. 9. в зоопарке или цирке — на представлении. 10. на рынке или в магазине. 11. на улице Кораблестроителей и на улице Шевченко. 12. на море.

Упражнение 3. 1. на маршрутке, на автобусе, на троллейбусе, трамвае, метро, такси, частнике. 3. на поезде, самолёте, машине, корабле, теплоходе. 6. на корабле, на пароме, на теплоходе, на катере, на яхте, на лодке, на плоту. 7. на велосипеде, на мотороллере, на скейте, на мотоцикле, на мопеде, на самокате. 8. на лошади, на верблюде, на слоне, на осле, на пони, на зебре, на олене, на лосе, на козе, на страусе. 9. на самолёте, на вертолёте, на планере.

Упражнение 4. 1. в Европе, в Азии, в Америке, в Австралии, в Арктике, в Антарктиде. 2. в России, во Франции, в Англии, в Италии, в Испании, в Португалии, в Чехии, в Словакии, в Венгрии, в Румынии, в Болгарии, в Швейцарии, в Швеции, в Финляндии, в Норвегии, в Дании, в Бельгии, в Германии, в Австрии… 3. в Японии, в Корее, во Вьетнаме, в Лаосе, в Китае, в Монголии, в Таиланде… 4. в Египте, в Марокко, в Алжире, в Тунисе, в Эфиопии, в ЮАР, в Гвинее… 5. в Австралии, в Индонезии, в Океании, на Кипре, на Мадагаскаре… 6. в Америке, в США, в Канаде, в Чили, на Кубе, в Аргентине, в Колумбии, в Коста-Рике…

Упражнение 5. 1. в саду. 2. в углу. 3. на углу Невского и Садовой. 4. в аэропорту. 5. на мосту. 6. во рту. 7. в лесу. 8. на берегу. 9. на носу.

Упражнение 6. 1. о политике, об экономике, о спорте, об экологии. 2. о культуре и религии. 3. о путешествии, о поездке в Египет. 4. о ситуации в России. 5. о любви двух молодых людей. 6. о судьбах разных героев. 7. об экзамене. 8. в Крыму или на Кавказе. 9. о спектакле. 10. о балете Чайковского «Лебединое озеро».

Упражнение 8. 1. о тебе. 2. на нём. 3. на ней. 4. в ней. 5. обо мне. 6. о них. 7. о нём. 8. о них.

Упражнение 11. 1. в Санкт-Петербургском государственном университете. 2. на филологическом. 3. на первом, на втором, на третьем, на четвёртом, на пятом. 4. на историческом, на философском, на экономическом, на химическом, на биолого-почвенном, на физическом, на математико-механическом, на юридическом, на восточном, на специальном филологическом. 5. в международной, в университетской, в студенческой, в городской, в межвузовской. 6. в северном, в южном. 7. в студенческом, в семейном, в университетском, в новом. 8. в продуктовом, в промтоварном, в обувном, в хозяйственном, в книжном. 9. в гостиной, в маминой, в папиной, в ванной, в самой маленькой, в любой. 10. в Южной или в Северной Корее, в Латинской Америке, в ЮАР, в Российской Федерации...

Упражнение 12. На берёзе нет яблок, потому что на берёзах яблоки не растут.

Упражнение 13. Птиц не осталось, потому что все птицы улетели.

Упражнение 14. в Летнем саду. 2. в Гостином дворе. 3. на Невском проспекте. 4. в Русском музее. 5. в Третьяковской галерее. 6. в прикладной математике. 7. в стиральной машине. 8. на цветном принтере или цветном ксероксе. 9. на Марсовом поле. 10. в Финском заливе. 11. на Чёрной речке. 12. в Публичной библиотеке. 13. в университетской поликлинике. 14. в Санкт-Петербургской государственной филармонии. 15. при Петре Первом. 16. о твоём (своём) родном городе. 17. о своей семье.

Упражнение 15. 1. в каком полушарии — в западном, восточном, северном, южном. 2. в каком веке — в двенадцатом, в девятнадцатом. 3. в каком веке — в семнадцатом, в восемнадцатом. 4. в каком веке — в восемнадцатом, в девятнадцатом. 5. в каком веке — в двадцатом, в двадцать первом. 6. в каком году — в тысяча семьсот девяносто девятом. 7. в каком году — в тысяча семьсот третьем. 8. в каком году — ? 9. на какой странице — на двести двадцать пятой. 10. на какой Олимпиаде — на зимней, летней. 11. о какой войне — о Второй мировой. 12. в каком университете — в Политехническом, Гуманитарном, Финансово-экономическом. 13. в каком театре — в Мариинском, Малом оперном. 14. на каком языке — на английском, французском, немецком, испанском, итальянском, китайском, арабском. 15. в какой библиотеке — в какой-то, ни в какой. 16. о чём — о своей жизни.

Упражнение 16. 1. в больших, небольших, провинциальных, столичных. 2. о своих, личных, мелких. 3. в своих ошибках. 4. о неразумно потраченных деньгах. 5. на самых актуальных. 6. в химических, физических, математических. 7. на струнных, духовых, клавишных, ударных. 8. в двадцать вторых, в двадцать третьих. 9. на подготовительных. 10. в личных. 11. в своих грехах. 12. в своих прогнозах.

Упражнение 17. 1. в каких городах. 2. в каких музеях. 3. в каких конференциях. 4. в каких университетах. 5. на каких языках. 6. о каких романах. 7. о каких экзаменах. 8. в каких газетах. 9. о каких журналах. 10. о каких океанах. 11. в каких морях. 12. в каких театрах. 13. о каких родственниках.

Упражнение 18. 1. в разных странах, в разных городах, на разных континентах. 2. в социальных, экономических, различных. 3. о международных проблемах, об общечеловеческих проблемах. 4. о своих родителях, родственниках, о своих родных, близких, друзьях, детях. 5. на результатах работы, состоянии здоровья, твоей карьере. 6. в психологии, в женской логике, мужской логике, вопросах политики. 7. в новом костюме, обычных джинсах, в старых брюках. 8. в вечернем платье, в голубых джинсах, в узких бриджах, в короткой юбке. 9. о кругосветном путешествии, о больших доходах, об интересной работе, о своей семье. 10. при Петре Первом, при Екатерине Второй.

Упражнение 19. 1. о чём, обо мне. 2. о чём, об одной провинциальной девушке, о том, об истории её любви. 3. обо мне. 4. о политике. 5. на улице Кораблестроителей, в общежитии, на семнадцатом этаже, в Санкт-Петербургском университете, на филологическом факультете, на первом курсе. 6. на каком языке, на английском. 7. на чём-нибудь, на семиструнной гитаре, на скрипке и виолончели. 8. на ней. 9. на результатах экзаменов. 10. на своей точке зрения. 11. в этом человеке, в нём. 12. в своей правоте. 13. в Олимпийских играх. 14. ни в чём, в том. 15. в нашей заботе и внимании. 16. в том, в своём преступлении. 17. в жизни и людях. 18. в конце романа, в любви. 19. не в чем, не в этом. 20. в чём, в вечернем платье, в джинсах, в них. 21. в технике, в какой, в компьютерах и телевизорах. 22. на чужих ошибках, на своих. 23. в тёмном глухом дворе. 24. в кавычках. 25. в чём, в чём-то, в креме. 26. при чём, при чём, при твоём таланте. 27. при Петре Первом. 28. в этом, в таком случае. 29. во всех моих начинаниях. 30. в прошлом году. 31. на следующей неделе. 32. в Байкале, в нём, в зеркале. 33. на чём, на прошлой лекции. 34. в армии. 35. на пенсии. 36. в принципе. 37. ни в чём. 38. при покупке компьютера.

ТВОРИТЕЛЬНЫЙ ПАДЕЖ

Упражнение 3. 1. карандашом, ручкой. 2. фломастером. 3. фломастером или мелом. 4. ложкой. 5. вилкой и ножом. 6. ножом. 7. палкой. 8. ключом. 9. ногой, головой. 10. карандашом. 11. головой. 12. ракеткой. 13. головой. 14. молотком. 15. пером, топором.

Упражнение 8. 1. синей, чёрной, красной, зелёной. 2. красным, простым. 3. левой, правой. 4. классической, современной. 5. лёгкой, тяжёлой. 6. спортивной, художественной. 7. большим, настольным. 8. с родной, с двоюродной. 9. с умной, с очаровательной. 10. белым, красным, сухим, креплёным, шампанским. 11. какой-то морской, какой-то речной. 12. шариковой, перьевой. 13. за письменным, за обеденным, за журнальным столиком. 14. левым, правым. 15. с белым, с чёрным, с серым. 16. под чесночным, под острым, под соевым, под томатным, под белым.

Упражнение 9. 1. с днём рождения. 2. с первым сентября — началом занятий. 3. под этим документом. 4. с этим человеком. 5. с каким-то удивлением. 6. моим терпением. 7. над новой книгой. 8. белым платком. 9. с этим негодяем. 10. какой-нибудь пастой или порошком. 11. вот этим полотенцем. 12. каким-нибудь орденом или медалью. 13. редким талантом. 14. больным человеком. 15. какой-нибудь смешной историей или каким-нибудь анекдотом. 16. фигурным катанием.

Упражнение 11. 1. лёгкой атлетикой, гимнастикой, плаванием, большим теннисом, конным спортом, фигурным катанием, акробатикой, бегом... 2. симфонической, классической, популярной, роком, поп-музыкой... 3. гриппом, ангиной, бронхитом, воспалением лёгких, СПИДом, раком... 4. консервированными продуктами, молочными продуктами, мясом, молоком, рыбой... 5. с солнцем, с солнышком, со светом, с прекрасным цветком, с птичкой, с рыбкой, с ласточкой, с голубушкой, с радостью жизни... 6. свежим воздухом, кислородом, плохим воздухом... 7. с успехом, с окончанием школы, с окончанием университета, с рождением ребёнка, с Днём свадьбы, с Днём строителя... 8. с Новым годом, с Рождеством, с Международным женским днём, с Восьмым марта, с Первым мая, с Праздником весны и труда, с Днём Победы, с Днём России. 9. умом, незаурядным умом, талантом, организаторским талантом, желанием работать с людьми... 10. головой, левой рукой, правой рукой, левой ногой, правой ногой, палкой, ракеткой, битой, клюшкой...

Упражнение 16. 1. с белыми. 2. с моими проблемами. 3. рыбными консервами. 4. с сильными оппонентами. 5. иностранными языками. 6. своими достопримечательностями. 7. своими победами. 8. разными деликатесами. 9. какими-то неизвестными грибами. 10. разными видами спорта. 11. с большими успехами и достижениями. 12. за своими волосами и ногтями.

Упражнение 17. 1. с пирогами, с пирожками, с пирожными, с тортом, с мёдом, с шоколадными конфетами, с карамелью, с леденцами, с фруктами, с сухофруктами... 2. ручкой, шариковой или перьевой ручкой, цветным карандашом, цветными карандашами, простым карандашом, фломастером, фломастерами, красками, гуашью, тушью... 3. директором, генеральным директором, учителем, продавцом, преподавателем, менеджером, старшим менеджером, бухгалтером... 4. писателем, художником, композитором, артистом, бизнесменом, политиком, дипломатом, коммерсантом, предпринимателем... 5. своей женой, своей семьёй, своими детьми, своими соседями, своими родителями, результатами работы, преподавателями, своими друзьями, своими успехами... 6. чаем, кофе, зелёным чаем, отличным свежесваренным кофе, растворимым кофе, пирогами, конфетами, разными вкусными вещами... 7. мылом, мочалкой, мягкой губкой, гелем для душа, зубной пастой, зубной щёткой, щёткой, специальной щёткой, специальным кремом, губкой, средством для мытья посуды, хозяйственным мылом... 8. бритвой, электробритвой, расчёской, щёткой для волос... 9. феном, полотенцем, салфеткой, простынёй...

Упражнение 18. 1. официантом или поваром. 2. толковым словарём. 3. гриппом. 4. с огнём. 5. за рулём. 6. со временем. 7. с твоим голосом. 8. ни перед какими трудностями. 9. с оружием. 10. матерью. 11. перед большой аудиторией. 12. между нами. 13. с радостью. 14. с рисом и яйцом, с повидлом, с мясом, картошкой, грибами, капустой. 15. с тобой. 16. маленькой косточкой.

Упражнение 22. 1. художником, врачом, инженером. 2. Чем, наукой, биологией. 3. большим коллективом. 4. Чем, чем. 5. вот этой щёткой. 6. Чем, чем-то солёным: солёным огурцом, маринованными грибами. 7. чем-нибудь. 8. чем, Гриппом. 9. смертью Печорина. 10. моим вниманием и добротой, моей дружбой. 11. своей карьерой, влюблённой дурочкой. 12. вашей заботой и вниманием. 13. адресами. 14. Чем, Черёмухой. 15. своими вкусовыми качествами, тонким ароматом. 16. передо мной, своими успехами, ими. 17. ни с кем, своими секретами. 18. перед ней. 19. акустикой. 20. с кем, с Ириной. 21. с Николаем Петровичем Ивановым, с Колей, мы с ним. 22. мы с тобой. 23. со мной, мы с тобой. 24. Мы с ним, со мной, передо мной. 25. с Новым годом, с уважением. 26. с тобой, с нами, с удовольствием. 27. за столом, за своими учебниками, с плюсом, надо мной, надо мной. 28. за капризной девушкой. 29. за хлебом. 30. перед нами. 31. за мной. 32. за мной. 33. вверх ногами. 34. перед вашим талантом. 35. с пивом. 36. с весёлой песней. 37. передо мной, с замечательно красивыми глазами и очаровательной улыбкой. 38. надо мной.

ВИД ГЛАГОЛА 동사의 상

ВИД ГЛАГОЛА В ПРОШЕДШЕМ ВРЕМЕНИ. ВИД ГЛАГОЛА В БУДУЩЕМ ВРЕМЕНИ

Упражнение 2. 1. прочитал. 2. написал. 3. приготовил. 4. начертил. 5. нарисовал. 6. выпил. 7. вымыл (помыл). 8. съел.

Упражнение 3. 1. накормил (покормил). 2. проголосовал. 3. сосчитал. 4. отредактировал. 5. научился. 6. сшил. 7. пронумеровал. 8. вылечил. 9. смолол и сварил. 10. построил. 11. поздоровался. 12. испёк. 13. вскипятил. 14. вспахал. 15. искупала. 16. попрощались. 17. поссорились. 18. помирились.

Упражнение 4. 1. накормлю. 2. проголосую. 3. сосчитаю. 4. отредактирую. 5. научусь. 6. сошью. 7. пронумерую. 8. вылечу. 9. смелю и сварю. 10. построю. 11. поздороваюсь. 12. испеку. 13. вскипячу. 14. вспашет. 15. искупает. 16. попрощаемся. 17. поссоримся. 18. помиримся.

Упражнение 5. 1. встал (встану). 2. показал (покажет). 3. получила (получит). 4. рассмотрел (рассмотрю). 5. спросил (спросит). 6. открыли (откроем). 7. повторил (повторю). 8. отдохнул (отдохну). 9. обнял (обнимет). 10. ответил (ответит). 11. поздравил (поздравлю). 12. понял (поймёт). 13. отправил (отправлю). 14. начал (начнёт).

Упражнение 6. 1. откажусь. 2. коснусь. 3. затрону. 4. пошлю. 5. накажу, лишу. 6. договорюсь, встречусь. 7. встречу. 8. прогоню. 9. ляжем. 10. сядем. 11. надену. 12. брошу. 13. извинюсь. 14. расплачусь. 15. соберу. 16. передам. 17. приду. 18. принесу.

Упражнение 7. 1. возьму. 2. скажу. 3. положу. 4. найду. 5. поймаю.

Упражнение 8. 1. съем. 2. выпью. 3. обниму. 4. поцелую. 5. вытру. 6. почищу. 7. приму. 8. включу. 9. выключу. 10. подготовлюсь. 11. закрою. 12. зайду. 13. поменяю. 14. принесу. 15. узнаю. 16. дам. 17. сыграю. 18. спою. 19. сниму. 20. сфотографирую. 21. отвечу. 22. приберу.

Упражнение 9. 1. прожую. 2. выплюну. 3. подмету. 4. пропылесошу. 5. разогрею. 6. оденусь. 7. побреюсь. 8. постригусь. 9. причешусь. 10. оглянусь. 11. поприветствую. 12. забью. 13. помирюсь. 14. разбужу. 15. смелю. 16. разрежу. 17. присмотрюсь. 18. надую. 19. сражусь. 20. ударю. 21. остановлю. 22. остановлюсь. 23. завяжу. 24. залезу. 25. махну. 26. запрещу. 27. настрою. 28. закушу. 29. пришью. 30. заведу. 31. поеду. 32. отнесусь. 33. приведу. 34. обуюсь. 35. встречу. 36. кину. 37. брошу. 38. поддержу. 39. рассмешу. 40. улыбнусь. 41. засмеюсь. 42. заплачу. 43. рассержусь.

Упражнение 11. 1. выучит. 2. позвонит. 3. передаст. 4. перепишет. 5. поцелует. 6. сделает. 7. начнёт. 8. заплатит. 9. встанет. 10. приму. 11. решу. 12. отдаст. 13. поставит. 14. возьму. 15. получит. 16. оформит.

Упражнение 12. 1. отремонтирую. 2. сдам. 3. покрашу. 4. постригусь. 5. сбрею. 6. пропылесошу. 7. смажу. 8. полью. 9. пронумерую. 10. проконсультируюсь. 11. продезинфицирую. 12. схожу. 13. свожу. 14. повешу. 15. отчитаюсь. 16. брошу. 18. упакую.

Упражнение 13. 1. не помогу. 2. не скажу. 3. не дам. 4. не поцелую. 5. не обниму. 6. не попрошу. 7. не извинюсь. 8. не отойду. 9. не замолчу. 10. не уйду. 11. не заберу. 12. не открою.

Упражнение 14. 1. не поклонюсь. 2. не подпишу. 3. не сяду. 4. не подвинусь. 5. не встану. 6. не ударю. 7. не дотронусь. 8. не подчинюсь (не покорюсь). 9. не отстану. 10. не остановлюсь. 11. не постригусь. 12. не откажусь. 13. не сяду. 14. не лягу. 15. не встану. 16. не поднимусь. 17. не прогоню. 18. не убью. 19. не украду. 20. не смирюсь. 21. не перестану. 22. не признаюсь.

Упражнение 16. 1. побегал; пробегали. 2. покатался; прокатался. 3. поспал; проспал. 4. поваляться, повалялся; провалялся. 5. проговорили; поговорили. 6. проспал; поспал. 7. пококетничала; прококетничала.

Упражнение 17. 1. читал; будет читать. 2. сидел; будет сидеть. 3. занимались; будем заниматься. 4. ездили (выезжали); будем ездить (выезжать). 5. ездили; будем ездить. 6. смотрел; будет смотреть. 7. брал; буду брать. 8. рассказывал; будет рассказывать. 9. сдавала; будет сдавать. 10. помогал; будет помогать. 11. смотрел; буду смотреть. 12. ходила; будет ходить. 13. ходил; будет ходить. 14. платил; будет платить. 15. пропускала; будет пропускать. 16. покупала; будет покупать. 17. задавал; будет задавать. 18. ходила; будет ходить.

Упражнение 18. 1. изобретал; будет изобретать. 2. не изменял; не будет изменять. 3. был влюблён; будет влюблён. 4. заботилась; будет заботиться. 5. красила; будет красить. 6. выступали; будем выступать. 7. веселились; будут веселиться. 8. ругал; будет ругать. 9. прихорашивалась; будет прихорашиваться. 10. опаздывала; будет опаздывать. 11. влюблялся; будет влюбляться. 12. ложился, вставал; будет ложиться, вставать. 13. работал, объявлял, повышал; будет работать, объявлять, повышать. 14. обижались (сердились); будут обижаться (сердиться). 15. старилась; будет стариться. 16. промокала; будет промокать. 17. богатели; будут богатеть. 18. сердил; будешь сердить. 19. добивался; буду добиваться. 20. стремился; буду стремиться. 21. прилетали, улетали; будут прилетать, улетать. 22. закусывал; будет закусывать. 23. выходил; будет выходить. 24. делал, стыдил; буду делать, будет стыдить.

Упражнение 19. 1. не пил; не буду пить. 2. не опаздывал; не буду опаздывать. 3. не обманывал; не буду обманывать. 4. не бил; не буду бить. 5. не брал; не буду брать. 6. не рассказывал; не буду рассказывать. 7. не ходил; не буду ходить. 8. не злился; не буду злиться. 9. не ждал; не буду ждать. 10. не читал; не буду читать. 11. не плавал; не буду плавать. 12. не забывал; не буду забывать. 13. не обещал; не буду обещать. 14. не жалел; не буду жалеть.

Упражнение 20. 1. не забываю; не забывал. 2. не ошибаюсь; не ошибался. 3. не разбиваю; не разбивал. 4. не порчу; не портил. 5. не раскаиваюсь; не раскаивался. 6. не влезаю; не влезал. 7. не ссорился; не ссорюсь. 8. не извиняюсь; не извинялся. 9. не отчитываюсь; не отчитывался. 10. не пересматриваю; не пересматривал. 11. не увлекаюсь; не увлекался. 12. не влюбляюсь; не влюблялся. 13. не расстраиваюсь; не расстраивался. 14. не внушаю; не внушал. 15. не оглядываюсь; не оглядывался. 16. не дотрагиваюсь; не дотрагивался. 17. не подслушиваю; не подслушивал. 18. не напоминаю; не напоминал. 19. не упрекаю; не упрекал. 20. не распоряжаюсь; не распоряжался. 21. не признаюсь; не признавался. 22. не убиваю; не убивал. 23. не ставлю; не ставил. 24. не кладу; не клал. 25. не граблю; не грабил. 26. не останавливаюсь; не останавливался.

Упражнение 22. 1. не сделаю. 2. не напишу. 3. не решу. 4. не выпью. 5. не выучу. 6. не скажу. 7. не выйду. 8. не приеду. 9. не забуду.

Упражнение 26. 1. готовил. 2. готовил. 3. приготовил. 4. приготовил. 5. готовил. 6. приготовил. 7. готовил. 8. приготовил. 9. приготовил.

Упражнение 27. 1. буду готовить. 2. буду готовить. 3. приготовлю. 4. приготовлю. 5. буду готовить.

Упражнение 28. 1. написал. 2. написал. 3. писал. 4. писал. 5. написал. 6. написал. 7. писал. 8. написал. 9. написал.

Упражнение 32. 1. выучил. 2. *учил; выучил. 3. купил; покупал. 4. отдыхал; отдыхал. 5. отдыхал; отдыхал. 6. отдыхал; отдыхали; отдыхали. 7. отдохнул; отдохнул. 8. писали; Писали. 9. читал; читал. 10. не прочитал. 11. собрал. 12. собрал. 13. поменял; поменял; меняли.

Упражнение 35. 1. находилась. 2. жил. 3. работал. 4. болел. 5. курил. 6. ходил. 7. бегали. 8. занимались. 9. плавали. 10. имело. 11. интересовался. 12. светило.

Упражнение 36. 1. светились. 2. существовали. 3. бедствовали. 4. обожала. 5. не соответствовали. 6. граничила. 7. торговала. 8. бодрствовал. 9. обладал. 10. не горевала. 11. зевал(а). 12. боготворил. 13. преобладала. 14. не сопротивлялся. 15. означало. 16. разгуливал. 17. простирались. 18. предчувствовала. 19. равнялся (-лась). 20. не оговаривалось. 21. не предусматривались.

Упражнение 37. 1. будут сиять. 2. не будет противоречить. 3. будет расхаживать. 4. будет бодрствовать. 5. будет обожать. 6. не будет зависеть. 7. будут существовать. 8. будут возвышаться. 9. не будет противоречить. 10. будет раздумывать. 11. будет выглядеть. 12. не буду планировать. 13. будет принадлежать. 14. будет дирижировать. 15. будут угрожать. 16. будет содержать. 17. будут переписываться. 18. будешь пользоваться. 19. будет «плавать». 20. будут маршировать. 21. не будет страдать и мучиться. 22. не будешь нервничать. 23. будет нести. 24. будет наступать.

Упражнение 38. 1. брился (побрился). 2. Брился. 3. постеснялась (стеснялась). 4. приветствовали (поприветствовали). 5. пели (спели). 6. спели (пели). 7. интересовался (поинтересовался). 8. обрадовалась (радовалась). 9. ел (поел). 10. курила (покурила). 11. мечтали (помечтали). 12. желал (пожелал).

Упражнение 39. 1. дремал (задремал). 2. печатала. 3. печатала (напечатала). 4. печатала (напечатала). 5. погорячился и обидел. 6. клал (положил). 7. разбудил. 8. развеселил (веселил). 9. рассердилась (сердилась). 10. здоровался (поздоровался). 11. упал. 12. уронил. 13. считал (сосчитал). 14. хоронили (похоронили). 15. горела. 16. покрасила и завила (красила и завивала). 17. мужал (возмужал). 18. вспотел (потел).

Упражнение 40. 1. повторял (повторил). 2. не отклонялся (не отклонился). 3. встречала (встретила). 4. изумляли (изумили). 5. присматривался (присмотрелся). 6. приспосабливался (приспособился). 7. унижался (унизился). 8. подтверждали (подтвердили). 9. разрешал (разрешил). 10. приучал (приучил). 11. обдумывал (обдумал). 12. признавался (признался). 13. договаривались (договорились). 14. здоровались (поздоровались). 15. прощались (попрощались). 16. ошибался (ошибся). 17. упрекал (упрекнул). 18. раскаивался (раскаялся).

Упражнение 43. 1. ел. 2. съел. 3. ложился. 4. лёг. 5. сел. 6. садился. 7. включал. 8. включил. 9. закрыл. 10. закрывал. 11. снял. 12. снимал.

Упражнение 44. 1. пришла. 2. приходила. 3. зашёл. 4. заходил. 5. привела. 6. приводила. 7. уезжали. 8. уехали. 9. забегал. 10. забежал. 11. вытащил. 12. вытаскивал. 13. залезла. 14. залезала.

Упражнение 47. 1. я не рассказывал. 2. я не ломал. 3. я не говорил. 4. я не ел. 5. я не выбрасывал. 6. я не приносил. 7. я не писал. 8. я не приводил. 9. я не пускал. 10. я не открывал. 11. я не снимал. 12. я не убирал. 13. я не покупал. 14. я не убивал.

Упражнение 49. 1. не буду пить. 2. не буду танцевать. 3. не буду целовать. 4. не буду обнимать. 5. не буду рассказывать. 6. не буду приглашать. 7. не буду фотографировать. 8. не буду рисовать. 9. не буду ждать. 10. не буду платить. 11. не буду брать. 12. не буду включать. 13. не буду писать. 14. не буду будить. 15. не буду учить. 16. не буду мыть. 17. не буду принимать. 18. не буду узнавать.

Упражнение 50. 1. не буду стучать. 2. не буду отказываться. 3. не буду зажигать. 4. не буду поворачивать. 5. не буду посылать. 6. не буду стыдить. 7. не буду прощать. 8. не буду дотрагиваться. 9. не буду завязывать. 10. не буду застёгивать. 11. не буду разворачивать. 12. не буду прислушиваться. 13. не буду разрезать. 14. не буду стелить. 15. не буду переодеваться. 16. не буду переобуваться. 17. не буду заниматься. 18. не буду залезать. 19. не буду убеждать. 20. не буду разогревать. 21. не буду подвигаться. 22. не буду садиться. 23. не буду перевязывать. 24. не буду консультировать.

Упражнение 51. 1. не красили. 2. не покрасили. 3. не побелили. 4. не белили. 5. не стирал. 6. не постирал. 7. не проверил. 8. не проверял. 9. не таял. 10. не растаял. 11. не научился. 12. не учился.

Упражнение 53. выскочил, бросился, влез, спрятался, остался, притворился, подошёл, понюхал, подумал (думал), отошёл, ушёл, слез, говорил (сказал), сказал, убегают.

Упражнение 54. Пришли, говорит (сказала), отвечают (ответили), заблудишься, Пришли, ушла, Стала, стала, не слышат, не отзываются, Шла (Ходила), шла (ходила), заблудилась, Пришла, видит, стоит, Постучала, не открывают, Толкнула, открылась, Вошла, села, села, Живёт, жил (живёт), не было, ходил (шёл), Вернулся, увидел, обрадовался, говорит (сказал), не отпущу, жить, топить, варить, кормить, Потужила, погоревала, стала, уйдёт (уходит), уйдёшь, поймаю, съем, Стала, не знает, Думала, думала, придумала, Пришёл (Приходит), говорит (сказала), отпусти, снесу, говорит (сказал), заблудишься, отнесу, Напекла, достала, говорит (сказала), положу, залезу, следить буду (прослежу), отвечает (ответил), не идёт (не пошёл), вышел, залезла, поставила, Вернулся, видит, Поднял, пошёл, спускается, поднимается, устал, говорит (сказал), Сяду, Съем, вижу, говорит (сказал), видит, Поднял, пошёл, остановился, говорит (сказал), Сяду, Съем, вижу, Удивился, сидит, глядит, Встал, пошёл, пришёл, нашёл, жили, принёс, почуяли, бросились, бегут, лают, Испугался, поставил, пустился, Вышли, видят, говорит, поднял, не верит, сидит (сидела), Обрадовались, стали.

Упражнение 56. Подружились, вздумала (думала), угощу, Пошёл, наварила, размазала, Подала, потчует, готовила (приготовила), стучал, стучал, попадает, лижет, съела, съела, говорит (сказала), отвечает (ответил), приходит, приготовил, налил, поставил, говорит (сказал), зайдёт (заходит), лизнёт (лижет), понюхает (нюхает), не лезет, клюёт, клюёт, съел, Рассердилась, наестся, пошла (шла), аукнулось, откликнулось.

Упражнение 59. **А.** залез на печку, поймал щуку, вытащил щуку, сварил уху, сел в сани, открыл ворота, завязал верёвку, побил дубинкой, приехал вельможа, подарил кафтан, посадил в бочку, устроил пир.
Б. 1. говорит. 2. прикажу. 3. попросила. 4. захочешь. 5. пролилась. 6. поехал без лошади. 7. открыл. 8. пообещал. 9. побила. 10. загрустил. 11. доставили. 12. закрыли, заделали, залили. 13. удивляется.
В. 1. чтобы нарубил (наколол). 2. чтобы (по)ехали. 3. чтобы нарубил, чтобы складывались. 4. чтобы (по)ехали. 5. чтобы побила. 6. чтобы побила (обломала ему бока). 7. чтобы (по)ехала. 8. чтобы полюбила. 9. чтобы выкатили (выбросили). 10. чтобы выстроился. 11. чтобы стал.

ВИД ГЛАГОЛА В ИНФИНИТИВЕ

Упражнение 7. 1. начал писать. 2. начал готовить. 3. начал переводить. 4. начала подбирать. 5. начал чертить. 6. начала печь. 7. начали портиться. 8. начало киснуть. 9. начал заболевать. 10. начал поправляться. 11. начал отвыкать. 12. начал привыкать. 13. начала худеть. 14. начал избавляться. 15. начали присматриваться. 16. начала учиться.

Упражнение 8. 1. заканчиваю (кончаю) писать. 2. заканчиваю (кончаю) чертить. 3. заканчиваю (кончаю) писать. 4. заканчиваю (кончаю) ремонтировать. 5. заканчиваю (кончаю) настраивать. 6. заканчиваю (кончаю) готовиться. 7. заканчиваю (кончаю) переводить. 8. заканчиваю (кончаю) собирать. 9. заканчиваю (кончаю) строить. 10. заканчиваю (кончаю) есть. 11. заканчиваю (кончаю) прибирать. 12. заканчиваю (кончаю) поливать.

Упражнение 9. 1. раздумал (передумал) учиться. 2. раздумал (передумал) покупать. 3. раздумал (передумал) покупать. 4. раздумал (передумал) ехать. 5. раздумал (передумал) переводить. 6. раздумал (передумал) помогать. 7. раздумал (передумал) извиняться. 8. раздумал (передумал) прыгать. 9. раздумал (передумал) идти. 10. раздумал (передумал) мыть. 11. раздумал (передумал) идти. 12. раздумал (передумал) менять. 13. раздумал (передумал) фотографироваться. 14. раздумал (передумал) нести. 15. раздумал (передумал) печь. 16. раздумал (передумал) переезжать.

Упражнение 10. 1. устал помогать. 2. устал писать. 3. устал рисовать. 4. устал приносить. 5. устал покупать. 6. устал целовать. 7. устал ставить. 8. устал греть (подогревать). 9. устал ждать. 10. устал бегать. 11. устал объяснять. 12. устал просить. 13. устал носить (относить). 14. устал готовить. 15. устал ремонтировать. 16. устал говорить.

Упражнение 11. 1. мне расхотелось пить. 2. мне расхотелось (надоело) смотреть. 3. мне расхотелось (надоело) играть. 4. ему расхотелось (надоело) играть. 5. ей расхотелось (надоело) играть. 6. нам расхотелось (надоело) выступать. 7. ей расхотелось идти (надоело ходить). 8. мне расхотелось (надоело) играть. 9. ему расхотелось (надоело) заниматься. 10. мне расхотелось (надоело) помогать тебе. 11. мне расхотелось (надоело) делать. 12. мне расхотелось ехать (надоело ездить). 13. мне расхотелось (надоело) кататься. 14. мне расхотелось (надоело) советоваться. 15. мне расхотелось (надоело) просить. 16. мне расхотелось (надоело) ремонтировать.

Упражнение 12. 1. я раздумал открывать шампанское. 2. я раздумал учить. 3. раздумал заниматься. 4. раздумал бриться. 5. раздумал стричь (подстригать) тебя. 6. устал нянчить. 7. отвык застёгивать. 8. разучился (раздумал) варить. 9. отвык (разучился) водить. 10. устал прибирать. 11. устал отчитываться. 12. мне надоело говорить. 13. мне расхотелось веселиться. 14. я разучился веселиться. 15. мне надоело танцевать. 16. я разучился завязывать. 17. я отвык танцевать. 18. я устал печатать.

Упражнение 15. 1. не надо (не нужно, не стоит) рассказывать. 2. не надо (не нужно, не стоит) помогать. 3. не надо (не нужно, не стоит) показывать. 4. не надо (не нужно, не стоит) водить. 5. не надо (не нужно, не стоит) звонить. 6. не надо (не нужно, не стоит) открывать. 7. не надо (не нужно, не стоит) закрывать. 8. не надо (не нужно, не стоит) приносить. 9. не надо (не нужно, не стоит) брать. 10. не надо (не нужно, не стоит) рассказывать. 11. не надо (не нужно, не стоит) целовать. 12. не надо (не нужно, не стоит) обнимать. 13. не надо (не нужно, не стоит) думать. 14. не надо (не нужно, не стоит) торопиться. 15. не надо (не нужно, не стоит) спешить. 16. не надо (не нужно, не стоит) класть. 17. не надо (не нужно, не стоит) ставить. 18. не надо (не нужно, не стоит) включать.

Упражнение 16. 1. не надо (не нужно, не стоит) включать. 2. не надо (не нужно, не стоит) заваривать. 3. не надо (не нужно, не стоит) приносить. 4. не надо (не нужно, не стоит) покупать. 5. не надо (не нужно, не стоит) приглашать. 6. не надо (не нужно, не стоит) устраивать. 7. не надо (не нужно, не стоит) провожать. 8. не надо (не нужно, не стоит) открывать. 9. не надо (не нужно, не стоит) мыть. 10. не надо (не нужно, не стоит) убирать. 11. не надо (не нужно, не стоит) выключать. 12. не надо (не нужно, не стоит) снимать. 13. не надо (не нужно, не стоит) переводить. 14. не надо (не нужно, не стоит) выбрасывать. 15. не надо (не нужно, не стоит) допивать. 16. не надо (не нужно, не стоит) наливать. 17. не надо (не нужно, не стоит) соглашаться.

Упражнение 17. 1. не стоит чистить. 2. не стоит варить. 3. не стоит стучать. 4. не стоит сбривать. 5. не стоит стричься. 6. не стоит резать (разрезáть). 7. не стоит солить. 8. не стоит подчёркивать. 9. не стоит стирать. 10. не стоит жарить. 11. не стоит замачивать. 12. не стоит измерять. 13. не стоит красить. 14. не стоит нумеровать. 15. не стоит сжигать (жечь). 16. не стоит прощать. 17. не стоит преподносить. 18. не стоит доказывать. 19. не стоит изменять. 20. не стоит обвинять. 21. не стоит залезать (лезть). 22. не стоит подниматься. 23. не стоит спускаться. 24. не стоит бросать. 25. не стоит подметать. 26. не стоит надувать. 27. не стоит брать и сажать. 28. не стоит ловить. 29. не стоит приезжать. 30. не стоит заходить. 31. не стоит убивать. 32. не стоит купаться. 33. не стоит наедаться. 34. не стоит напиваться. 35. не стоит бить. 36. не стоит заворачивать. 37. не стоит завязывать. 38. не стоит застёгивать.

Упражнение 18. 1. опасно мыться. 2. опасно купаться. 3. опасно переходить. 4. опасно встречаться. 5. опасно прыгать. 6. опасно оставлять. 7. опасно ездить. 8. опасно менять (обменивать). 9. опасно делать. 10. опасно делать. 11. опасно выглядывать. 12. опасно приводить.

Упражнение 19. 1. опасно (нехорошо, некрасиво, вредно, запрещено) нырять. 2. запрещено останавливаться. 3. некрасиво перелезать. 4. вредно глотать. 5. вредно завязывать. 6. запрещено подсказывать. 7. нехорошо пользоваться. 8. запрещено вынимать. 9. нехорошо списывать. 10. запрещено курить. 11. некрасиво садиться. 12. нехорошо снимать. 13. нехорошо есть. 14. некрасиво свистеть. 15. некрасиво толкать. 16. некрасиво выбрасывать. 17. запрещено ходить. 18. опасно заходить.

Упражнение 20. 1. не надо (не нужно, не стоит, не следует, опасно, запрещено, не рекомендуется) снимать. 2. не стоит отказываться. 3. запрещено трогать. 4. не следует ездить. 5. не нужно переставлять. 6. не надо брать. 7. не стоит переходить. 8. не стоит менять. 9. не следует менять. 10. не стоит переходить. 11. не стоит брать. 12. запрещено курить. 13. не надо ночевать. 14. не рекомендуется лежать. 15. запрещено переходить. 16. не рекомендуется выносить. 17. не стоит играть. 18. не надо подавать.

Упражнение 21. 1. не надо пожимать. 2. не надо гладить. 3. не следует отказываться. 4. не надо раскладывать и перечитывать. 5. не стоит развешивать. 6. не стоит перебираться. 7. не рекомендуется пересаживать. 8. не рекомендуется заглаживать. 9. не стоит отбеливать и накрахмаливать (крахмалить). 10. не нужно скатывать и класть. 11. не стоит забрасывать (бросать). 12. не следует выходить. 13. запрещено подъезжать и припарковываться (парковаться). 14. опасно перерезáть. 15. опасно залезать. 16. запрещено рвать (срывать). 17. не надо срезáть. 18. не нужно выкапывать и выбрасывать. 19. не нужно посыпáть. 20. не надо сажать. 21. не надо обращаться. 22. не надо бить, колотить. 23. не рекомендуется купаться. 24. не стоит выкидывать. 25. не надо прикреплять.

26. не нужно пользоваться. 27. не следует переворачивать. 28. опасно дразнить. 29. не рекомендуется подниматься. 30. не надо намазывать. 31. не надо отламывать. 32. не нужно взвешивать. 33. не надо вызывать. 34. не надо отрекаться. 35. не надо выглядывать. 36. опасно засовывать. 37. не надо заплетать. 38. не стоит отпускать. 39. не рекомендуется организовывать. 40. не нужно голосовать. 41. не надо разуваться. 42. не надо сплетничать.

Упражнение 23. 1. я сумею. 2. я сумею. 3. я сумею. 4. я сумею. 5. ты сумеешь. 6. она сумеет. 7. она сумеет. 8. она сумеет. 9. он сумеет. 10. мне удастся. 11. мне удастся. 12. тебе удастся. 13. им удастся. 14. вам удастся. 15. нам удастся. 16. нам удастся. 17. я успею. 18. он успеет. 19. он не успеет. 20. она не успеет. 21. мы не успеем. 22. он успеет. 23. они успеют. 24. вы успеете.

Упражнение 24. 1. не смогу дать. 2. не смогу позвонить. 3. не смогу довезти. 4. не смогу принести. 5. не смогу передать. 6. не смогу пригласить. 7. не смогу поставить. 8. не смогу заварить. 9. не смогу разбудить. 10. не смогу поймать. 11. не смогу отдохнуть. 12. не смогу узнать. 13. не смогу остановить. 14. не смогу сварить. 15. не смогу купить. 16. не смогу зайти.

Упражнение 25. 1. я сумею (я успею, мне удастся) остановиться. 2. я успею притормозить. 3. я сумею завести. 4. я успею сбавить. 5. я успею застраховать. 6. мне удастся притвориться. 7. мне удастся ударить. 8. я сумею вскопать. 9. я успею вырыть. 10. я успею приобрести. 11. я сумею осуществить. 12. я сумею призвать. 13. я успею подстричься. 14. я успею побриться. 15. мне удастся завязать. 16. я сумею заплести. 17. мне удастся отыграться. 18. я сумею отчитаться. 19. я сумею пристыдить. 20. мне удастся разжечь. 21. мне удастся согреться. 22. мне удастся отчистить. 23. я сумею наказать. 24. я успею подписаться.

Упражнение 26. 1. мне удастся научиться. 2. мне удастся сдать. 3. мне удастся поступить. 4. мне удастся закончить. 5. мне удастся защитить. 6. мне удастся опубликовать. 7. мне удастся испечь. 8. мне удастся сделать. 9. мне удастся отдохнуть. 10. мне удастся ответить. 11. мне удастся покрасить. 12. мне удастся перевести.

Упражнение 33. 1. узнавать. 2. сдать (сдавать), зайти. 3. сделать (делать). 4. отдыхать. 5. отчитаться (отчитываться). 6. ходить. 7. переписать (переписывать), отдать (отдавать). 8. ходить (сходить) и читать (почитать). 9. оформить (оформлять). 10. закончить (заканчивать), получить (получать). 11. послать. 12. купить.

Упражнение 34. 1. регулярно пить. 2. регулярно ездить. 3. надо было регулярно навещать. 4. регулярно готовиться. 5. регулярно встречаться. 6. регулярно посылать. 7. регулярно звонить. 8. регулярно целовать. 9. надо будет регулярно ходить. 10. надо будет регулярно прибирать. 11. нужно было регулярно высыпаться. 12. надо будет регулярно чистить.

Упражнение 35. 1. каждый день ездить. 2. каждый день ходить. 3. каждый день звонить. 4. каждый день приглашать. 5. каждый день устраивать. 6. каждый день заниматься. 7. каждый день танцевать. 8. каждый день играть. 9. каждый день готовить. 10. каждый день наедаться (есть). 11. каждый день говорить. 12. каждый день бегать.

Упражнение 37. 1. решил не играть. 2. решил не посылать. 3. решил не строить. 4. решил не снимать. 5. решил не ставить. 6. решил не рассказывать. 7. решил не переходить. 8. решил не меняться. 9. решил не устраивать. 10. решил не ездить (ехать). 11. решил не ходить. 12. решил не отправлять.

Упражнение 38. 1. не подсказывать. 2. не сообщать. 3. не заказывать. 4. не звонить. 5. не открывать. 6. не вызывать. 7. не заходить. 8. не выключать. 9. не приезжать. 10. не делать. 11. не искать. 12. не приходить.

Упражнение 39. 1. приходится. 2. говорить. 3. закончить. 4. приезжать. 5. переезжать. 6. ехать. 7. беседовать. 8. заниматься. 9. просматривать. 10. заказать. 11. оформить. 12. перенести, отложить. 13. переносить. 14. откладывать, сделать.

Упражнение 40. 1. можно не прибирать. 2. можно не готовить. 3. можно не делать. 4. можно не советоваться. 5. можно не ехать (не ездить). 6. можно не ходить (не идти). 7. можно не ходить. 8. можно не будить. 9. можно не здороваться. 10. можно не стараться. 11. можно не мыть. 12. можно не открывать. 13. можно не солить. 14. можно не приносить. 15. можно не класть. 16. можно не включать. 17. можно не нумеровать. 18. можно не разрезать (не резать).

Упражнение 41. Официально-деловой стиль. 1. (по)прошу помочь. 2. прошу отчитаться. 3. прошу написать. 4. прошу объяснить. 5. прошу пересесть. 6. прошу повернуться. 7. прошу сделать. 8. прошу сделать. 9. прошу лечь. 10. прошу взяться. 11. прошу открыть. 12. прошу предъявить.

Упражнение 42. Официально-деловой стиль. 1. (по)прошу не мешать. 2. прошу не перебивать. 3. прошу не трогать. 4. прошу не отставать. 5. прошу не включать. 6. прошу не брать. 7. прошу не фотографировать. 8. прошу не ставить. 9. прошу не устраивать. 10. прошу не курить. 11. прошу не открывать. 12. прошу не опаздывать.

Упражнение 44. 1. написать. 2. писать. 3. поднимать. 4. поднять. 5. фотографировать. 6. рисковать. 7. сыграть. 8. играть. 9. убивать. 10. поймать.

Упражнение 50. 1. обсуждать. 2. обсуждать. 3. обсуждать. 4. спорить. 5. успокаивать. 6. купаться. 7. обманывать. 8. говорить. 9. сделать. 10. уговорить. 11. передать. 12. появляться. 13. откладывать. 14. победить. 15. выиграть. 16. курить. 17. обижать. 18. стать. 19. встречаться. 20. выходить.

Упражнение 51. 1. наедаться. 2. лгать. 3. побриться и постричься. 4. рассматривать. 5. опьянеть. 6. спиваться. 7. сердиться. 8. злиться. 9. светать. 10. темнеть. 11. похудеть. 12. полнеть. 13. позвонить. 14. мастерить. 15. замочить. 16. останавливаться. 17. беспокоить. 18. зажигать. 19. огорчать. 20. называть. 21. дожить. 22. встать. 23. открыть. 24. воскресить. 25. залезть. 26. расстраивать.

Упражнение 52. 1. расплатиться. 2. расстраиваться. 3. звонить. 4. разобраться. 5. шутить. 6. привыкать делать и обливаться. 7. садиться. 8. есть. 9. худеть. 10. закрыть. 11. успеть. 12. опаздывать. 13. снимать. 14. брать. 15. добиться. 16. предупредить. 17. думать. 18. вставать. 19. вставать. 20. делать. 21. понять. 22. пить. 23. включить. 24. упасть. 25. поехать. 26. съесть.

Упражнение 53. 1. пить (попить). 2. посидеть (сидеть). 3. переходить (перейти). 4. прийти (приходить). 5. встретиться (встречаться). 6. открыть (открывать). 7. написать (писать). 8. помочь (помогать). 9. худеть (похудеть). 10. трогать (потрогать). 11. сказать (говорить). 12. увидеть (видеть), услышать (слышать). 13. прийти (приходить) и побеседовать (беседовать). 14. спросить (спрашивать). 15. идти (пойти). 16. есть (съесть). 17. поменять (менять). 18. рассказать (рассказывать). 19. садиться (сесть). 20. вставать (встать). 21. поехать (ехать). 22. поступать (поступить). 23. убрать (убирать). 24. закрывать (закрыть). 25. ставить (поставить). 26. прибирать (прибрать).

Упражнение 54. 1. доказать. 2. позавтракать. 3. снимать. 4. писать. 5. найти. 6. входить. 7. заниматься. 8. включать. 9. ждать. 10. повторить. 11. подготовиться. 12. смотреть. 13. стать. 14. забыть. 15. ложиться. 16. рассказать. 17. согласиться.

Упражнение 55. 1. понять. 2. встать. 3. пробиться. 4. запрыгнуть. 5. болтать. 6. употреблять. 7. оформить. 8. полагаться. 9. доверять. 10. лгать. 11. сидеть. 12. глохнуть. 13. избавиться. 14. слушаться. 15. совать. 16. упрекать. 17. опускаться. 18. заразиться. 19. развлечься. 20. спускаться. 21. провалиться. 22. завести. 23. заводить. 24. запрещать. 25. проветривать. 26. обвинять. 27. разжигать. 28. потушить. 29. жить. 30. выспаться. 31. унижаться. 32. сбривать. 33. перекусить. 34. расстёгивать.

Упражнение 56. 1. сбрасывать (сбросить). 2. ездить (съездить). 3. выступать (выступить). 4. включать (включить). 5. ходить (сходить). 6. говорить (сказать). 7. поздравлять (поздравить). 8. покупать (купить). 9. приезжать (приехать). 10. отдыхать (отдохнуть). 11. провожать (проводить). 12. садиться (сесть). 13. говорить (поговорить). 14. вставать (встать). 15. залезать (залезть). 16. гулять (погулять). 17. закусывать (закусить). 18. предупреждать (предупредить). 19. отвлекать (отвлечь). 20. мешать (помешать). 21. оставлять (оставить). 22. останавливаться (остановиться). 23. пить (выпить). 24. получать (получить). 25. обманывать (обмануть). 26. проводить (провести).

Упражнение 58. жить, жить, квакать, спускаться, поесть, узнать, съесть, проглотить, замолчать, рассказать, рассказывать, посмотреть, услышать (слышать), лететь (полететь), подумать, думать, лететь, держаться, лететь, ехать, молчать, тащить, нести, нести, меняться, оторваться, упасть, осматриваться, рассмотреть, поблагодарить, терпеть (потерпеть), лететь (полететь), показать, послушать, лететь (полететь), свалиться, лететь (полететь), подхватить, кричать, показываться, посмотреть.

ВИД ГЛАГОЛА В ИМПЕРАТИВЕ

Упражнение 2. люби, ходи, дари, корми, звони, учи, смотри, стучи, бери, говори, клади, иди, беги, плыви, неси, ищи, готовь, ставь, будь, садись, ложись, вставай, поздравляй, меняй, танцуй, пой, рисуй, интересуйся, радуйся, целуй, знай, фотографируй, покупай, умей, строй, снимай, надевай, отвечай, отдыхай, включай, выключай, пей, соглашайся, отказывайся, полюби, сходи, подари, накорми, позвони, выучи, посмотри, постучи, возьми, скажи, положи, найди, приготовь, поставь, сядь, ляг, встань, поздравь, поменяй, станцуй, спой, нарисуй, поцелуй, узнай, сфотографируй, купи, сумей, построй, сними, надень, ответь, отдохни, включи, выключи, выпей, согласись, откажись.

Упражнение 3. 1. посмотри. 2. сфотографируй. 3. выучи. 4. принеси. 5. сходи. 6. отнеси. 7. приготовь. 8. позвони. 9. ответь. 10. согласись. 11. включи. 12. выключи. 13. поставь. 14. дай. 15. надень. 16. отдохни. 17. спой. 18. сыграй. 19. возьми. 20. поцелуй. 21. поищи. 22. покорми. 23. узнай.

Упражнение 4. 1. не говори. 2. не стучи. 3. не дари. 4. не клади. 5. не выключай. 6. не фотографируй. 7. не отвечай. 8. не ходи. 9. не надевай. 10. не покупай. 11. не садись. 12. не вставай. 13. не пей. 14. не снимай. 15. не ложись. 16. не радуйся. 17. не соглашайся. 18. не готовь. 19. не помогай. 20. не беги. 21. не пей. 22. не отказывайся.

Упражнение 5. 1. расскажи — не рассказывай. 2. спой — не пой. 3. выпей — не пей. 4. посмотри — не смотри. 5. напиши — не пиши. 6. подожди — не жди. 7. приготовь — не готовь. 8. поздравь — не поздравляй. 9. поставь — не ставь. 10. сходи — не ходи. 11. поменяй — не меняй. 12. послушай — не слушай. 13. открой — не открывай. 14. закрой — не закрывай. 15. помоги — не помогай. 16. подойди — не подходи. 17. возьми — не бери. 18. дай — не давай. 19. скажи — не говори. 20. спроси — не спрашивай. 21. ответь — не отвечай. 22. начни — не начинай. 23. кончи — не кончай. 24. отдохни — не отдыхай. 25. съезди — не езди. 26. положи — не клади. 27. передай — не передавай. 28. заплати — не плати. 29. выучи — не учи. 30. найди — не ищи. 31. покажи — не показывай. 32. займись — не занимайся.

Упражнение 6. контролируй, голосуй, смеши, отмечай, плачь, смейся, мирись, подслушивай, подсматривай, анализируй, выигрывай, проигрывай, побеждай, молодей, брейся, причёсывайся, укладывай, раскладывай, буди, просыпайся, поднимайся, опускай, спускайся, здоровайся, прощайся, обманывай, подтверждай, встречайся, бросай, кидай, извиняйся, отказывайся, отбирай, объявляй, разрешай, запрещай, убивай, приходи, приезжай, наказывай, поддерживай, проконтролируй, проголосуй, насмеши, отметь, заплачь, засмейся, помирись, подслушай, подсмотри, проанализируй, выиграй, проиграй, победи, помолодей, побрейся, причешись, уложи, разложи, разбуди, проснись, поднимись, опусти, спустись, поздоровайся, попрощайся (простись), обмани, подтверди, встреться, брось, кинь, извинись, откажись, отбери, объяви, разреши, запрети, убей, приди, приедь, накажи, поддержи.

Упражнение 7. 1. не извиняйся. 2. не наказывайте. 3. не отбирай. 4. не разрешай. 5. не брейся. 6. не причёсывайся. 7. не обманывай. 8. не буди. 9. не укладывай. 10. не сбривай (не брей). 11. не просыпайся. 12. не бросай. 13. не отдавай. 14. не поднимай. 15. не опускай. 16. не спускайся. 17. не проигрывай. 18. не кидай.

Упражнение 8. 1. займитесь. 2. проверьте. 3. прибавьте. 4. сложите. 5. прибавьте. 6. разделите. 7. разделите. 8. умножьте. 9. отнимите. 10. вычтите. 11. прибавьте. 12. определите.

Упражнение 9. 1. помирись. 2. разбуди. 3. брось. 4. выкини. 5. поспеши. 6. поторопись. 7. открой. 8. разложи. 9. прибери. 10. попрощайся. 11. оглянись. 12. подпиши. 13. запрети. 14. завяжи. 15. встреться. 16. убей. 17. приди. 18. побрейся.

Упражнение 10. называй, разбивай, отрезай, ударяй, распоряжайся, жги, расспрашивай, подслушивай, совершенствуй, лги, ври, унижай, целься, отодвигайся, расправляй, переворачивай, удаляй, срывай, сражайся, плюй, кради, откусывай, жуй, глотай, застёгивай, призывай, мели, назови, разбей, отрежь, ударь, распорядись, сожги, расспроси, подслушай, усовершенствуй, солги, соври, унизь, прицелься, отодвинься, расправь, переверни, удали, сорви, сразись, плюнь, укради, откуси, прожуй, проглоти, застегни, призови, смели.

Упражнение 11. 1. не расспрашивай. 2. не отрезай. 3. не разбивай. 4. не подслушивай. 5. не сжигай. 6. не рви. 7. не ударяй. 8. не называй. 9. не переворачивай. 10. не отодвигай. 11. не разжёвывай (не жуй). 12. не откусывай.

Упражнение 12. 1. включи. 2. включи посмотри. 3. постучи. 4. сходи. 5. полежи. 6. отдохни. 7. надень. 8. возьми. 9. подогрей. 10. пойди умойся. 11. пойди прими. 12. пойди подстригись. 13. переоденься. 14. переобуйся. 15. ляг. 16. выпей. 17. разверни и посмотри. 18. открой и налей. 19. залезь и посмотри. 20. спустись и посмотри. 21. сыграй и обыграй. 22. постирай. 23. повесь. 24. постели. 25. прости. 26. слетай. 27. съезди. 28. загляни. 29. навести. 30. проведай. 31. искупайся. 32. пойди пристыди. 33. займись. 34. зайди. 35. откажись. 36. улыбнись. 37. подшути.

Упражнение 13. готовь, вари, жарь, туши, пеки, добавляй, клади, наливай, сыпь, три, перемешивай, режь, приготовь, свари, поджарь, потуши, испеки, добавь, положи, налей, посыпь, натри (потри), перемешай, порежь (нарежь).

Упражнение 14. возьмите, сварите, опустите, варите, потушите, добавьте, положите, переложите, добавьте, доведите, выключите, остудите, подайте.

Упражнение 15. возьмите, переберите, промойте, не сливайте, выньте, проварите, откиньте, промойте, пропустите, промойте, отожмите, потушите, пропустите, соедините, добавьте, прогрейте, обжарьте, нарежьте, положите, варите, добавьте, положите.

Упражнение 16. возьмите, сварите, выньте, очистите, промойте, отложите, пропустите, добавьте, вылейте, перемешайте, наполните, положите, залейте, проварите, снимите, добавьте, дайте, положите, залейте, добавьте.

Упражнение 17. промойте, разрежьте, натрите, уложите, добавьте, залейте, варите, добавьте, доведите, снимите, отварите, разберите, уложите, разместите, залейте, украсьте.

Упражнение 18. нарежьте, уложите, подлейте, посолите, добавьте, накройте, варите, используйте, уложите, выложите, полейте, посыпьте.

Упражнение 19. нарежьте, посолите, обваляйте, обжарьте, смешайте, уложите, поместите, залейте, поставьте, доведите, поставьте, ставьте, тушите, добавьте, подайте.

Упражнение 20. 1. принесите. 2. передайте. 3. налейте. 4. положите. 5. скажите. 6. принесите. 7. откройте. 8. пересадите. 9. поменяйте. 10. вытрите. 11. передайте. 12. охладите. 13. замените. 14. поставьте. 15. подвиньтесь. 16. поменяйтесь. 17. дайте прикурить. 18. станцуйте. 19. принесите.

Упражнение 21. 1. покажите. 2. принесите. 3. откройте. 4. приберите. 5. поменяйте. 6. повесьте. 7. вымойте. 8. уберите. 9. вынесите. 10. переставьте. 11. поставьте. 12. поменяйте. 13. пропылесосьте. 14. дайте. 15. заделайте. 16. отремонтируйте. 17. включите. 18. передвиньте. 19. купите. 20. дайте. 21. одолжите. 22. приготовьте.

Упражнение 22. 1. заходите (входите, проходите). 2. раздевайтесь. 3. вешайте. 4. снимайте (не снимайте). 5. переобувайтесь. 6. ставьте. 7. проходите (заходите). 8. садитесь (присаживайтесь, усаживайтесь, рассаживайтесь). 9. располагайтесь. 10. чувствуйте. 11. берите. 12. наливайте. 13. закуривайте (не курите). 14. двигайтесь (пересаживайтесь). 15. берите. 16. открывайте. 17. наливайте. 18. угощайтесь.

Упражнение 24. 1. пиши — напиши. 2. закуривай — кури. 3. садись — сядь, переписывай — перепиши. 4. надевай — надень. 5. рисуй — нарисуй. 6. Закрывай — Закрой. 7. заходи — зайди. 8. Приводи — Приведи. 9. иди — сходи. 10. начинай — начни. 11. Выключай — Выключи. 12. Включай — Включи. 13. Стой — Постой. 14. Открывай — Открой. 15. Садись — Сядь. 16. Ложись — Ляг.

Упражнение 29. 1. смотри не проспи. 2. смотри не переешь. 3. смотри не опоздай. 4. смотри не опаздывай. 5. смотрите не прогуливайте. 6. смотри не простудись. 7. смотри не забудь. 8. смотри не разбей. 9. смотрите не разбудите. 10. смотрите не порвите. 11. смотри не сломай. 12. смотри не урони и не разбей. 13. смотри не заболей. 14. смотри не проиграй. 15. смотри не упади. 16. смотри не урони.

Упражнение 30. 1. открой. 2. вставай. 3. включи, расскажи, сыграй. 4. ложись, выключай. 5. принимай, угощай. 6. оставайтесь. 7. садитесь завтракать. 8. возьмите, садитесь. 9. сходите посмотрите.

10. погуляйте, прогуляйтесь. 11. сходите, поезжайте. 12. не ходите, не смотрите. 13. не покупай, выбери другое. 14. закрой, включи.

Упражнение 31. 1. пересядь, поменяйся. 2. просыпайся, поднимайся, не валяйся. 3. придумай, развесели. 4. стели, укладывайся. 5. развлекай (развлеки), накорми, напои. 6. ночуйте (переночуйте), располагайтесь. 7. перекусите, допивайте (допейте), доедайте (доешьте), собирайтесь. 8. поезжайте, ловите (поймайте), поторопитесь. 9. выберитесь посмотреть, найдите время, пользуйтесь (воспользуйтесь) моментом. 10. выбирайтесь (выберитесь), побродите, зайдите, навестите. 11. поезжайте, побывайте, прокатитесь. 12. не думайте, не теряйте время, не выбрасывайте. 13. оставь, остановись, брось, плюнь. 14. повернись, обрати, догадайся, прикрой.

Упражнение 35. береги, выходи, будь, скажи, Съешь, скажи, Съешь, Поешь, садись, дай, дожидайся, бери, беги, летите, догоните, спрячь, Поешь, спрячь, Поешь, спрячь, Поешь.

Упражнение 37. 1. пеки (испеки), Дай, Налови, иди, опусти, сиди, приговаривай, Ловись, Ловись, сиди, Ловись, Ловись, Мёрзни, мёрзни, Мёрзни, мёрзни, Бей(те), бей(те), садись.

ГЛАГОЛЫ ДВИЖЕНИЯ 운동동사

Упражнение 9. 1. идёшь (едешь) — иду (еду). 2. бежишь — бегу. 3. едет — едет. 4. летят — летят. 5. плывёт — плывёт. 6. идёт (едет) — идёт (едет). 7. бегут (идут) — бегут (идут). 8. плывёт — плывёт. 9. летите — лечу. 10. летите (едете) — лечу (еду).

Упражнение 11. 1. каждый день (каждую неделю) ходит. 2. бегает. 3. летает. 4. плавает. 5. летаем. 6. езжу. 7. ездят. 8. хожу. 9. ездит. 10. бегаю. 11. летает. 12. плаваю.

Упражнение 14. 1. несёт. 2. везёт. 3. ведёт. 4. несёт. 5. везёт. 6. несёт. 7. несут. 8. ведут. 9. везёт. 10. ведёт. 11. везёт. 12. несёт. 13. везёт. 14. ведёт. 15. везут. 16. везут.

Упражнение 16. 1. часто носит. 2. часто носит. 3. часто носят. 4. часто водит. 5. часто водит. 6. часто водит. 7. часто водит. 8. часто возит. 9. часто возим. 10. часто возит. 11. часто возит. 12. часто носит. 13. часто водит. 14. часто носят. 15. часто возит. 16. часто возит.

Упражнение 19. 1. несёт. 2. везёт. 3. везёт. 4. ведёт. 5. несёт. 6. ведёт. 7. несёт. 8. повезёт. 9. водил. 10. водила. 11. носил. 12. носили. 13. повезёт. 14. поведу. 15. поведу. 16. поведём.

Упражнение 20. 1. ведёт. 2. несёт. 3. везёт. 4. ведёт. 5. возил. 6. носила. 7. возили. 8. повезёт. 9. повёл. 10. поведу. 11. водила. 12. поведёт.

Упражнение 25. 1. ушёл. 2. уехал. 3. уехал (улетел). 4. принёс. 5. принесла. 6. Прилетела. 7. Приплыли (Прилетели). 8. Приплыли (Прилетели). 9. Прибежала. 10. улетел. 11. убежала. 12. унёс. 13. увезла. 14. привёл. 15. приехал. 16. привёз.

Упражнение 26. 1. приходит (уходит). 2. уезжает. 3. увозит. 4. приплывают. 5. убегает. 6. привозит. 7. приходил, приносил. 8. Приводи. 9. Приходи. 10. Приезжай. 11. Уходи. 12. Уводи. 13. прилетает. 14. улетают.

Упражнение 40. 1. перехожу. 2. переплывать. 3. перейти (переходить). 4. перелетел. 5. переезжаю (перееду). 6. перебежала (перебегала). 7. буду переносить (перенесу). 8. буду переезжать (перееду). 9. перевести. 10. перелетала. 11. перелетела (перелетала). 12. переплыть.

Упражнение 42. 1. зайду. 2. заеду (забегу). 3. забегу (заеду). 4. заеду. 5. Заходи. 6. Заводи. 7. Заноси. 8. Заноси. 9. Зайди (Забеги). 10. заплывай. 11. зашло. 12. зашёл (забежал). 13. заехала. 14. занеси. 15. завези. 16. Заведи.

Упражнение 46. 1. поплавали. 2. проплавали. 3. проездил. 4. проходит. 5. полетать. 6. поездить. 7. поездим. 8. поводить. 9. пролетали. 10. полетали. 11. проносил. 12. повозил. 13. проездил. 14. поносить.

Упражнение 49. 1. Давай пойдём (сходим) в театр на балет «Лебединое озеро»! 2. Давай пойдём (сходим) в театр на оперу «Пиковая дама»! 3. Давай пойдём (сходим) в Эрмитаж на выставку!

4. Давай пойдём (сходим) в гости к друзьям! 5. Давай пойдём (сходим) в деканат к декану! 6. Давай пойдём (сходим) в Петропавловскую крепость на экскурсию! 7. Давай пойдём (сходим) в гости к преподавателю! 8. Давай пойдём (сходим) в ресторан поужинать! 9. Давай поедем (съездим) за город отдохнуть! 10. Давай поедем (съездим) в родной город к родителям! 11. Давай поедем (съездим) в Америку к дяде! 12. Давай поедем (съездим) в Новгород к моему однокласснику! 13. Давай поедем (съездим) в Иркутск на Байкал! 14. Давай поедем (съездим) в Сибирь в Иркутск! 15. Давай поедем (съездим) на Волгу в Ярославль! 16. Давай поедем (съездим) на Украину в Киев! 17. Давай поедем (съездим) в лес за грибами! 18. Давай поедем (съездим) в Зеленогорск на рыбалку!

Упражнение 63. 1. лезет. 2. ползёт. 3. бредёт. 4. полз. 5. ползают. 6. бродят. 7. лезет. 8. лазают. 9. лезешь. 10. Лезь. 11. Ползи. 12. ползают. 13. лезет. 14. бродил. 15. полз. 16. ползла.

Упражнение 64. 1. гонишь. 2. катит. 3. гоняет. 4. гнал. 5. тащит. 6. тащила. 7. гоняет. 8. таскаешь. 9. катил. 10. тащила. 11. гнал. 12. тащил. 13. таскал. 14. катают.

ПРИЧАСТИЯ И ДЕЕПРИЧАСТИЯ 형동사와 부동사

Упражнение 3. 1. которые работают. 2. которые занимаются. 3. которые знают. 4. которые сдают. 5. которые понимают. 6. которые готовятся. 7. которые опаздывают. 8. которые начинают. 9. которые плохо видят. 10. которые плохо слышат. 11. которые умываются. 12. которые целуются.

Упражнение 4. проводящий, организующий, исследующий, начинающий, заканчивающий, анализирующий, проводящийся, содержащийся, обладающий, останавливающийся, указывающий, обращающийся, использующий, требующий, следующий, доказывающий.

Упражнение 5. 1. исследующие. 2. обращающиеся. 3. содержащиеся. 4. не останавливающиеся. 5. заканчивающийся. 6. проводящиеся. 7. владеющие. 8. пользующиеся. 9. вылетающие. 10. не соблюдающие (нарушающие). 11. касающиеся. 12. позволяющий. 13. отличающийся. 14. существующие. 15. обладающий. 16. укрепляющее.

Упражнение 6. 1. летящего — лететь. 2. насчитывающий — насчитывать. 3. приезжающие — приезжать. 4. возвышающаяся — возвышаться. 5. поднимающийся — подниматься, находящимся — находиться. 6. поражающий — поражать. 7. считающееся — считаться. 8. являющийся — являться.

Упражнение 7. 1. живущий. 2. формирующийся. 3. чувствующий, стремящийся. 4. не имеющий. 5. блестящее. 6. происходящие. 7. последующих.

Упражнение 8. 1. составляющие. 2. верующим, принимающим. 3. любящей. 4. осуждающее. 5. отворачивающееся. 6. воюющую. 7. умеющих. 8. исчерпывающую. 9. находящимся.

Упражнение 9. 1. возглавляющий. 2. производящего. 3. происходящей. 4. предусматривающий. 5. обновляющаяся. 6. имеющихся. 7. возникающих. 8. продающихся.

Упражнение 13. 1. который написал. 2. которые получили. 3. который жил. 4. который прожил. 5. который родился. 6. который поздоровался. 7. который мечтал. 8. который вышел. 9. которые не сдали. 10. который не поступил. 11. который заменил. 12. которые побывали.

Упражнение 14. начинавший, начавший, заканчивавший, закончивший, обращавшийся, обратившийся, останавливавшийся, остановившийся, изучавший, изучивший, получавший, получивший, проводивший, проведший, проходивший, прошедший.

Упражнение 15. 1. начавшие. 2. обращавшиеся. 3. обратившиеся. 4. проводившие. 5. проведшие. 6. не закончившиеся. 7. проходившие. 8. прошедшие. 9. не представлявшие. 10. защищавший. 11. защитивший. 12. ставшая.

Упражнение 16. 1. положившую — положить. 2. возникший — возникнуть, соединивший — соединить. 3. обозначившее — обозначить. 4. воплотившим — воплотить. 5. ставшее — стать.

6. сгоревшего — сгореть. 7. заложившей — заложить. 8. произошедшим — произойти, приведшим — привести.

Упражнение 17. 1. погибшим. 2. оставшихся. 3. вовлёкший. 4. обладавшим. 5. сумевшего. 6. произошедших. 7. попытавшаяся. 8. пожертвовавшая.

Упражнение 18. 1. получивший. 2. внёсшими. 3. родившийся. 4. написавшем. 5. ставший. 6. исполнявшаяся. 7. преследовавшие.

Упражнение 21. любить, переводить, приводить, проводить, изучать, исследовать, организовать, устанавливать, сравнивать, сопоставлять, искать, выдвигать, расширять, изменять.

Упражнение 22. 1. невыносимой — выносить. 2. непреодолимым — преодолеть. 3. боготворимого — боготворить. 4. предъявляемая — предъявлять; провозимых — провозить. 5. изучаемые — изучать. 6. искомую — искать.

Упражнение 23. приводимый, анализируемый, выдвигаемый, рассматриваемый, исследуемый, изучаемый, устанавливаемый, подвергаемый, предполагаемый, образуемый, сопоставляемый, подтверждаемый.

Упражнение 24. 1. Изучаемая. 2. Приводимые. 3. исследуемый. 4. Выдвигаемая. 5. предлагаемой. 6. Предполагаемое. 7. Весомый. 8. видимых.

Упражнение 25. 1. работа, которую мы рецензируем — работа, которая рецензируется. 2. диссертация, которую мы предлагаем — диссертация, которая предлагается. 3. зависимость, которую мы устанавливаем — зависимость, которая устанавливается. 4. причастий, которые образуются. 5. примеры, которые мы приводим — примеры, которые приводятся. 6. примеры, которые мы (автор) рассматриваем (-ет) — примеры, которые рассматриваются.

Упражнение 28. написать, прочитать, рассказать, напечатать, дать, продать, послать, построить, получить, поставить, оставить, подготовить, проверить, решить, перевести, открыть, забыть, взять.

Упражнение 29. 1. открытые — открыть. 2. прочитанный — прочитать. 3. поставленный — поставить. 4. переведённые — перевести. 5. напечатанная — напечатать. 6. написанная — написать. 7. разработанные — разработать. 8. подготовленный — подготовить.

Упражнение 30. 1. которые открыл И. Ньютон. 2. которые прочитал этот профессор. 3. который поставил известный режиссёр. 4. которые перевели. 5. которую напечатали. 6. которую написал знаменитый художник. 7. которые разработали наши специалисты. 8. который вы подготовили.

Упражнение 31. 1. построенное — построить. 2. воспетый — воспеть, установленный — установить. 3. воздвигнутый — воздвигнуть. 4. насыщенным — насытить. 5. раскрашенных — раскрасить. 6. занятых — занять. 7. предназначенное — предназначить. 8. сосредоточенных — сосредоточить. 9. невиданных — видать, обмундированные — обмундировать, вооружённые — вооружить, принятый — принять.

Упражнение 32. написанный, рассказанный, показанный, прочитанный, нарисованный, напечатанный, проданный, посланный, данный, построенный, полученный, поставленный, оставленный, проверенный, решённый, взятый, открытый, забытый.

Упражнение 33. 1. приведённые нами. 2. включённые нами. 3. проанализированные нами. 4. обнаруженные нами. 5. изученная нами. 6. полученные нами. 7. установленная нами. 8. рассмотренная нами. 9. открытыс нами. 10. вскрытые нами.

Упражнение 34. 1. созданная. 2. украшенное. 3. построенный. 4. переведённый. 5. выполненные. 6. Проведённые. 7. воздвигнутый. 8. отделённое.

Упражнение 35. 1. сформированных. 2. направленных. 3. посвящённом. 4. посвящённую. 5. направленная, смодулированных. 6. врождённые, полученные, зафиксированные. 7. расположенные, отработанной, обогащённая. 8. установленным, утверждённом.

Упражнение 36. 1. докладу, подготовленному Институтом. 2. докладами, посвящёнными. 3. исследований, проведённых. 4. удостоверений, выданных. 5. исследований, проведённых французскими учёными. 6. шара, сделанного. 7. мелодий, записанных.

327

Упражнение 38. рассказан, показан, прочитан, нарисован, напечатан, продан, построен, получен, поставлен, подготовлен, проверен, решён, переведён, открыт, забыт, взят.

Упражнение 42. привезена, передана; куплены; возведён; созданы; сосредоточены; расположен; построен.

Упражнение 43. 1. живущие. 2. понижающих. 3. взбадривающими. 4. полагающаяся. 5. считающаяся. 6. препятствующих. 7. образующихся. 8. позволяющих.

Упражнение 44. 1. добежавший. 2. возникший. 3. возникавшие. 4. спасшиеся, затонувшего. 5. выпавших. 6. развившемся. 7. перенёсших. 8. поселившимся. 9. увидевших. 10. получившему.

Упражнение 45. 1. публикуемая. 2. публикуемым. 3. обитаемым. 4. приводимые. 5. рекламируемые. 6. проводимой. 7. производимых. 8. выпускаемых. 9. выполняемая.

Упражнение 46. 1. заваренный. 2. проведённым. 3. согнутые, свёрнутые. 4. посвящённых. 5. обнаруженная. 6. встроенными. 7. найденные.

Упражнение 47. 1. запрещено, зарегистрированы. 2. встроенными, оснащены, защищены, несанкционированных. 3. обнаружены, найденных. 4. затянуто, снабжённой, спасён. 5. представлен, поставленный. 6. освобождённые, нарезанные, измельчённой.

Упражнение 51. читая, думая, знакомясь, покупая, зная, танцуя, рисуя, открывая, закрывая, давая, готовясь, занимаясь, спрашивая, начиная, кончая, изучая, беря, отдыхая, улыбаясь, здороваясь.

Упражнение 52. 1. улыбаясь. 2. улыбаясь. 3. глядя. 4. переодеваясь. 5. приезжая. 6. приезжая. 7. советуя. 8. планируя. 9. старея. 10. обманывая. 11. готовясь. 12. ложась. 13. вставая. 14. анализируя. 15. отказываясь. 16. нарушая. 17. организуя. 18. рассчитывая. 19. отчитываясь. 20. зная.

Упражнение 53. находясь, гранича, принадлежа, не противореча, рассматривая, анализируя, следуя, существуя, предчувствуя, распоряжаясь, угрожая, не стесняясь, приветствуя, сочувствуя, интересуясь, летая, бегая, переезжая, объезжая, не перенося, проводя, выстраивая, не доживая, останавливаясь, обвиняя, защищая, не предполагая, не разбираясь, не упрекая, не прощаясь.

Упражнение 54. 1. помогая, не прибегая. 2. воздействуя. 3. вводя. 4. улучшая, препятствуя. 5. сидя, попадая. 6. Разрабатывая, задавая, исследуя, занося, определяя.

Упражнение 58. 1. напечатав — напечатать. 2. сказав — сказать. 3. посмотрев — посмотреть. 4. не сделав — сделать. 5. не узнав — узнать. 6. купив — купить. 7. купив — купить. 8. купив — купить. 9. начав — начать. 10. открыв — открыть. 11. забыв — забыть. 12. сфотографировавшись — сфотографироваться. 13. не подготовившись — не подготовиться. 14. созвонившись — созвониться. 15. одевшись — одеться. 16. заинтересовавшись — заинтересоваться.

Упражнение 60. прочитав, написав, напечатав, нарисовав, посоветовав, подумав, позвонив, не постучав, не подождав, открыв, забыв, начав, кончив, выучив, отдохнув, сказав, спросив, попросив, дав, взяв, улыбнувшись, засмеявшись, одевшись, переодевшись, умывшись, причесавшись, побрившись, подготовившись.

Упражнение 61. 1. рассмотрев. 2. проанализировав. 3. установив. 4. сопоставив. 5. остановившись. 6. обратившись. 7. не остановившись. 8. не ошибившись. 9. не приблизившись.

Упражнение 63. полюбив, постеснявшись, прожевав, проглотив, зевнув, махнув, сев, съев, полюбив, заболев, простудившись, запланировав, зарегистрировав, зарегистрировавшись, оформив, оформившись, не подчинившись, ослепнув, оглохнув, состарившись, промокнув, проголосовав, поймав, поссорившись, отклонившись, уронив, ощутив, завязав, подойдя, пройдя, перейдя, переехав, выздоровев, поправившись, взойдя, не произнеся, не найдя, загоревшись.

Упражнение 64. 1. проконсультировавшись. 2. Окончив, поступив, Вспомнив, взяв. 3. Проведя, отведя. 4. Опросив, обследовав, отрешившись.

Упражнение 67. став, проведя, Спасаясь, Слушая, вспоминая, Закончив, написав, стремясь, Прожив, Вернувшись, прожив.

Упражнение 68. посмотрев; определённый; поступающие, притягивая; сидящих, образуя; проводя (проводящий).

Упражнение 69. расположенный, реализованы, попавшему, входящий, встроенные, обслуживающие, выключая.

Упражнение 70. позволяющие, возрастающем, придумывая, нумеруя, нумеруя, содержащих, выбранное, заботясь.

Упражнение 71. пришедшие, озадачен, увидев, превратившись (превратившиеся), умоляя, поражённый, окружающие, заколдовавшего, осуждены, очарованный, взмахивая, устремлены, заколдованной, извещая (извещающие), принявший, растерявшись, сделан, Произнеся, поняв, умоляя (умоляющий), любящая, ненавидя, прорезающие, подступающие, потрясённый, окружённые.

Упражнение 72. приглашено, украшенная, любуясь, полученными, заведённые, опасаясь, огорчены, Желая, изуродованного, окончен, оставшемуся, блестящих, Испугавшись, освещён, одерживая, сняв, Встав, танцующие, искрящихся, украшенном, плывущей, палящего, прибывших.

ПРЕФИКСАЛЬНЫЕ ГЛАГОЛЫ 접두사가 있는 동사

Упражнение 2. 1. пишу. 2. напишите. 3. выписал. 4. выписать газету. 5. переписать. 6. подпиши. 7. не пишет. 8. расписывает. 9. распишитесь. 10. дописал.

Упражнение 3. 1. записаться. 2. запиши. 3. прописаны. 4. впиши. 5. списывай. 6. переписать. 7. подпишите. 8. описывает. 9. выписал. 10. выписал. 11. прописали. 12. выписать.

Упражнение 4. 1. подпишемся. 2. выписывать. 3. запишись. 4. допишите. 5. выписать. 6. вписывается. 7. выписывается. 8. выпишите. 9. запишите. 10. подпишите. 11. Распишитесь. 12. расписываются.

Упражнение 8. 1. почитать. 2. вчитываться. 3. дочитать. 4. зачитал. 5. зачитался. 6. зачитывалась. 7. начиталась. 8. отчитать. 9. читать. 10. вычитай.

Упражнение 9. 1. отчитывать. 2. отчитываться. 3. перечитать. 4. почитать. 5. почитал. 6. прочитал. 7. почитываем. 8. читается. 9. подчитать. 10. перечитать.

Упражнение 10. 1. перечитывать; читать. 2. прочитал. 3. перечитать, прочитать, почитать. 4. читает, перечитывает. 5. прочитать текст; перечитать текст. 6. её трудно читать. 7. читала романы; читала много романов. 8. будешь читать её. 9. прочитать, почитать, перечитать. 10. читаю, перечитываю. 11. прочитать. 12. — .

Упражнение 15. 1. говорится. 2. поговорили. 3. проговорили. 4. заговорил. 5. разговорились. 6. наговориться. 7. заговорились. 8. выговорить. 9. уговорить. 10. отговорил.

Упражнение 16. 1. договоримся. 2. проговорить. 3. подговаривай. 4. договорить. 5. проговорись. 6. оговариваются. 7. наговорил. 8. переговорим. 9. выговориться. 10. приговорил.

Упражнение 17. 1. наговорились. 2. отговорил. 3. переговоришь. 4. заговорила. 5. разговорить. 6. наговаривать. 7. выговорить. 8. оговорился.

Упражнение 18. 1. выговаривал. 2. заговаривать. 3. заговаривать. 4. приговаривал. 5. оговорили. 6. заговорило. 7. заговаривается. 8. отговаривайся.

Упражнение 19. 1. поговорили. 2. договорились. 3. поговорили обо всём; всё обговорили. 4. уговорились, сговорились. 5. поговорить. 6. никому не говори. 7. на него наговорили. 8. разговорился. 9. обговорили. 10. говорил.

Упражнение 22. 1. расскажу. 2. высказать. 3. пересказать. 4. подскажи. 5. предсказала. 6. высказаться. 7. пересказала. 8. подсказала. 9. сказались. 10. рассказывается.

Упражнение 26. 1. рассматривал моё лицо; смотрел мне в лицо. 2. к нему присмотреться. 3. не подсматривай. 4. присматривать. 5. не досмотрел. 6. просмотрел. 7. не рассматриваем. 8. смотрит. 9. посмотреть. 10. присмотрел (себе). 11. Посмотрим на эту проблему. 12. плохо смотрел за ним.

13. смотрит. 14. смотрим. 15. рассматривает, смотрит. 16. посмотрела на себя. 17. пересмотрели. 18. присмотреться. 19. пересмотрим. 20. присмотрись ко мне.

Упражнение 27. 1. Посмотри. 2. засмотришься. 3. смотрится. 4. подсматривать. 5. осмотрись. 6. просмотрел. 7. осматривает. 8. присмотри. 9. Всмотритесь. 10. присматривается.

Упражнение 28. 1. рассматриваем. 2. насмотрится. 3. рассматриваете. 4. присмотрел. 5. подсматривает. 6. недосмотрел. 7. смотрится. 8. смотри. 9. присмотрись. 10. пересмотреть.

Упражнение 31. 1. оглядывайся. 2. заглядывается. 3. выглядел. 4. приглядывай. 5. разглядываешь. 6. приглядеться. 7. подглядывай. 8. заглянуть. 9. проглядели. 10. приглянулась. 11. выглядывали. 12. проглядывало. 13. разглядишь. 14. взгляни. 15. загляни. 16. переглядываетесь.

Упражнение 34. 1. виделись. 2. видел. 3. видел (перевидал). 4. предвидеть. 5. предвидится. 6. видеть. 7. видимся. 8. завидит (увидит). 9. привиделось. 10. свидимся (увидимся).

Упражнение 37. 1. заслушались. 2. наслушаться. 3. слушается. 4. вслушивался. 5. прислушиваешься. 6. заслушаем. 7. слушаю. 8. прислушался. 9. подслушивать. 10. Прослушайте. 11. прослушал. 12. ослушался. 13. выслушал. 14. прослушала.

Упражнение 38. 1. дослушай. 2. послушал, послушался. 3. слушаться, прислушиваться к старшим. 4. подслушивать. 5. не послушал, не послушался. 6. Послушайте строки. 7. Послушайте мой совет (моего совета). 8. Прослушайте. 9. слушала фантастические любовные истории. 10. слушаешь и слушаешь, слушаешь и не наслушаешься.

Упражнение 44. 1. не задумывался об этом (над этим). 2. подумай. 3. передумал. 4. обдумать. 5. раздумывать. 6. подумать над вашим предложением. 7. удумал, вздумал. 8. он вздумал. 9. придумал. 10. подумал обо всём, обдумал всё. 11. подумайте над этими словами, задумайтесь над этими словами. 12. —.

Упражнение 45. 1. Подумайте. 2. продумать. 3. передумаешь. 4. выдумывает. 5. задуматься. 6. обдумайте. 7. раздумывает. 8. додуматься. 9. одумайся. 10. придумать. 11. вдумайтесь. 12. думать.

Упражнение 50. 1. доработал. 2. отработал. 3. зарабатывал. 4. отрабатывать. 5. разработать. 6. обрабатывает. 7. работается. 8. проработал. 9. заработался. 10. перерабатывай.

Упражнение 51. 1. вырабатывает. 2. наработались. 3. переработать. 4. отрабатывал. 5. заработаешь. 6. перерабатывают. 7. обработать. 8. переработать. 9. отрабатывать. 10. переработали.

Упражнение 52. 1. проработал. 2. проработал. 3. выработать, переработать. 4. доработать, переработать. 5. переработались, уработались, наработались. 6. проработал, отработал. 7. заработал. 8. подрабатывает. 9. проработал. 10. разрабатывает. 11. зарабатывает. 12. поработали, сработали.

Упражнение 57. 1. доделать. 2. сделала. 3. наделали. 4. сделай. 5. отделать. 6. приделаем. 7. проделали. 8. заделать.

Упражнение 58. 1. делается. 2. подделывают. 3. возделывал. 4. делать. 5. переделали. 6. отделаешься. 7. выделана. 8. разделались.

Упражнение 59. 1. наделал. 2. сделали. 3. доделать. 4. сделаешь. 5. заделали 6. —. 7. делает. 8.—.

Упражнение 62. 1. подготовиться. 2. приготовить. 3. изготавливают. 4. подготовить. 5. готовилась. 6. заготовлено. 7. наготовили. 8. приготовили.

Упражнение 63. 1. сготовила. 2. приготовился. 3. подготовился. 4. наготовил сена. 5. —. 6. —. 7. приготовила. 8. подготовьте.

Упражнение 67. 1. пожил, прожил, дожил. 2. ужиться. 3. —. 4. обживаемся на новой квартире, приживаемся на новой квартире. 5. заживёт. 6. нажился на торговле. 7. не будет жить. 8. ожило, прижилось. 9. прожил сто лет. 10. прожить.

Упражнение 68. 1. пережил. 2. выжить. 3. отжил, изжил себя. 4. нажил. 5. изживать. 6. заживает. 7. уживается. 8. обживаемся. 9. ожила. 10. пережил. 11. выживает. 12. дожить.

복습 및 쪽지시험 정답
КЛЮЧИ К УПРАЖНЕНИЯМ НА ПОВТОРЕНИЕ И КОНТРОЛЬ

Упражнение 31. 1. тебя, красных роз, конфет. 2. девушки, парня. 3. комедии, Гостиного двора. 4. двадцать седьмого мая тысяча семьсот третьего года. 5. внутреннего кармана. 6. первого сентября, знаний. 7. экзамена, зачётов, реферата. 8. него. 9. меня, него. 10. внимания. 11. моих дорогих гостей, всего вкусного, рыбы и мяса, разных салатов, пирогов. 12. матери. 13. темы нашего урока. 14. соли, сахара, здоровья, лишних колограммов. 15. этих маленьких пианистов. 16. ноль целых пять десятых процента, полпроцента. 17. ста пятидесяти миллионов человек. 18. шестисот пятидесяти километров. 19. девяноста шести колонн. 20. обилия цветов. 21. оружия, наркотиков, художественно-исторических ценностей. 22. иностранного гражданина, страны.

Упражнение 32. 1. своей цели, больших успехов, совершеннолетия. 2. всего, внимания, материнской заботы, ласки. 3. уважения, любви, награды. 4. недостатков, этого человека. 5. тебя, карьеры, денег. 6. тебя, только от меня самого (самой), моего начальника, воли случая. 7. твоей руки, этого вопроса. 8. счастья, здоровья, любви, успехов, всего самого хорошего. 9. пустяков, такой ерунды, этого. 10. такой же точки зрения, иной точки зрения. 11. внимания, уважения, тишины. 12. тебя, транспорта. 13. экономического кризиса, ошибки директора. 14. отсутствия гарантийного талона, окончания срока действия гарантийного талона.

Упражнение 37. 1. Ивану Ивановичу Иванову. 2. ей одной, ей. 3. ко вторнику, к среде или к четвергу. 4. Центральной Африке. 5. ему, Волге. 6. античной литературе. 7. Мне. 8. ко мне. 9. Тебе, одному, городу. 10. этому. 11. кому-нибудь. 12. Нашему городу. 13. Невскому. 14. Ломоносову — великому русскому учёному. 15. Кому, Мне. 16. мне. 17. мне. 18. революции. 19. безработице. 20. ремонту и пошиву одежды. 21. истине. 22. моей.

Упражнение 38. 1. ему, этому человеку, его словам. 2. закону, Конституции. 3. революции, забастовке, неповиновению. 4. действительности, его делам. 5. его поступкам, здравому смыслу. 6. энергии, жизнелюбию, мужеству. 7. мне, начальству. 8. роману Достоевского, сценарию Иванова. 9. пятнадцати, двадцати двум. 10. ошибке, моей вине. 11. мячу, стене. 12. делу, самому главному. 13. людям, чужим недостаткам. 14. музыке, живописи. 15. артисту, Пушкину. 16. советам, пожеланиям. 17. Европе, России. 18. твоим советам, этому принципу.

Упражнение 43. 1. дорогу, другую сторону улицы. 2. этого человека. 3. урну. 4. подарок, красивую бумагу. 5. эту бороду. 6. своих родителей. 7. ноги. 8. Финляндию, Швецию, Норвегию, каникулы. 9. Европу, рубли, евро. 10. Его. 11. самолёт, заложников. 12. кошелёк, тысячу рублей, кошелёк, шею. 13. меня, что, стипендию. 14. равноправие с мужчинами. 15. художественные фильмы, своих любимых артистов. 16. Ленина. 17. стол, диван или табуретку. 18. Меня. 19. мою подругу, ни на какую другую. 20. меня, руку. 21. мою поддержку. 22. кафедру. 23. обычную воду, пар. 24. одну таможенную декларацию, всех членов семьи.

Упражнение 44. 1. грамматику, лексику. 2. дерево, розовый куст, картошку. 3. меня, этого человека. 4. одно яблоко на трёх человек. 5. много денег на развлечения. 6. твою помощь, поддержку. 7. свою команду, дело. 8. стол, работу, компьютер. 9. Бога, любовь. 10. себя, друга. 11. себя, свою жизнь. 12. процентов. 13. раз. 14. эту книгу, него. 15. непослушание, это. 16. тебя, это предложение, эту идею. 17. об угол, о стол. 18. вас, всех. 19. мир, свободу, правое дело. 20. урну, папку. 21. папку, стол, стол, папку, стол, папку. 22. твой характер, твоё мужество, это. 23. ошибку, оплошность. 24. благодарность, выговор. 25. бедствие, катастрофу. 26. крушение. 27. шторм, кораблекрушение. 28. автокатастрофу, аварию, пробку. 29. опыт, недвижимость. 30. помощь, содействие. 31. путешествие, круиз. 32. голод (чувство голода), стыд (чувство стыда). 33. антиправительственную пропаганду, воровство. 34. кражу, убийство.

Упражнение 49. 1. пивом. 2. чем. 3. передо мной. 4. кроватью. 5. французским. 6. каким счётом. 7. чем-то. 8. своей диссертацией. 9. кожей лица. 10. салфеткой, вилкой и ножом. 11. Чем же. 12. Мы с тобой. 13. этим человеком. 14. двумя иностранными языками. 15. краской и ещё какой-то гадостью. 16. своими оценками, всеми преподавателями. 17. всем. 18. избирателями. 19. золотом и железной рудой, каменным углём. 20. Химией. 21. специальным ножом. 22. передом, задом. 23. чем. 24. лазером. 25. общепринятой. 26. всем самым необходимым. 27. посаженными тобою цветами. 28. кафедрой русского языка. 29. скульптурами, известными скульпторами. 30. высотой шестьдесят два метра.

Упражнение 50. 1. праздником, днём рождения, Новым годом. 2. ним, этим, чужими недостатками. 3. цветами, духами, чем-то вкусным. 4. фруктами, салатом, огурцом. 5. страной, государством, мотоциклом. 6. своими увлечениями, жизнью. 7. фактами, документами. 8. этим человеком, его талантом, его самообладанием. 9. фирмой, небольшим коллективом. 10. тишиной, музыкой, игрой артистов. 11. тобой, твоим лицом, природой. 12. красивым городом, культурной столицей. 13. столом, работой, компьютером. 14. собой, этим, бюрократизмом. 15. этим, диссертацией, твоими словами. 16. кожей, лицом, волосами. 17. большой аудиторией, коллегами. 18. начальником, коллегами. 19. собой, тобой, работой. 20. собой, волнением. 21. трудностями, проблемами. 22. моим другом; тем, что... 23. тобой, кем-либо. 24. наличными, долларами. 25. рукой, платком, хвостом. 26. своими успехами, своими достижениями, всем. 27. своей работой, музыкой. 28. машиной, детьми, животными. 29. вилкой и ножом, компьютером. 30. моим вниманием, моей добротой. 31. косточкой, слюной. 32. жизнью, здоровьем. 33. дураком, таким наивным. 34. умом, талантом.

Упражнение 55. 1. Каменноостровском проспекте. 2. том, во всём. 3. ней. 4. тысяча пятьсот сорок седьмом году, Москве. 5. девятнадцатом веке. 6. армии, каких войсках. 7. какой странице, сто пятьдесят второй. 8. бассейне, открытом море. 9. корабле или яхте. 10. ослике. 11. семи языках. 12. чём же, чём. 13. политике, ней. 14. самом крайнем случае. 15. результатах нашей работы. 16. ни в чём. 17. синтетике, чём-то натуральном. 18. расчётах. 19. во всех своих грехах. 20. царе Горохе. 21. ваших условиях. 22. условии, что вы предоставите нам скидку.

Упражнение 56. 1. проблема, вопрос. 2. себе, нас, обо всех и обо всём. 3. гитаре, скрипке, флейте. 4. этом, нём, ни в чём. 5. любви, обмане. 6. в незнакомом месте, на необитаемом острове. 7. зеркале, воде. 8. результатах, работе. 9. краске, чернилах. 10. непорядочности, ни в чём. 11. Петре, Екатерине. 12. живописи, искусстве, технике. 13. политике, литературе, жизни. 14. своём поступке, этом. 15. этом, своём. 16. в разных странах, на конференциях. 17. ошибках, опыте других людей. 18. политике, бизнесе.

Упражнение 57. 1. я. 2. Петербург. 3. Москва. 4. его сёстры. 5. молодые преподаватели из Воронежа. 6. памятник Пушкину. 7. Открытие памятника Пушкину. 8. год. 9. этот дом. 10. проблема эта. 11. все. 12. его родители. 13. этот человек. 14. пульт дистанционного управления телевизором.

Упражнение 58. 1. А. 2. В. 3. А. 4. Б. 5. Б. 6. В. 7. Б. 8. А. 9. В. 10. А. 11. Б. 12. В. 13. А. 14. Б. 15. Б. 16. В. 17. Б. 18. В. 19. А. 20. А. 21. А. 22. В. 23. В. 24. Б. 25. Б.

Упражнение 59. 1. Б. 2. В. 3. Б. 4. В. 5. А. 6. В. 7. А. 8. В. 9. В. 10. А. 11. В. 12. Б. 13. В. 14. В. 15. А. 16. А. 17. А. 18. В. 19. Б. 20. Б. 21. А. 22. В. 23. Б. 24. А. 25. Б. 26. В. 27. В. 28. В. 29. Б. 30. А. 31. В. 32. А. 33. В. 34. А. 35. В. 36. Б.

Упражнение 60. 1. мне, кока-колой, маму, в этом вопросе. 2. моей цели, к намеченной цели. 3. этого человека. 4. над этой проблемой, эту проблему, в ближайшее время. 5. к этому человеку, Вам. 6. Чем, эту бутылку, Штопором. 7. Кому (Для кого). 8. в женской моде, в этом вопросе, кое-что. 9. Кому, лучший подарок. 10. Чему, Четырём. 11. в живописи. 12. об очередном новом наряде, об этом, это её. 13. на дискотеку или в гости, в гостях, на дискотеке, что-нибудь по телевизору. 14. этот документ. 15. чем, какой фирмой, русско-финскую компанию. 16. действительности. 17. в людях. 18. Мне, перед моим начальником о проделанной работе, о своей работе, его, секретарю. 19. о твоих успехах, перед тобой. 20. за это, на твою маму. 21. книгами, у тебя, всяких книг. 22. перед талантливыми людьми. 23. Невскому, на углу Невского и Садовой. 24. в восторге от этого спектакля, декорациями. 25. в том, что он совершил. 26. к пяти, три (пять, к трём), на два, на четыре. 27. «Спартаку» со счётом «один — три». 28. меня с этим человеком. 29. в какие-либо идеалы. 30. ко мне лицом.

Упражнение 64. 1. просматривал. 2. ел. 3. встала. 4. будет работать. 5. будет делать. 6. не будет переводить. 7. не переведёт. 8. подошла. 9. подходила. 10. уехали. 11. уезжал. 12. приходил. 13. привела. 14. закончит. 15. отвечал. 16. не подниму.

Упражнение 66. 1. спал. 2. думал. 3. съешь. 4. оформите. 5. устроился. 6. уехал. 7. будете овладевать. 8. будет улучшаться. 9. прошло. 10. пройдёт.

Упражнение 68. 1. принёс. 2. рассказали. 3. ходил. 4. сидел. 5. приобрела. 6. победил, поехал. 7. узнал. 8. делали. 9. сходила, купила. 10. предусматривал.

Упражнение 69. 1. улыбался. 2. стоял. 3. встал. 4. легла. 5. возьму. 6. напечатаю. 7. ужинали. 8. будем сдавать. 9. буду собирать. 10. заходил. 11. поступила. 12. готовился. 13. будут строить. 14. вспомнил. 15. кончит. 16. встретила.

Упражнение 70. 1. готовиться. 2. переводить. 3. рассказывать. 4. изучать. 5. ужинать. 6. переводить. 7. приходить. 8. посылать. 9. выступать. 10. заниматься.

Упражнение 71. 1. курить. 2. упрекать. 3. печь. 4. вставать. 5. посылать. 6. ездить. 7. ремонтировать. 8. помогать. 9. есть. 10. завидовать, добиться. 11. смеяться. 12. пообедать. 13. преподнести. 14. отказаться. 15. купить. 16. проводить.

Упражнение 72. 1. отрекаться. 2. купаться. 3. заниматься. 4. кипятить. 5. торопиться. 6. озаглавить. 7. познакомиться. 8. попасть. 9. появиться. 10. приехать. 11. написать. 12. поступать. 13. поступить. 14. понять. 15. решить. 16. решать. 17. учить. 18. открыть. 19. открывать. 20. курить. 21. отправить. 22. употреблять.

Упражнение 74. 1. разобрать. 2. забыть. 3. предупредить. 4. пренебрегать. 5. помочь. 6. сказать. 7. объяснять. 8. бросать. 9. согласиться. 10. найти. 11. поднять. 12. писать. 13. оставить. 14. заглядывать. 15. представить. 16. включить. 17. воспользоваться. 18. переходить. 19. делать. 20. опоздать.

Упражнение 76. 1. открывай. 2. дотрагивайся. 3. оглядывайся. 4. Скажите. 5. подходи, заговаривай. 6. сбегай, купи. 7. включай. 8. Выйди. 9. заходите. 10. урони, держи. 11. попади. 12. отказывайся. 13. передвинь. 14. Посмотри. 15. улыбайся. 16. улыбнись. 17. искупаемся. 18. Накройся.

Упражнение 78. 1. В. 2. В. 3. А. 4. В. 5. Б. 6. А. 7. А. 8. Б. 9. Б. 10. Б. 11. А. 12. Б. 13. В. 14. А. 15. В. 16. Б. 17. В. 18. Б. 19. А. 20. Б. 21. В.

Упражнение 79. 1. Б. 2. А. 3. А. 4. Б. 5. Б. 6. В. 7. Б. 8. В. 9. Б. 10. В. 11. А. 12. А. 13. А. 14. Б. 15. В. 16. Б. 17. В. 18. Б. 19. Б. 20. В. 21. А. 22. Б. 23. А. 24. Б.

Упражнение 80. 1. идёшь. 2. ходит. 3. ездим. 4. ездит. 5. бегу. 6. бегают. 7. летят. 8. летают. 9. плаваем. 10. еду. 11. плавать. 12. ходить. 13. плывёт. 14. плывёшь.

Упражнение 81. 1. Иди. 2. поезжай. 3. ходи. 4. ездите. 5. ходи. 6. Иди. 7. ходи. 8. лети. 9. летайте. 10. Плыви. 11. Беги. 12. бегайте. 13. Летайте. 14. плавай.

Упражнение 82. 1. ходили. 2. шли. 3. ходила. 4. ездила. 5. ехали. 6. шёл. 7. шло. 8. шёл. 9. ходила. 10. бежали. 11. бегали. 12. летал. 13. летел. 14. плыла. 15. плыли. 16. плавали.

Упражнение 83. 1. приедет. 2. приедет. 3. вылетает. 4. отходит. 5. приехала. 6. Подойди. 7. переезжать. 8. входила. 9. выходит. 10. переходить. 11. перейти. 12. выходит. 13. отойди. 14. перебежал. 15. переплыть. 16. уехал. 17. прилетели. 18. подплыли.

Упражнение 85. 1. ушёл. 2. перешла. 3. зайти. 4. выходите. 5. Приходи. 6. подходить. 7. входить. 8. Прошло. 9. уехал. 10. проплывают. 11. прилетают. 12. перебежал. 13. выбежала. 14. отбежала. 15. Проходите. 16. доехали. 17. поеду. 18. сходить. 19. проходите. 20. объехал.

Упражнение 86. 1. несёт. 2. ведёт. 3. везёт. 4. ведёт. 5. везёт. 6. водит. 7. носит. 8. ношу. 9. водишь. 10. возишь. 11. ведёт. 12. водит. 13. носит. 14. водит. 15. везёт. 16. несёт.

Упражнение 87. 1. привёл. 2. привёз. 3. приеду, привезу. 4. придёт, принесёт. 5. отвезёт. 6. отнести. 7. прилетит, привезёт. 8. поплывёт, повезёт. 9. сводить. 10. перевезти. 11. переносить. 12. провели. 13. повёл. 14. Заносите. 15. отвёз. 16. перевёл.

Упражнение 88. 1. пройдёт. 2. проведёт. 3. подойдёт. 4. ходишь. 5. Пройдёт. 6. проездил. 7. поплавать. 8. заплывай. 9. исходил. 10. объезжает. 11. пролетал. 12. полетал. 13. проехали. 14. приведёт. 15. пробежать. 16. Взошло. 17. разводятся. 18. пролетали.

Упражнение 89. 1. сходится. 2. перейдём. 3. переведут. 4. подведёшь. 5. завести. 6. зашёл. 7. заводится. 8. снесла. 9. Взошло. 10. довести. 11. переношу. 12. заходит. 13. переносят. 14. прошла. 15. исходите. 16. обведи. 17. расходятся. 18. набегают.

Упражнение 90. 1. пролетел. 2. гонит. 3. катит. 4. ползёт. 5. тащишь. 6. перелез. 7. Выгоняй. 8. Укатилось. 9. тащит. 10. скатился. 11. катятся. 12. бродил. 13. ползёт. 14. угнали. 15. гнаться. 16. стащила. 17. выползла. 18. закатилось. 19. взбрело. 20. разбрелись.

Упражнение 91. 1. Б. 2. В. 3. Б. 4. А. 5. В. 6. Б. 7. А. 8. Б. 9. А. 10. Б. 11. В. 12. Б. 13. А. 14. Б. 15. В. 16. Б. 17. А. 18. Б. 19. А. 20. В. 21. Б. 22. В. 23. А. 24. В. 25. Б. 26. Б. 27. А. 28. Б.

Упражнение 92. 1. Б. 2. В. 3. Б. 4. В. 5. Б. 6. Б. 7. А. 8. Б. 9. Б. 10. В. 11. Б. 12. В. 13. Б. 14. В. 15. А. 16. В. 17. В. 18. Б. 19. А. 20. Б. 21. В. 22. В. 23. А. 24. В. 25. Б. 26. А. 27. Б. 28. В. 29. А. 30. В. 31. В. 32. А.

Упражнение 94. 1. занимающиеся. 2. проживающих. 3. организующую. 4. сдавшим. 5. начинающем. 6. занимающимся. 7. остановившейся. 8. остановившейся. 9. познакомивший. 10. интересующихся.

Упражнение 96. 1. организуемые. 2. Проводимое. 3. построенных. 4. построенному. 5. основанным. 6. проведённому. 7. проведённом. 8. открытых. 9. напечатанную. 10. подаренные.

Упражнение 97. 1. напечатавший. 2. напечатанную. 3. опубликовавшим. 4. опубликованные. 5. организующую. 6. изучающие. 7. сдавшие. 8. сданные. 9. полученные. 10. забытое.

Упражнение 98. 1. напечатанная. 2. напечатана. 3. построено. 4. построенное. 5. получены. 6. полученные. 7. Составленное. 8. составлено.

Упражнение 100. 1. проведён, участвовавших, имеющих, взваливаемой. 2. исследовавшие, выявлено, выпивающие, пьющие, успокаивающие. 3. страдающих, составленной, проводивших, переживающих, создана.

Упражнение 102. 1. завтракая, ужиная. 2. проведя. 3. проводя. 4. Вылетая. 5. подвергая. 6. изучив, проанализировав. 7. ознакомившись. 8. ссылаясь.

Упражнение 103. созданная, возникшие, связано, желавший (желая), расположенном, посвящённые, получив, покрытые, выступая, награждая, возведены, отчеканены.

Упражнение 104. живущих, появившимися, испытывая, называемом, предъявляемым, внося, развернувшейся, открытым, создана, представлявшая.

Упражнение 105. 1. Б. 2. А. 3. Б. 4. В. 5. В. 6. Б. 7. А. 8. Б. 9. А. 10. В. 11. А. 12. В. 13. Б. 14. Б. 15. А. 16. В. 17. А. 18. А. 19. Б. 20. Б. 21. А. 22. Б. 23. А. 24. Б.

Упражнение 106. 1. Б. 2. А. 3. Б. 4. В. 5. Б. 6. А. 7. Б. 8. В. 9. Б. 10. В. 11. А. 12. В. 13. В. 14. В. 15. А. 16. Б. 17. Г. 18. Г. 19. В. 20. Г. 21. Б. 22. В. 23. А. 24. А. 25. Б. 26. В.

Упражнение 107. 1. выписал. 2. записываться. 3. списывают. 4. подписаться. 5. выпишем. 6. Запиши. 7. вписалась. 8. выписал. 9. подписал. 10. расписаны. 11. Распишитесь. 12. прописан.

Упражнение 108. 1. зачитывался. 2. зачитал. 3. отчитал. 4. начиталась. 5. Вчитайтесь. 6. отчитаться. 7. прочитали. 8. дочитал. 9. вычитал. 10. вычитать.

Упражнение 109. 1. выговаривает. 2. заговорил. 3. наговорили. 4. оговорился. 5. проговорилась. 6. отговаривай. 7. приговаривал. 8. приговорили. 9. наговоришь. 10. оговариваются. 11. заговорились.

Упражнение 110. 1. высказаться. 2. пересказал. 3. расскажи. 4. высказывайте. 5. предсказать. 6. перескажите. 7. Подскажи. 8. сказывается.

Упражнение 111. 1. высматриваешь. 2. предусмотреть. 3. засматривается. 4. просмотри. 5. осмотреться. 6. присмотрись. 7. осматривают. 8. подсматривать. 9. рассматривают. 10. насмотреться. 11. рассмотрим. 12. осмотрели.

Упражнение 112. 1. взгляни. 2. загляните. 3. проглянула. 4. оглядываться. 5. переглядываться. 6. выглядывает. 7. приглянулась. 8. загляни. 9. предвидится. 10. привиделось. 11. повидаться. 12. завидит.

Упражнение 113. 1. вслушивается. 2. подслушивать. 3. заслушались. 4. прослушал. 5. прислушиваться. 6. прослушал. 7. выслушать. 8. ослушался. 9. расслышать. 10. послышалось. 11. ослышался. 12. прослышал.

Упражнение 114. 1. додумался. 2. выдумывай. 3. Задумайте. 4. задумываются. 5. продумать. 6. передумал. 7. задумал. 8. одумалась. 9. обдумать. 10. Придумай.

Упражнение 115. 1. отрабатывать. 2. перерабатывают. 3. сработала. 4. зарабатывает. 5. подрабатывает. 6. выработалась. 7. сработаемся. 8. обработать. 9. проработал. 10. заработал.

Упражнение 116. 1. наделал. 2. сделала. 3. возделывают. 4. заделать. 5. подделал. 6. разделывает. 7. приделать. 8. разделаться. 9. отделаться. 10. отделать.

Упражнение 117. 1. подготовились. 2. заготовили. 3. изготовили. 4. подготовить. 5. приготовить. 6. заживёт. 7. выжить. 8. оживают. 9. изживать. 10. прожил. 11. живётся. 12. нажил.

Упражнение 118. 1. Г. 2. Б. 3. В. 4. Г. 5. Б. 6. А. 7. А. 8. В. 9. А. 10. В. 11. Б. 12. А. 13. В. 14. А. 15. А. 16. Г. 17. В. 18. В. 19. В. 20. В. 21. В. 22. В. 23. Б. 24. В.

Упражнение 119. 1. В. 2. Г. 3. В. 4. В. 5. В. 6. Б. 7. Г. 8. Б. 9. Б. 10. А. 11. Г. 12. В. 13. Б. 14. В. 15. Г. 16. Г. 17. В. 18. В. 19. Г. 20. Б. 21. Б. 22. А. 23. А. 24. Г.

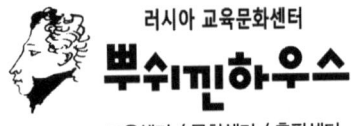